心一堂彭措佛緣叢書・索達吉堪布仁波切譯著文集

大圓滿龍欽心髓前行引導文

華智（巴珠）仁波切　著
索達吉堪布仁波切　譯

Śūnyatā

晋美彭措法王序

༄༅། །རྫོགས་པ་ཆེན་པོ་ཀློང་ཆེན་སྙིང་ཐིག་ཅེས་བྱ་བ་འདི་ནི། རྒྱ་ཆེ་བ་པཎ་ཏི་ཏའི་ལུགས་ཀློང་ཆེན་མཛོད་བདུན་དང་ཟབ་པ་ཀུ་སུ་ལིའི་ལུགས་སྙིང་ཐིག་ཡ་བཞི་གཉིས་ཀྱི་དགོངས་པ་གཅིག་ཏུ་དྲིལ་བའི་ཟབ་ཆོས་ཚེ་ལུས་གཅིག་གིས་རྡོ་རྗེ་འཆང་གི་གོ་འཕང་འཐོབ་པར་བྱེད་པ་ཞིག་ཡིན་ལ། དེའི་སྔོན་འགྲོའི་ཁྲིད་ཡིག་ཀུན་བཟང་བླ་མའི་ཞལ་ལུང་འདི་ནི་སྐྱེས་བུ་གསུམ་གྱི་ལམ་རིམ་ཆ་ཚང་བར་མ་ཟད་མན་ངག་གི་གནད་ཁྱད་པར་ཅན་དང་ལྡན་པས་ཐར་འདོད་རྣམས་ཀྱིས་ངེས་པར་ཉམས་སུ་བླང་བར་བྱ་བ་ཡིན་ཞིང་། ཁྱད་པར་དུ་དེང་དུས་སུ་སྔོན་འགྲོས་རྒྱུད་མ་སྦྱང་བར་དང་པོ་ཉིད་ནས་ཕྱག་ཆེན་རྫོགས་ཆེན་སོགས་ཀྱི་དངོས་གཞི་ལ་མཐོ་སྐྱོགས་བྱས་པས་ཆོས་དང་གང་ཟག་སོ་སོར་སོང་བ་མང་བས། ཐམས་ཅད་ཀྱིས་ཐོག་མ་ཁོ་ནར་འདི་ཉིད་ཉམས་སུ་ལེན་པ་ཤིན་ཏུ་གལ་ཆེའོ།

ཟབ་ཆོས་འདིའི་ནང་དུ་བོད་ལ་དར་བའི་ས་དགེ་བཀའ་རྙིང་གི་ཁྲིད་ཡིག་རྣམས་དང་རྒྱ་ནག་ཏུ་དར་བའི་དག་ཞིང་པ་དང་། ཕལ་ཆེར། བསམ་གཏན་པའི་གྲུབ་མཐའ་སོགས་མདོ་སྔགས་ཐམས་ཅད་ཀྱི་ཉམས་ལེན་གྱི་གནད་རྣམས་འདུས་ཤིང་རིག་འཛིན་བརྒྱུད་པའི་བྱིན་རླབས་ཁྱད་པར་ཅན་དང་ལྡན་པ་ཡིན། ཆོས་འདི་ཚུལ་བཞིན་ཉམས་སུ་ལེན་པའི་སྐལ་བཟང་རྣམས་ལ་རྟག་སྲུམ་ཆོས་སྐྱོང་སྲུང་མས་བྱིན་རླབས་དངོས་གྲུབ་ཆར་བཞིན་འབེབས་པར་མཛོད། །

ཆོས་འདིའི་བརྒྱུད་པ་ནི་ཆོས་རྗེ་དཔལ་སྤྲུལ་རིན་པོ་ཆེ་ཉིད་ནས་གླུ་ཤུལ་མཁན་པོ་དཀོན་མེ། དེ་ནས་མཚན་བརྗོད་པར་དཀའ་བ་བླ་མ་རིན་པོ་ཆེ་བློ་གྲོས་ཀྱི་ཞལ་སྔ་ནས་བདག་ལ་བརྒྱུད་པ་ལགས། ད་ལན་འདི་ག་ནས་རྒྱ་ནག་གི་སྐད་ཡིག་ཏུ་བསྒྱུར་ཞུས་གཏན་ལ་ཕབ་པར་རྗེས་སུ་ཡི་རངས་བ་དང་ཆབ་ཅིག་བསྟན་འགྲོར་སྨན་པའི་ཤིས་སྨོན་བཅས། །

བོད་རབ་རྒྱུན་ལུགས་འབྲུག་ཆོ་འཕྲུལ་ཟླ་བའི་ཚེས་གསུམ་སྟེ་རང་ལོ་རེ་བརྒྱད་དུ་སོན་པའི་དུས་དེར་ཤཱཀྱའི་དགེ་སློང་འཇིགས་མེད་ཕུན་ཚོགས་འབྱུང་གནས་ཀྱིས་སྨྲས་པ་དགེ་ལེགས་སུ་གྱུར་ཅིག །

ཕྱི་ལོ་༢༠༠༠་ལོའི་ཟླ་༤་ཚེས་༨་ལའོ།

序

大圓滿龍欽寧提是集廣大班智達派《龍欽七寶藏》及甚深古薩里派《四心滴》二者之密意於一體、即生可獲得金剛持果位之甚深正法。

此《大圓滿前行引導文.普賢上師言教》不僅完全包括了三士道次第，而且具有殊勝竅訣要點。因此，諸欲解脫者必須實修。尤其是當今時代許多人不經過前行修煉，卻首先高攀大手印、大圓滿等正行法，以致正法與補特伽羅背道而馳。所以，諸位首先唯一實修此前行至為重要。

此深法攝集了藏地興盛的薩迦、格魯、噶舉、寧瑪派的引導文及廣弘於漢地的淨土、華嚴、禪宗等一切顯密修要，並且具有持明傳承殊勝之加持。祈請三根本、護法神賜予如理修行此法之具緣者加持並普降成就甘露妙雨。

本法傳承：華智仁波切傳與樂喜堪布公美，彼傳給喇嘛羅珠仁波切，大恩上師羅珠仁波切傳與我。

對於此次譯成漢文、校訂並傳講，本人由衷隨喜。同時，祝願弘法利生事業吉祥圓滿！

釋迦比丘晉美彭措勇列致

於藏曆鐵龍年神變月初三自壽六十八歲之際

公元二〇〇〇年二月八日

譯序

《大圓滿前行引導文》是顯密一切佛法之基礎，令一生成佛的究竟正法，堪稱為極其難得稀有之殊勝論典。未受密宗灌頂者亦可閱讀修學。

儘管當今社會科學技術突飛猛進地向前發展，物質生活水平也發生了日新月異的改變，然而，人們內心的痛苦卻絲毫未見減弱，反而愈加強烈。如何才能離苦得樂呢？唯有佛法的甘露醍醐方能熄滅煩惱的烈火，帶給您真正的幸福安寧與自在。為此殷重期望諸位悉心竭力將此法廣弘於世間。

雖然佛法的日輪已高高升起，光芒普射大地，但愚昧無知的盲目者卻始終處於漆黑一片的荒野之中，苦不堪言。見此情景，悲憫之心不禁油然而生，所以迫切希望不信仰佛教的社會各界人士亦能潛心研究了解此法，從而趨入佛門。並願那些已入佛門然卻貪圖名聞利養、力求神通者，能夠認認真真、踏踏實實地修學此法。

佛法住世的今天，海內外眾多信士紛紛踴躍地學習前行、修持五加行等，而對於佛教興盛的藏地來說，在家人中修學前行者卻寥寥無幾，對此深感遺憾。因而誠摯地期盼我的老師、同學為主的教育界人士，也能研究佛法、修學前行，真正體會到佛教意旨所在，進而付諸於實踐。

此外，以後弘揚本法時，希望諸位法師全面了知內容、深刻理解本義、不超越金剛語之範疇而講解。閱讀學習者應將所有道理銘記於心，每一公案皆當背誦，不應走馬觀花、囫圇吞棗。

雪域歷代高僧大德均十分重視《普賢上師言教》，認為此法是精通佛法、趨入菩提心不可少的，被譽為藏傳佛教菩提道次第法門。無等大恩至尊上師法王如意寶晉美彭措也曾說：「要想成為一個名副其實的修行者必須了達大圓滿前行。」本人曾於根本上師法王如意寶與堪布德巴仁波切前聆聽過多次口傳及竅訣，同時對本法生起了極大信心，受益匪淺。

1990年，國外蓮花光翻譯小組的翻譯家們已將其譯為英文、法文等，迄今仍為西歐國家諸多學者信士廣泛研學及實修；在大陸，雖有郭元興居士所翻譯的漢文版本，但詞古難解，並與藏文原義有出入之處。鑒於此，吾今為報答上師恩德、饒益後學而發心遵照藏文本義，以通俗易懂之詞句將其譯為漢文，並為了便於理解而增添了原文無有的科判、注釋，為了有助於觀修，中間插入了法像、圖案，因《寧提前行儀軌》稍廣，故於前附加簡明扼要概括其儀軌全部內容之《開顯解脫道》，此為全知麥彭仁波切所著，修五加行者亦可念誦此儀軌，並將其作為日常課誦尤為重要。為了使您對本文作者華智仁波切生起誠信而著其略傳，現已圓滿完稿。

在整個翻譯、校對、訂稿過程中，本人盡己所能做到了認真、細緻、周密，對此譯稿也頗為滿意，但因法務繁忙，疾病纏身，精力分散及水平有限等種種緣由，難免有疏漏不當之處，敬請諸方智士斧正。

在此也向期間熱心給予支持、誠心予以幫助的諸位金剛道友深表謝意，祝願彼等暫時信心正見堅定不移，慈悲菩提心日日增上，究竟共登彼岸，同證佛果。

最後，祈請十方諸佛菩薩、上師、本尊、空行護法加持：凡見、聞、觸此法之有緣者均生起無偽的正知正見，早證菩提！！！

譯者於色達喇榮西山喜林園

公元二〇〇〇年二月二十二日

目錄

華智仁波切略傳

索達吉堪布　著

外即佛子寂天論師者，內即大成就者夏瓦熱，
密行聖者觀世音菩薩，祈禱晉美秋吉旺布尊。

晉美秋吉旺布尊者即華智仁波切（1808－1889）是寧瑪派近代一位聞名遐邇、頗具盛譽的傳承上師，也是寂天菩薩、大成就者夏瓦熱、聖者觀世音三者無二無別之化身，並為利益有情而顯現為善知識形象。公元1808年誕生於世，即被晉美嘎讓認定為華丹彭措的轉世，也有些大德認為他是智悲光尊者五種化身之一的語化身，故被尊為「華智」（吉祥化身）。據史料記載，華丹彭措是觀世音菩薩的化身，一生誦滿十萬遍《真實名經》，在石板上刻觀音心咒壘成石堆，使無量眾生相續中播下了解脫種子。並做過授記：「我將來要增刻此石堆。」後來菩提金剛賜其美名「鄔金晉美秋吉旺布（無畏法王）」。有關其化現為印度寂天論師及藏地阿若益西炯內的事蹟，於蔣揚欽哲旺波的伏藏品中有詳述。即生的外在行為也與寂天論師極為相似。

他天生具有超凡的智慧，穎悟力極強，幼小時便無勤通達文字的讀寫及解義，從那時起一直持誦《真實名

經》，一生中《入菩薩行》與《真實名經》始終未離身。後棄世離俗於堪布西繞讓沃前出家，取名為晉美給衛炯內，開始了孜孜不倦、刻苦精進的聞思修行。於多拉晉美嘎讓等上師前廣泛地聽聞格魯、噶舉、薩迦、寧瑪新舊派諸多顯密經續，並聽受了大藏經《甘珠爾》為主的一切顯密教典傳承，同時深思熟慮、精進修持。修學之同時，也對有緣者講經說法。如三十歲左右時到色達一帶隨學洋彭塔意上師並為有緣弟子傳授了《大幻化網》教法。

在依止大恩根本上師如來芽時，於恩師座下先後聆聽了二十五次大圓滿龍欽寧提前行法，後在日冬靜處的樂源洞與長壽洞閉關時現證了自心猶如虛空般的實相大圓滿境界，並撰著了《善說大乘》等論典，同時將上師教言匯集成文，給後人留下了一部猶如奇珍異寶般的殊勝論著，即《大圓滿前行引導文.普賢上師言教》。他對諸傳承上師具有強烈的信心，尤其對無垢光尊者所著的《七寶藏》有不共的誠信，拜讀其所著的《法界寶藏論》後增上了大圓滿的證悟境界，便讚歎此論與無垢光尊者無有差別，並作了《七寶藏讚》及《勸閱七寶藏》。當時眾所周知，如來芽上師有如日月般的兩大弟子，即如太陽般的蔣揚欽哲旺波及如月亮般的華智仁波切。雖然尊者已赫赫有名、聲譽遠播，但尊者自己卻密而不露，常以平凡形象利益有情，為後人留下了許多精彩故事。

一次與上師如來芽及陳雷沃熱衣著襤褸，沿路化緣。當時，一位牧民家母身亡，屍體停放室內，他正在尋找為母親做超度的僧人，遠遠看到三位身著僧衣之人，便上前祈求：「我的母親不幸身亡了，在這個偏僻的山村裡找不到出家人超度她，您們能為她作佛事超度嗎？」他們爽快地答應了。到了家中便讓他們準備做超度所需之物。當時死者家的一位年輕姑娘看見在灶前做食子的尊者，心想：我們家真是可憐，竟然叫來這些乞丐做超度，於是狠狠地踢了他一腳，並生氣地說：「滾出去。」對於姑娘的惡言暴行，他只是笑了笑，繼續做食子。之後開始念誦儀軌等作佛事。完畢時，屍體的梵淨穴已出現死者往生的瑞相。家人見此情景特別高興，供養他們三匹馬一頭犛牛。尊者說：「我們不需要任何供養，有了三匹馬就會有三匹馬的煩惱。」主人家突然意識到這三位不是普通的僧人，便追問真實姓名。尊者向他們介紹了兩位上師尊名，但對自己卻隻字未提。

在親近欽則益西多吉時，上師以各種密宗的超凡行為賜予他不共的加持，直指心性。譬如有一次上師在他的門外喊道：「華給（華智的異名），有膽子出來！」出來後，上師拽著他的頭髮準備打他。這時他聞到一股酒味，暗想：怎麼喝酒呢？還喝得如此醉醺醺的，難道不知道飲酒違背佛陀教言嗎？正在這樣分別時，上師將他打倒在地，一邊朝他臉上唾口水，一邊用小手指指著他罵道：「你們這些尋思者，竟生起如此惡分別念，真是老狗一樣。」他立即醒悟過來：上師肯定是在為我指示大圓滿本來覺性。於是將自心安住，頓時一切不清淨分別念全部斷盡，早在如來芽上師前所獲得如黎明般的證悟，此時因老狗之名已變得猶如日出一般清澈了然。尊者後來也曾說過：「『老狗』是欽則上師賜予我的密名。」故許多著作中以「老狗」署名。

尊者一般住在竹慶寺、西日桑哈、班瑪塘、拉群等靜處，晚年便常住在根本上師所居之扎迦寺附近廣轉法輪、勸人行善等等，但大多數時間是遊化他方舉行法會、廣利有情，並在石渠將信眾的供養用於增刻前世的觀音心咒石堆，所積石經規模十分可觀，被稱為「華智石經堆」，至今尚存。他經常到一些窮鄉僻壤之地勸人戒殺放生、斷惡行善等，使許多地方的人們改過自新，行持正法。在馬爾康地區，曾有兩個家族之間發生了一場激烈的爭鬥，為了平息這場暴力事件，他便橫躺在雙方中間的一個狹窄路口上，過路的人不得不從他身上跨過。他對每個人都做了特殊加持。三個年輕的騎士路過時看到他一直躺在那裡，便問：「你是得了麻瘋病還是精神錯亂，為什麼一直躺在路上呢？」他溫和地說：「年輕人，不用擔心，我得的病叫覺性菩提心，你們不會染上的，就算我的弟子中也只有紐西龍多等少數人才染上，所以你們不必擔心。」通過他的加持，雙方的敵對情緒漸漸消除了，接連不斷的流血事件已經停止。人們也知曉了這是尊者加持的結果。

尊者具有無礙的神通，譬如在日當山洞修行時，他對一位修行人說：「你能回憶前世嗎？我能回憶前幾百世之事。曾有一世我做妓女時供養了大成就者黑行一個金手鐲，自此以後從未轉生過旁生及愚癡者。」

在青海德窮山洞靜住時，達西地方的一位老人在經商途中不慎掉進河中溺水而亡。同伴們將其屍體抬到德窮山洞前，請尊者及僧眾為他念往生儀軌作超度。念到中間時，尊者突然哈哈大笑，停止了念誦。後來在石渠，他對少數弟子說：「那次我們超度的那位老人，儀軌尚未念完，他的神識早已去三十三天轉生為小天子了。當時看著眼前白髮蒼蒼的屍體，我不禁心想：一個老人竟然跑得這麼快！因此便不由自主地笑了。」

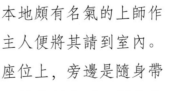

因尊者經常是以普通僧人形象隻身一人獨來獨往，所以很少能被人認出。一次來到康區的一戶人家門前，當時主人的母親去世了，迎請來本地頗有名氣的上師作超度佛事。因他也是僧人裝束，主人便將其請到室內。進門後看到那位上師坐在高高的座位上，旁邊是隨身帶來的小侍者，他們正在念誦儀軌，於是便坐到一個角落裡，以神通觀察發現那位上師正在想：主人家能否將那匹最好的黑馬供養我呢？亡人的中陰身得知這位上師生起了如是惡念後便躲得遠遠的。小侍者卻以真誠的大悲心祈禱亡人往生極樂世界而專注念誦，因此又將中陰身感召回來，但他無有能力將其超度。觀到這裡尊者暗自思量：若未與亡人結上緣，則無法超度他。便對主人說：「能給我一點吃的嗎？」主人說：「佛事做完後可以給你。」超度儀式結束後，那位上師果然得到了黑馬，而具有慈悲心的小扎巴（僧人）卻僅得到了一張小黑牛皮。主人給了他一碗酸奶，如此已與亡人結上了緣，於是將亡靈超度了。爾後他自嘲地說：「貪心上師得黑馬，悲心扎巴得牛皮，超度亡靈得酸奶。」

更為有趣的是尊者曾經有兩位《大圓滿前行引導文》的「上師」。有一次他來到爐霍縣的多芒寺，借宿在僧人赤誠達吉家中，當晚赤誠達吉問他：「你聽說過華智仁波切嗎？」他說：「聽說過但沒有見過。」「我對他老人家仰慕已久，曾專門去石渠拜訪過，但一直未見到。你知道他著的《大圓滿前行引導文》嗎？」「沒聽過。」「那真是一部非常好的論著，沒聽過太可惜了。雖然我沒有傳承，但如果你感興趣，我可以講給你聽。」「那實在太好啦！」赤誠達吉便給他講了其中的少許教言。次日清晨，看到這位借宿的僧人還不起床，他十分不悅地大聲說：「天已亮了，你怎麼還在睡呀？我們是出家人應當精進修行才對啊！……」後來他聽說華智仁波切在道孚傳法，立即前去拜見。尊者見他從遠處走來，立刻從法座上下來迎接，並對弟子們說：「這位僧人是給我傳授《大圓滿前行》的上師。」這時他才知道那位普通僧人就是華智仁波切，慚愧地哭了。尊者誠懇地說：「赤誠達吉是一位很好的修行人。」

還有一次，尊者準備到德格噶托寺傳法。因為距正式傳法還有很長一段時間，他便去轉繞寺廟附近的舍利塔，當時沒有人認出他。一位名叫加絨的喇嘛熱情地與他攀談：「你對佛法很有興趣，不知你懂得多少？」他十分謙虛地說：「佛法廣博，浩如煙海，我只不過懂得零零星星的一點點。」「我正在學習《大圓滿前行引導文》，這部論著已圓滿宣說了佛法的一切道理，是大成就者華智仁波切之近作。如果你想聽，我可以傳給你。」他欣然地接受了。之後他每天在加絨喇嘛面前認真地聽受，從人身難得到因果不虛全部聽完了。這位「上師」也為自己有如此虔誠的好弟子而感到十分欣慰。

一天加絨去城中辦事，（因轉塔時已被來自石渠的信眾認出，所以尊者到噶托寺的消息當時已傳開了。）回來後對「弟子」說：「我今天聽到了一個好消息，華智仁波切已到了噶托地區了，據說兩三天後就開始傳法，你還是很有福報的。」他說：「他有什麼了不起的？佛陀不是告訴我們依法不依人嗎？」話音剛落，便遭到「上師」的一頓痛打：「你真是膽大包天，竟敢對華智仁波切如此不敬，真該將你從僧眾中開除！」

兩天以後，尊者坐在法座上面對數以千計的信眾正式傳法。在場的加絨喇嘛沒想到昔日的弟子竟然成了華智仁波切，十分不好意思，想要離開。他知道後真誠地告訴眾人：加絨是為我傳授《大圓滿前行》的上師，對我恩德極大。我非常希望他能留下來與我共同發願度化眾生。

尊者十分重視講經說法、聞思修行，每當聽到別人勤於聞思修時，便異常歡喜，倍加讚歎，而且著重強調慈悲菩提心，所攝受的弟子之名皆以「悲」字開頭，傳法時也是以慈悲心貫穿於始終。一生中所傳講的顯密佛法不勝枚舉，其中最主要的是《入菩薩行》、《大幻化網》及《功德藏》。

在藏地普遍弘揚《入菩薩行》，曾經在巴拉山谷傳講時有數多鬼神也前來聽聞，此為具有神通者現量所見。在千竹青、西日桑哈地方傳講時，出現了許多吉兆瑞相，如周圍遍地盛開三十二瓣、五十瓣的黃色花朵，被人們稱為「入行論黃花」。據說凡食用此花者相續中皆可生起無偽慈悲菩提心，至今仍有。此外於安多、康藏、衛藏等多處宣講，以至於幾乎整個藏土十歲以上的孩子對《入菩薩行》的詞義均有所了解。尊者依照不同注釋對各個宗派傳講，如依甲曹傑之注釋為嘎單派傳講；依索朗哲母之注釋對薩迦派宣講；依華沃周朗長瓦的注疏為噶舉派傳講；依無著菩薩之注疏為寧瑪派傳講。致使各寺院中許多僧人能夠以背誦的方式傳講《入菩薩行》，並且大多數僧人相續中生起了無偽菩提心。自此以後《入菩薩行》在雪域才得以廣泛弘揚。

在格蒙寺閉關期間，每年為有緣弟子深入細緻地廣傳《大幻化網》與《功德藏》。在傳《功德藏》時，弟子堪布雲嘎做了詳細的記錄後，依師教言做了兩大講義，即至今仍聞名於世的《日光論》與《月光論》。《大幻化網》後來被傳給堪布根華，一直傳至頂果欽哲仁波切傳與法王如意寶晉美彭措，頂果欽哲仁波切又於印度、尼泊爾等國家廣弘。法王如意寶則將其廣泛弘揚於藏地、漢地、西歐等國。總之，以《大幻化網》為主的寧瑪派諸多法要至今具有清淨傳承且一脈相傳主要是華智仁波切和洋彭塔意之鴻恩所致。曾有一日尊者對弟子堪布索秋說：「昨晚夢中一位頭戴班智達紅帽之人為我傳授《大圓滿心性休息》，獲得了不共傳承。」夢中戴紅帽之人即是無垢光尊者，因此具有近傳加持。尤其是無垢光尊者以智慧幻化身攝持其（華智仁波切）並意傳與他的耳傳密法，如今在雪域堪布門色仁波切之傳承弟子為首的眾多修行者傳修，仍然極為興盛，而且成就者也不勝枚舉。

在傳法時，尊者也著重宣說往生極樂世界的修法，時常勸誡大家發願往生西方極樂世界與東方現喜剎土。

尊者曾經用了三年時間為紐西龍多等有緣弟子廣講了《大圓滿心性休息》，並帶眾人實修每一引導。在傳完《大圓滿前行引導文》與《本來清淨修法》後，弟子革蒙文波深有體會地說：「以前我對大圓滿的境界僅僅是了知而已，如今徹底了悟了。」

在攝受弟子方面，尊者極其歡喜攝受心地善良、具信心、智慧、精進、誠信因果者。對他們十分慈悲並合時宜地宣說自己的境界。一次與大弟子紐西龍多交談時，他問：「你平時常常祈禱哪位本尊或上師？」「弟子十分懈怠懶惰。」「懈怠時就不說了，若祈禱，祈禱誰呢？」「只對您老人家作祈禱。」「那麼多上師本尊佛菩薩，為什麼只祈禱我呢？」「因您常常講經說法，弟子相續中的少分功德也完全來自於您老人家的恩德。」「若從這個角度來說倒言之在理。」並說：「如今我的相續中始終生不起煩惱。」

由於注重真修實證，發現弟子有不如法行為時則開誠布公、直言不諱地揭露，及時令其對治煩惱，調伏自相續。而對於那些表面上宣講甚深見解而無真正的實修境界之人則以神通巧妙開示：修行不在外表的形象，而在於內心。

一次，尊者來到某寂靜處的一個山洞裡。住在那兒長期閉關的一位修行者問他：「你從哪裡來，要到哪裡去？」「我從背後來，要到對面去。」「你生在何處，叫什麼名字？」「我生於人間，叫無作瑜伽士。你在如此偏僻陰暗的山洞裡修什麼法，住了多久？」那位修行人趾高氣揚地說：「我在這裡已修行了二十多年，正在修至高無上的安忍波羅蜜多。」尊者略皺眉頭地說：「那倒是很好，不過我聽說你是一個大騙子，欺騙了許多信眾啊！」聽了此話，那人暴跳如雷，氣急敗壞地嚷道：「你說什麼？我騙了什麼人，你說清楚，你今天是專門跑到這裡來擾亂我的閉關嗎？故意來擾亂我的修行嗎？真是一個賤種人。」尊者面露微笑，心平氣和地對他說：「朋友你好，剛才你不是說已在此處修了二十多年安忍波羅蜜多嘛！這麼大的嗔恨心是你自己的嗎？」

尊者針對當時的密法修行者中存在的盲修瞎煉、肆意妄行等種種弊端，以文殊智慧的無畏善說摧毀了各種各樣的邪見惡行，激濁揚清，興利除害，在末法時期宛如空中皓月，遣除了雪域無明黑暗，再度高高樹立起無上密法大圓滿之法幢。

尊者平易近人，和藹可親，極其樂於濟困扶危，尤其是對於那些無依無靠、孤苦伶仃的人。在瑪涅地區時，寒冬臘月的一天早晨，一個身著破衣爛衫的小女孩哆哆嗦嗦地來到他的帳篷前，已接近凍死。他慈愛地問：「你要到哪去啊？準備做什麼去？」她渾身顫抖著說：「我的犛牛丟了，我要去找犛牛。」見她已凍成這般，便請她到帳篷裡喝茶。按藏族的習俗，每個人出門時都隨身帶碗。可是這個小女孩懷中沒有碗。尊者在自己的木碗中倒入熱騰騰的酥油茶遞給她。她羞澀地低頭喝著。喝完後身體暖和過來了，她滿懷感激之情準備用自己的髒衣服擦拭手中的碗。尊者笑著逗她說：「我的碗確實很髒，也許你不高興了，不管怎樣你已喝完了，不用擦吧！」尊者接過碗沒有洗立即倒茶喝，又讓弟子們幫助她尋找犛牛。

還有一次，在徒步返回石渠去舉辦法會的途中，遇到一位寡婦帶著三個孩子準備去參加法會，同時想討一些財食。見到她們孤兒寡母十分可憐，便背起第二個孩子一路同行。有時尊者背著孩子去化齋分給大家，有時女人抱著小孩子去乞討一起分享，有時大孩子去討飯共同享用，人們都誤以為他們是乞丐一家。如此朝夕相處，女人覺得這個「老乞丐」為人忠厚、心地善良，便對他說：「我們孤兒寡母一路上多虧你照顧，你也是孤身一人，不如我們一起生活吧。」「這件事以後再說吧。」法會前一天他對婦人說：「今天你們在此休息，我先走一步，明天法會中見。」婦人說：「只差一天了，不如明天我們一起去吧。」「不行，我必須先走。」

次日尊者登上法座，開始傳法之前對眾人說：「本來我不接受供養，但今天我有一位特殊的客人，你們要供養財物儘管供養吧。」與會信眾紛紛供養。那母子四人在人群中一直沒找到同路來的「乞丐」。參加法會的人密密稠稠，婦人只是在遠處模模糊糊地看見高高法座上的人，卻看不清面容。已是法會最後一天了，她想：那個老頭子也不管我們了，現在我應將所得的這點財物供養華智仁波切，一方面超度亡夫，另一方面我們也可種下善根。她來到法座前，又恭敬又惶恐地將微薄的財物舉過頭頂，當抬起頭時看到為自己帶孩子的人竟是華智仁波切，頓時目瞪口呆，想到昔日說的話，不禁羞愧難當。尊者笑容可掬，慈祥地看著她說：「我說過一定會讓你們母子過得好，這些財物你全部拿去吧。」

七十幾歲在石渠瑪日堂地方舉辦一次規模宏大的極樂法會後，再未廣轉法輪，只是閉關靜修。前來拜見者，均介紹到大弟子丹增諾吾前，對再三祈請轉法輪者予以嚴厲呵責。其作品中也曾寫道：「如今有諸多高僧大德你們不去親近，圍著我有何用呢？」

在事業圓滿的最後五年中，一直住在上師如來芽遺塔附近，時常作薈供。火豬年初便示現重疾，也做了一些授記將往生東方現喜剎土。一日身邊的醫生建華喇嘛對他說：「尊者，您十分提倡往生西方剎土，故我一心一意發願往生西方極樂世界。」「那好，你去西方吧，我要去東方！」後病情加重。一天，他對弟子說：「昨晚夢見兩位僧人告訴我『您的所化眾生在東方現喜剎土』。我怎麼會有所化眾生呢？我一生中始終勸人往生西方極樂世界，可夢中我一直坐在粗過莫（地名）上，看來我還要來人間一次。」火豬年（1889年）藏曆四月十八日，尊者身體端直、雙手定印、金剛跏趺坐融入法界。

尊者一生的論著作品也極為豐富，所作詩歌頗具特色，被譽為雪域著名詩學家。風格獨樹一幟，以各種戲劇形式對各層人士宣說佛法，如膾炙人口的《蓮苑歌舞》、《仙人漫談》等等民間廣為流傳。故蔣揚欽哲旺波與全知麥彭仁波切讚道：「尊者之作，情文並茂、意義深刻、簡明易懂，已獲語自在文殊菩薩之果位。」此外多智慶單畢涅瑪稱讚說：「仁波切之傑著，智者觀其義極深，愚者見其句易解，行文委婉流暢，具詩歌之優美風格，且文中每一教言皆是對治煩惱、調伏相續之竅訣，故智者愚者閱後無不心生歡喜。」本來所著論典也較多，但多已散失，今僅存六函。其中《入行論》、《功德藏》科判，《大圓滿前行》、《讚頌集》仍為後學者廣泛應用及修學。

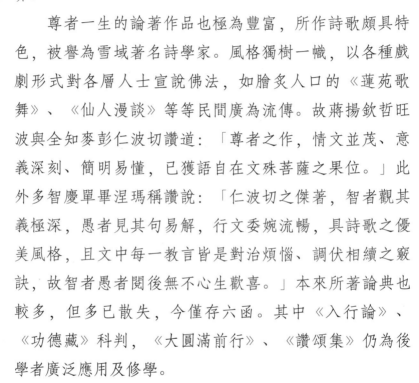

尊者為佛教培養的高僧大德也不可勝數，遍於各宗各派。如寧瑪派的伏藏大師列繞朗巴、全知麥彭仁波切，噶舉派的華沃仁波切，噶瑪巴的康吉、堪扎西沃色，嘎單派的康色降貢等等。尤其是世人共稱尊者如印度世親論師一樣有四大弟子，即見解最高的紐西龍多，講論最絕的鄔金丹增諾吾，因明最精通的嘎單迦巴，行為最如法的美納根讓秋扎。總之，有無數具清淨戒律、智慧深邃、威儀如法、證悟本性的法子高僧大德們繼承了尊者之廣大利生事業，將佛法廣弘於藏地雪域為主的世間中。

作為欲求解脫、修行菩提的我們，學習經論時首先應了知其著者之殊勝功德。關於尊者的生平事蹟無有全面、廣泛的文字記載留世，我今擷取自己於諸位大恩上師前聽過的幾則喜聞樂見、生動形象的故事，撰成此文，旨在使您進一步了知他的深廣功德從而生起無比信心。此外，哲欽丹畢涅瑪、諾西堪仁波切、土登諾布仁波切、揚忠活佛等也著有其略傳，敬請拜閱。

從此略傳中，我們不難看出華智仁波切是真正名不虛傳的一位大成就者，聖者所著之論典完全不同於世間凡夫俗子以分別念所成之作品，因此我們應當深刻體悟《大圓滿前行引導文》中的金剛語，調伏自相續，並虔誠憶念、專心祈禱華智仁波切，力求獲得意傳加持，從而使自己的分別念與其無漏智慧融為一體。

以此所生諸善根，迴向一切有情界，
皆獲意傳之加持，證悟上師無二智。

二〇〇〇年元月五日

༄༅། །སྔོན་འགྲོའི་ངག་འདོན་ཐར་ལམ་རབ་གསལ་ཞེས་བྱ་བ་བཞུགས་སོ། །

前行念誦儀軌・開顯解脫道

ཀུན་མཁྱེན་མི་ཕམ་རིན་པོ་ཆེས་མཛད།

全知麥彭仁波切　造

བླ་མ་མཁྱེན།　ལན་གསུམ།
喇嘛欽

上師知（三次）

དལ་འབྱོར་རྙེད་དཀའ་ཨུ་དུམ་ཝ་ར་འདྲ། །
達　救　逆　嘎　鵝德　瓦局札

暇滿難得猶如優曇花

རྙེད་ན་དོན་ཆེན་ཡིད་བཞིན་ནོར་ལས་ལྷག །
逆那頓欽　耶　雲　耨　雷　拉

既得大義超勝如意寶

འདི་འདྲ་རྙེད་པ་ད་རེས་ཙམ་ཞིག་ལ། །
德　札　逆巴達瑞　匝耶　拉

獲得如是此身唯一回

དོན་ཆེན་གཏན་གྱི་འདུན་མ་མི་སྒྲུབ་པར། །
頓欽　丹　戒　登瑪莫這　巴

若未修持究竟大義果

དོན་མེད་ཆུད་ཟར་གྱུར་པ་བདག་ཅག་ལ། །
頓 梅 切匝 傑 巴達 加拉

我等無義虛度此人身

དཀོན་མཆོག་ཀུན་འདུས་བླ་མས་ཐུགས་རྗེས་གཟིགས། །
滾 秋 根 地喇 咪 特 吉 則

總集三寶上師悲眼視

དལ་འབྱོར་དོན་ཡོད་བྱེད་པར་བྱིན་གྱིས་རློབས། །
達 救 頓右 謝 巴 欣吉 漏

願獲暇滿實義求加持

དམིགས་རྐང་དང་པོའོ། །
第一修法竟

འདུས་བྱས་ཐམས་ཅད་མི་རྟག་གློག་བཞིན་གཡོ། །
地 昔 踏 加 莫達漏 雲 右

諸法無常遷變如閃電

སྣོད་བཅུད་གང་ལ་བསམས་ཀྱང་འཇིག་པའི་ཆོས། །
耨 傑 剛 拉 薩 江 戒 波秋

思維器情悉皆壞滅法

འཆི་བར་ངེས་ཤིང་ནམ་འཆི་ཆ་མེད་ཀྱང་། །
切 瓦 誒 香 南 切恰麥 江

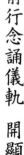

決定死亡死時卻不定

རྟག་འཛིན་སེམས་ཀྱིས་རང་མགོ་བསྐོར་ནས་སུ། །
達 怎 斯 吉 讓 夠 谷 內 色

心執常法唯是自欺誑

བག་མེད་ངང་དུ་གནས་པ་བདག་ཅག་ལ། །
瓦　美　昂德　內　巴　達　加拉

我等恆處懈怠放逸中

དཀོན་མཆོག་ཀུན་འདུས་བླ་མས་ཐུགས་རྗེས་གཟིགས། །
滾　　秋　根　地　喇咪　特　吉　　則

總集三寶上師悲眼視

མི་རྟག་འཆི་བ་དྲན་པར་བྱིན་གྱིས་རློབས། །
莫達　切瓦湛　巴　欣吉　滆

能念無常死亡求加持

དམིགས་རྐང་གཉིས་པའོ། །
第二修法竟

དཀར་ནག་ལས་འབྲས་ནམ་ཡང་ཆུད་མི་ཟ། །
嘎　那　雷　追　南樣　切莫雜

黑白業果永時亦不虛

རྒྱུ་འབྲས་བསླུ་བ་མེད་པའི་ལམ་འདི་ལས། །
傑　追　勒瓦梅波　拉　德　雷

於此無欺因果正道中

འཁོར་དང་མྱ་ངན་འདས་པའི་ཆོས་སུ་སྣང་། །
庫　當　釀安　得　波　秋色囊

顯現一切輪涅之諸法

རང་བྱས་རང་ལ་སྨིན་པར་ངེས་ན་ཡང་། །
讓謝　讓　拉門　巴　誒那　樣
雖知自作定熟於自身

ཚུལ་བཞིན་འཇུག་ལྡོག་མི་ནུས་བདག་ཅག་ལ། །
策　印　皆　叨　莫尼　達　加　拉
我等無力如法作取捨

དཀོན་མཆོག་ཀུན་འདུས་བླ་མས་ཐུགས་རྗེས་གཟིགས། །
滾　秋　根　地　喇咪　特　吉　則
總集三寶上師悲眼視

དགེ་སྡིག་བླང་དོར་བགྱིད་པར་བྱིན་གྱིས་རློབས། །
給　德　浪　多　結　巴　新吉　漏
能作善惡取捨求加持

དམིགས་རྐང་གསུམ་པའོ། །
第三修法竟

བཟོད་པར་དཀའ་བའི་སྡུག་བསྔལ་མང་དང་ལྡན། །
足　巴　嘎　衛　德　埃　芒　當　單
具足眾多難忍之苦痛

བདེ་བར་སྣང་བས་ཡིད་བསླུས་འགྱུར་བ་ཅན། །
得　瓦囊　衛　耶　利　傑　瓦劍
彼現安樂欺意無常眾

ཟག་བཅས་ཕུང་པོ་མཐའ་དག་སྡུག་བསྔལ་རྒྱུ། །
雜　吉　彭波塔　達　德　鄂　傑

一切有漏五蘊痛苦因

ཁམས་གསུམ་འཁོར་བ་མེ་ཡི་འོབས་འདྲ་ཡང་། །
卡　色　扣　瓦枚耶敖　札　樣

三界輪迴猶處火坑中

དེ་ལྟར་མི་ཤེས་ཆགས་ལྡན་བདག་ཅག་ལ། །
得達莫西　恰　單　達　加　拉

我等不知如是尚貪世

དཀོན་མཆོག་ཀུན་འདུས་བླ་མས་ཐུགས་རྗེས་གཟིགས། །
滾　秋　根　地　喇咪　特　吉　則

總集三寶上師悲眼視

ངེས་འབྱུང་བསམ་པ་སྐྱེ་བར་བྱིན་གྱིས་རློབས། །
誒　炯　三巴吉瓦　新　吉　漏

生起出離意樂求加持

དམིགས་རྐང་བཞི་པའོ། །

第四修法竟

དེ་ནས་ཐུན་མིན་སྔོན་འགྲོའི་སྐྱབས་འགྲོ་ནི།

復次不共前行之皈依者:

མདུན་དུ་དཔག་བསམ་ཤིང་ཆེན་ཡལ་ག་ལྔའི། །
登　德　華　薩　香　欽　雅嘎誒

於前如意寶樹五枝上

དབུས་སུ་བླ་མ་ཨོ་རྒྱན་རྡོ་རྗེ་འཆང་། །
喂　色喇嘛鄔金多吉羌

中央上師鄔金金剛持

བརྒྱུད་པའི་བླ་མ་ཡི་དམ་མཁའ་འགྲོས་བསྐོར། །
傑 波 喇嘛耶丹卡 竹 谷

傳承上師本尊空行聚

མདུན་དུ་སྟོན་མཆོག་དུས་གསུམ་སངས་རྒྱས་རྣམས། །
登 德 噸 喬 地 色 桑 吉 南

前方師尊三世一切佛

གཡས་སུ་ཉེ་སྲས་ཐེག་ཆེན་འཕགས་པའི་ཚོགས། །
意 色逆追特 欽 怕 波 湊

右旁親子大乘聖者眾

རྒྱབ་ཏུ་གསུང་རབ་གླེགས་བམ་རྣམ་པ་ཅན། །
佳 德頌 繞 累 玩 南巴劍

後枝安奉善說眾經卷

གཡོན་དུ་མཆོག་བརྒྱད་ཉན་རང་དགེ་འདུན་དང་། །
雲德喬加年讓給登當

左側八大尊者聲緣僧

མཐའ་སྐོར་ཡེ་ཤེས་ཆོས་སྐྱོང་ཚོགས་རྣམས་ཏེ། །
塔 夠 益西秋 炯 湊 南得

周圍智慧護法眾環繞

ཕྱོགས་བཅུ་དུས་གསུམ་སྐྱབས་ཡུལ་ཐམས་ཅད་ཀུན། །
秀 傑 地 色 嘉 耶 踏 加 根

所有十方三世皈依境

མ་ཚང་མེད་པ་ཏིལ་གོང་ལྟར་གསལ་བའི། །
瑪蒼枚巴德　貢　達　薩　衛
悉皆明觀猶如芝麻莢

མདུན་དུ་རང་དང་མ་སོགས་ལྟོས་བཅས་དང་། །
登　德讓當　瑪瘦　都　吉　當
於前我與母等眾親眷

མཁའ་ཁྱབ་སེམས་ཅན་ཀུན་གྱིས་གུས་བཏུད་དེ། །
卡　恰　森　劍根　吉　給　德　得
及諸遍天有情敬頂禮

དུས་འདི་ནས་བཟུང་བྱང་ཆུབ་སྙིང་པོའི་བར། །
地　德　內　縱　香且　釀　布　瓦
從今乃至菩提果之間

ཡིད་ཆེས་མཆོག་གིས་སྐྱབས་སུ་འགྲོ་བར་བསམ། །
耶起喬給嘉色晝瓦三
發起殊勝信解而皈依

ནམ་མཁའི་གནས་སུ་ནམ་མཁའ་གང་བ་ཡི། །
那　葵　內　色那　卡　剛瓦耶
安住虛空遍滿虛空者

བླ་མ་ཡི་དམ་མཁའ་འགྲོའི་ཚོགས་རྣམས་དང་། །
喇　嘛耶丹堪　竹　措　南　當
上師本尊空行諸會眾

སངས་རྒྱས་ཆོས་དང་འཕགས་པའི་དགེ་འདུན་ལ། །
桑　吉　秋　當　帕　波　給　登　拉

諸佛正法以及聖眾前

བདག་དང་འགྲོ་དྲུག་གུས་པས་སྐྱབས་སུ་མཆི། །

達當桌折給貝嘉色切

我與六道眾生敬皈依

སྐྱབས་ཡུལ་དེ་ལྟ་བུའི་མདུན་དུ་སེམས་བསྐྱེད་པ་ལ།

於如上皈依境前而發心者:

ཐོག་མར་ཚད་མེད་བཞི་ལ་བློ་སྦྱངས་ནས་སེམས་ཅན་ཐམས་ཅད་བདེ་བ་དང་སོགས་

初修四無量心: 願諸眾生永具安樂等。

ཅི་རིགས་བསམགས་པ།

次正行發心者:

ཧོ། ཇི་ལྟར་དུས་གསུམ་རྒྱལ་བ་སྲས་བཅས་ཀྱིས། །

吙! 結達地　色　嘉瓦這　階吉

吙! 如同三世佛佛子

བྱང་ཆུབ་མཆོག་ཏུ་ཐུགས་ནི་བསྐྱེད་པ་ལྟར། །

香　且喬　德特　訥吉　巴達

已發最勝菩提心

བདག་ཀྱང་མཁའ་ཁྱབ་འགྲོ་ཀུན་བསྒྲལ་བྱའི་ཕྱིར། །

達　江　卡　恰　桌　根　扎　西些

我亦為度遍天眾

བླ་མེད་བྱང་ཆུབ་མཆོག་ཏུ་སེམས་བསྐྱེད་དོ། །

喇梅香　且　秋　德　森　吉　多

願發無上勝覺心

འདི་འབུམ་བསགས།

上頌誦十萬遍後

རྗེས་སུ་འབྲས་བུ་སྔགས་ཀྱི་སེམས་བསྐྱེད་ཚུལ་ཁྱད་པར་གྱི་ཚུལ་དུ།

次殊勝密咒果乘之發心：

བདག་དང་མཐའ་ཡས་སེམས་ཅན་རྣམས། །
達 當 塔 意 思 劍 南

我與無邊諸有情

ཡེ་ནས་སངས་རྒྱས་ཡིན་པ་ལ། །
噫內 桑 吉 印巴拉

本來即是正覺尊

ཡིན་པར་ཤེས་པའི་བདག་ཉིད་དུ། །
印 巴西 波 達 涅德

了知如是之自性

བྱང་ཆུབ་མཆོག་ཏུ་སེམས་བསྐྱེད་དོ། །
香 且 確 德 思 吉 門

即發殊勝菩提心

如是隨力誦

མཎྜལ་ལ་ཚོམ་བུ་བཀོད་ལ།

供曼茶者：

ཨོཾ་ཨཱཿཧཱུྃ།
嗡啊吽

ཆོས་དབྱིངས་མཉམ་ཉིད་ཆོས་སྐུའི་ཞིང་ཁམས་སུ། །
秋 揚 年 涅 秋給 央 卡 色

法界等性法身淨剎土

རང་སྣང་མ་འགགས་ལོངས་སྐུ་རིགས་ལྔའི་ཞིང་། །
讓　囊瑪　嘎　隆　格　熱　誒　央

自現不滅報身五佛剎

མཁའ་ཁྱབ་སྤྲུལ་སྐུའི་ཞིང་གི་བཀོད་པ་རྣམས། །
卡　恰折　給　央各　古巴　南

周遍化身剎界諸莊嚴

ཀུན་བཟང་བདེ་ཆེན་མཆོད་པའི་སྤྲིན་དུ་འབུལ། །
根　桑　得　欽　秋　波　真德　玻

普賢大樂供雲而奉獻

ཨོཾ་རཏྣ་མཎྜལ་པཱུ་ཛ་མེ་གྷ་ས་མུ་དྲ་སྤྷ་ར་ཎ་ས་མ་ཡེ་ཨ་ཧཱུྃ།
嗡啰那曼扎勃匝梅嘎薩莫扎，薩帕那薩瑪耶啊吽

ཞེས་འབུལ།
如是而供獻

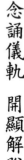

རྡོར་སེམས་བསྒོམ་བཟླས་ནི།
修誦金剛薩埵者:

ཨཱ། བདག་གི་སྤྱི་གཙུག་པད་ཟླའི་གདན་སྟེང་དུ། །
啊　達　格謝則　巴得　單　當德

啊　於自梵頂蓮花月墊上

དཔལ་ལྡན་རྡོ་རྗེ་སེམས་དཔའ་ཟླ་བའི་མདོག །
華　單多吉森　花　達　衛　多

吉祥金剛薩埵皎月色

རྡོ་རྗེ་དྲིལ་འཛིན་སྙེམས་མ་ཡུམ་དང་འཁྱུད། །
多吉者 怎 您瑪 耶 當 切

執持鈴杵雙運白慢母

ལོངས་སྐུའི་ཆས་རྫོགས་རྡོ་རྗེའི་སྐྱིལ་ཀྲུང་བཞུགས། །
隆 給 切鑿 多吉 傑 仲 耶

圓滿報飾金剛跏趺坐

ཐུགས་ཀར་ཟླ་སྟེང་ཧཱུྃ་ལ་ཡིག་བརྒྱས་བསྐོར། །
特 嘎 達當吽拉耶 吉 谷

心月百字旋繞於吽（ཧཱུྃ）字

བདུད་རྩིའི་རྒྱུན་བབ་སྡིག་སྒྲིབ་དག་པར་གྱུར། །
德 賊 金 瓦德 折 達 巴 解

降下甘露清淨諸罪障

སྟོབས་བཞི་ཚང་བའི་སྒོ་ནས་བདུད་རྩི་འབེབས་སྦྱོང་གི་དམིགས་པར་བཅས་ཡིག་བརྒྱ་བཟླ།
以具足四力，觀想降下甘露而淨除。並誦百字明：

嗡班扎薩埵薩瑪雅、嘛努巴拉雅、班扎薩埵底諾巴底叉知桌美巴哇、蘇埵卡約美巴哇、蘇波卡約美巴哇、阿努埵美巴哇、薩哇斯德瑪美扎雅匝、薩哇嘎嘛色匝美、則當協央格熱吽、哈哈哈哈吙、班嘎萬納、薩哇達他嘎達、班扎嘛麥母雜、班扎巴哇、嘛哈薩瑪雅薩埵啊

རྗེས་མཐར།

後行者:

མགོན་པོ་བདག་ནི་མི་ཤེས་རྨོངས་པ་ཡིས། །
滾 波達 訥莫西 蒙 巴噫

怙主！我以愚昧無知故

དམ་ཚིག་ལས་ནི་འགལ་ཞིང་ཉམས། །
丹 策 雷 訥 嘎 央 年

於三昧耶有缺犯

བླ་མ་མགོན་པོས་སྐྱབས་མཛོད་ཅིག །
喇嘛 滾布 嘉 湊 皆

怙主上師祈救護

གཙོ་བོ་རྡོ་རྗེ་འཛིན་པ་སྟེ། །
左握多吉怎巴得

亦即主尊金剛持

ཐུགས་རྗེ་ཆེན་པོའི་བདག་ཉིད་ཅན། །
特 吉欽布 達 涅 劍

具足大悲體性者

འགྲོ་བའི་གཙོ་ལ་བདག་སྐྱབས་མཆི། །
桌 衛 左拉 達 嘉 切

眾生主尊我皈依

བདག་དང་སེམས་ཅན་ཐམས་ཅད་ཀྱི་སྐུ་གསུང་ཐུགས་རྩ་བ་དང་ཡན་ལག་གི་དམ་
達 當 森 劍 唐 加傑格 頌 特匝瓦當煙 拉 各丹

我與一切有情，身語意失壞之根本支分

ཚིག །ཉམས་པ་ཐམས་ཅད་མཐོལ་ལོ་བཤགས་སོ་སྡིག་སྒྲིབ་ཉེས་ལྟུང་དྲི་མའི་
策 年 巴 踏 加 透 漏 夏 所德 者 昵 冬這咪

誓言，悉皆發露懺悔業障、罪墮、種種

ཚོགས་ཐམས་ཅད་བྱང་ཞིང་དག་པར་མཛད་དུ་གསོལ་ཞེས་གསོལ་བ་བཏབ་པས་
措 踏 加香 樣 達 巴 匝 德 所 噫 所 瓦 達 杯

垢染，悉為清淨而作祈禱。如是祈禱後，

རྡོ་རྗེ་སེམས་དཔའི་ཞལ་ནས་རིགས་ཀྱི་བུ་ཁྱོད་ཀྱི་དམ་ཚིག་ཉམས་ཆགས་ཐམས་
多吉森 慧 壓 內 熱 結窩雀 結達 策 年 恰 踏

金剛薩埵親諭：「善男子，汝失壞之一切誓言，

ཅད་དག་པ་ཡིན་ནོ་ཞེས་གནང་བ་བྱིན་ནས་རང་ལ་ཐིམ་པས་རང་དང་སེམས་
加達 巴印耨噫 囊 瓦欣 內 讓拉特 貝 讓當 森

皆已清淨。」說後融入自身，觀想自己

ཅན་ཐམས་ཅད་རྡོ་རྗེ་སེམས་དཔའི་སྐུར་གྱུར་པར་བསམས་ལ་ཡིག་དྲུག་བཟླ།
劍 踏 加多吉森 慧 格 傑 巴 薩 拉 耶 折 達

與一切有情皆成金剛薩埵身，

並誦六字心咒

མཐར། ཨོཾ་བཛྲ་ས་ཏྭ་ཧཱུྃ།
咒：嗡巴札薩埵吽

མཐར་བསྔོ་བ་ནི།

最後迴向者：

དགེ་བ་འདི་ཡིས་མྱུར་དུ་བདག །
給瓦德　噫　　涅　德達

我今速以此善根

རྡོ་རྗེ་སེམས་དཔའ་འགྲུབ་གྱུར་ནས། །
多吉森　華　哲　傑　內

成就金剛薩埵尊

འགྲོ་བ་གཅིག་ཀྱང་མ་ལུས་པ། །
桌　瓦　久　江瑪利巴

令諸眾生無一餘

དེ་ཡི་ས་ལ་འགོད་པར་ཤོག །
得耶沙拉告　巴　校

悉皆安置於此地

發願者：

བདག་དང་སེམས་ཅན་ཐམས་ཅད་ཀྱི། །
達　當　森　劍踏　加結

我與一切諸有情

དམ་ཚིག་ཉམས་ཆག་ཀུན་དག་ཅིང་། །
達　策　年　恰根　達　將

失壞誓言皆令淨

འདི་ནས་བྱང་ཆུབ་སྙིང་པོའི་བར། །
德　內香　且　釀　布　瓦

從今乃至菩提間

དམ་ཚིག་རྣམ་པར་དག་པར་ཤོག །
丹　策　南　巴達　巴　校

三昧耶戒願清淨

ཅེས་སོགས་སྨོན་ལམ་གདབ་བོ། །

བླ་མའི་རྣལ་འབྱོར་ནི། །

上師瑜伽者：

ཨེ་མ་ཧོ།
哎瑪吙

རང་སྣང་དག་པ་རབ་འབྱམས་ཞིང་ཁམས་སུ། །
讓　囊　達巴局　降　樣　卡　色

自現清淨浩瀚佛剎土

རང་ལུས་རྡོ་རྗེ་རྣལ་འབྱོར་མར་གསལ་བའི། །
讓　哩多吉那　救　瑪　薩　衛

明觀自成金剛瑜伽母

སྤྱི་བོར་ཆུ་སྐྱེས་འདབ་སྟོང་ཉི་ཟླའི་སྟེང་། །
謝握切吉　達　咚涅笛　當

梵頂千瓣蓮日月墊上

སྐྱབས་གནས་ཀུན་འདུས་ཨོ་རྒྱན་རྡོ་རྗེ་འཆང་། །
嘉　內　根　地　鄔金　多吉羌

總集皈處鄔金金剛持

དཀར་དམར་ཞི་འཛུམ་རྡོ་རྗེ་ཐོད་བུམ་བསྣམས། །
嘎　瑪　也　則多吉拖　窩　南

白紅寂悅執持杵蓋（托巴）瓶

ལོངས་སྐུའི་ཆས་རྫོགས་མཚོ་རྒྱལ་ཡུམ་དང་འཁྲིལ། །
隆 給 期 鑿 措 嘉 耶 當 撤

圓滿報飾雙運措嘉母

སྐུ་ལ་རང་བྱུང་རྒྱུད་སྡེའི་དཀྱིལ་འཁོར་རྫོགས། །
格拉讓雄 傑 地 皆 扣 鑿

身圓自生續部之壇城

རྩ་བརྒྱུད་བླ་མ་མཁའ་འགྲོ་དམ་ཅན་བཅས། །
匝結 喇嘛誇 竹 丹劍 吉

本傳上師空行守誓等

ཏིལ་གྱི་གོང་བུ་ཕྱེ་བ་བཞིན་དུ་བཞུགས། །
德結 工掲雪瓦印 德 耶

安住如同解開芝麻莢

རྔ་ཡབ་གླིང་ནས་དེ་འདྲའི་ཡེ་ཤེས་པ། །
阿壓狼 內得 賊 益 西巴

如是鄔金刹土智慧尊

ཆར་ལྟར་བབ་པ་བསྒོམ་པའི་རྟེན་ལ་ཐིམས། །
恰 達 瓦巴 估 波 登拉特

猶雨融入觀修之所依

ཧཱུྃ༔ ཨོ་རྒྱན་ཡུལ་གྱི་ནུབ་བྱང་མཚམས༔
吽！歐堅意吉努向 參

吽！鄔金刹土西北隅

པད་མ་གེ་སར་སྡོང་པོ་ལ༔
巴瑪改薩 東波拉

蓮莖花蕊之座上

ཡ་མཚན་མཆོག་གི་དངོས་གྲུབ་བརྙེས༔
雅參　喬　革　俄　珠　尼

稀有殊勝成就者

པདྨ་འབྱུང་གནས་ཞེས་སུ་གྲགས༔
巴瑪炯　內　寫　思扎

世稱名號蓮花生

འཁོར་དུ་མཁའ་འགྲོ་མང་པོས་བསྐོར༔
扣　德誇　桌忙　布　果

空行眷屬眾圍繞

ཁྱེད་ཀྱི་རྗེས་སུ་བདག་བསྒྲུབ་ཀྱིས༔
切　傑吉色　達　折　吉

我隨汝尊而修持

བྱིན་གྱིས་རློབས་ཕྱིར་གཤེགས་སུ་གསོལ༔
新吉　拉　些　謝　色　所

為賜加持祈降臨

གུ་རུ་པདྨ་སིདྡྷི་ཧཱུྃ༔
格日巴瑪思德吽

格日巴瑪思德吽

ཚིག་བདུན་གསོལ་འདེབས་བདུན་ནམ་གསུམ་བརྗོད་པས་སྤྱན་དྲངས་ལ་བསྟིམས་ནས་ཡན་ལག་བདུན་པ་བྱ་བ་ནི།

此七句頌誦三、七遍而迎請融入後，復行七支供者：

ཧོ། རྡུལ་སྙེད་ལུས་བཏུད་གུས་པས་ཕྱག་འཚལ་ལོ། །
吙！德逆理德給貝香擦漏

吙！化身塵數恭敬而頂禮

སྣང་སྲིད་གཞིར་བཞེངས་ཀུན་བཟང་མཆོད་པས་མཆོད། །
囊　折　耶　樣　根　桑　巧　貝　巧

奉獻現有本圓普賢供

ཚེ་རབས་ནས་བསགས་སྡིག་ལྟུང་ཅི་མཆིས་བཤགས། །
才局　內　薩　德　冬解　期　夏

無始所積罪墮皆懺悔

འཁོར་འདས་དགེ་ཚོགས་ཀུན་ལ་རྗེས་ཡི་རང་། །
靠　地　給　措　根拉吉　耶讓

輪涅一切諸善作隨喜

འགྲོ་ཁམས་ཇི་སྲིད་རྡོ་རྗེའི་སྐུར་བཞུགས་ནས། །
桌　卡　結折多吉　格　耶　內

乃至輪盡祈駐金剛身

ཟབ་རྒྱས་ཆོས་ཀྱི་འཁོར་ལོ་བསྐོར་དུ་གསོལ། །
雜吉　秋結庫　漏估　德　所

祈請常轉深廣正法輪

དགེ་ཚོགས་མ་ལུས་སངས་རྒྱས་ཐོབ་ཕྱིར་བསྔོ། །
給　措　瑪哩　桑　吉　脫　些　哦

無盡善聚迴向成正覺

གསོལ་བ་གདབ་པ་ནི།
祈請者：

ནུབ་ཕྱོགས་ཨོ་རྒྱན་དབང་གི་ཕོ་བྲང་དུ། །
訥 校 鄔金 旺 格剖漲德

西方鄔金自在無量宮

བདེ་གཤེགས་སྐུ་གསུང་ཐུགས་ཀྱི་སྤྲུལ་པ་སྟེ། །
得 夏 格 頌 特 結折瓦得

善逝身語意之化現者

འཛམ་བུའི་གླིང་དུ་འགྲོ་བའི་དོན་ལ་བྱོན། །
匝 韋 朗 德桌 衛 頓拉巡

為利贍部眾生而降臨

རིག་འཛིན་མཁའ་འགྲོ་མང་པོའི་འཁོར་གྱིས་བསྐོར། །
熱 怎 卡 竹 茫布 庫 吉 鍋

持明空行會眾作圍繞

པདྨ་འབྱུང་གནས་ཀྱི་ལྷ་ཚོགས་ལ་གསོལ་བ་འདེབས། །
巴瑪炯 內 結拉措 拉索 瓦得

祈請鄔金蓮師諸聖眾

ཨོ་རྒྱན་པདྨ་འབྱུང་གནས་ལ་གསོལ་བ་འདེབས། །
鄔金巴瑪炯 內 拉 索 瓦 得

祈請鄔金上師蓮花生

བདག་ལ་དབང་བསྐུར་བྱིན་གྱིས་བརླབ་ཏུ་གསོལ། །
達 拉旺 格 新吉 拉 德索

祈禱賜予灌頂作加持

ཞེས་མོས་གུས་གདུང་ཤུགས་དྲག་པོས་གསོལ་བ་བཏབ་ཅིང་འོད་ཟེར་བདུད་རྩིའི་རྒྱུན་གྱིས་སྤྱི་

བོ་ནས་དབང་བསྐུར་བྱིན་གྱིས་བརླབས་པར་བསམ། གཞན་ཡང་ཨོ་རྒྱན་དང་ཡི་དམ་གང་ཡང་རུང་བ་དབྱེར་མེད་ཀྱི་བླ་མའི་རྣལ་འབྱོར་ལ་དཔེར་མཚོན་ན་རྟ་མགྲིན་ལྟ་བུ་ལ་ངོ་བོ་ཨོ་རྒྱན་ཆེན་པོ་ལ་རྣམ་པ་རྟ་མགྲིན་དུ་གསལ་བཏབ་ལ།

如是以勝解、虔誠之心猛厲祈請後，觀想其光明甘露相續而入自梵頂後，獲灌頂加持。另又蓮師與任何本尊無別之上師瑜伽者：如以馬頭金剛為例，明觀本性為蓮師，形象為馬頭金剛。

དམར་ནག་གྲུ་གསུམ་དབང་གི་གཞལ་ཡས་ན༔
瑪　那　遮　色　旺　格壓　宜那

紅黑三角自在無量宮

བདུད་ནག་ཕོ་མོ་བརྫིས་པའི་གདན་སྟེང་དུ༔
德　那撲畝賊　波　單　當德

黑魔男女匍匐坐墊上

དབང་གི་རྒྱལ་པོ་པདྨ་ཧེ་རུ་ཀ༔
旺　各加波巴瑪嘿日嘎

自在勝尊蓮花黑日嘎

པདྨ་རིགས་ཀྱི་ཁྲོ་བོ་རྣམས་ཀྱིས་བསྐོར༔
巴　瑪　熱結初屋南吉　谷

蓮部忿怒諸尊作圍繞

རྟ་མགྲིན་དབང་གི་ལྷ་ཚོགས་ལ་གསོལ་བ་འདེབས༔
達針　旺　各拉措　拉所　瓦得

祈請馬頭自在諸聖眾

ཨོ་རྒྱན་པདྨ་འབྱུང་གནས་ལ་གསོལ་བ་འདེབས༔
鄔金巴瑪炯　內　拉　索　瓦得

祈請鄔金上師蓮花生

བདག་ལ་དབང་བསྐུར་བྱིན་གྱིས་བརླབ་ཏུ་གསོལ༔
達　拉旺　格　新吉　拉　德索

祈禱賜予灌頂作加持

ཞེས་སྨྲུར་བའི་ཚིག་བདུན་པོས་གསོལ་བ་བཏབ།
如是以勝解、虔誠之心……獲灌頂加持

དེ་བཞིན་གཤིན་རྗེའི་གཤེད་ལ།
如是大威德者:

མཐིང་ནག་ཨེ་ལས་དྲག་པོས་གཞལ་ཡས་ན༔
糖　那誒　雷札　布　壓　噫納

誒 (ཨེ) 變藍黑忿怒無量殿

གཤིན་རྗེ་ཆུ་གླང་བརྫིས་པའི་གདན་སྟེང་དུ༔
新吉切　狼　賊　波　單　當德

閻羅水牛蜷臥坐墊上

འཇམ་དཔལ་ཡ་མནྟཀ་གཤིན་རྗེའི་གཤེད༔
佳　華　雅曼達嘎新　吉　些

文殊雅門達嘎大威德

གཤེད་པོ་ཁྲོ་བོ་དྲེགས་པའི་འཁོར་གྱིས་བསྐོར༔
些　波初屋札　波　靠　吉　鍋

佛慢忿怒眷屬作圍繞

གཤིན་རྗེ་གཤེད་པོའི་ལྷ་ཚོགས་ལ་གསོལ་བ་འདེབས༔
新　吉　些　布　拉措　拉索　瓦得

祈請怖畏金剛諸聖眾

ཨོ་རྒྱན་པདྨ་འབྱུང་གནས་ལ་གསོལ་བ་འདེབས༔
鄔金巴瑪炯　內　拉　索　瓦得

祈請鄔金上師蓮花生

བདག་ལ་དབང་བསྐུར་བྱིན་གྱིས་བརླབ་ཏུ་གསོལ༔
達　拉旺　格　新吉　拉　德索

祈禱賜予灌頂作加持

ཐུན་མཐར་དབང་བཞི་ལེན་པ་ནི།
觀想同上

後行修四灌者:

བླ་མའི་གནས་གསུམ་ཡི་གེ་འབྲུ་གསུམ་ལས། །
喇咪　內　色　耶給折　色　雷

從於上師三處三字上

འོད་ཟེར་དཀར་དམར་མཐིང་གསུམ་བྱུང་ནས་སུ། །
澳　賊　嘎　瑪　糖　色　雄　內色

發出白紅藍色三種光

རང་གི་གནས་གསུམ་ཐིམ་པས་བྱིན་གྱིས་བརླབས། །
讓各　內　色　特　畢新　吉　拉

融入自身三處作加持

སླར་ཡང་བླ་མ་འཁོར་བཅས་འོད་དུ་ཞུ། །
拉　樣喇嘛庫　吉　澳德耶

又復師偕眷屬化為光

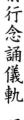

ཚངས་པའི་ལམ་ནས་སྙིང་གི་ཐིག་ལེར་ཐིམ། །
蒼　畢　蘭　內　釀　格特雷　特

由自梵穴融入心明點

བླ་མའི་ཐུགས་དང་རང་སེམས་དབྱེར་མེད་པ། །
喇咪 特 當讓 森 耶 麥巴

上師意與自心成無別

སེམས་ཉིད་གཉུག་མ་ཆོས་སྐུའི་ངང་བཞག་པས། །
森 涅 聶瑪秋 給昂 壓 貝

心性本然法身中安住

སྒྲིབ་པ་བཞི་དག་དབང་བཞིའི་ཡེ་ཤེས་ཐོབ། །
哲巴耶 達 旺 伊 益西 脫

清淨四障獲得四灌智

ལམ་བཞི་འགྲོངས་ཤིང་སྐུ་བཞི་མངོན་གྱུར་པའི། །
蘭耶 炯 香 格 耶 問傑波

精熟四道現前四身果

བྱིན་རླབས་དབང་བསྐུར་མ་ལུས་ཐོབ་པར་གྱུར། །
巡拉旺格瑪哩脫巴傑

獲得一切灌頂及加持

ཅེས་བསམས་ལ།

如是而觀想:

ཨོཾ་ཨཱཿ་ཧཱུྃ་བཛྲ་གུ་རུ་པདྨ་སིདྡྷི་ཧཱུྃ།
嗡啊吽巴扎格熱班瑪色德吽

ཅི་རིགས་བགྲང་མཐར། །

隨力數誦

མཐར་སྨོན་ལམ་གདབ།

最後發願：

སྐྱེ་བ་ཀུན་ཏུ་ཡང་དག་བླ་མ་དང་། །
結瓦根德樣達喇嘛當

生生世世不離師

འབྲལ་མེད་ཆོས་ཀྱི་དཔལ་ལ་ལོངས་སྤྱོད་ནས། །
札　梅　秋　結華　拉隆　修內

恆時享用勝法樂

ས་དང་ལམ་གྱི་ཡོན་ཏན་རབ་རྫོགས་ནས། །
沙當蘭　結雲單　爵造　內

圓滿地道功德已

རྡོ་རྗེ་འཆང་གི་གོ་འཕང་མྱུར་ཐོབ་ཤོག །
多吉薔　格顧旁　涅　脫　效

唯願速得金剛持

སོགས་སྨོན་ལམ་གདབ་པར་བྱའོ། །

སྔོན་ འགྲོའི་ ངག་ འདོན་ འདི་ ནི་ མི་ ཕམ་ འཇམ་ དཔལ་ དགྱེས་ པས་ བསྦྱར་ བ་ དགེ" "···

ལེགས་འཕེལ།

此前行念誦儀軌為麥彭降華吉巴所造。增上善妙！

大圓滿前行引導文科判

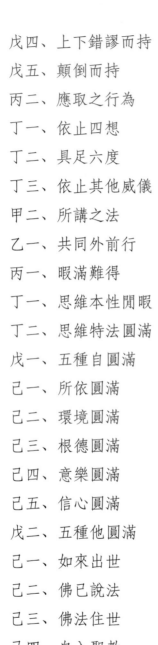

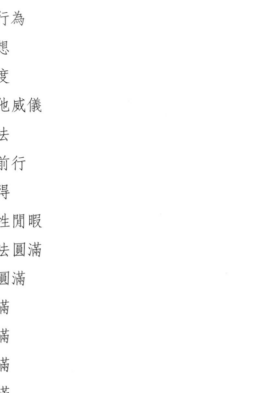

大圓滿龍欽寧提
前行引導文

華智仁波切　著

堪布索達吉　譯

敬禮一切三根本！（譯禮）
頂禮一切具無緣大悲之至尊上師！

如來密意持明表示傳，補特伽羅人中成善緣，
循勝士跡究竟二利者，三大傳承上師前敬禮。
法性界中證法身密意，光明界中見報身剎土，
所化者前現化身利眾，遍知法王尊者前敬禮。
明智照見一切所知性，大悲光明現於所化界，
開顯深道頂乘教法者，持明無畏洲師前敬禮。
觀音自在顯現上師相，說法結緣令入解脫道，
隨機調化事業無邊者，大恩根本上師前敬禮。
圓滿教法遍知傳承論，竅訣精要即生成佛法，
正道前行內外共不共，教言分支捷徑往生法。
顯而易懂義深極稀有，無等上師無謬之口傳，
依照自心定解此宣說，願師本尊加持我相續。

此大圓滿龍欽寧提內外前行，是依照無等殊勝上師

的口傳而記錄下來的。

全文分二：甲一、聞法方式；甲二、所講之法。

甲一（聞法方式）分二：一、發心；二、行為。

乙一（發心）分二：一、廣大意樂菩提心之發心；二、廣大方便秘密真言之發心。

丙一、廣大意樂菩提心之發心：

我們應該這樣想：其實，身處輪迴中的一切眾生，無始時以來無一未曾做過我的父母，做父母時他們都是無微不至地呵護我、恩寵我，最好的食物先給我吃，最好的衣服先給我穿，十分慈愛地撫育我成長。所有這些恩重如山的眾生，雖然欲求安樂，卻不知奉行安樂之因——十種善法；雖然不想受苦，卻不知捨棄痛苦之因——十不善法，所想與所做背道而馳，糊裡糊塗地步入了歧途，就像盲人遺留在荒野中一樣，這些眾生實在可憐！

再進一步觀想：我如今聽聞並修持甚深正法，目的就是為了使曾經做過自己的父母、現在為六道痛苦所折磨的一切有情，遠離各自業感的一切痛苦和習氣，獲得遍知佛陀果位。

這樣的發心，無論在聞法還是修法的過程中都相當關鍵。不管所修持的善根是大是小，如果以方便攝持，就稱為加行發心殊勝；善根不被他緣毀壞，稱為正行無緣殊勝；為令善根蒸蒸日上，在結尾以迴向來印持，這就叫做結行迴向殊勝。所有善行以此三殊勝攝持是必不可少的。

聞法也不例外，最初要將聞法方式放在首位，尤其是發心更居於主導地位。正如《功德藏》中所說：「只隨善惡意差別，不隨善惡像大小。」

如果我們帶著圖地位、求名聲等今生世間利益的動機，那麼無論聽聞多少佛法也不可能變成正法。所以，最初向內反觀，調整自己的發心至關重要。如果知道如此調整發心，就說明善法已被方便攝持，這樣一來，就會成為大士正道無量福德的津梁。相反，如果不懂得調整發心，那麼儘管裝模作樣地聞法、煞有介事地修法，也只能成為形象上的修行。

因此，無論是聞法修行也好，觀修本尊也好，持誦密咒也好，頂禮膜拜也好，進行轉繞也好，甚至口念一遍觀音心咒都應當以菩提心攝持，這一點十分重要。

丙二、廣大方便秘密真言之發心：

誠如《三相燈論》中所說：「一義亦不昧，不難方便多，是為利根故，極勝秘密乘。」此密宗金剛乘，不僅入門的途徑多之又多，而且積累資糧的方便也不乏其數，加之具有不需要歷盡千辛萬苦就能現前聖果的甚深方便，這些歸根到底就是依賴於轉變意樂。如頌云：「諸法即緣故，住於意樂上。」

所以，我們在聞法時，不能將傳法之處和上師等看成是這般平庸不淨的顯現，應當明觀五種圓滿而洗耳恭聽。具體明觀的方法：處圓滿為密嚴法界宮，本師圓滿即法身普賢王如來，眷屬圓滿也就是如來密意傳、持明表示傳的勇士勇母及男女本尊之自性；或者，將說法之處觀成銅色吉祥山蓮花光宮殿，傳法上師明觀為鄔金蓮花生大士，我們聞法的眷屬觀想成八大持明①、君臣二十五尊②及勇士空行的自性；或者這樣明觀：住處圓滿為東方現喜刹土，本師圓滿為報身金剛薩埵，眷屬圓滿觀想成金剛部的尊眾——勇士勇母的自性；也可以將處圓滿觀為西方極樂世界，本師圓滿明觀成無量光如來，眷屬圓滿觀想成蓮花部的尊眾——勇士勇母、男女本尊的自性。無論是以上哪種明觀方式，法圓滿都是大乘法，時圓滿就是本來常有相續輪③。

我們務必明確的是，之所以這樣觀想，是因為這些原本就是這般清淨的，而並不是本不清淨而觀成清淨。（為什麼這樣說呢？以上師為例，）上師本是三世諸佛之本體，身為僧的本體、語為妙法的本性、意即佛的本體，可見上師是三寶的總集；再者，身為上師、語為本

---

①八大持明：布瑪拉美扎、吽嘎繞、文殊友、龍樹、扎巴哈德、達納桑智達、恙威格黑、新覺嘎吧。

②君臣二十五尊：吐蕃王赤松德贊時，蓮花生大士應請入藏，為王及其臣僚講授密法，從而得道證果的二十五人：赤松德贊、囊喀寧波、桑傑也協、傑瓦卻陽、喀欽薩、拜吉也協、拜吉僧格、貝若扎那、涅.雜納古麻惹、宇札寧波、多吉堆均、也協陽、索波.拉拜、祥.也協德、拜吉旺丘、丹瑪則芒、噶瓦拜則、休布.拜吉僧格、傑瓦洛追、且瓊洛、臥真.拜吉旺丘、馬.仁欽卻、拉隆.拜吉多吉、朗卓.袞卻窮乃和拉松.吉瓦絳曲。

③常有相續輪：是密法中的不共法語，指永恆不變之意。

尊、意為空行，上師是三根本的總集；也可以說，身為化身、語為報身、意為法身，總集三身；上師是過去諸佛之化身、未來諸佛之源泉、現在諸佛之補處。上師攝受了我們這些甚至賢劫千佛也未曾調化的濁世眾生，從慈悲與恩德的方面來講，上師已勝過了諸佛。如頌云：「上師即佛亦即法，如是上師即僧眾，一切能作乃上師，師為具德金剛持。」再者，我們所有聞法眷屬也無不具有本基如來藏，並且獲得了珍寶人身，又幸運地遇到了善知識，而且承蒙他們以方便教言攝受，可以說作為眷屬的我們都是未來佛。如《二觀察續》云：「眾生本為佛，然為客塵遮，垢淨現真佛。」

乙二（行為）分二：一、所斷之行為；二、應取之行為。

丙一（所斷之行為）分三：一、法器之三過；二、六垢；三、五不持。

丁一（法器之三過）分三：一、耳不注如覆器之過；二、意不持如漏器之過；三、雜煩惱如毒器之過。

戊一、耳不注如覆器之過：

在聞法的時候，自已的耳識萬萬不可四處分散，而應當專心致志傾聽說法的聲音。否則，就如同在覆口的容器上傾注汁液一般，儘管身居聽法的行列中，但恐怕連一句正法也不會聽清。

戊二、意不持如漏器之過：

如果對於所聽聞的法僅僅限於一知半解或者單單聽聽以敷衍了事而沒有銘記於心，那就會像漏底的容器中注入多少汁液也無法留存一樣，不管聽了多少法也不會懂得融入相續而身體力行。

戊三、雜煩惱如毒器之過：

在聞法時，如果自己心存貪圖名譽、謀求地位等有過患的動機，或者摻雜著貪嗔癡等五毒妄念而聽聞，那麼所謂的法非但對自心無利反而會變成非法，如同向有毒的容器中注入上好的汁液一樣。

誠如印度單巴仁波切也曾經這樣說：「聞法時要像野獸聞聲一樣；思維時要像北方人剪羊毛一樣；觀修時應如愚人品味一般；行持時應如飢牛食草一般；得果時應如雲散日出一般。」意思是說，聞法時要像野獸聞聲一樣，野獸聞聲是怎樣的情景呢？野獸酷愛琵琶的聲音，就算獵人從旁邊射毒箭也不發覺，仍舊怡然專注地聽著。同樣，在聞法的過程中我們也要力求做到情不自禁身毛豎立、淚流滿面、雙手合十而全神貫注地諦聽。否則，儘管身體坐在聽法行列中，但心裡卻雜念紛飛，口中也打開了綺語的伏藏門，一邊胡言亂語一邊東張西望，心不在焉，這些通通是不應理的。

在聞法期間，甚至包括誦經、念咒等一切善行也要放下來而集中精力恭聽。聽聞之後應當將所講的法義牢記在心，並且經常實地修行。正如釋迦牟尼佛也曾經親口說：「吾為汝說解脫之方便，當知解脫依賴於自己。」上師為弟子講經說法，就是教導弟子如何聞法修法、如何棄惡從善、如何身體力行。作為弟子，務必要念念不忘、時時銘記上師傳授的所有教言，進而付諸於實踐，也就是實地修行。相反，如果將上師所傳的法義拋之腦後而沒有記在心間，雖然也可能有一點兒聞法的功德，但是對佛法的詞義一點一滴也不能領會，由此看來，幾乎與未曾聞法沒有差別。

就算是將所聞之法記在心中，但如果與煩惱混在一起，也不能真實步入正法。就像無等塔波仁波切④所說：「若不如法而行持，正法反成惡趣因。」因此，對上師正法顛倒妄執，對於同行道友冷嘲熱諷、不屑一顧、心懷我慢，諸如此類的惡分別念，都是惡趣之因，所以務必一概斷掉。

丁二（六垢）分六：一、傲慢；二、無正信；三、不求法；四、外散；五、內收；六、疲厭。

依照《釋明論》中所說：「傲慢無正信，於法不希求，外散及內收，疲厭皆聞垢。」聞法時必須斷除的六

④塔波仁波切（1079－1153）：全名塔波拉傑.瑣南仁欽，譯言福寶，宋代西藏著名佛學家。繼承瑪爾巴、米拉日巴一派噶舉傳統，闡發弘揚成為塔波噶舉體系的一代大師。幼年學醫，稍長以醫理醫道馳名，有「塔波神醫」之稱。公元1104年出家受戒，從多師學法，約於1110年赴後藏甄地（聶拉木附近）投米拉日巴學法十三個月，奉師命回前藏專修。1121年於塔拉干波地方建干波寺，收徒布道。傳授教法時著有《解脫莊嚴論》，融合嘎單派法於米拉日巴密法，以「大手印」為主，視徒眾機宜分別傳授「方便道」或「大手印」，開一代噶舉教法新風，故稱塔波噶舉。

種垢染，一、傲慢：傲氣十足，認為自己已經遠遠勝過了說法上師；二、無正信：對上師、正法不起信心；三、不求法：不慕求正法；四、外散：心思旁騖，散於外境；五、內收：五根門向內收斂；六、疲厭：因講法時間過長等而心生厭煩。

戊一、傲慢：

在所有煩惱當中，傲慢和嫉妒這二者可謂最難認識。所以，我們應當詳細審視自相續。如果因為自己在世間或出世間某些方面有少許功德，便認為「我已如何如何了不起」而產生執著，這樣一來，勢必見不到自相續的過失，也發覺不到他人的功德，因此理當斷除傲慢，恆時謙虛謹慎。

戊二、無正信：

如果不具備信心，就已阻塞了邁進正法的大門，為此，要具備四種信心⑤中的不退信心。

戊三、不求法：

希求正法可謂是一切功德的基礎，求法有上中下三品，所以修行人也有上中下之分。如果對正法從來也沒有嚮往希求之心，當然也就根本談不上成就正法了。如世間俗語所說：「法本無主人，誰勤誰得大。」我等大師釋迦牟尼佛也曾僅僅為四句正法，而經歷了挖出身肉做成千盞燈後插入千根燈芯、縱身跳入火坑、身上釘入

⑤四種信心：清淨信、欲樂信、勝解信、不退轉信。

數千鐵釘等百般苦難，真可謂「越過刀山與火海，捨身赴死求正法」。同樣，作為追隨者的我們，也應當以強烈希求之心，不顧一切艱難困苦、嚴寒酷暑而聽聞正法。

戊四、外散：

心識散亂於六種外境是輪迴一切迷現之根本、一切痛苦之來源。比如，由於眼識貪執色法，致使飛蛾撲火，結果自取滅亡；由於耳識貪執聲音，使得野獸斃命在獵槍之下；由於鼻識貪執芳香，蜜蜂纏死在花叢當中；由於舌識貪執美味，魚兒釣在鐵鉤之上；由於身識貪執所觸，大象陷在淤泥之內。

此外，無論聽法、傳法還是修行時，都需要斷除追憶往事、妄想未來及現在的分別念散於外境等現象。無著菩薩⑥說：「昔日感受苦樂如波紋，已盡無跡切莫追憶之，若念當思盛衰與離合，法外何有可依嘛尼瓦？未來生計如旱地撒網，捨棄無法實現之希冀，若念當思死期無定準，何有行非法空嘛尼瓦？暫時瑣事如夢中生計，精勤無義是故當捨棄，如法食亦以無貪印持，所作所為無義嘛尼瓦！後得調伏三毒分別念，一切念境未現法身前，非思不可之時當憶念，莫縱妄念散亂嘛尼瓦！」另外也曾如此教誨道：「莫妄想未來，若妄想未來，則如

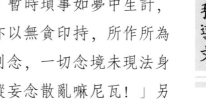

⑥無著菩薩（1295－1369）：全名額曲土美桑波，意為無著賢，是觀世音菩薩的化身，《佛子行》的作者。

月稱父。」

（關於月稱父，有這樣的一個公案：）從前，一個窮人得到了許多青稞，他將這些青稞裝入口袋裡，掛在上方，自己躺在口袋的下方，不禁暗自思忖：我現在用這些青稞作為本錢，想必將會擁有大量財物，到那時娶上一位妻子，她必定會生一個兒子。那麼，我該給兒子取什麼名字好呢？這時，剛好看到月亮從東方升起。於是他想：乾脆我就為兒子取名「月稱」吧。正在這時，懸掛口袋的繩子被老鼠咬斷了，袋子恰巧落在他的身上，他就這樣一命嗚呼了。

可見，過去未來紛繁複雜的妄念根本沒有值得信賴的時候，只是自相續散亂之因而已，我們要全力以赴予以消除，具足正知、正念、不放逸而聽聞正法。

戊五、內收：

如果我們在聞法時僅僅受持佛法的個別詞義，就會像馬熊挖雪豬子一樣得此失彼，不可能有了知一切的時候。如果心思過於內收，也會出現昏昏沉沉、懨懨欲睡等弊端，所以一定要鬆緊適度。

從前，阿難尊者教誡晝辛吉修法時，晝辛吉有時緊張過度，有時異常鬆懈，而未能生起任何修法境界。於是他便前去請教世尊。

世尊問：「晝辛吉，你在家時擅長彈琵琶嗎？」

他回答：「極為擅長。」

世尊又接著問：「那你彈奏時所出的妙音，是在琴弦極度繃緊時發出，還是在琴弦十分鬆弛時發出呢？」

晝辛吉呈白道：「這兩種情況都不是，只有琴弦鬆緊適度時才能發出妙音。」

世尊教誨說：「那麼，你修心也與之相同。」

晝辛吉依教奉行，最後證果。

瑪吉拉准空行母也說：「不緊亦不鬆，彼具正見要。」

因此，心既不能過緊而內收（也不能過鬆而外散），要做到不鬆不緊、恰到好處，諸根悠然而住。

戊六、疲厭：

諸如，當遇到因講法時間過長而感到飢餓難耐或者遭受風吹雨打、烈日曝曬等情況時，切切不可心生厭煩，進而不願意繼續聽法，斷然放棄。心裡要這麼想：如今我已經獲得暇滿人身，並榮幸地遇到了具有法相的上師，而且擁有聽聞甚深教言的良機，實在是喜出望外，這是無數劫中積累資糧的果報。如今能聽到甚深妙法，真好似百時享用一次飲食，可謂千載難逢，這多麼令人高興啊！所以，為了這樣的妙法，理所應當安忍一切艱難困苦、嚴寒酷暑，歡歡喜喜來聽法。

丁三（五不持）分五：一、持文不持義；二、持義不持文；三、未領會而持；四、上下錯謬而持；五、顛倒而持。

戊一、持文不持義：

如果一味注重受持優美動聽的詞句，而不詳細分析甚深的意義，那麼就如同孩童採集鮮花一樣，也就是說，推敲詞句並不能使內心獲得收益。

戊二、持義不持文：

如果認為一切文字結構只是泛泛空談，沒有任何實義，進而輕視詞句偏重甚深的意義，這樣一來，詞句與意義就會互相脫離，因為不依賴於詞句根本無法理解意義。

戊三、未領會而持：

倘若沒有領會了義與不了義、秘密與意趣的各種說法而受持，就會導致誤解詞句和意義而違背正法的結局。

戊四、上下錯謬而持：

如果上下錯謬而受持，顯然已違反了佛法的規律，如此一來，無論聞法、講法或修法都會面臨矛盾重重的處境。

戊五、顛倒而持：

假設顛倒而受持意義，則自相續會因邪分別念的滋生蔓延而毀壞，甚至會由此而成為佛法的敗類。

所以，我們務必要斷除上述過患，通過詞句與意義上下毫不錯謬的正確途徑來受持。當遇到意義難解、內容繁多時，絕不能認為無法掌握而就此放棄，要以頑強的毅力堅持不懈地受持。遇到意義簡單、詞句鮮少之處時，也不能認為法義淺顯而輕蔑藐視，必須牢記不忘。

總而言之，要按照上下文正確無誤的相應關係，有條有理、一五一十地掌握一切詞義。

丙二（應取之行為）分三：一、依止四想；二、具足六度；三、依止其他威儀。

丁一、依止四想：

如《華嚴經》中說：「善男子，汝應於自己作病人想，於法作妙藥想，於善知識作明醫想，於精進修持作醫病想。」我們自己從無始以來沉淪在此輪迴大苦海中，就相當於是遭受因三毒、果三苦所折磨的病人。例如，病情非常嚴重的患者要想脫離病苦得到安樂，必須依止一位明醫，並且遵照醫囑按時按量服用所開的藥物。同樣的，我們必須要依止一位如明醫般具足法相的上師，百分之百地依師言教奉行，服用正法妙藥，只有這樣才能消除業惑苦難的疾病。

相反，儘管依止了上師，但如果沒有依教奉行，就如同病人不遵醫囑，醫生無濟於事一樣（上師也無法利益弟子）。如果自己沒有實地修行良藥般的妙法，那就像一位病人的枕邊雖有不可計數的妙藥和藥方，但自己不曾服藥也於病無補一樣。

當今時代有許多人認為：只要祈求上師以大悲觀照我就大有希望。好像自己即使累積了許許多多惡業也不需要感受果報，而僅以上師的悲心力，就能像拋石頭一樣將自己投到清淨剎土。

但實際上，所謂上師的悲心，也就是以慈悲心攝受弟子，宣講甚深教言及取捨的教理，依照如來言教開示解脫勝道，除此之外再沒有任何更殊勝的大悲心了。當然依靠上師的大悲心，到底能否趨入解脫道關鍵還是靠自己。尤其我們如今已獲得暇滿人身，並且知曉取捨的要點，自己自由自在的此時此刻是計劃永遠行善或永遠作惡的警戒線。所以，不折不扣地遵照上師的言教踏踏實實地修行而徹底分清輪迴和涅槃的界限，這一點非常重要。

與此相反，當前有許多經懺師到亡人的枕邊念誦「上去下去之關鍵，如馬隨轡頭所轉」。事實上，到了那時，除非是前世修道的大德以外，大多數亡靈都是背後為業力的狂風所驅逐，前面有陰森可怕的黑暗相迎接，就這樣夾入中陰的狹長險道中，不可思議的閻羅獄卒口中喊著「殺殺、打打」窮追不捨。當時，無處可逃，無處可藏，無依無靠，處在這般無可奈何、無所適從的時刻，又怎麼會是上去下去的關鍵呢？如鄔金蓮花生大士也說：「靈牌之上灌頂時已遲，靈魂漂泊中陰如愚狗，憶念善趣彼者有困難。」就像馬的方向隨著轡頭

⑦永遠捨棄天靈蓋：今世捨棄一次頭蓋（指人身）後，永遠不再轉生輪迴之意。

所轉一樣，上去下去的關鍵時刻就是現在活著的這個時候。依靠即生的人身行持向上之善業的力量與其餘五道相比遙遙領先，也就是說，此生此世完全可以永遠捨棄天靈蓋⑦；同樣，這個人身積累向下之惡業的能力也遠遠超過餘道眾生，換句話說，今生今世也可能成為決定無法脫離惡趣深淵的罪魁禍首。

如今我們已經幸運地遇到了如明醫般殊勝的上師，獲得了如起死回生之甘露妙藥般的正法，此時應當依靠上述的四種真實想，修持自己所聽聞的正法，趣入解脫道。應當斷除四種真實想的違品——四種顛倒想。如《功德藏》中說：「人性惡劣誑如繩，依止上師如捕獐，已得正法麝香物，實喜狩獵捨誓言。」這其中已經說明了所謂的四種顛倒想，也就是將上師看成是獐子；將正法看作是麝香；將自己當作獵人；將精進修行作為箭、陷阱等捕殺獐子的方便。求法不實地修持、不感念上師恩德的這些人，依靠正法積累惡業並終將成為惡趣的基石。

丁二、具足六度：

實際上，在聞法過程中也具足六波羅蜜多，正如一切法行之竅訣——《現證續》中所說：「奉獻花座等，隨處戒威儀，不害諸含生，於師生正信，無散聞師教，解疑問難題，聞者具六支。」

（那麼，聞法期間如何具備六度呢？）在聞法之前，擺設法座，鋪陳坐墊，供養曼荼羅以及鮮花等，即是布施度；隨處做些灑水清掃等善事，遮止自己不恭敬的威儀，即是持戒度；不損害包括螻蟻在內的含生及忍受一切艱難困苦、嚴寒酷暑，即是安忍度；斷除對上師及正法的邪見，滿懷虔誠信心、滿懷喜悅之情而聞法，即是精進度；心不散於他處而專心諦聽上師的教言，即是靜慮度；提出疑問、遣除懷疑、斷除一切增益，即是智慧度。所有聞法者都應當具足六波羅蜜多。

丁三、依止其他威儀：

如《毗奈耶經》中說：「不敬勿說法，無病而覆頭，持傘杖兵器，纏頭者勿說。」又如《本生傳》中說：「坐於極下地，當具溫順儀，以喜眼視師，如飲語甘露，當專心聞法……」依照此中所說，務必斷除一切不恭不敬的威儀。

甲二（所講之法）分三：一、共同外前行；二、不共內加行；三、往生法。

共同外前行

乙一（共同外前行）分六：一、暇滿難得；二、壽命無常；三、輪迴過患；四、因果不虛；五、解脫利益；六、依止上師。

一、暇滿難得

丙一（暇滿難得）分四：一、思維本性閒暇；二、思維特法圓滿；三、思維難得之喻；四、思維數目差別。

丁一、思維本性閒暇：

總的來說，沒有生於八無暇處而有空閒修持正法，就叫做閒暇。所謂的無暇是指八無暇處，如云：「地獄餓鬼及旁生，邊鄙地及長壽天，邪見不遇佛出世，喑啞此等八無暇。」

一、地獄：如果轉生在地獄中，那麼日日夜夜連續不斷地感受寒熱的劇苦，根本沒有修法的機會。

二、餓鬼：如果投生為餓鬼，那麼終日感受飢渴的厄難，也不會有機會修法。

三、旁生：如果轉為旁生，那麼遭受被人役使及相互殘害的痛苦，也沒有修法時機。

四、長壽天：如若轉生到長壽天，那麼一直處在無想的狀態中虛度光陰，也同樣不具備修法的時機。

五、邊地：假設轉生在邊鄙地方，那裡無有佛法，因而也不會有修法的機會。

六、持邪見者：如果投生為外道或成為隨同他們的持邪見者，就會因為自相續被邪見染污而沒有修法的良機。

七、佛不出世：如果出生在暗劫，那麼連三寶的名號也聽不到，不曉善惡，也就不會有修法的機會。

八、喑啞：如果投生為喑啞之人，則心相續無法調柔，由此導致無有機會修法。

八無暇處當中的三惡趣眾生，由於往昔各自積累的惡業所感，夜以繼日、連續不斷地飽嘗著寒熱飢渴等苦果，而絕不會有修法的機會。

所謂的邊地：據說有羅卡查族等共三十二種邊地。邊陲異教⑧的教徒們聲稱損害為正法，視殺生為善業。所有這些邊鄙地的野蠻人，雖然外表看起來是人相，但內心頑固不化，根本不能轉向正法方面。又有隨行娶母為妻等自己祖輩所傳下的惡習陋規，與如法行為背道而馳，反而對於殺生、狩獵等不善業的伎倆卻極為擅長，

⑧邊陲異教：也稱野人教。相傳為一名「蜜慧」的人，於公元624年在麻喀地方創立的一種宗教。

所作所為全部是在造惡業。因此，他們中的多數人死後立即墮於惡趣。由此可見，邊地純屬無暇之處。

所謂的長壽天，也就是無想天。那裡的眾生認為沒有任何善念惡念的禪定是解脫，進而修行者轉生在無想天。此處的天人於禪定中安住數個大劫，一旦引業窮盡時，將以邪見之因而下墮惡趣，因此他們不具備修法的機會。

持邪見者：一般而言，所謂的持邪見者是指置身於佛法之外持有常斷邪見的外道。這些人自相續被邪見染污，對真實正法不起信解，因此也無有機會修行正法。但值得慶幸的是，在此藏地，因為昔日鄔金第二佛（蓮花生大師）曾經囑咐護地母十二尊⑨守護西藏，致使真正的外道無機可乘。可是，作為與之雷同、對正法和上師起邪見之類的人，也沒有如理如實修持正法的時機。例如：善星比丘雖然承侍世尊已有二十五年之久，但是他對佛陀無有絲毫信心，唯生邪見，以致於最後在花園中墮為餓鬼。

佛不出世：也就是指轉生在無佛出世的暗劫之中。一旦投生在佛未現身的空世中，就連三寶的名號也聽不到，遠離正法的光明，所以也屬於無暇之處。

喑啞：假如轉生為喑啞之人，自相續剛強難化，聞法、講法、修法對他們來說實在是力所不及。所謂的喑

⑨護地母十二尊，又名永寧地母十二尊，立誓永遠保佑藏土的十二尊主要地祇女神：遐邇名揚地母、葉岩孚佑地母、普賢地母、魔後地母等為四魔女神；獨具支眼地母、賢德明妃地母、剛烈尊勝地母、白衣龍後地母等為四藥叉女神；藏土孚佑地母、太一濟世地母、麗質冰心地母、翠聰綠炬地母等為四女醫神。

啞，通常是指不具備知言解義這一人之法相的啞巴，他們也身處無暇之處。但由於意根喑啞之人愚不可及而無法領悟正法的含義，所以他們也屬於無暇之處。

丁二（思維特法圓滿）分二：一、五種自圓滿；二、五種他圓滿。

戊一（五種自圓滿）分五：一、所依圓滿；二、環境圓滿；三、根德圓滿；四、意樂圓滿；五、信心圓滿。

正如龍樹菩薩所說：「為人根足生中土，業際無倒信佛法。」假設沒有獲得人身，就不能值遇佛法，如今已經得到了暇滿人身，故而所依圓滿。如果生於無有正法的邊鄙地方，也就不能逢遇正法，如今已生在佛教興盛的中土，故而環境圓滿。倘若諸根殘缺不全，便會成為修法的障礙，如今無有此類過患，這就是根德圓滿。如果業際顛倒，就會為非作歹、無惡不作而背離正法，而如今已對善法生起信解，因此意樂也圓滿。如若於信心的對境——佛法不起誠信，內心也不能轉向正法，而如今自心已能夠轉入正法，所以信心圓滿。這五種圓滿是觀待自己方面應該具足的，因此稱為五種自圓滿。

己一、所依圓滿：

要想如理如實修行真實妙法，轉生為人是必備的先決條件。如果沒有得到人身，那麼三惡趣中最好的要算是旁生，可是現在居於人間的那些旁生，無論被認為形色美妙、價值昂貴等等有再多的優點，但你當下對牠說

「你現在只要念誦一遍『嗡嘛呢巴美吽』便可成佛」。遺憾的是，牠既聽不懂心咒的詞句，也全然不知意義，又不能說出一字一句，甚至現在馬上就要被凍死，也只能低頭忍受，坐以待斃，而不會想任何其他辦法。如果是一個人，無論多麼脆弱，最起碼他也知道去岩洞或樹下撿柴生火、烤火取暖。但是作為旁生卻連這種能力也沒有，更何況說修法的念頭呢。

天人等雖然身體美妙絕倫，卻不能成為別解脫戒的合格法器，所以他們的自相續不具備獲得圓滿佛法的機緣。

己二、環境圓滿：

所謂的中土可分為地界中土與佛法中土。

地界中土：通常而言，南贍部洲中央印度金剛座是賢劫千佛成佛的聖地，遠離四大的損害，甚至空劫也不會毀壞，宛如空中懸桶一般存留，它的中央有菩提樹嚴飾。以金剛座為主（印度）聖地的所有城市，被稱為地界中土。

所謂的佛法中土，是指佛教正法所在地。無有佛法的地方稱為邊地。自昔日佛陀出世以來，直到佛法住世期間，印度既是地界中土也是佛法中土。但是，據說當今印度金剛座已被外道所占，佛教似乎也銷聲匿跡，幾乎變成了邊地。（作者在世期間，確實被回教所占，如今又恢復成為佛法中土。）

藏地雪域這片領土，在往昔佛陀出世時期，人類眾生寥寥無幾，並且佛教也未得以弘揚開來，被普遍稱為邊鄙藏地。後來人類眾生逐漸繁衍，許多聖者化身的國王紛紛應世。

在拉托托日年贊時期，《百拜懺悔經》和神塔小像印模⑩從天而降，落到王宮上，這標誌著正法的開端。根據當時的授記，經過五個朝代以後會有人對經中含義心領神會。

大悲聖尊觀音菩薩化現為國王形象的法王松贊干布在世期間，派遣譯師囤彌桑布扎⑪前往印度學習聲明、文字等，從而使西藏沒有文字的歷史就此告終，創立了前所未有的文字。當時的譯師們將二十一種觀自在經續及玄秘神物⑫等翻譯成藏語。

後來，依靠法王大顯神變以及大臣嘎爾東贊隨機應變的護國策略，而迎娶了唐朝文成公主及尼泊爾的赤尊公主作為王妃，與此同時將堪為我等本師代表的兩尊釋迦牟尼佛佛像等許多三寶所依迎請到西藏，而且修建了以拉薩大昭寺、鎮肢寺⑬和鎮節寺⑭為主的數量可觀的寺

---

⑩印模：刻有小佛塔或小佛像的模板。

⑪囤彌桑布扎：文殊菩薩的化身，赴印度學習梵文，首創藏文者。

⑫玄秘神物：在第二十八代吐蕃王拉托托日年贊時，有物從天降，內有《寶篋經》、《六字真言》、《諸佛菩薩名稱經》和一座金塔，人無識者，因名之為玄秘神物。後世以此為佛教傳入西藏之始。

⑬鎮肢寺：鎮肢寺廟。古堪輿家說西藏地形為羅刹女仰臥狀，松贊干布時建以鎮壓女魔肩部和臀部的四座寺廟。即運如昌珠寺、也如藏章寺、布如噶采寺和如拉准巴江寺。

⑭鎮節寺：鎮節寺廟。古堪輿家說西藏地形為羅刹女仰臥狀。松贊干布時倡建以鎮壓女魔肘部和膝蓋的四座寺廟。即工布布楚寺、洛札孔遷寺、絳真格傑寺和絳札凍則寺。

廟，自此正式開創了正法的軌道。

到了第五朝代天子赤松德贊時期，國王派人迎請三地無與倫比的密咒大持明者鄔金蓮花生大士等一百零八位班智達入藏，建造了桑耶不變自成大殿等身所依的寺廟；又教授大譯師貝若扎那等一百零八位譯師翻譯風格，這些大譯師翻譯了印度聖地十分興盛的經續論典為主的語所依；讓預試七人⑮等出家而始建意所依的僧團……自此佛教宛若太陽升起般繁榮昌盛。迄今為止，儘管期間幾經沉浮，但實際上如來的教法與證法可以說經久未衰，方興未艾。所以，藏地稱得上是名副其實的佛法中土。

己三、根德圓滿：

五根中任何一根不具足，也不能成為出家持戒的法器，並且因為無有親見恭敬對境所依如來的身像等或者閱讀、聽聞、思維經典如意寶的緣分而不能勝任真正的法器。

己四、意樂圓滿：

所謂的業際顛倒，主要是指生於獵人、妓女等種姓中從小就步入業際顛倒之道。但事實上，凡是三門違背正法的所作所為，都屬於業際顛倒。雖說我們起初沒有

⑮預試七人：赤松德贊時，為觀察藏人能否守持出家戒律，命試從靜命論師依說一切有部出家的七人：巴.色朗、巴.赤協、貝若扎那、傑瓦卻陽、款.魯益旺波、馬.仁欽卻和藏勒竹。藏傳佛教史籍中對預試七人名字不同的說法頗多。

生在此類種姓當中，但將來也很容易變為業際顛倒之人，因此必須盡心盡力使自相續不違背正法。

己五、信心圓滿：

如果對本該誠信的對境——佛法不起信心，那麼無論對其他世間大力天龍等或外道教派是何等的虔誠信奉，他們也不能救度你脫離輪迴和惡趣的痛苦。只有通過體會到如來教法和證法有理有據的特徵而獲得解信⑯之人，才是真正無謬的法器。所以說，信心是五種自圓滿的根本。

戊二（五種他圓滿）分五：一、如來出世；二、佛已說法；三、佛法住世；四、自入聖教；五、師已攝受。

如云：「如來出世與說法，佛法住世入聖教，為利他故心悲愍。」如果未曾生在佛陀出世的光明劫，那麼連正法的名稱也全然無有，而今值遇佛陀出世的賢劫，所以為導師殊勝圓滿；儘管佛陀已現身於世，但如果沒有宣講正法，我們眾生也得不到受益，而如今佛陀已經循序漸進轉了三次法輪，因此佛教正法圓滿；雖然佛已講經說法，但佛法如果已經隱沒，也對眾生起不到什麼作用，而今佛法住世期尚未圓滿，所以時間圓滿；雖然佛法住世，但假設自己沒有皈入佛門也無濟於事，如今我們已步入佛門，因而自之緣分圓滿；即便已經進入佛

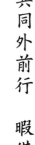

⑯解信：由明白其有顛撲不破的理由而生起的信心。

門，可是如果沒有被順緣的善知識所攝受，那麼對正法的真理也將一無所知，如今已承蒙善知識慈悲攝受，所以為殊勝悲心圓滿。這五種圓滿需要觀待他緣才能具足，因此稱為五種他圓滿。

己一、如來出世：

世間的成、住、壞、空四期稱為一劫，其中圓滿如來正等覺出世之劫稱為明劫，佛陀沒有現身於世的劫稱為暗劫。過去的現喜大劫中有三萬三千佛出世，隨後出現一百個暗劫，後於具圓劫中有八十俱胝佛出世，隨即又有一百個邊鄙劫，其後具賢劫中有八十四俱胝佛出世，在此之後又有五百暗劫，接著在見喜劫中有八十俱胝佛出世，其後又出現七百暗劫，隨之具喜劫中有六萬佛出世。隨後此賢劫便出現了。

在此劫形成之前，整個三千大千世界變成一大海洋，海中生出千朵千瓣蓮花。淨居天的眾天人以神通觀察其原因，結果得知在此劫中將有一千尊佛出世，他們不禁感歎說：「如今的此劫可謂是賢妙之劫。」於是便將此劫取名為賢劫。

從人壽八萬歲時拘留孫佛出世直到最後人壽無量歲時勝解佛出世之間，有一千尊佛來到位於此娑婆世界南贍部洲中央的金剛座現前成就圓滿正等覺果位，隨即轉妙法輪，所以此劫是光明劫。這一劫過後有六十惡種邊鄙劫，再後於具數劫中有一萬佛出世，其後又有一萬惡種劫……暗劫和明劫就這樣輪番交替出現。如果遇到了暗劫，就連三寶的名號也不復存在。

尤其是密咒金剛乘的佛法，只是偶爾出現於世。正如鄔金蓮花生大士所說：「往昔初劫普嚴劫時，先生王佛的聖教中已廣弘密法，現在釋迦牟尼佛的聖教中也有密法出現，再經過千萬劫以後，到了華嚴劫時，與現在的我姿態一致的文殊師利佛出世，他將廣泛弘揚密法。因為只有這三劫的眾生才堪為密法的合格法器，其他任何時候都不會出現密法，因為眾生不能作為密法法器。」而如今在此賢劫中人壽百歲之時，圓滿正等覺釋迦牟尼佛出世，所以現今正逢光明劫。

己二、佛已說法：

雖然佛陀已出世，但如果恰巧趕上佛沒有說法示道而安住在入定境界中，儘管佛陀在世，也不會有佛教正法的光明，如此與佛未出世幾乎無有差別。比如，我等大師（釋迦牟尼佛）在印度金剛座菩提樹下現前圓滿正等覺的果位後親口說道：「深寂離戲光明無為法，吾已獲得甘露之妙法，縱於誰說他亦不了知，故當默然安住於林間。」說完在七七四十九日內沒有講法，後來梵天、帝釋天祈求世尊轉妙法輪。

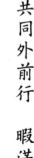

不僅僅是佛陀，就算是諸位持教大德，如果沒有展開正法的講聞事業，也很難以直接利益眾生。舉個例子來說：印度的美德嘉那尊者為了救度轉生到孤獨地獄的

母親而千里迢迢前往西藏。途中，因為譯師不幸去世，使得尊者孤身一人漂泊在康區。又由於語言不通，他只好以牧羊為生，以至於未能以正法廣利有情，便已示現圓寂。後來阿底峽尊者來到西藏聽到此事後，不禁感慨萬分道：「嗚呼！你們西藏人的福報實在太淺薄了！在我們印度東西兩方的班智達中，無有一人能勝過美德嘉那大師。」說到這裡，尊者情不自禁地雙手合十，流淚滿面。

如今釋迦牟尼佛依次三轉法輪，應機示現不可思議的身相以九乘次第法成熟解脫所化眾生。

己三、佛法住世：

雖然佛出世說法，但假設聖教住世期已圓滿、正法已湮沒，那麼就與暗劫沒有兩樣了。前一佛陀的聖教已經結束，到後一佛陀的聖教尚未出現之間，稱為聖教空世。在此期間，除了具有因緣的福德剎土中有獨覺出世以外，根本就不存在講聞修行。就拿當今釋迦牟尼佛的聖教來說，普賢密意的聖教期或果期為一千五百年，修期為一千五百年，教期為一千五百年，唯持形象期為五百年，總共有五千年。現在已經到了三千五百年或者近四千年之際，儘管眼下正值時世、眾生、壽命、見解及煩惱五濁熾盛的時候，但教法與證法還沒有真正隱沒，依然存在於世，這說明聖教正法圓滿也已具足。

己四、自入聖教：

儘管聖教存住於世，但如果自己沒有步入佛門，那麼自相續依然不能得受教法和證法，就像太陽雖已高掛空中但對盲人來說無利無害，或者到了海邊自己不飲水則無法解渴一樣。如果進入佛門是為了今生的消災祛病等，或者是因為害怕來世的惡趣痛苦，那麼雖然已經皈依佛門，但法也只能稱為救怖之法，人也不可能真正趨入正道。再者，如果單單為了今生的豐衣足食等或者僅僅追求來世的人天樂果，那麼即便已經皈入佛門，法也只能稱為善願之法（，人也沒有真正趣入正道）。只有真正認識到生死輪迴皆無實義，為求解脫而趣入佛門，才能稱得上是真正的入道者或者說佛教徒。

己五、師已攝受：

雖然已經皈依了佛門，但如果善知識沒有攝受我們，也得不到什麼收益。如《般若攝頌》云：「佛法皆依善知識，功德勝主佛所說。」因為佛經浩瀚無垠、聖教多之又多、所知無窮無盡，假設沒有依靠上師的竅訣，就不會懂得總結諸法的要領而加以修行。

從前，阿底峽尊者來西藏時，庫鄂仲三人⑰曾經向尊者請教道：「一個修行人要獲得解脫或遍知果位，經論教典與上師的竅訣二者哪一個重要呢？」

尊者不假思索地說：「當然是上師的竅訣重要。」

⑰庫鄂仲三人：阿底峽尊者三位主要弟子，庫.尊珠雍中、鄂.勒巴協繞和仲.傑瓦窮乃三人總名。

三人又問：「這是為什麼呢？」

尊者答道：「即使對讀誦傳講三藏無所不知，對諸法的法相無所不曉，但如果實地修行時不具備上師指點的實修口訣，就會造成正法和行人互相脫離的結局。」

三同門繼續請教道：「如果完整地歸納上師口訣的修法，能否概括為淨持三種律儀與三門勤奮行善呢？」

尊者回答說：「這樣概括還不足夠。」

三同門問：「這又是為什麼呢？」

尊者答言：「即便三戒守護得清清淨淨，但如果對三界輪迴沒有心生厭離，仍然是輪迴之因。即使是三門日日夜夜勤勤懇懇地奉行善法，但如果不懂得將善根迴向圓滿菩提，那麼善法也會被顛倒分別念一掃而光。縱然具備智慧超群、戒律清淨、講經說法、觀修境界等一系列功德，但如果沒有捨棄世間八法，一切所為也只能成為現世的生計，而不可能獲得來世之道。」

所以說，得到上師善知識的攝受是非常非常的重要。

我們要認認真真觀察自相續，如果八閒暇十圓滿這十八種暇滿已完整無缺地具足，那麼自己的這個身體就稱為具備十八暇滿的人身。

此外，全知法王（無垢光尊者⑱）在《如意寶藏論》

⑱無垢光尊者：龍欽繞降.直墨兀色，寧瑪派祖師，生於前藏札恰地方，與噶舉大司徒菩提幢同時，著有《龍欽七寶藏》、《四心滴》、《三大休息》、《三自解脫》等佛教書籍二百餘種。

中還講述了暫生緣八無暇及斷緣心八無暇，不被這些逆緣所轉也同樣至關重要。《如意寶藏論》云：「五毒愚癡魔所持，懈怠惡業如海湧，隨他救怖偽法相，暫生緣之八無暇。」又云：「緊縛現行極下劣，不厭輪迴無少信，行持惡業心離法，失壞律儀三昧耶，斷緣心之八無暇。」

暫生緣八無暇：

一、五毒粗重：對怨敵恨之入骨、對親友愛戀貪執等五毒煩惱十分粗重的人們，雖然偶爾會生起修持正法的念頭，但大多數時間都是被自相續中力量強大的五毒煩惱所控制而不能修成正法。

二、愚昧無知：毫無慧光、極其愚癡的人們雖然已經步入佛門，但對正法的句義一點一滴也不能領悟，根本沒有聞思修行的緣分。

三、被魔所持：如果被宣揚顛倒見行的魔知識所攝受，那麼自心將轉入邪道而違背正法。

四、懈怠懶惰：儘管自己渴望學修正法，但是絲毫也不精進，這樣懶惰的人一味懈怠、一拖再拖而絕不可能實現修法的心願。

五、惡業湧現：罪障深重之人惡業的大海波濤洶湧澎湃，即使兢兢業業地修法，可是自相續卻生不起功德，他本人不知這是自己所造惡業的果報，反而對正法心灰意冷、大失所望。

六、為他所轉：身不由己被他人奴役的人們，雖然有修法的願望，但由於受到他人控制而得不到修法的機會。

七、求樂救怖：為了今生的溫飽或者因為害怕其他災難臨頭而步入佛門的人，由於對正法沒有深信不移的定解，一旦舊習復甦、故態復萌，又會重操舊業，行持非法。

八、偽裝修法：貪求資具、名聞利養等道貌岸然的那些行人，雖然在他人面前裝腔作勢地擺出一副修行人的模樣，可是自己心裡所追求的目標就是今生今世的利益，而距解脫正道卻有千里之遙。

上述八種人也無有修持正法的機會。

斷緣心八無暇：

一、為今束縛：被今世的財產受用、子女親屬等緊緊束縛，只是為了他們的利益辛勤勞作而散亂度日，荒廢光陰，而沒有時間去修法。

二、人格惡劣：性情惡劣之人，連芝麻許的善良人格也不具備，所作所為始終無有長進。正如古大德的教典中所說：「弟子學識誠可改，秉性下劣實難移。」這種人即便遇到了真正的善知識，也很難轉向正道。

三、無出離心：對於所講述的惡趣等輪迴過患，或者今生的何等痛苦，如果內心生不起一絲一毫的畏懼感，那麼根本不會生起作為趨入佛法之因的出離心。

四、無有正信：如果對真實正法與上師連一絲一毫的信心也沒有，那顯然已經封閉了佛法的入門，這樣一來，也就不可能踏上解脫正道。

五、喜愛惡行：喜好不善惡行之人三門桀驁不馴，遠離殊勝功德，拒正法於千里之外。

六、心離正法：對於不具備善法功德與正法光明的人來說，就像在狗面前放青草一樣對正法毫無興趣，結果自相續也就不會生起功德。

七、毀壞律儀：如果進入了共同乘後退失發心、失毀律儀，那麼只會墮入惡趣而別無出路，脫離不了無暇之處。

八、失毀誓言：如果進入密乘後以上師和金剛道友為對境而破三昧耶戒，那麼不僅自食惡果而且也殃及他眾，當然也就斷絕了成就的緣分。

上述八種無暇遠離妙法，稱為解脫燈滅。

如果沒有善加觀察這十六種無暇，那麼在當今烏煙瘴氣的濁世，有些人表面上看起來暇滿無不齊全，也持有修行人的外相，然而，包括高高座上的大法王、精美傘下的大上師、久居深山的苦行者、雲遊四海的捨事者這些自我感覺良好的人在內，如果已經落入了這些無暇⑲之因的控制中，那麼儘管矯揉造作地修法，但終究不能邁入正道。

因此，我們絕不能匆匆忙忙、草草率率提前進入形象上的修法，而首先必須要仔仔細細觀察自相續，看自己到底具不具足這三十四種（藏文原文中為二十四種，請作

⑲這些無暇：指《如意寶藏論》中提到的十六種無暇。

觀察）暇滿的自性。如果的的確確已經具足，那實在是值得高興的事，並且誠心誠意反反覆覆地想：如今我已獲得如此難得的暇滿人身，一定不能白白空耗，而必須要盡心盡力修持正法。假設這些暇滿還沒有完全具備，就應該想方設法全力以赴使自己具備。隨時隨地都務必集中精力來觀察自相續是否具足此等暇滿的功德。如果沒有經過這樣一番詳細觀察，那麼就算是這些暇滿功德中只有一種不齊全，也不具備真正修行妙法的緣分。

甚至成辦俗世中眼前的一件平常小事也需要許許多多因緣、緣起聚合，而作為長遠目標的修行正法，又怎麼會不需要眾多因緣、緣起聚合呢？打個比方來說：一個人在途中燒茶，也需要具備燒茶的茶器、水、火等許多因緣。其中單單生火也是一樣，必須具足火燧、火石、火絨等許多因緣，如果其中僅僅火絨不具備，就算是其餘用品樣樣俱全也無濟於事，只好從根本上放棄燒茶。同樣的道理，假如這些暇滿的功德中僅有一種不具足，也根本不具備真正修法的機緣。

所以說，如果詳詳細細地觀察自相續，那麼單單具足十八暇滿也必定有相當大的困難。即使獲得了閒暇，但是十圓滿完整無缺具足的人恐怕還是寥寥無幾。儘管已經得到了人身，並且諸根完好無損，也有幸生在了中土，但是如果入於業際顛倒的邪道，不信仰佛教，那就只具備三圓滿。如果後兩者其中之一不具足，就只具足四圓滿。尤其是做到業際無倒非常困難，如果三門造惡業，一切所作就是為了今生的目標，雖然被人們共稱為賢者或智者，但實際上也是屬於業際顛倒之人。

五種他圓滿中，雖然佛已出世並傳講妙法，佛法也住留於世，但如果自己沒有進入佛門，那就只具足三種圓滿。儘管皈入了佛門，但只是表面上求點法或得點法的人也算不上是真正的佛教徒。

作為真正趨入解脫道者，必須要了知輪迴一切的一切無有任何實義而生起無偽的出離心。而身為步入大乘道的行者，還必須在相續中生起無偽的菩提心，至少也要對三寶有「縱遇命難也不退轉」這樣堅定不移的誠信，如果沒有這種決心，那麼僅僅是裝腔作勢地誦讀經文、身上穿著僧衣等等也不一定就是真正的佛教徒。因此，如理如實正確無誤地了知、觀察暇滿之自性至關重要。

丁三、思維難得之喻：

佛在經中說：在波濤洶湧的海面上漂浮的木軛孔與海底盲龜頭相遇極為困難，而得到人身與此相比更是難上加難。意思是說，假設整個三千界變成一大海洋，在海面上有一連接耕牛角用的木材，通稱為木軛，在它的上面有一孔隙。木軛隨著波浪剎那不停地四處飄蕩。在海底有一隻盲龜，每一百年上升到海面一次。可想而知，這兩者相遇必然十分困難，因為無心的木軛沒有尋找盲龜的念頭，而盲龜也不具備能看得見木軛的眼睛。

當然，如果木軛靜止在一處，它們也有可能相遇，可是它卻一剎那也不停留。同樣，假設盲龜經常游在海面，它們也有相遇的可能性，可是牠每百年才浮到海面一次，所以這兩者相遇相當困難。但是憑著偶爾的機緣，盲龜的頸也可能進入木軛的孔隙內，而獲得暇滿人身比這更為困難。依據經中所說的意義，怙主龍樹對樂行王教誡道：「大海漂浮木軛孔，與龜相遇極難得，旁生轉人較此難，故王修法具實義。」寂天菩薩也說：「人身極難得，如海中盲龜，頸入軛木孔。」此外，《涅槃經》等佛經中也以「光壁撒豆，顆粒難留」以及「針尖堆豆顆粒不存」等比喻加以說明。由此，我們應當深刻地認識到人身實在是得之不易。

丁四、思維數目差別：

如果稍加審視眾生的數量及次第，就會發現獲得人身的眾生實在是微乎其微。如經中說：「地獄眾生猶如夜晚繁星，而餓鬼則如白晝之星；餓鬼眾生猶如夜晚繁星，而旁生則如白晝之星；旁生眾生如夜晚繁星，而善趣眾生則如白晝之星。」此外又說：「地獄眾生猶如大地的微塵，餓鬼眾生猶如恆河沙，旁生猶如酒糟，阿修羅猶如彌漫大雪，而人及天人僅僅如指甲微塵。」總之，善趣的身分少之又少。

當下我們可以進行觀察，比如，在夏季裡，僅僅一方草地上存在的含生或一個蟻穴中的螞蟻數量，也超過了南贍部洲的人數。人類與旁生的比例多少是顯而易見的。

人類也是一樣，如果觀察無有佛法光明之邊地的人數，就會認識到生在有佛法光明地方的人極為罕見。尤其是具足暇滿的人身更是絕無僅有……對此深思一番之後，想到自己如今已獲得了真實暇滿，應當感到無比欣慰、喜悅。如果暇滿的所有功德十全十美，那麼從今天起就已實現了所謂的珍寶人身。假設還有缺憾不足，那麼即便世間法方面聰明伶俐、智勇雙全，但也不能稱得上是珍寶人身，只能算是普通人身，或者稱為相似者、災禍者、無心者、空返者。這種人就像手握如意寶卻無義空耗，或者已到珍寶金洲卻空手而歸一樣。如頌云：「獲此人身寶，得摩尼難比，諸無厭離人，豈不見空耗？遇殊勝上師，得王位難比，諸無恭敬者，豈不視等伴？求發心律儀，得官位難比，諸無悲心者，豈不見拋石？得續部灌頂，輪王位難比，諸無誓言者，豈不付東流？見心性本面，見諸佛難比，諸無精進者，豈不見迷亂？」

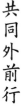

這樣的暇滿人身也並非是偶然或僥倖獲得的，而是多生累劫中積集二種資糧⑳的果報。大智者稱幢㉑說：「得暇滿人身，非由力強得，乃是積福果。」

⑳二種資糧：福德資糧、智慧資糧。
㉑稱幢：札巴堅贊，譯言稱幢（1147－1216）。宋代藏傳佛教薩迦派高僧，薩欽袞噶凝波之第三子，26歲繼承薩迦法位，為薩迦五祖之第三祖。

雖然得到了人身，但對於無有正法光明而無惡不作的人來說，甚至比惡趣眾生還下劣。如米拉日巴尊者對獵人怙主金剛說：「本來佛說暇滿人身珍貴難得，但看見像你這樣的人，便會覺得人身並沒有什麼珍貴難得的。」因此說，再沒有比人身更容易成為惡趣墜石的了。

如今無論是行善還是造惡，主權都掌握在自己的手中，如頌云：「此身行善即是解脫舟，此身造惡便是輪迴錨，此身一切善惡之奴僕。」由往昔積累的福德力，如今獲得了具有十八種暇滿的人身，如果沒有求得殊勝妙法精華，而在追求今生的衣食住行和世間八法中無義虛度枉然耗盡，那麼在臨終時只能是手抓胸口，追悔莫及，那該是多麼令人痛心疾首的事！《入行論》中說道：「既得此閒暇，若我不修善，自欺莫勝此，亦無過此愚。」

可見，今生就是決定永善或永惡的關鍵一步。我們要深深思索：如果今生沒有得到堅固地（佛果），來世也很難再度獲得這樣的閒暇人身；一旦轉生到惡趣之中，那麼根本沒有正法的光明，而且對取捨之處懵然不懂，後果只能是越來越向下墮入無邊無際的惡趣中，所以從現在開始就必須百般努力。在觀想的過程中一定要以加行發心、正行無緣、後行迴向三殊勝來攝持。對於以上道理，我們必須屢次三番地觀修並付諸於實踐。

經過這般實地修行，在自相續中對暇滿難得生起定解的界限到底是怎樣的呢？

應當像金厄瓦格西㉒一樣。見到金厄瓦格西從來都是徹夜不眠，全心全意修持善法，善知識仲敦巴不禁關切地說：「弟子呀，身體的疲勞還是要消除，否則會導致四大不調的。」金厄瓦格西回答說：「身體恢復固然應該，但我一想到此暇滿難得時，就覺得無有空閒休息。」金厄瓦格西總共念誦了九億遍不動佛心咒，終生從未睡眠過。在相續中沒有生起這樣的定解之前，我們務必要精進修持。

雖得閒暇而乏真實法，雖入佛門而耽非法行，
我與如我愚癡諸有情，獲得暇滿實義祈加持。

暇滿難得之引導終

㉒金厄瓦格西：本名楚逞巴，曾師事仲敦巴，得秘密指授，又曾師事南交欽波、滾巴瓦等，得二諦指授，對性空義有所悟解，通梵文，能翻譯，頗有影響，開噶當派教授一派。

二、壽命無常

現見三有無常幻化相，捨棄今世瑣事如唾涎，
苦行修習追隨先輩跡，無等上師足下我敬禮。

丙二（壽命無常）分七：一、思維外器世界而修無常；二、思維內情眾生而修無常；三、思維殊勝正士而修無常；四、思維世間尊主而修無常；五、思維各種喻義而修無常；六、思維死緣無定而修無常；七、思維猛厲希求而修無常。

丁一、思維外器世界而修無常：

由眾生共同福德所形成，被認為是堅不可摧的四大洲、須彌山、天界以及鐵圍山等外器世界，雖然存留時間可長達數劫，但它們也是無常的，最終必定將因七火一水而毀於一旦。具體來說，在此大劫毀滅之時，內情眾生由下而上逐漸化為烏有，到第一禪天以下所有眾生無一存留。在此之後，天空中依次出現七個太陽，第一個太陽出現而燒盡一切樹木園林；第二個太陽出現使得一切溪流池沼無餘乾涸；第三個太陽出現使一切大江河水全部乾涸；第四個太陽使得無熱惱大海也滴水不剩；第五個太陽出現時，外界深達一百由旬的大海之水蕩然無存，隨後逐漸乾涸到兩百由旬、七百由旬、一千、一萬直至八萬由旬深度，剩下的水，又從由旬、聞距開

始，到最後連蹄印許的水也乾涸無餘；第六個太陽的出現焚毀大地雪山；第七個太陽出現時，須彌山、四大洲、八小洲、七金山㉓及鐵圍山全部燒成一片火焰。火焰盤旋向下熾熱到極點，焚盡一切地獄之處，火舌又直沖上方燒燃梵天所有空空蕩蕩的無量宮殿。此時此刻，光明天的小天子們驚惶失措地大呼小叫道：「如此大火燃燒起來了！」老天子們安慰他們說：「這樣的大火以前也是燒到梵天以後就無影無蹤了，不要驚惶，莫要害怕。」

就這樣，經過七次大火之後，二禪天便形成了水雲層，緊接著軛木、箭矢般的傾盆大雨從天而降，光明天以下猶如鹽溶入水般毀滅消失。經過了七火一水毀滅結束之後，下基的十字杵金剛風向上翻滾，三禪天以下猶如風捲塵埃般地滅絕一空。這樣，容納在一個三千大千世界中一百俱胝數的四大洲、須彌山及天界全部同時滅亡，最後萬事萬物變成一大虛空。

既然大千世界也有變成空無一物的時刻，那麼我們如秋蠅一樣的人身，又有什麼恆常穩固的呢？

對於上述的道理，我們要認真思維，誠心實修。

丁二、思維內情眾生而修無常：

上至有頂下到地獄底層的所有眾生沒有一個能逃脫

㉓七金山：《阿毗達磨論》中說，是自內而外逐層環繞須彌山周圍的七重大山，即擔木山、持軸山、持雙山、善見山、馬耳山、持邊山、象鼻山。

死亡的。如《解憂書》云：「地上或天間，有生然不死，此事汝豈見，豈聞或生疑？」意思是說，有生必然有死，從善趣天界以下，有生而不死的事情可以說見所未見、聞所未聞，也絕不會有「到底死還是不死」這種模棱兩可的懷疑。

尤其是我們生在壽命不定的南贍部洲，又時逢末世，死亡很快就會臨頭。實際上，自從出生的那一天起我們便一步一步地向死亡靠近。人的壽命從來不會增加而只有減少，而且死魔猶如夕陽西下的陰影般片刻不停地越來越向我們逼近，在何時何地死去原本就無法確定，誰也不能肯定明天或今晚甚至僅僅現在呼吸間不會命歸黃泉。如《因緣品》云：「明日死誰知，今日當精進，彼死主大軍，豈是汝親戚？」

又如怙主龍樹說：「壽命多害即無常，猶如水泡為風吹，呼氣吸氣沉睡間，能得覺醒極希奇。」這其中的意思是說：人們處於安然的沉睡中，平緩地向內吸氣向外呼氣，可是也不敢肯定在這期間就不會死亡，對於在睡眠期間沒有死去而能安然醒來，也應當看成是一件非常稀奇的事。

現在我們這些人雖然知道總有一天要死，但因為相續中沒有生起「死期不定」的觀念，以至於時時執著常有的生計，在患得患失中虛度人生，正當我們沉湎於辛辛苦苦追求今生的安樂、幸福、名譽之時，死主閻魔很可能手持黑索、緊咬牙關、獠牙畢露突然來到我們面前，到那時，縱然擁有英勇的軍隊、強大的勢力、豐富的財產、智者的辯才、美女的身色、奔馳的良駒也都無濟於事；即便鑽進一個無隙可乘的鐵箱子裡，外面有數十萬勇士手持鋒利的兵刃，箭矛的尖端指向外面圍繞保護著，也絲毫守護不了、遮擋不住。當死主閻魔將黑索套在他的脖子上時，他只能是面色鐵青、淚眼汪汪、五體僵硬地被帶到後世的大道中。此時此刻，勇士無法救護，大德不能吩咐，飲食無法引誘，無處可逃、無處可躲，無依無怙、無親無助、無計可施，也無有任何尊者的大悲（所能庇護），哪怕是藥師佛親自降臨也無法延緩壽命已盡的死亡。因此我們切切不可懶惰懈怠、一拖再拖，而應誠心修持臨終時決定有益的殊勝正法。

丁三、思維殊勝正士而修無常：

在此賢劫中，以往出世的勝觀佛、寶髻佛等七佛㉔，及其不可思議的聲聞、緣覺、阿羅漢眾眷屬，雖然曾經以三乘佛法利益無量無數的所化眾生，可是如今只剩下釋迦牟尼佛的教法，除此以外諸佛都已趨入涅槃，他們的教法也依次隱沒。在現今的這一教法中，儘管各大聲聞及其五百阿羅漢眷屬眾也曾紛紛現身於世，但他們同樣都依次於法界中趨入無餘涅槃。

㉔七佛：毗婆尸佛（即勝觀佛）、尸棄佛（即寶髻佛）、毗舍浮佛、拘留孫佛、迦那迦牟尼佛、迦葉佛和釋迦牟尼佛。

此外，在印度聖地，曾經出世過具足地道功德、眾多神通、無礙神變、結集經教的五百阿羅漢，及二勝六莊嚴㉕、八十大成就者等等，然而如今已無一人在世，僅有記載他們出世情況的傳記留在人間。

在藏地雪域，鄔金第二大佛陀廣轉成熟解脫法輪時，出世了君臣二十五大成就者、耶瓦八十大成就者等，之後又湧現了舊派（寧瑪巴）的索宿努三師㉖、新派的瑪爾米塔三師㉗等不可思議的智者及成就者。他們大多數都已經證得成就果位，可以自由自在地駕馭四大，示現有實變為無實、無實變為有實等離奇之神變，火不能焚、水不能溺、土不能壓、不墮險地，完全遠離了四大的損害。

例如，米拉日巴尊者在尼泊爾的尼祥嘎達雅山洞中禁語而住，當時來了許多獵人。他們問：「你是人還是鬼？」尊者一言不發，一直端坐著凝視虛空。於是乎這些獵人開始向尊者放射大量的毒箭，然而都沒有能夠射中，接著他們又將尊者拖到水中、丟下深淵，可是尊者卻縱身向上依然返回到原地安坐。最後獵人們在尊者的身上堆積木柴點火，火卻怎樣也燒不起來。

㉕二勝六莊嚴：二勝謂精通佛教最勝根本，即戒律學的兩大論師釋迦光和功德光。六莊嚴謂裝飾南贍部洲的六莊嚴：精通中觀學的龍樹和聖天；精通對法學的無著和世親；精通因明學的陳那和法稱。

㉖索宿努三師：舊譯密乘中最早的三位佛學家的合稱，即索.巴協旺丘，宿.釋迦窮乃和努欽.桑傑巴協。

㉗瑪爾米塔三師：塔波噶舉派創始人瑪爾巴譯師，米拉布衣師和塔波醫師三人的合稱。

儘管曾經出世這樣的大成就者委實不乏其數，但最終他們都顯示了無常的本性，現在僅有傳記留存而已。我們這些人以往昔惡業為因，被惡緣之風所吹，由惡劣習氣相連，心相續依靠四大假合的不淨肉身，無法確定這一虛假的身體於何時何地毀滅，因此從現在起三門應當策勵行善修福。一邊這樣觀想一邊修行。

丁四、思維世間尊主而修無常：

壽達數劫、威德圓滿的諸位天神和仙人也不能擺脫死亡。諸如梵天、帝釋天、遍入天、大自在天等世間尊主可謂萬壽無疆，他們可以住留數劫，偉岸身軀高達一由旬㉘及一聞距㉙，其身所擁有的光彩甚至比日月更勝一籌，可是他們也同樣免不了一死。《功德藏》中說：「梵帝自在轉輪王，無法擺脫死主魔。」再者，具足五種神通的天人及仙人，雖然依靠神變的威力可逍遙自在暢行空中，但是到了最後他們也無法逾越死亡的命運。《解憂書》云：「大仙具五通㉚，能行於虛空，然而卻不能，詣於無死處。」

在這個人類世界也是一樣，財富力強高居於首的所有轉輪王，以及印度聖地的眾敬王沿襲下來的統治南贍部洲不可思議的君主，還有三巴拉王和三十七贊扎王等

㉘由旬（逾繕那）：古印度長度單位名。五肘為弓，五百弓為一俱盧舍，八俱盧舍為一由旬，約二十六市里許。

㉙聞距（俱盧舍）：古印度長度單位名。古印度以人壽百歲時代所用弓之長度為一弓，一俱盧舍為五百弓，相當於二十五市尺。

㉚五通：神足通、天眼通、天耳通、宿命通和他心通。

吐蕃王朝世系表

在位時間	漢譯名	備註
約公元前360年至公元前2世紀	涅赤贊布 穆赤贊布 拉赤贊布 當赤贊布 傲赤贊布 貝赤贊布 貢赤贊布	天赤七王
	直貢贊布 布德貢傑	上丁二王
約公元前2世紀至公元2世紀	拉肖勒 告如勒 仲西勒 倜肖勒 陶肖勒 俄肖勒	地上勒六王
	薩內森德 德楚布 南象贊 德諾布	地德八王

<table>
<tr><td></td><td>德諾南
賽諾南
賽諾布
德傑布</td><td colspan="2"></td></tr>
<tr><td rowspan="2">約公元2世紀至公元629年</td><td>傑布真贊
陶日隆贊
赤贊南
赤扎幫贊
赤脫脫日寧謝</td><td colspan="2">贊王五代</td></tr>
<tr><td>赤寧松贊（揭利失若）
仲寧德烏（勃弄若）
達日寧色（詎素若）
南日松贊（論素贊）</td><td rowspan="5"></td><td rowspan="10">幸福十三代</td></tr>
<tr><td>唐貞觀三年至唐高宗永徽元年公元629—650年</td><td>松贊干布（棄宗弄贊）</td></tr>
<tr><td>公元650—676年</td><td>芒松芒贊（乞黎拔布）</td></tr>
<tr><td>公元676—704年</td><td>都松芒布吉（器弩悉）</td></tr>
<tr><td>公元704—755年</td><td>赤德祖丹（棄隸縮贊）</td></tr>
<tr><td>公元742—797年</td><td>赤松德贊（娑悉籠臘贊）</td><td rowspan="5">極樂五代</td></tr>
<tr><td>公元797—798年</td><td>牟尼贊布（足之煎）</td></tr>
<tr><td></td><td>牟笛贊布</td></tr>
<tr><td>公元798—815年</td><td>赤德松贊</td></tr>
<tr><td>公元815—838年</td><td>赤熱巴巾（可黎可足）</td></tr>
</table>

印度東西方地位顯赫、財產豐厚為數不少的國王雖然曾經紛紛降臨於世（，可是如今都已成了輝煌的歷史）。

在西藏雪域，自從除蓋障菩薩的化身國王涅赤贊布㉛以來，已出世了天座七王、地賢六王、中德八王、初贊五王、幸福十三代、極樂五代等（現在都已不復存在）。

（觀音菩薩的化身）法王松贊干布在世期間，依靠幻化的軍隊征服了上至尼泊爾下至中國的大片領域。

（文殊菩薩的化身）天子赤松德贊在位期間，也統轄了南贍部洲三分之二的領地。

法王赤熱巴巾時期，在印度恆河岸邊豎立起一塊鐵碑，作為印度與西藏界限的標誌，而且他也收服了印度、中國、格薩、達蘇等許多國家作為附屬國。從此之後，每逢新年宴會，各國使臣需要在同一天內聚會拉薩城，舉行獻禮進貢等等儀式。

儘管他們曾經擁有如此威力，然而現在這些也都成了歷史記載，除此之外無有任何留存下來。

如果思維上述的道理，那麼我們現在所擁有的住房、受用、眷屬、權勢等，自以為是何等何等的優越，但與以上諸位先賢比較起來，簡直就成了蜂巢一樣。這樣的世間欲妙又有什麼恆常性、穩固性可言呢？

㉛涅赤贊布：《青史》作赤贊鶻提。吐蕃王朝第一代國王。其出處有說是色界第十三天光明天子下凡，有說是釋迦王族後裔。初在西藏澤當附近贊塘閣希山間，被當時的十二個氏族酋長和苯波教徒共同擁立為王，舁於肩上，稱為涅赤贊布，義譯肩座王，為吐蕃天座七王之首。

我們應當深思並觀修以上的道理。

丁五、思維各種喻義而修無常：

總體來思維劫的增減，也同樣是無常遷變的性質。

在往昔初劫時，空中本無日月，所有的人都是憑藉自身的光芒照明，依靠神變行走空中，身體高達數由旬，以甘露為食，幸福美滿可與天人相媲美。然而由於眾生的煩惱和不善業所致，使得人們各種福報日趨直下，以至於變成了如今這種狀況。現今的人們煩惱越來越粗重，由此勢必導致福德越來越減弱，壽命越來越短暫，最後到了人壽十歲時，各種疾疫劫、戰爭劫、飢饉劫盛極一時，南贍部洲的眾生幾乎瀕臨滅絕。到那時，彌勒菩薩所示現的化身將為剩下的人們傳揚斷除殺生的妙法。此時人類的身高到了一肘左右，人壽增長到二十歲，爾後逐漸遞增，到了人壽八萬歲時，怙主彌勒出世，示現成佛轉大法輪。這樣往返增減滿十八次以後，人類的壽命達到無量歲時，勝解佛㉜出世，此佛住世壽量是前面賢劫千佛壽量的總數，饒益眾生的事業也等同於千佛事業的總和。到了最後，這一賢劫也杳無蹤影。所以觀察劫之增減也不離無常的本性。

分別觀察四季變遷也是無常的：夏季，所有草地一片青翠，雨水猶如甘露般普降，人們也盡情享受舒心悅意的美景，五顏六色的鮮花爭奇鬥豔、絢麗多彩，真好似天境一般；秋季，瑟瑟的冷風將綠野變成黃色，所有

㉜勝解佛：賢劫千佛中的最後一佛。

的花草也漸漸枯萎凋零；到了冬季，地凍如石，滴水成冰，寒風凜冽，就算是經過許多馬路㉝尋覓也找不到夏季生長的一朵鮮花。如此春去秋來，寒來暑往，秋季、冬季、春季等依次出現，前前季節的一切顯現都會變成另一番情形，這些是我們有目共睹的無常實例。同樣，如果思量昨天和今天、今天早晨和今天晚上、今年和明年……時時刻刻都在遷變之中。所以說，無論何事何物都沒有恆常、可信、穩固的。

特別是我們在自己所住的城市、村落、寺廟等之中也可以清楚地看到：從前財產豐厚、興旺發達之人，現今也有淪落衰敗甚至家破人亡的現象；昔日窮困潦倒、勢單力薄之人，如今變得財運亨通、勢力雄厚……這些現象都離不開無常的本性。

我們生活在一個家庭中的人也是如此，歷代宗親祖輩父輩全部相繼過世，現在只剩下他們的名字而已，自己同輩的兄弟姊妹等也有許多已經離開人世，時過境遷，此時此刻我們全然不知他們轉生在何處。

許多人前些年財勢圓滿猶如人間之莊嚴㉞，可是今年卻只有名字留在人世。現在有錢有勢、眾人羨慕的富豪，明年的此時或下個月還在不在世誰也不知道。乃至觀察觀察自家牲口圈裡的牛羊狗等，以前已死去多少，

㉝馬路：一匹馬一天所走的路程。許多馬路即一匹馬許多天所經過的路程。
㉞人間之莊嚴：人間具有名望、德勢之人。

現在又剩下多少，這一切最終又變成了什麼樣，都不超出無常本性。百年以前在世的人們如今沒有一個未死而遺留下來的，現今南贍部洲的所有人在百年之內也會一個不剩地全部死亡。

所以，內外器情所攝的萬法當中，恆常堅固的一事一物也不存在，可以概括為生際必死、積際必盡、合久必分、堆際必倒、高際必墮。此外，親怨、苦樂、賢劣及一切分別念也都是無常的。

生際必死：無論是任何人，即便他高如天空、厲如霹靂、富如龍王、美如天仙、豔如彩虹，可是當死亡突然到來之時，他也沒有剎那的自由，只能赤身裸體、赤手空拳地離開人間，只能在對財產、飲食、親友、部屬、弟子、僕從等眷屬所有受用依依不捨之中拋下一切，就像從酥油中抽出一根毛般獨自而去。縱然是數以千計僧人的上師也不能帶走一僧一徒，即便是數以萬計部落的首領也不能帶走一奴一僕，哪怕是擁有南贍部洲一切財產的主人也無法帶走一針一線，就連自己最為珍愛、精心保護的身體也必然要捨棄。

有些人在活著的時候，身著綢緞、口飲茶酒、地處高位、美如天仙，但他們的身體死後也只是一具屍體，東倒西歪地放在那裡，令人見而生畏。如米拉日巴尊者言：「見而生畏之屍體，本為現在之身體。」人死以後，他的屍體被繩子捆綁，用布幔遮蓋，以土石墊靠，生前用的碗也被扣在他的枕邊㉟，無論活著時是多麼端嚴可愛，到那時都將成為悲慘至極、令人發嘔之處。以前在世時躺在層疊舒適的床上，身穿溫暖羔皮，頭枕柔軟皮毛，甚至睡覺醒後稍有不適，也要翻來覆去。但死後，只是在身下墊上一塊石頭或者草坯，頭上布滿灰塵。

當今，有些一家之主認為：如果我有個三長兩短，那我的家人或者挨餓受凍而死，或者被怨敵所毀，或者為大水溺死，因為現在他們所擁有的財產和幸福等一切的一切全部是依靠我才得到的，所以他們絕不能沒有我。可是，這些人死後，他們的親人將其屍體火化或投到水中，或者丟到尸陀林，之後便心安理得了。人在死亡的時候只有自己孑然一身，孤獨無助地漂泊在中陰界，當時所能依靠的唯有正法。因此從現在起就必須一心一意、盡心盡力地勤修正法。

對以上道理要反反覆覆思維。

積際必盡：同樣，一切積聚終將散盡，這是自然規律。即使是統治南贍部洲的國王，也有淪落為乞丐的時候。許多人上半生受用圓滿，下半生卻因彈盡糧絕而餓死；有些人去年擁有數百頭犛牛，但遭到大雪或其他災難，今年淪為一貧如洗的乞丐；昨日是地位顯赫、腰纏萬貫的富翁，也有被仇敵毀得一無所剩，今天成為乞丐的……許許多多我們親眼目睹的事實足可說明，財產受

㉟這種將死者生前用的碗扣在他的枕邊是藏族民俗。

用不可能恆常擁有，一定要慷慨布施。

對以上道理，我們要再三深思熟慮。

合久必分：一切聚合終將分離，某地的大市場或大法會雖然集聚了來自四面八方、成千上萬的人，最終也都會各奔東西。儘管現在我們中的師徒、主僕、施主福田、道友、兄弟、夫妻等彼此慈愛，和睦相處，但最終無論如何也無法不分離。如果突然遭到死亡或偶然性的惡緣，那麼當下就會分道揚鑣，這些都是沒有固定性的。現在朝夕相處的道友、家人等在不久的將來必定各奔前程，所以彼此之間千萬不要怒氣沖沖、惡語中傷、爭吵不休，甚至發生大打出手等現象。應當想到大家不一定能夠長期相處，很快就會分離，因此在極為短暫的歲月中理當互敬互愛，和平共處。如帕單巴尊者這樣說道：「夫妻無常猶如集市客，切莫惡語爭吵當熱瓦㊱。」

堆際必倒：一切修砌成的建築都將土崩瓦解。從前，繁榮昌盛的村落及寺廟都有賢德之士管理和住持，可是如今卻只剩下一片廢墟，而且已經變成了鳥窩雀巢。比如說，天子赤松德贊時期，由幻化工人㊲修建、鄔金第二佛（蓮花生大士）開光的桑耶㊳三層寶頂宮殿也因遭受火災而毀於一旦。法王松贊干布時，如尊勝宮㊴般的紅山㊵宮

㊱當熱瓦：音譯，指當熱地區的人。
㊲幻化工人：赤松德贊由印度迎請來的工人。
㊳桑耶：山南札囊縣一地名。
㊴尊勝宮：帝釋天所居宮殿名，在善見城中央。
㊵紅山：布達拉宮所在的山。

殿，如今已片瓦不存，連基石也無影無蹤了。我們對現在如同蟲穴般的城市、住宅、寺廟等如此珍愛耽著又有什麼用呢？而要追循噶舉派諸前輩大德的足跡：背井離鄉，奔赴異地，居住岩洞，與野獸朝夕相伴，將衣食、名譽拋之腦後，最後徹底依止噶當四依處，也就是心依於法，法依於貧，貧依於死，死依於乾涸之壑。

對於以上道理，我們應當誠心誠意思索、觀想。

高際必墮：高高在上的地位、英勇無比的軍隊也都不會長存。舉個例子來說，我乳輪王是統治四大部洲的金輪王，同時又主宰了三十三天，與帝釋天王平起平坐，在與阿修羅交戰的沙場上無往不勝，但最終他也是一落千丈，而在貪得無厭之中死去。如今我們在現實生活中也可以發現，一國之君、宗派教主及地方官員等凡是有權有勢、擁有高官厚祿的人，也沒有一個能始終如一地穩坐其位。去年為他人判刑的法官，也有今年鋃鐺入獄而成為階下囚的，這種現象可謂屢見不鮮。無常的地位又有何用呢？所以我們必須修成無衰無退、人天應供、圓滿正等覺的果位。

對於以上道理，我們必須認真觀想、深入思維。

親與怨也同樣是無常的。從前，嘎達亞那尊者前去化緣，看到一位施主懷裡抱著兒子，在津津有味地吃著魚肉，並用石頭擊打正在啃骨頭的母狗。尊者以神通觀察，發現那條魚原本是施主父親的轉世，那條母狗正是他母親的轉世，前世殺害自己的仇人轉生為他的兒子來償還宿債。如此洞曉之後，尊者說了這樣的偈頌：「口食父肉打其母，懷抱殺己之怨仇，妻子啃食丈夫骨，輪迴之法誠希有。」今生今世成為不共戴天的仇人們，也有後來變成志同道合的朋友而互相交親，情投意合非同尋常，這種現象不在少數。相反，就算親生父母、骨肉同胞，也有為微薄財產受用而懷恨在心進而互相殘害的。即使是夫妻或親屬，也有因為暫時雞毛蒜皮的小事而反目成仇甚至自相殘殺。由此可見，無論是親友還是怨敵都是無常遷變的。所以，我們應當懷著慈悲的心腸愛護所有的眾生。

苦與樂也是無常的。有些人上半生富裕快樂，下半生窮困潦倒；也有些人上半生痛苦不堪而下半生幸福美滿；還有些人上半生身為乞丐而下半生變成國王等等。比如，米拉日巴尊者的伯父，上午（為兒子）迎娶新娘而大擺喜宴，下午房屋倒塌而痛苦哀嚎，悲慘的情形簡直令人無法想像。

然而不同的是，為了求法，儘管暫時歷盡苦行、飽經滄桑，但終會苦盡甘來，最後將獲得無上安樂，就像往昔出世的諸佛以及米拉日巴尊者等前輩那樣。

有些人通過造罪而積累受用，雖然暫時獲得了快樂，但終究會感受漫無邊際的痛苦。例如，從前尼洪國家，最初七日天降糧食雨，接著降了七天的衣服雨，之後又在七天中降下珍寶雨，最後降下土雨使所有的人葬身土下，死後轉生到惡趣。因此，對於無常的苦樂，我們不要患得患失，而應當將此生塵世的一切幸福受用棄如唾液，為了正法甘心情願地承受身體的苦行及精神的磨難，追隨佛陀及前輩大德們的足跡。

對上述道理，我們要真心真意地思維、觀修。

好與壞同樣是無常的。從世間法方面來說，能言善辯、知識淵博、機智勇敢的人們，也有一敗塗地的時候。此時往昔積累的福德已經耗盡，思維顛倒，萬事不順，受人挖苦而暗自神傷，常常遭到別人欺侮，以前僅有的少分功德似乎全部蕩盡，已是一無所有。與之相反，也有許多人以前無有智慧，見識淺薄，往往被人貶為騙子、虛偽者，後來當他們獲得了財富、受用時，便贏得別人的信任，被看成是精明能幹、見多識廣之人。正如俗話所說的：「狡者年老成主人。」

從出世間法方面而言，有這樣的俗話：「具證年老求學問，捨事年老積財物，法師年老成家長。」許多人雖然上半生是拋棄一切世間瑣事的捨事者，下半生卻努力積聚財物；也有上半生是為人傳法的阿闍黎，下半生卻成了獵人、竊賊或強盜；還有些上半生是持戒清淨的戒師，下半生卻子嗣成群。反之，有些人上半生唯造惡業，下半生唯一修持正法而獲得成就，或者即使沒有獲得成就但也已經皈入佛門，死後往生清淨剎土。

所以，現今的賢劣顯現可以說瞬息萬變，沒有任何現象是始終不渝、牢不可破的。可是，有些人偶爾生起一點點出離心和厭世心，只是裝模作樣地修行似是而非的法，世間人也將他看作是了不起的人物，後來又有了施主和弟子在足下恭敬頂禮，這時他們本人沒有詳細觀察自相續，反而真的認為「我已如何如何了」，以傲慢蒙蔽相續，內心飛揚浮躁，一反常態，而認為「我什麼事都可以做了」，這種人真正是鬼迷心竅、著了魔。

在尚未斷除我執，沒有生起無我之智慧獲得聖者果位之前，賢劣的表象都是無常的。所以，我們應當恆時修習死亡無常，審察自相續的過失，常常身居低位，生起厭世心與出離心，三門寂靜調柔、謹小慎微，觀修一切有為法皆為無常，思維輪迴的痛苦，恆時處於強烈的信心和深深的厭離心之中。如米拉日巴尊者親言：「無人山谷岩洞中，恆具出離厭世心，上師乃為三世佛，強烈堅信永不離。」我們也務必要依此而實地修行。否則，由於暫時的分別念是無常的，根本無法確定將來會變成怎樣。從前有一人，由於密友成仇、眾叛親離而步入佛門，經過一番修行而成了一位了不起的唐巴比丘，風心獲得自在，可以在虛空中飛行。有一天，他在供施食子時，集來了許多鴿子。此人心想：如果我有這樣龐大的軍隊，就足能消滅那些敵人。由於當時的惡念沒有轉為道用，導致他後來還俗成了軍隊首領。

同樣，暫時依靠良師益友的助緣，使我們擁有了修法的時機，但是，凡夫的想法沒有恆常可信的，所以應當夜以繼日勤奮修法，活到老，修到老。

對於以上道理，一定要認真觀想，深深思索。

經過這般思維各種喻義，我們應該深信，上至三有之頂下至無間地獄，無有絲毫恆常穩固的，都是遷變增減的本性。

丁六、思維死緣無定而修無常：

我們南贍部洲的人，自從出生那一時刻起就必定會走向死亡，但死的方式、死的因緣和死的時間卻決定不下來。即於何時何地、以何種方式、以何因緣死亡誰也不能確定。在這個世界上，生緣可謂少得可憐，而死緣卻多如牛毛，如聖天論師說：「死緣極眾多，生緣極稀少，彼亦成死緣。」諸如火、水、毒、險地、野人、猛獸等等，所面臨的死緣多之又多，而生緣卻微乎其微，而且自以為是生緣的衣食等也有成為死緣的，食用有毒的食物或者自認為是無毒食品而抱著有利於身體的希望來享用，可是也有變成毒物或者發生不適應中毒㊶以至於成為死緣。這種現象頻繁出現。

尤其是在當今時代，大多數人由於過分貪愛葷腥食品而肆無忌憚地享用血肉，因此似乎沒有不染上「瑪

㊶不適應中毒：不宜合併的食物一經合併食用，即對身體發生不良反應引起中毒。

敦」病或「夏珍」病的㊷。此外，由於飲食不當，患腫瘤、涎分、水腫病而成為死緣的也不計其數。為了追求財富和名譽等而奔赴沙場或者遭遇凶猛野獸、隨意渡水等成為死緣的事情不可勝數。

正因為死緣各種各樣，致使死期無法確定。有些在母胎中便已死亡；有些人剛剛出生就已斷氣；還有些人剛剛學會爬行就已夭折；又有些人在壯年時離開人世；有些人在垂暮之年壽終正寢；有些是因為沒有得到及時治療而死；有些人因為久病不愈臥床不起而在瘦骨嶙峋中死去，並且死不瞑目；也有很多患了「洞特」病㊸的人在食物還未吃完、話還未說完、事情還未做完中死去；還有些人自殺身亡。在以上數多的死緣之中，生緣卻如風中殘燭般力量微薄。也許現在死亡就會突然降臨，誰也無法確定明天會不會轉生為頭上長角的旁生，所以應當誠信死期不定、生處不定的道理。

丁七、思維猛厲希求而修無常：

我們隨時隨地要唯一觀修死亡，觀想行、住、坐、臥一切所為都是此世最後的一次，口中也如此言說，心中也這樣誠摯觀修。如果去往其他地方也想可能會客死他鄉而沒有重返故土的機會；啟程上路或者在台階上休息時也想可能會死於此處；無論坐在何處也都應觀想可

㊷瑪敦、夏珍：因肉食所致兩種病的名稱。
㊸洞特：一種病，患此病者會突然昏倒，需立即放血。

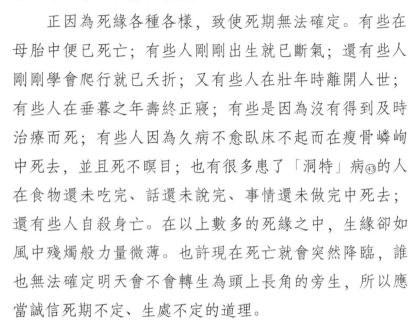

能會死在這裡。晚上睡眠時也要想：今晚會死在睡覺的地方，明天不一定還活在人間；早晨起床時也要想：在今天當中也許就會命絕身亡，今天晚上不一定還有睡覺的機會。要發自內心情不自禁唯獨觀修死亡。從前，噶當派的格西們在晚上睡覺之前常常思維：不知道明天早晨還用不用生火。因此他們往往不蓋火㊹並且將碗也是倒扣放置，每時每刻心中都對死亡有堅定不移的勝解。我們要像他們那樣身體力行。

僅僅修習死亡還不夠，因為人在臨終時絕對有利的只有正法，所以我們必須恆時不離正知正念，深刻地認識到輪迴的一切瑣事均無有恆常、無有實質，時常督促自己修持正法。本來身心的暫時組合就是無常的，為此不要將假合的身體執著為我。所行的道路是無常的，一舉手一投足都要如理如法，《般若攝頌》中云：「唯看一木軛，行走心不亂。」身居的處所是無常的，應當將它觀想為淨土；飲食受用是無常的，應當享用禪定的美食；躺臥睡眠是無常的，應當將迷亂修成光明境界；富有的珍寶是無常的，應當依靠聖者七財；親朋近鄰是無常的，應當棲身靜處激發出離；名譽地位是無常的，應當恆常身居低位；言談話語是無常的，應當督促自己念咒、誦經；信心出離也是無常的，應當為誓言得以穩固而精

㊹蓋火：西藏人一般都晚上蓋火，為方便第二天容易生火。但修無常者想若晚上死了，就不需準備故常不蓋火。

進；想法妄念通通是無常的，應當具備賢善的人格；驗相證悟是無常的，務必要至達法界盡地。到那時候，已經了脫生死，生死完全掌握在自己的手中，有自在操縱死亡的把握，榮得無死的堅地，就像雄鷹翱翔在虛空中一樣，死亡到來也無所畏懼，從此之後無需修行。

誠如米拉日巴尊者說：「吾初畏死赴山中，數數觀修死無定，已獲無死本堅地，此時遠離死畏懼。」

無等塔波仁波切也親口教誡我們道：「開始的時候，害怕生死所追，務必像鹿子逃出籠子一樣義無反顧，中間的時候，務必像農夫辛勤耕耘田地那樣做到死而無憾，到了最後，要像大功告成的人一樣做到心安理得。也可以說，最初的時候，務必要像箭中人的要害一樣認識到沒有空閒，中期階段要像死了獨子的母親一樣專心致志地修行，最終要了達無所作為，如敵趕走牧童牛㊺。」在未生起如是定解之前務必唯一觀修死亡無常。

世尊也曾金口玉言這樣讚評觀修無常：「多修無常，已供諸佛；多修無常，得佛安慰；多修無常，得佛授記；多修無常，得佛加持。如眾跡中，象跡為最，佛教之內，所有修行，觀修無常，堪為之最。」又如《毗奈耶經》中說：「對我眷屬中如妙瓶般的舍利子及目犍連等百名比丘供齋供物，不如刹那念有為法無常更勝。」

有一位居士請問博朵瓦格西：「如果想專門修行一

㊺如敵趕走牧童牛：牧童的牛被敵人趕走後，愣在那裡，不知所措。

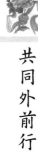

法，那麼修什麼法最為重要呢？」

格西答道：「如果想專心修行一法，無常最為重要。倘若修行死亡無常，首先可以作為進入佛法之因，中間可作為勤修善法之緣，最後作為證悟諸法等性之助伴。倘若修行無常，最初可作為斷除此生繩索之因，中間可作為捨棄貪諸輪迴之緣，最後可作為趣入涅槃聖道的助伴。又最初可作為生起信心之因，中間可作為精進之緣，最後可作為生起智慧的助伴。如果觀修無常，並且能在相續中真正生起的人，起初可成為求法之因，中間可作為修法之緣，最後作為證悟法性的助伴。倘若修行無常，並且能在相續中生起無常觀，則初始可作為擐甲精進之因，中間可作為加行精進之緣，最終可成為無退精進的助伴。」

帕單巴㊻尊者也曾經說過：「如果相續中生起了無常觀，最開始可作為步入正法的因，中間可作為精進的鞭子，最終也能獲得光明法身。」所以，相續中如果沒有不加改造而生起無常觀念，那麼僅僅在表面上求求法、修修法，最終只能成為佛教油子㊼的因。

單巴仁波切又說：「在西藏修行人當中，沒有看見一個人有死亡的念頭，也沒有發現有一個人遺留在世。身著

㊻帕單巴：出生於印度南方，曾依止蓮花生大士、龍猛菩薩等五百位上師獲二殊勝成就，住世571年，後於藏地弘揚佛法。
㊼佛教油子：入佛門聞法修法越多其相續越難調化，終成與佛法背道而馳之人。

僧衣的人累積財產，難道是要供養閻羅王嗎？收藏一切奇珍異寶，難道企圖暗地裡賄賂閻羅卒不成？目睹這些西藏修行人，會讓人禁不住仰天哈哈大笑！誰具廣聞我慢高，修行好者積財寶，誰依靜處多散亂，誰離故鄉無羞愧，彼為形象修法者。彼等喜愛造惡業，雖已見到他人死，然卻不知自將亡，此等一切諸過患，皆由未修無常致。」

所以，觀修無常是開啟一切修行之門的前提條件。

一居士向博朵瓦格西請求消除惡緣的竅訣。博朵瓦格西回答說：「你應當屢屢思維死無常，如果心中生起必定死亡的唯一觀念，那麼淨除罪業也無有困難，奉行善法也無有困難。如若在此基礎上，你能夠常常修持並在相續中生起慈悲心，那麼利益有情也不是難事。倘若在此基礎上，再多多修行諸法實相空性，而且在自相續中已經生起，到那時清淨迷亂也不會有困難。」

如果相續中真正生起了無常觀，那麼就一定能夠徹底捨棄對今生世間一切事物的貪執，就像嘔吐症患者不願取油食一樣。

我的至尊上師（如來芽尊者）也不止一次地說過：「我無論看見世間如何高貴、如何權威、如何富裕、如何俊美之人，也不會生起羨慕之心，而注重前輩高僧大德的事蹟，這就是因為自己的相續中生起了少許無常觀的緣故。我除了無常以外也再沒有其他更殊勝的教言傳授給別人。」

那麼在相續中對無常生起定解的界限是怎樣的呢？

應當像喀喇共穹格西那樣。格西在後藏的覺摩喀喇山修行時，岩洞口有一荊棘叢，常常掛到他的衣服。開始他想砍除，但轉念一想：唉，我也許會死在此山洞中，也不知道是否再有出去的機會，還是將修行妙法放在首位。當他再次出洞的時候又想：不知道能否再度返回這個山洞。而一直沒有砍除荊棘叢。就這樣，他連續在這個洞裡修行了多年，最後已經獲得成就，可依然沒有砍除荊棘叢。

還有一個修無常觀的表率，那就是持明無畏洲尊者。持明無畏洲尊者有一個秋季七月沐浴的水池，沒有階梯，進入時很困難。弟子問：「是否應在此修一階梯？」他回答：「不知道明年還有沒有在這裡沐浴的機會，那麼費事有什麼用呢？」他也常常教誡弟子修無常法。

所以，我們這些人在相續中沒有生起這樣的定解之前，一定要在加行時發心，正行時千方百計調整自心，反正在相續中沒有生起不加改造的無常觀之前就要修持，後行時以迴向印持。務必要追循聖者前輩的足跡，盡心盡力勤奮努力修持。

無常現前反而執常有，老年到來反而以為幼，
我與如我邪念諸有情，相續生起無常祈加持。

壽命無常之引導終

三、輪迴過患

了達輪迴諸事無實義，唯以大悲利益諸有情，
不貪有寂依教行大乘，無等上師足下我敬禮。

丙三（輪迴過患）分二：一、總的思維輪迴痛苦；二、分別思維六道各自痛苦。

丁一、總的思維輪迴痛苦：

正如前文中所說的一樣，儘管我們已經擁有了難得的暇滿人身，但它也不可能長期住留，最終必將走向死亡。如果死後也如同燈滅或水乾一樣一了百了，當然也就沒有別的可說了，可是死後不可能完事大吉，而必然要投生，有了投生就離不開生死輪迴。

總的來說，所謂的輪迴，就像陶師手中的輪盤、井中的水車、瓶中的蜜蜂一樣接連不斷地旋轉。比如，將蜜蜂放在瓶內封閉瓶口，那麼蜜蜂只能在瓶中飛來飛去。同樣，無論生於善趣或墮入惡趣都超不出輪迴的範圍。善趣的人間天境如同瓶內上面的空間，三惡趣就像瓶內下面的空間，六道眾生就這樣以有漏的善業和不善業為因，連續不斷地投生流轉，為此叫做輪迴。

我們這些人無始以來一直漂泊於輪迴之中，一切眾生彼此之間沒有不當過父母、親友、怨敵或平常人的。

假設把整個大地的土摶成棗核許的丸子，口中數著

「這個眾生的母親是這個，那個有情的母親是那個」，待到土丸的數量已經窮盡，然而各個眾生互相當過母親的次數卻還不能到盡頭。這以上是經中說的。怙主龍樹也說：「地土摶成棗核丸，其量不及為母數。」一切有情，從無始以來到現在沒有誰不是這樣轉生的，在此期間，因為利慾薰心而斷過的頭顱和肢體不計其數。假設將曾經投生為螞蟻等小含生的所有肢體堆集一處，那一定比須彌山王還高；因為口中無食、背上無衣，感受飢寒交迫、唇乾舌燥等痛苦而哭過的淚水，假設尚未乾涸而收集起來，肯定遠遠多於所有的汪洋之水；僅僅生在地獄時所喝過的銅汁鐵水也比局部四大海洋的水還多。

儘管事實原本如此，可是仍舊對輪迴不生剎那的出離心一味執迷不悟而受束縛的人們，在漫無邊際的輪迴當中必然還要變本加厲地受苦受難。就算是依靠隨福德分的些微善果獲得了梵天和帝釋那樣萬壽無疆、富足圓滿、威風凜凜、相貌堂堂的身體，最終也擺脫不了死亡的命運，並且在命終之後還要飽嘗惡趣的悲慘痛苦，那麼暫時擁有的榮華富貴、健康無病等微不足道安樂的人們，在幾年或幾個月甚至僅僅幾天的時間內，也會因為善趣的樂果耗盡而變成一貧如洗、可憐兮兮，或者不願意也要感受惡趣那難以忍受的痛苦。

所以說，現在暫時的幸福快樂就好似夢中正在興旺發達之時突然醒來一樣，有什麼實質可言呢？眼前依靠一點點善果而表面看起來似乎幸福快樂的人們，一旦引業耗盡之後，沒有刹那住留的權利，即便是坐在天衣鋪陳的如意寶座上盡情享受五種欲妙、快樂無比的天王，當壽命結束後也會在睜眼閉眼的瞬間大頭朝下墮入地獄，在熾燃鐵地上感受痛苦。再者，太陽和月亮儘管擁有普照四洲的光芒，但最後也會有轉生到伸手不見五指、漆黑一片之暗處㊽的時候。似是而非的輪迴安樂，根本沒有任何可信賴的。

我們要下決心：今生今世一定全力以赴脫離輪迴大苦海，獲得永久安樂圓滿正等覺果位。

上述道理，要完整具足加行、正行、後行來實地修行。

丁二（分別思維六道各自痛苦）分六：一、地獄之苦；二、餓鬼之苦；三、旁生之苦；四、人類之苦；五、非天之苦；六、天人之苦。

戊一（地獄之苦）分四：一、八熱地獄；二、近邊地獄；三、八寒地獄；四、孤獨地獄。

己一（八熱地獄）分八：一、復活地獄；二、黑繩地獄；三、眾合地獄；四、號叫地獄；五、大號叫地獄；六、燒熱地獄；七、極熱地獄；八、無間地獄。

從復活地獄逐漸向下到無間地獄之間就像高樓大廈一樣層層疊疊。這些地獄的地面與周圍全部猶如打造的燒鐵一般，一經落腳就沒有絲毫的舒適感，在熊熊烈火之中只會覺得火燒火燎，熱到極點。

㊽暗處：太陽和月亮本為天子，所以也有墮落之時。

庚一、復活地獄：

無量無數的地獄眾生由業力所感，好似暴風雪般同時聚集到燒鐵地上火紅的餘燼中間。它們由於嗔恨的引業而感召這樣的同行等流果：所有眾生如同見到不共戴天的仇敵一樣，相互之間生起嗔怒之心而奮力爭鬥，手中握著業力幻化不可思議的兵器而打得你死我活，最後全部亡命。這時從空中傳來「願你們復活」的聲音，隨即所有眾生死而復生，又一如既往地爭鬥不休，就這樣輾轉死去復活，輪番交替，極其痛苦。

我們再來看一看復活地獄有情的壽量：人間五十年是四大天王天的一天，三十天為一個月，十二個月為一年，四大天王所在的天界五百年是復活地獄的一天，這樣計算復活地獄三十天為一個月，十二個月為一年，此地獄眾生自壽為五百年。

庚二、黑繩地獄：

閻羅獄卒們把形如柴燼的地獄眾生帶到熾熱的鐵地上，在它們的身上用黑線劃分為四份、八份、十六份、三十二份等，然後用火紅的鐵鋸鋸割，這些眾生剛剛被鋸開的部位馬上又粘連在一起，就這樣反反覆覆地感受著剖割的痛苦。

壽量：人間一百年是三十三天的一天，三十三天的一千年是黑繩地獄的一天，此地獄的有情壽量長達千年。

庚三、眾合地獄：

數不勝數的地獄眾生，被關在大如地域般的鐵臼內，獄卒們揮舞著須彌山般的鐵錘錘打它們。所有的眾生哭哭啼啼，在無法想像氣息分解的痛苦和萬分恐怖的狀態中死去。當閻羅卒們舉起鐵錘時，它們又再度復原，依然如故感受痛苦。

此外也有這樣的情形：在川谷中所有相對的山嶺變成自己以前殺害的鹿子、黃羊、山羊等動物的頭像，它們的角尖燃火，並且角抵角而相鬥。地獄的無量眾生由於業力所牽，來到兩座山中間，當兩山互相碰撞時，這些眾生全部死去，當山分開時它們就恢復如初，又像前面一樣感受著眾合等巨大的痛苦。

壽量：人間二百年是夜摩天㊾的一天，夜摩天的二千年是眾合地獄的一天。此地獄的眾生自壽為兩千年。

庚四、號叫地獄：

這一地獄的眾生身陷無門的熾熱鐵室內，倍受煎熬之苦，想到無有從此解脫之時，不禁失聲慘叫。

壽量：人間四百年是兜率天㊿的一天，兜率天的四千年是號叫地獄的一天，此地獄眾生自壽長達四千年。

庚五、大號叫地獄：

閻羅獄卒們手持許多令人毛骨悚然的兵器，將地獄的

㊾夜摩天（時分天）：居於須彌山前上空，按時行樂，故名時分，不與阿修羅作戰，故名離諍天。

㊿兜率天：又名喜足天、睹史多天，六欲天之一，妙欲資具勝於以下諸天，身心安適，且喜具足大乘法樂，故名喜足。

無量眾生驅趕到雙重鐵門的熾熱鐵室中，然後用鐵錘等錘打它們。這些眾生想：內外兩個門都是用鐵水澆鑄，即便能逃脫內門也逃不出外門。於是聲嘶力竭地大呼大叫。

壽量：人間八百年是化樂天的一天，化樂天(51)的八千年是大號叫地獄的一天，此地獄眾生的壽量達八千年之久。

庚六、燒熱地獄：

大如三千大千世界的鐵器內裝滿了沸騰的鐵水，地獄的無量有情在裡面遭受熬煮之苦。每當它們浮到水面時，閻羅獄卒們就用鐵鉤將它們鉤住，用鐵錘錘打它們的頭部，於是它們便昏迷不醒，此時已經全無苦受，（當它們醒來之後）便以為那是一種安樂，這些有情始終處在水深火熱之中，苦不堪言。

壽量：人間一千六百年是他化自在天(52)的一天，他化自在天的一萬六千年是燒熱地獄的一天，此地獄眾生自壽長達一萬六千年。

庚七、極熱地獄：

在火勢熊熊的鐵屋內，閻羅卒們用火焰熾燃的三尖鐵矛從此地獄眾生的兩足掌和肛門刺入，結果從雙肩和頭頂徑直穿出，並且還用燃燒的鐵片在它們身外纏繞，這些有情極度痛苦。

壽量：此地獄眾生的壽命長達半個中劫，因此無法

---

(51)化樂天：六欲天之一，自己任意變化欲界資生妙具，盡情享受，故名化樂天。

(52)他化自在天：六欲天之一，奪他所化妙欲資具而自享用，故名他化。

用人間的年數衡量。

庚八、無間地獄：

周圍有十六個近邊地獄圍繞的燃火鐵屋內，閻羅卒將地獄的無量眾生放到堆積如山、好似木炭般燃火的鐵塊中央，借助豹皮和虎皮所製的皮火筒[53]的風力，有情的身體與烈火燃成一體，感受極其強烈的痛苦，只能發出淒慘號叫的聲音而身體卻顯露不出來。它們不斷地萌生想要解脫的念頭，可是解脫之時卻遙遙無期。有時候它們認為火門稍稍打開了一點而企圖逃之夭夭，結果又遭到獄卒們用鐵弩、棍棒、鐵錘子等一頓毒打，而且口中也被灌注沸騰的鐵水等，需要飽嘗前七種地獄的所有痛苦。

壽量：此地獄的有情壽命長達一個中劫，由於再沒有比這更強烈的痛苦，所以稱為無間地獄。

造無間罪業的眾生或者進入密乘對金剛阿闍黎產生邪見的人將投生到這一地獄，而以其他業力絕不會轉生於此。

己二（近邊地獄）分五：一、塘煨坑地獄；二、屍糞泥地獄；三、利刃原地獄；四、劍葉林地獄；五、鐵柱山地獄。

無間地獄的四方，各有塘煨坑、屍糞泥、利刃原及劍葉林四個地獄。東方有四個，南方四個，西方四個，北方四個，共十六個。東南有一座鐵柱山，同樣西南、西北、東北各有一座鐵柱山。

---

[53]皮火筒：藏族燒火的工具，用動物皮製成，在火的周圍吹氣可助火燃旺。

庚一、煻煨坑地獄：

無間地獄的眾生由於業力有所減輕而走出無間地獄之門，這時它們看見遠處有一片黑漆漆的涼蔭或妙壕，滿心歡喜疾步前往，結果卻陷入了劇烈燃燒的炭火坑裡，被燒得骨肉焦爛，痛苦不堪。

庚二、屍糞泥地獄：

從煻煨坑地獄中解脫出來的有情，又看見遠方有一條河流，因為在前一大劫毀滅期間一直身處火堆之中倍受煎熬，所以感到口乾舌燥，渴到極點，一見到水不禁喜出望外，飛奔前去飲用。（可是到了近前，）哪裡有什麼水？結果陷入了人屍、馬屍、犬屍等腐爛屍體臭氣沖天、到處彌漫昆蟲的污泥內，淹沒過頭頂，具有鋒利鐵喙的昆蟲群起而上競相啄食，真是苦不堪言。

庚三、利刃原地獄：

從屍糞泥地獄中解脫出來的有情，看到有一賞心悅目的青青草原，欣然前往，結果遇到的卻是一片兵器所成的利刃原，整個大地長滿了形狀如草鋒利燃火的鐵刺。右腳踏在上面右腳被戳穿，左腳踩下左腳被刺透，當腳抬起時又恢復如初，再度踩踏之時又如前一樣被穿透，痛苦難忍。

庚四、劍葉林地獄：

從前面的地獄中剛剛解脫出來的眾生，又看到舒心悅意的林苑，興高采烈地狂奔而去，哪裡有什麼悅意的林苑？遇到的卻是一片劍葉林，只見鐵樹上生長著許許多多葉狀的利劍，隨風擺動，將這些眾生碎屍萬段，之後恢復如初，又再度割截，它們就這樣感受著被切割的痛苦。

庚五、鐵柱山地獄：

這裡是毀壞梵淨行、破戒律的出家人或行邪淫的有情轉生的地方。由於業力的牽引，它們來到陰森可怖的鐵柱山前，這時聽到山頂上有昔日苦苦愛戀的友伴呼喚自己，於是便向山上攀登，結果身體被鐵樹上生長著朝向下方的樹葉刺穿。當爬到山頂的時候，烏鴉、鷹鷲等飛禽又前來啄食它們的眼油。這時，又聽到山腳下傳來呼喊它們的聲音，於是一如既往地向山下奔去，所有的樹葉又轉向上方，從它們的前胸刺入，徑直穿透後背。到了山腳下時，等候在此萬分恐怖的鐵男、鐵女將它們擁抱入懷，又將它們的頭顱活活吞入口中細嚼慢嚥，並不時從嘴角兩邊流出白色的腦漿，它們感受諸如此類的異常痛苦。

對於以上八熱地獄、十六近邊地獄和鐵柱山地獄的痛苦，自己經過一番詳細分析之後，到一個寂靜的地方開始閉目觀想：我如今已經真真切切地轉生在那些充滿恐懼和痛苦的地獄之中。又轉念沉思：啊！我現在並不是真正生在那些地獄裡，僅僅是內心意念，竟然那麼恐怖、那麼痛苦，而如今真正墮落於地獄中的眾生不可勝數，這些有情都是自己前世的父母，也無法確定現世的生身父母、親朋好友等許多人命終之後不墮入地獄。其實，轉生到那些地獄的主因就是嗔恨心，而我們這些人在前世和今生之中肯定造下了數之不盡的嗔恨煩惱惡業，由此後世一定會轉生到上述的那些地獄中。如今我們已經獲得了暇滿人身，並有幸遇到了具有法相的上師，聆聽了甚深竅訣，擁有了行持佛法成就佛果的機會，此時此刻務必下決心：為了從今以後不轉生到那些惡趣之處，一定要鍥而不捨地努力修持。反反覆覆思維上述道理。而且，痛悔以往所造的深重罪惡，誠心懺悔，並立下堅定誓願：今後即使遇到生命危險，寧死也絕不造墮落地獄的惡業。一方面這樣懺前毖後，一方面對現在身陷地獄的有情生起強烈的悲心而發願：但願這些眾生當下從惡趣中解脫……

以上道理要以圓滿加行、正行、後行來修持。

己三、八寒地獄：

通常而言，八寒地獄處在中央與周圍雪山、冰川的環抱中，到處是狂風四起、暴雪紛飛，居此地獄的眾生在這種處境中赤身露體而遭受寒凍的苦難，身體上不時長出水泡，由此稱為具皰地獄；水泡破裂而形成皰瘡傷口，由此稱為皰裂地獄；有情難以忍耐寒冷的折磨，禁不住牙關緊咬，由此稱為緊牙地獄[54]；有情不斷發出呼寒叫冷的聲音，由此稱為阿啾啾地獄[55]；有情呼寒叫冷的音聲已經間斷，只能呼呼呼地長聲歎息，由此稱為矐矐婆地獄；有情

[54]緊牙地獄：也叫安嘶吒地獄。
[55]阿啾啾地獄：也叫虎虎婆地獄。

的皮膚凍成青色，裂成四瓣，由此稱為裂如青蓮花地獄；皮下之肉凍成紅色並凍裂成八瓣，由此稱為裂如紅蓮花地獄；更有甚者，凍成黑紅色，裂成十六瓣、三十二瓣或無數瓣，由此稱為裂如大蓮花地獄，淪落在此地獄的有情凍裂的傷口中爬入許多鐵喙的昆蟲咬噬著，與之同時還要遭受寒凍之苦。因為有八種全然不同的痛苦，所以才安立了八種名稱，這些統稱為八寒地獄。

八寒地獄的壽量：二百藏升[56]的大盆裡裝滿芝麻，具皰地獄的每一百年從中取一粒芝麻，直到將所有的芝麻全部取完，才是具皰地獄眾生壽量結束的時刻。其餘地獄次第呈二十倍遞增，從上而下，壽量越來越長，痛苦越來越強，也就是說：皰裂地獄的壽量是具皰地獄的二十倍，緊牙地獄的壽量是皰裂地獄的二十倍，依此類推。

接下來，我們還是像前面那樣結合自相續而觀修這些寒地獄的痛苦，首先觀想：如果在這個人間，寒冬季節一絲不掛赤裸裸地在外面停留短短的一瞬間，尚且也無法忍受寒冷的痛苦，假設真正轉生在那些地獄裡，又怎麼能忍受得了呢？對於自相續的罪業，要懺前戒後，並對已經淪落到地獄中的有情生起大悲心……如前一樣具足加行、正行、後行來實修。

己四、孤獨地獄：

孤獨地獄的處所沒有固定性，痛苦也是變化不定。

[56]藏升：為革薩拉城市所用容量單位。

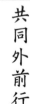

有的夾在山岩間，有的困在磐石內，有的凍在冰塊裡，有的煮在沸水中，有的燒在烈火內……有的眾生藏在樹木裡，當樵夫砍伐樹木之時，它們的肢體被千刀萬剮等，近取蘊受盡苦難，還有些轉生為人們日常使用的杵臼、笤帚、瓦罐、門、柱子、灶石、繩子等形象，也以識蘊感受這些苦楚。

例如：大成就者卓滾朗吉日巴(57)在雅卓耶湖中看到的魚，大成就者唐東加波(58)所見石頭內的青蛙等等。

關於雅卓耶湖的來歷，據說以前益西措嘉空行母在修行時將苯波教徒投來的一枚金幣變成為此湖，它是四大名湖(59)之一。這一湖泊的源頭起自得龍剛親（地名），盡頭流入賊瑪格熱（地名），中間要歷經數日的路程。

一次，大成就者卓滾朗吉日巴向湖中觀望，隨後竟然悲泣著說：「哎喲喲，千萬不要享用信財(60)！千萬不要享用信財！」

弟子迷惑不解地問：「上師，到底發生了什麼事？」

尊者悲哀地說：「在這條湖泊當中，一位享用信財的上師神識轉生為孤獨地獄的一條大魚，它正在感受眾

---

(57)卓滾朗吉日巴（1128－1188）：修持七年七月七日證悟法相，並創立了拉樸寺。
(58)唐東加波：噶舉派一位傳承上師。
(59)四大名湖：馬法木湖（今西藏自治區普氣縣境內），納木湖（今西藏自治區當雄縣境內），青海湖，雅卓耶湖。
(60)信財：信眾供養的財物，此中也有亡財之義。

多痛苦。」

弟子請上師示現給他們看。於是，尊者大顯神變頃刻之間使此湖乾無一滴。這時，眼前出現一條巨鯨，龐大的軀體遍及整個湖泊，身上密密麻麻布滿了數不勝數的含生在爭相蝕食，只見牠痛苦難忍而滿地翻滾。

弟子問：「承受此惡報者是誰的轉世？」

上師開始講述：「這是後藏黑馬喇嘛的轉世。後藏的那位黑馬喇嘛，咒力和加持力非同小可，對於鬼迷心竅的人只需看上一眼就會立竿見影，成了前後藏四翼(61)地區眾所周知的供養處。他超度亡人只是念一聲『啪的』便開始收取大量牛馬等牲畜，他死後轉生為這條大魚。」

大成就者唐東加波在一塊大石頭上修氣脈瑜伽時，結果石頭裂開兩瓣，裡面有一隻大青蛙，身體上粘附了無數的微小生靈在蝕食，只見牠張著黑洞洞的口，苦不堪言。

弟子問：「上師，這是怎麼回事呀？」

上師告訴他們：「這個眾生的前世是一個作血肉供養的上師。」

在當今時代，享受血肉的喇嘛隨處可見。每當施主們宰殺膘肥體胖的羊隻，在咽喉或脾臟等內臟裡裝上血肉放在脊椎骨的精肉上來供養這些喇嘛時，他們則拉起披單甩到頭後，接著便像嬰兒咂奶一樣津津有味地吮吸

(61)前後藏四翼：古代藏文典籍中藏地為上中下三區。上區阿里，中區衛藏，下區青康。

著裡面的東西，又從懷中掏出小刀慢慢悠悠地吃著外面的肉。當飽餐完畢的時候嘴上油膩膩的，頭頂也是熱氣騰騰，簡直與餐前判若兩人，已成了紅光滿面、昂首闊步的形象。今生這樣肆無忌憚地享用血肉的人，後世要用自己的身體來償還血債，到那時，孤獨地獄中不堪設想的大苦頭會恭候著他們的！

大堪布具德護法在德格期間，有一天，對弟子們說：「今天俄達河裡出現什麼都不要放掉。」

許多僧人去河邊守候，一直到午後時分，才看到有一段樹幹隨波漂來，於是他們打撈上來，稟告上師說：除了這一截樹幹以外，其他什麼也沒有發現。具德護法讓弟子劈開這段圓木，眾人驚奇地看到一分為二的圓木中有一隻大青蛙，身上有許多含生在吃著牠。上師為牠做了沐浴儀軌……並說這隻青蛙是德格管理信財的監院師哦吉的轉世。

所以說，如今作威作福、恃強凌弱的官員們，想到這些地獄，舉止言行也應當小心謹慎。

往昔世尊在世時期，所住的城中有一位屠夫晚上守持不殺生戒（而白天大開殺戒）。當他死後轉生到孤獨地獄，夜晚身居舒心愜意的美妙宮殿裡，有四名花枝招展的美女供奉飲食、受用，快樂無比；到了白天，美宅變成了燃燒的鐵屋，四名美女則變成了恐怖的花斑雜色惡狗來啃食他。另有一個邪淫者白天守持不邪淫戒（晚上非法邪淫），死後墮入孤獨地獄，與前相反，白天盡情享樂，夜間受盡苦厄。這些是畫辛吉尊者親眼目睹的真情真事。

在一座環境幽雅的寺廟裡居住著五百比丘，每天中午擊犍椎[62]集聚僧眾供齋時，經堂即刻變成了燃燒的鐵屋，缽碗等餐具則變成兵器，僧人們開始互相毆打，供齋時間過後，又依然如故地各自分開。這是以前迦葉佛時許多比丘午飯時發生爭執的異熟果報。

以上八熱地獄、八寒地獄共有十六個，再加上近邊地獄和孤獨地獄，合計起來有十八個，這就是人們通常所說的十八層地獄。我們應當深入細緻地了解這些地獄的數目、壽量、所受的痛苦以及轉生到此的原因等等道理，進而對生在地獄中的有情生起悲心，並且千方百計竭盡全力使自他一切眾生從此之後不墮地獄。否則，僅僅是浮皮潦草地聽一聽佛法，便置之不理，而沒有腳踏實地加以修行，只會變成傲氣十足的佛教油子之因，而成為聖者呵責、智者羞辱的對象。

從前，一位儀表莊嚴、趾高氣揚的比丘前來拜見上師揚仁波切。

仁波切問他：「這位比丘，你對佛法認識得如何？」

---

[62]犍椎：打木、檀板，義譯聲喝，集合僧伽的響器之一。《毗奈耶經》中所說尺度，木質為栴檀、木瓜樹、巴羅沙、柴檀、醋柳、桐樹等，長八十四指，寬六指，厚二指，削去四角成為八方，四角斷口，各長二指，兩端剖成蛤蟆頭形。

那位比丘自吹自擂地回答：「我對佛法，廣聞博學。」

上師又問：「那麼，十八地獄是指哪些呢？」

這時，比丘支支吾吾地答道：「八熱地獄、八寒地獄共有十六個，嗯……再加上噶瑪巴黑帽、紅帽兩個，總共有十八個。」其實，這位比丘並不是因為不恭敬噶瑪巴才將他們列入地獄的數目中，而是因為忘記了孤獨地獄和近邊地獄的名稱，由於當時噶瑪巴黑紅帽二位尊者大名鼎鼎，所以就隨隨便便地算在了地獄的數目裡。如果到了這種地步，姑且不談求法修行，甚至連字面詞句上還是懵懵懂懂，這實在是令人感到慚愧之處。

戊二（餓鬼之苦）分二：一、隱住餓鬼；二、空遊餓鬼。

己一（隱住餓鬼）分三：一、外障餓鬼；二、內障餓鬼；三、特障餓鬼。

庚一、外障餓鬼：

此類外障餓鬼甚至在數百年之中連水的名稱也沒有聽過，整日飢渴交迫，經常為尋找飲食而四處遊蕩，結果也是一無所獲。有時候看到遠處有清清流淌的碧綠江河，以僵直的肢體艱難地支撐著巨大的腹部，異常痛苦同時又疲憊不堪，踉踉蹌蹌地走去，可是到了近前，所有的水已乾無一滴，僅僅剩下河床[63]，於是它們感到萬

[63]河床：大河兩岸中間容納流水的部位。

分苦惱。有時候遠遠望見果實累累、鬱鬱蔥蔥的綠樹，依然如前一樣趕去，當到了跟前時所有的樹木已乾枯成了樹幹。有時候，看見品種繁多的飲食、美不勝收的受用，可是到了近前時，卻遭到許多全副武裝的看守用兵器毆打、驅趕，真是說不出的痛苦。對於這些餓鬼來說，夏季月亮也顯得火燒火燎，到了冬季感到太陽也是寒氣逼人、清清涼涼，實在是受盡了折磨。

很久以前，晝辛吉尊者到餓鬼境內，結果中了餓鬼吝嗇的毒氣，感覺口乾舌燥。看見一座鐵城的大門前有一個令人不寒而慄的黑面紅眼餓鬼，便急不可待地問：「哪裡有水？」

他的話音剛落，居然集來了一大群形似燒焦樹幹的餓鬼。它們爭先恐後地祈求說：「無比尊貴的大師，你行行好，給我們一點水吧。」

尊者說：「我也得不到一滴水，同樣在求水，你們到底是誰呀？」

它們可憐巴巴地回答說：「我們自從投生在這座山谷以來已經有十二年了，可是到今天才聽說水的名字。」

庚二、內障餓鬼：

這類內障餓鬼嘴巴小得像針眼一樣，本想開懷暢飲大海裡的水，怎奈水卻無法流進它們那細如馬尾毛的咽喉，而且在這中間已被口中的毒氣一掃而光。就算是有一星半點的水進入了咽喉，也滿足不了它們那大如盆地的腹部。即使腹內稍稍有一點飽的感覺，在夜晚期間腹內也會燃起大火，燒盡心肺等所有內臟，是何等的痛苦。當它們想走動的時候，灰白色茅草般的肢體卻難以支撐大如盆地的腹部，真是痛苦到了極點。

庚三、特障餓鬼：

在每一個特障餓鬼的龐大軀體上，都居住著成群的小餓鬼，這些小鬼不停地啖食著大鬼。除此之外還有許許多多不定的疾苦。

很久很久以前，有一次，晝辛吉尊者來到餓鬼的領域，他舉步進入一座無量宮殿，發現裡面有一位相貌端嚴、婀娜多姿、十分可人的美女餓鬼，珍寶飾品裝點的寶座四條腿上拴著四個餓鬼。美女餓鬼奉送給晝辛吉尊者一些食品，並且千叮嚀萬囑咐：「如果這些餓鬼向您要食物，一丁點兒也不要給它們。」說完美女餓鬼就出去了。於是尊者開始享用這些食品，這時，餓鬼向他討要。尊者順手給了一個餓鬼，沒想到食物竟然變成了糠秕，當給另一個餓鬼的時候，食物變成了鐵錘，尊者接著拋給剩下的兩個餓鬼，食品到了它們的手中，一個變成了它自己的肉，另一個成了膿血。

正在這時，美女餓鬼回來了，她不滿地說：「我不是囑咐您不要給它們嗎？難道您的悲心已經勝過我了嗎？」

尊者不解地問：「它們與你究竟是什麼關係？」

她一一介紹說：「這是我前世的丈夫，這是我的兒子，這是我的兒媳，這是我的僕女！」

尊者又問：「你們是以什麼業力轉生到這裡的？」

她說：「南贍部洲的人生性好疑，很難相信，即使說了也不會有人當真，還是不說為好。」

尊者說：「我已親眼見到了，怎麼還會不相信呢？」

於是那位美女餓鬼開始有聲有色地講了起來：「我前世是某某城市的一名婆羅門女，在一個佳節吉日的前夕，我準備了豐美的食品。

第二天，正巧嘎達亞那尊者來到城中化緣。我懷著虔誠的信心供養齋食，不禁暗想：如果能讓我的夫君欣然隨喜供養，那該是多麼令人高興的事。於是便告訴丈夫說：『我今天向佛陀的弟子嘎達亞那大尊者敬獻了齋飯，但願你也能隨喜。』可是萬萬沒有想到，丈夫聽後火冒三丈、破口大罵：『在沒有供奉婆羅門、沒有孝敬諸位親朋之前，你居然先供養了那個光頭，那個光頭怎麼不去吞糠秕呢？』

我又將此事對兒子說了，兒子也氣急敗壞地說：『光頭怎麼不吃鐵錘呢？』

當天晚上，我的親戚們給我捎來了美味食品，結果被兒媳一人獨吞，她將粗茶淡飯給了我。我問她：『你是不是沒有將美味佳餚交給我而私自吃了，卻將這些粗茶淡飯拿給我？』她妄言回答：『我吃你的食物，還不如吃自己的肉呢！』

此外，我讓僕女捎給親戚的食物，她也悄悄地偷吃了。當我質問她時，她信口胡說：『我偷吃你的食物，還不如喝膿血呢！』

面對這一連串的打擊，我暗自立下毒誓：但願我將來轉生在能看到他們感受各自報應的地方。正是因為這樣的惡願，才使我轉生為大力餓鬼，否則以供養聖者齋食的功德，我完全能生到三十三天。您如果去我曾住的城市，請轉告我那淪為娼妓的女兒說：『我已見到了你的父母等，這一業報是令人痛心的。』告訴她斷除非法的惡業，改過自新。」美女餓鬼稍稍停頓一下又說：「如果她不相信，就告訴她：『你父親生前的房間裡有四個裝滿黃金的銅鍋，還有金盤及金瓶。取出這些財寶，時常供養嘎達亞那聖者，然後念誦我們的名字作迴向，這樣一來，可以使我等的業力逐漸減輕，直到消盡為止。』」

還有一則實例，哲達日阿闍黎出遊時到了餓鬼界，一名帶有五百個孩子、相貌醜陋的餓鬼母對他哭訴：「我的丈夫去印度金剛座尋覓食物已有十二載，到現在還沒有回來。尊貴的大師，您如果去印度金剛座，請捎口信給它說『如果還不快快歸來，孩子們就要餓死了』。」

哲達日為難地問：「你的丈夫長的什麼樣子啊？所有的餓鬼都一模一樣，我能認出來它嗎？」

餓鬼母滿有把握地說：「絕不會認錯的，它是一個大嘴巴、塌鼻子、小眼睛具足九種醜相的餓鬼。」

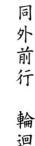

哲達日來到了金剛座。有一次，當一位沙彌大量潑灑供水、供施食子的時候，聚集了一大批餓鬼爭食，尊者發現其中就有餓鬼母的丈夫。於是轉告了它妻子的口信。

那個餓鬼也一籌莫展地向尊者訴說苦衷：「我背井離鄉流浪到這裡雖然已有十二年之久，可只有一次在一位清淨的比丘擤鼻涕時，眾多餓鬼蜂擁而上爭奪，我才得到了一點點，除此之外一無所獲，而且我自己在爭搶鼻涕時，被其他餓鬼打得鼻青臉腫、遍體鱗傷。」

如此看來，無論生在餓鬼中的任何一處，都同樣遭受著以飢渴為主各種各樣的痛苦。對於這種情形我們應當誠心觀修。想想看，我們這些人，僅僅沒有吃早飯，便會覺得何等的痛苦？如果真的轉生到長年累月連水的名字也聽不到的地方那將如何面對呢？而投生為餓鬼的主因就是自己一毛不拔的吝嗇和阻礙他人布施的慳吝，想必我們每個人以往所造下這樣的惡業數也數不清，現在我們必須下定決心，盡己所能絕不轉生到惡趣。修行時，要圓滿具足加行、正行、後行而誠心誠意觀修。

己二、空遊餓鬼：

空遊餓鬼包括妖精、王鬼(64)、死魔、厲鬼(65)、鬼女、獨角鬼等等。這些餓鬼始終都處於提心吊膽、擔驚受怕以及恍恍惚惚的錯覺狀態中，經常居心不良，懷有歹

(64)王鬼：是厲鬼的一種。
(65)厲鬼（魑魅）：是一種魔鬼，梵音譯作部多。

意，精勤於害他的惡業，它們死後的下場多數都是立即墜入地獄等惡趣的深淵。

尤其難忍的是，這些餓鬼不管生前是因病身亡、利刃所斃，還是懸梁自盡等途徑橫死的，每隔七天，它們都要感受一次以那種方式死亡的痛苦。它們希望把這種痛苦轉移給別人，所以無論到哪裡都是損人不利己。本來滿心歡喜地來到昔日的親朋好友面前，結果卻使他們重病纏身或者精神瘋狂等遭受不幸。

瑜伽士們做詛燒拋[66]儀軌時，這些餓鬼被鎮壓在地下黑咕隆咚的地方長達數劫，或者被燒在作火施的烈焰中，有時候咒師們拋撒驅邪芥子或石子，使這些餓鬼的頭顱裂成百瓣、肢體斷成千截而粉身碎骨。它們時刻都擺脫不了痛苦，也同樣要感受一般餓鬼所感受的冬季太陽寒冷、夏季月亮酷熱等反常現象的苦惱。

有些餓鬼則以鳥、狗等令人討厭的形象遭受各種意想不到的痛苦。

因此，我們應當懷著一顆慈悲的心腸觀想，但願自己能代受那些餓鬼的痛苦，圓滿具足加行、正行、後行來修持。

戊三（旁生之苦）分二：一、海居旁生；二、散居旁生。

---

[66]詛燒拋：採用壓勝（鎮壓）焚魔、拋擲朵馬、食子等方式以消災祈福的密宗的一種降魔方式。

己一、海居旁生：

在一望無際的大海當中，魚、鯨、螺、龜、蝦等就像酒糟一樣密密麻麻。其中長蛇、鯨魚等大動物的身量可以圍繞須彌山數周，小的水生動物則如微塵或針尖一般。這些海居旁生也是弱肉強食，大的吞食小的，小的徑直刺入大的身體蝕食牠們，每一個龐大動物身上都有成群的小含生築窩居住並以其為食。有的生在暗無天日的島嶼上，連自己屈伸肢體也無法看見，格外痛苦。作為旁生幾乎都是呆頭呆腦、愚昧無知而根本不懂得取捨的道理，終日處在無邊無際的痛苦之中。

己二、散居旁生：

散居旁生儘管身在人間天境，但也都在感受著愚昧和被役使的痛苦。比如，龍王常常遭受大鵬鳥的威脅及降臨熱沙雨的危害，而且愚癡呆笨、心狠手辣、毒氣沖天等等，非常可憐。

尤其是我們可以清楚地看見，人間的旁生中，無有主人飼養的野獸等時時刻刻都處於萬分恐懼的心態中，即使吃一口食物也不得安穩，經常面臨互相啖食、遭獵人捕殺、被猛獸吞食等險情。「鷂鷹捉鳥雀，鳥雀吃小蟲」已充分地表明這些旁生本身無時無刻不在造互相殘殺的惡業。而且，獵人們精通傷害殘殺這些眾生的技巧，如設陷阱、撒網罟、射火箭等，瞬間便可以使牠們喪命。有些旁生因為自己身上所長的角、毛、皮等而遭殺，例如，人們為了珍珠而採集海貝；為了象牙、象骨獵殺大象；為了獸皮而捕殺老虎、豹子、水獺以及狐狸等；為了麝香而捕殺獐子；為了獲取血肉殺害野牛、野馬等等。這些動物自己的身體反而成了送命的因，真是痛苦至極。

作為主人所飼養的動物：由於愚癡呆笨的緣故，就連屠夫手拿刀劍來到面前時，也只是眼睜睜地看著，根本不知道逃避。此外，這些動物沒有一個不感受如被人擠奶、馱運貨物、遭人閹割、穿透鼻孔、辛勤耕地等眾多役使的痛苦。牛馬等牲口背上即使已經傷痕累累卻仍然要馱運貨物、被人乘騎而艱難行路。當牠們實在走不動時，狠心的主人就用鞭子抽打或用石頭猛擊這些牲口，從來也不曾想過身為動物同樣有辛苦疲憊、病患疼痛。成群的牛羊，從身強力壯到老氣橫秋，只要還沒有到派不上用場或氣絕身亡之前，就無有休止地被主人使用，一旦衰老得不成樣子的時候，或者被主人一刀結果性命，或者被賣給別人，無論如何都擺脫不了被宰的厄運，自然死亡的幾乎一個也沒有。作為旁生，所受的痛苦實在是我們常人無法想像的。

每當我們目睹遭受這樣痛苦的眾生時，應該深深地思索、設身處地觀想，如果這般劇烈的苦痛落到自己身上，那將如何忍受得了……

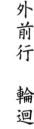

我們每個人不但要對生於總的旁生界有情生起強烈悲心，尤其對於自己飼養的動物，更要多一分仁慈，多一分愛心，盡力保護牠們。事實上，乃至蟲蠅及細微含生以上

的所有動物都同樣有苦樂的感受，而且這些旁生無一例外都當過自己的父母，對牠們生起慈悲心是理所當然的事。

對於上述的道理，我們要以圓滿具足加行、正行、後行來實修。

由此可見，不管是投生在三惡趣中的任何一處，都必然要受苦受難，而且這種苦難的數量也是多不可數，程度也是無比劇烈，時間也是極其漫長。更悲慘的是，三惡趣的有情由於愚昧無知、無有正法光明致使所作所為仍舊逃不出惡趣的因。一經生到惡趣後，就很難再有出頭之日，也可以說要想再度解脫實在是難之又難。

我們自相續中在今生或他世一定積存了許許多多轉生惡趣的罪業，所以現在就務必要誠心誠意努力懺悔以往所造的惡業，立誓今後絕不再犯。並且對生在惡趣中的有情生起強烈的悲憫心，一邊發願「將自己三世所積的一切善根迴向給淪落惡趣的這些眾生，但願它們能早日脫離惡趣」，一邊思量發心：我如今幸運地遇到了大乘正法，有了行持成辦自他二利正道的機緣，一定要刻苦求法、精進修行，將來好接引惡趣的所有眾生到清淨剎土，願上師三寶加持我獲得這樣的能力。並且祈禱上師本尊、念誦、發願……最後將善根迴向眾生。

對於上述道理，我們要以迴向等三殊勝攝持來實地修持。

如果有人想：生在三惡趣中的的確確是痛苦的本

性，可是善趣該是安樂幸福的吧？

實際上，善趣也同樣無有快樂可言。

戊四（人類之苦）分二：一、三大根本苦；二、八支分苦。

己一（三大根本苦）分三：一、變苦；二、苦苦；三、行苦。

庚一、變苦：

現在的人們所擁有的片刻快樂也是瞬息萬變，可以說轉眼間就會變成痛苦。比如說，本來食用對身體有利的飲食以後，正當覺得吃飽喝足、心情愉快的時候，沒想到胃腸裡生了寄生蟲，突然染上了嚴重的浪踏病㊵，痛苦不堪。正當快快樂樂的時候，忽然間，怨敵趕走了家畜、大火燒毀了房屋、病魔纏身或者聽到別人的惡語中傷等等，頃刻之間就會樂極生悲。從這一點來說，在這個生死輪迴中，表面擁有的安樂、幸福、名譽，其實都沒有一絲一毫的恆常性、穩固性，終究離不開痛苦。因此，我們一定要對輪迴生起厭惡之心。

庚二、苦苦：

所謂的苦苦，是指前面的痛苦還沒有煙消雲散，後面的打擊又接踵而至，可以說一波未平，一波又起。比如說，麻瘋病還沒有痊癒又生毒癰㊶，毒癰還沒有好轉又

㊵浪踏病：腸胃絞痛。由於寒熱交攻，胃及大小腸中寄生蟲動亂妄行，突發劇痛，如牛角尖壓刺胸腹。
㊶毒癰：頭疽，瘡初起頂如粟米，後來根盤擴大，狀如蜂巢。

生瘡；父親不幸逝世，緊接著母親又撒手離去；被怨敵搶劫一空，又加上心愛之人命歸黃泉。在這個輪迴中，無論是生在任何地方，都唯有以苦上加苦而消磨時光，連一剎那安安穩穩、快快樂樂的機會也沒有。

庚三、行苦：

現在我們這些自以為安樂的人們，表面看起來好像沒有親身受苦，但實際上也絕沒有擺脫痛苦之因，比如，吃飯穿衣、住房受用、裝飾設宴等等這一切都可能成為造罪業的因，所作所為完全是罪惡的偽裝，這一切的後果無疑就是痛苦。

下面我們就以茶葉與糌粑為例來說明這一道理。

茶葉是漢地生長的一種植物，在播種、剪葉等一系列的過程中殺死的眾生數也數不清。從康定以下，依靠人力運上來的時候，每個人需要攜帶重達六十二卡[69]的分量。人們將大茶頂在頭上運來，以至於前額的皮膚被磨得一乾二淨，甚至到了白骨清晰可見的程度，他們仍然還在不停地運送。從康定以上，依靠犏牛、犛牛、騾子等馱運上來的時候，所有牲口都是腹背瘡傷[70]、毛脫皮爛等。不僅在運輸過程中人畜要感受這般令人無法想像的役使痛苦，而且在經銷茶葉的時候，買賣雙方都是通過彌天大謊、不顧廉恥、發誓賭咒、背信棄義等欺騙手段或大吵大鬧來銷售

[69]卡：藏地茶葉的計量單位。

[70]腹背瘡傷：指犛牛馱貨時，背部被鞍子或貨物磨傷，腹部肚帶緊勒，行走時將腹部磨傷。

的。這些商品基本上都是用綿羊毛和羊羔皮來兌換的。

這些綿羊毛也是一樣，夏季時，每一隻羊的身上蝨子及吸血蟲等含生與牠的羊毛數量不相上下。當人們用剪刀剪羊毛時，這些含生大多數斷頭斷腰、內臟脫出而亡命，剩下來的也是與羊毛絞在一起，憋得喘不過氣，當然最後也只有死路一條。

羊羔皮也不例外，小羊羔剛剛出生，諸根圓滿具足並有了苦樂的感受，身體正在發育成長，剛剛感受到生存的快樂之時，就立即被宰殺了。雖然是愚昧無知的畜生，也同樣渴望生存、畏懼死亡、害怕遭受氣息分解的痛苦。遭殺的小羊羔的母親就像死了獨子的慈母一樣悲痛欲絕，這些都是我們在現實生活中親眼目睹的事實。只要稍微思索一下諸如此類的商品買賣，我們就能清楚地認識到，僅僅是喝一口茶也已成了惡趣的因。

再來說一說糌粑，在最初開墾田地期間，地上的所有蟲類被活活埋到地下，地下的所有昆蟲被翻到地面上來，耕牛不論走到哪裡，隨之而來的烏鴉、鳥雀等都會跟在後面不停地啄食著小蟲。當灌溉田地的時候，水裡所有的含生乾涸而死，旱地上所有的含生溺水而亡。到播種、收割與舂磨等時，所殺的含生也不可勝數。如果想到這些，我們吃糌粑就如同在吃蟲蠅粉末一樣。

有的人可能認為，被稱為三白三甜㉑的酥油和牛奶

㉑三白三甜：乳汁、乳酪和酥油為三白，冰糖、蔗糖和蜂蜜為三甜。

等，該是無罪清淨的食物吧。但事實並不是這樣。大多數小羊羔和牛犢被殺，未被殺的剛剛生下來也很難吃到一口甘甜的母乳。主人用繩子將牠拴在樁子上，行走的時候兩個牛犢互相連在一起，吃一口母奶的權利也被剝奪了，而主人則從牛奶中提煉出酥油。本來，母親身體的精華是孩子生命的源泉，牛奶被奪走以後牛犢處於不死不活的地步。雖是體魄健壯的母牛，（因主人日日抽取其身體的精華，）到了春季時，牠們從臥處爬也爬不起來，已是精疲力盡、奄奄一息。大多數牛犢、羊羔也因飢餓而死，僥倖活下來的那些也是乾癟羸弱、四肢萎縮、步履艱難、瀕臨死亡，成了拔炒棍頭㉗一樣。可以想像，現在我們認為幸福的所有事物，包括口中吃的、身上穿的，一切財物、食品、受用都唯一是通過造罪業才得來的，這一切一切的果報最終必將要感受漫漫無邊的惡趣痛苦。因此說，現在一切表面的快樂都是行苦的本性。

己二（八支分苦）分八：一、生苦；二、老苦；三、病苦；四、死苦；五、怨憎會苦；六、愛別離苦；七、求不得苦；八、不欲臨苦。

庚一、生苦：

南贍部洲的人們大多數是胎生的，中陰尋香㉘的神識

㉗拔炒棍頭：炒青稞時用以在鍋內翻撥的木棍。藏族風俗習慣中對牲口身體瘦弱的一種比喻。

㉘尋香：食香者，欲界中有或中陰身，各依因緣善惡，吸食種種香、臭氣味，故名尋香。梵語譯作乾達婆。

進入父母的精血中間，逐步形成凝酪、膜皰、血肉、堅肉和肢節……體驗住胎的痛苦。

那麼，到底人在住胎時有什麼痛苦呢？到了肢肢節節諸根都齊全的時候，胎兒會覺得母胎裡非常狹窄、臭氣撲鼻、漆黑一片，彷彿感到了關在監獄裡的痛苦。當母親吃熱的飲食時，胎兒會像置身火裡燒灼一樣的痛苦；母親食用涼的飲食又會給他帶來浸在冷水中一樣的痛苦；母親睡覺之際，他感到如同被大山壓著一樣的痛苦；母親飽足的時候，他又覺得像夾在山崖間一樣痛苦；母親飢餓的時候，他會有如墮入萬丈深淵般的痛苦；母親在行住活動的時候，他也覺得像被狂風席捲一樣的痛苦。

就這樣住胎月數圓滿以後，緊接著就面臨出生的時刻。人在出胎降生時，由於三有業風的吹動，致使頭足倒轉，也就是大頭朝下，當通過產門時，好似被一個大力士拉著腳拽出來摔在牆壁上一樣痛苦。從經過整個盆腔中間出來的過程中，就好像通過（鐵斧頭上的）鐵孔一樣痛苦。如果母親產門過於狹窄而生不下來，也許就這樣慘死在母親的肚子裡，或者母子二人同歸於盡，就算僥倖沒有送命，但也已經感受到了接近死亡的痛苦。蓮花生大士曾經形象地說：「母子二人中陰邁半步，母除頷骨餘骨皆分裂。」

嬰兒生下來之後被放在墊子上，這時他覺得像落到了荊棘叢中一樣；當護士剝脫背上的胎膜時，他又覺得似乎活活剝皮一般；在擦拭他身上的不淨物時，也感受好像在用荊棘鞭子抽打自己；當母親滿懷慈愛將他抱在懷裡的時候，他反而覺得像雛雞被鷂鷹叼捉一樣的痛苦；當在他的頭頂塗敷酥油㉔時，猶如被捆綁起來丟進坑裡一樣；當把他放在睡床上時，他感到沉溺在糞尿裡一樣。當然，作為嬰兒，不管是飢餓、口渴、疼痛還是苦惱，他也只能是嗷嗷啼哭。

隨著歲月的流逝，昔日的嬰兒也在不斷地發育成長，當到韶華之年，表面看來青春美滿，但實際上人的生命在一天天地縮短，正一步步地走向死亡。

今生塵世的一切瑣事沒完沒了，就好像水面的波紋一樣此起彼伏、不斷湧現，而且這一切也都是與罪業緊密相聯，結果也只能成為惡趣之因罷了。

庚二、老苦：

輪迴的事情無有實質性可言，也始終沒有一個完結的時候，正在吃喝玩樂享受生活之中，不知不覺就已感受到了衰老的痛苦。人到了垂暮之年，周身體力逐漸衰退，再香再好的食品也消化不了；眼根視力減退，老眼昏花，根本看不到遠處的景物或細小的物體；耳根衰退，無論別人說話聲音大小，都聽不清楚；舌根衰退，品嘗不出飲食的味道，而且說起話來也是口齒不清；意

㉔塗敷酥油：藏族的風俗，小孩出生後祝願吉祥的儀式。

根衰弱，神志不清、非常健忘，總是昏昏沉沉；口中原有的兩排牙齒脫落，嚼不動堅硬的食物，說起話來吞吞吐吐；體溫失調，衣服稍微有些單薄，便會感覺冷得要命；支撐力下降，實在無法承受沉重的衣服；雖然他們渴望欲妙受用，怎奈心有餘而力不足；由於身體的風脈衰退而造成承受力、忍耐力極其薄弱；經常受到眾人的欺辱，感到萬分絕望，徒生苦惱；因為身體的四大紊亂，又要遭受百病縈身、多重損惱的折磨，行住坐臥、活動活動也是氣喘吁吁，感到困難重重。

米拉日巴尊者說：「拔出牧樁之起式，悄捉小鳥之走式，重物落地之坐式，倘若具足此三時，祖母身衰心意敗；外皮集聚諸皺紋，內失血肉現凹凸，癡啞盲聾境迷亂，倘若具足此三時，祖母示現忿怒母；身著沉重襤褸衣，口進冰冷渾濁食，睡處四層皮墊褥，倘若具足此三時，人狗踐踏似證士。」

正如尊者所形容的那樣，年事已高的老人，站起來的時候，不能自然而然立即起來，必須要兩手撐地，那姿勢簡直就像從堅硬的大地中拔出木樁一樣；行走的時候，也是彎腰低頭，雙足不能速起速落，慢慢騰騰蹣跚而行，的確就像兒童躡手躡腳地去捉小鳥一樣；坐下的時候，由於手腳所有關節疼痛難忍，不能輕緩坐下，身體沉重落下時，如同重物墜落到大地上一樣。由於體肉幾乎耗盡、皮膜聚集，幾乎每一位老年人的身上、臉上都是溝壑縱橫，布滿皺紋；體內的血肉減少，使得骨節暴露無遺，牙腮骨、關節頭也全都凸出在外；意念減退，已到了如癡如啞、如盲如聾的地步；內心也始終處在迷迷糊糊的狀態中。全身體力衰退，想要梳妝打扮的念頭已經消失，以至於穿的衣服總是破破爛爛，沉甸甸的；吃的飲食也是殘羹剩飯，再加上舌的功能喪失，感覺所有的食物都是冷冰冰、髒兮兮；由於身體沉重，無論怎樣都感到不舒適，即便四周都有依靠物，也不能經常從床上起來。人到了這時候，外面的幻身老朽不堪，裡面的意識完全頹敗，這該有多麼的痛苦；昔日的容顏美貌早已消失得無影無蹤，皮膚上皺紋累累，顯然已示現了醜陋忿怒母的形象；即使眾人百般欺辱、在他頭上跨來跨去，也站不起來了，真好似無有淨垢分別的證悟者一樣。因為實在承受不了這種衰老的痛苦，所以他們希望盡快死去，但是實際上所有的老人都非常害怕面臨死亡，諸如此類。這種老苦，其實也相當於惡趣眾生的痛苦了。

庚三、病苦：

人的這個身體本是四大組合的性質，當四大不調時，必然遭受風、膽、涎等各種各樣疾病的折磨而苦惱萬狀。就算是精力充沛、容光煥發、神采奕奕、精明強幹的壯年人，可是一旦不幸染上疾患，也會像被石頭擊中的鳥雀一樣身衰力竭，無精打采，甚至臥床不起，身體稍作運動也很困難。如果問他：你哪裡痛啊？他連迅速回答的能力都沒有，講起話來也是有氣無力。睡眠時輾轉反側，如何躺臥也沒有一個舒適的時候，夜不成眠，而且覺得白天晚上都極其漫長，簡直度日如年。食欲不振，不想吃不想喝，雖然一百個不情願，可萬般無奈還是要品嘗又苦又澀的藥味以及放血火灸的針灸等痛苦。想到依靠這場大病死亡可能會突如其來，於是心驚膽戰。由於遭到魔障或惡緣的牽制，使得身心無法自主，那真是迷亂中的迷亂，也有因此而自尋短見、自殺身亡的。如果患了麻瘋或腦出血之類的重症，活著幾乎和死了沒有什麼兩樣，被逐出人群，自己也將自己看成行屍走肉。總而言之，病情嚴重的患者連生活都不能自理，暴躁易怒，動不動就大發雷霆，對別人所做的一切事都看不順眼，性格也比以前要固執得多。如果病期過長，護理的人也不能一如既往地耐心照顧。身為病人，時刻遭受著疾患折磨而萬分痛苦。

庚四、死苦：

人到了臨終之時，躺在床上不知起身，見到飲食也無動於衷，遭受死亡的摧殘而鬱鬱寡歡、悶悶不樂，喪失了以往英勇無畏的膽識與不可一世的傲慢，等候在前的就是迷亂的顯現。已到了大限來臨之際，儘管親朋友人在四周團團圍繞，可是也不可能延緩他的死期，這時候只有死者獨自一人感受氣息分解的痛苦。縱然擁有不可估量的財產眷屬也無法帶走一分一文、一人一僕，雖然心中對此難割難捨，但是他們也不可能隨身而行。當回憶往日所造的惡業，實在是痛心疾首，想到惡趣的苦難而又異常恐懼，死亡這麼突然地到來，那麼令人措手不及，當然會感到滿目淒涼。生存的景象就這樣化為泡影，怎麼能令人不感到絕望、惶惶不安？如果是一個罪孽深重的人，他在彌留之際，回想起以前所造的罪業而害怕墮落惡趣，回想自己自由自在的時候沒有修成對臨終有利的正法，真是追悔莫及，心裡說不出的刺痛，禁不住手抓胸口，結果就在胸前留下深深的指甲印痕中完結了一生。如米拉日巴尊者說：「若見罪人死亡時，為示因果善知識。」人在奄奄一息的時刻，惡趣的使者已經來到面前，所有景象都十分恐怖，一切感受都唯生痛苦，身體的四大內收，呼吸窘迫，上氣不接下氣，肢體顫抖，意識迷亂，白眼上翻、直直不動，這時候，說明已經離開了人間。隨著閻羅使者的到來，中陰的境界全然呈現，那時，才真是無依無怙，孤苦伶仃，就這樣赤身裸體、赤手空拳地離開了人世。

我們誰也不能確保這種死亡今天就絕不會臨頭。而在死亡時除了正法以外再沒有其他可依仗的對象。如云：「念法始從母胎生，初生之時憶死法。」對於每一個人來說，不管是老是幼，死亡都可能突然降臨到他的身上，所以我們誕生到這個世界以後，就必須修持對命終有益的正法。只可惜，我們在這之前並沒有憶想死亡的觀念，而一直在扶親滅敵、醉生夢死中虛度時光，整日為了住宅、財產等而奔波忙碌，為了親戚朋友等，竟然以貪嗔癡蹉跎歲月，浪費光陰，這的確是令人感到遺憾的事。

對於以上道理，我們要深思熟慮。

庚五、怨憎會苦：

我們再來看看怨憎會苦是怎樣的情形。很多人都是擔心財產遇到怨敵的打劫而白天守護、夜間巡邏。大多數人為了養家糊口等終生忙忙碌碌地度日，可結果卻無濟於事，一切財產受用也會意想不到地落入仇人手中，白天土匪明目張膽地搶奪，晚上盜賊偷偷摸摸地竊取，有時豺狼猛獸等會不期而至恣意糟蹋，弄得一片狼藉。總之，無論何等的富裕，都同樣免不了給人帶來積累、守護、增長等無窮無盡的痛苦，誠如怙主龍樹所說：「積財守財增財皆為苦，應知財為無邊禍根源。」又如米拉日巴尊者所說：「財初自樂他羨慕，雖有許多不知足；中被吝嗇結束縛，不捨用於善方面，乃為著魔之根源，自己積累他人用；最後財為送命魔，希求敵財刺痛心。應斷輪迴之誘餌，魔之財富我不求。」

一個人，他擁有多少財產，就會有與之同等的痛苦。例如，擁有一匹馬的主人也會擔心它被敵搶走、被賊偷走、草料不足等等而整天顧慮重重，雖然只有一匹馬，卻給自己增添了許許多多的苦惱。同樣擁有一隻羊也會有一隻羊的苦楚，甚至僅僅有一條茶葉也必定會有一條茶葉的痛苦。如云：「若無財產遠離敵。」假設一個人清貧如洗，那麼他絕不會有仇敵的騷擾，實在是一種莫大的快樂。所以，我們一定要追隨往昔出世的諸佛、聖者前輩的足跡，根除對財產受用的貪執，像鳥雀尋找當天食物一樣無牽無掛地唯一修持正法。

對此以上道理，我們要認真思維，反覆觀修。

庚六、愛別離苦：

流轉世間的一切眾生都是對自方愛戀有加、對他方恨之入骨，明顯墮入親戚、朋友、眷屬的包圍之中，結果為了他們而受盡苦難。實際上，親戚朋友之間暫時相聚，也同樣是無常離別的本性。對於大多數人來說，親人離開人世，或者流離失所淪落他鄉，或者被怨敵逼得走投無路，自己甚至比受害者本人還痛苦。

特別是，身為父母雙親都十分慈愛憐愍子女，一會兒擔心他挨凍受涼，一會兒顧及他餓了渴了，一會兒又憂慮他生病死亡。如果是寶貝兒子或女兒生病，他們寧願以自己死去的代價來換取子女的健康，他們揮之不去的唯一心事就是子女，總是為了孩子而勞心費神，含辛茹苦。同樣，如果與親友之間情意纏綿……勢必也要感受與他別離的憂苦。

然而，我們如果認認真真加以觀察，就會發現，親人也不一定是真正親，父母等雖然自以為對孩子情深意切、甚為慈愛，可是這種慈愛的方式其實完全是顛倒的，最終只能是坑害了他們。為什麼這樣說呢？你想想：兒子小的時候，衣來伸手、飯來張口，父母親為他們做好所有的事情，到了成家立業之時，又為他迎娶作為終身伴侶的妻子，這實際是把他們捆縛在輪迴的繩索上，並且教給他們如何制伏敵人，如何扶助親友，如何發家致富等等作惡的方法，這無疑會導致他們無法從惡趣深淵中獲得解脫，恐怕再沒有比這更為嚴重的坑害了。

子女們又是怎樣對待親生父母的呢？最初吸取父母身體的精華，中間搶奪他們口中的飲食，最後奪取他們手中的財產。父母再怎麼疼愛兒女，他們反過來卻與父母作對，父母雙親將畢生不顧千辛萬苦、不顧罪大惡極、不顧臭名遠揚而積累下來的所有財富毫不吝惜地全部給予了子女，可是他們卻無有一點一滴的感激之情。就算只是給了一個普通人一把茶葉，他也會喜不自禁地連連道謝，可是哪怕給了自己兒子五十兩銀板他也滿不在乎，覺得這沒什麼，還認為我自己父母的財物由我本人來享用這是天經地義的事。而且，兄弟姐妹之間也常常為了自己能得到財產而你爭我奪，互不相讓。就算父母給了他們，也沒有答謝之意，即使父母已傾囊相送，可是子女卻一要再要，甚至父母的念珠裡有一顆記數用的精緻珍珠，他們也是死皮賴臉地要走。如果是賢惠善良的女兒，也將成為別人家的榮耀，對自己方面也起不到什麼作用；如果是惡劣的女兒，就是返回家中使家人痛苦。

其他的親戚也不例外，當自己財力十足、幸福美滿的時候，所有的人把你看成神仙一樣，竭盡全力幫助你、利濟你，明明不需要，他們也會主動將飲食財產送上門來。一旦自己身敗名裂，即便沒有做一絲一毫的錯事，也會受到仇人一樣的待遇，誠心利益他們所得到的卻是恩將仇報。由此可見，子女、親友等無有絲毫實義。

正如米拉日巴尊者所說：「子初悅意如天子，慈愍之心難形容，中間過分催索債，雖施一切無悅時。別人之女迎入內，大恩父母逐出外，父親呼喚不答覆，母親呼喚不應聲，後成冷淡之鄰居。勾結狡者造惡業，自生怨敵刺痛心，應斷輪迴之耙繩，世間子孫我不求。」又說：「女初笑顏如仙童，掠奪財寶具大力，中間討債無盡頭，父前公開索要走，母前暗地偷偷帶，施給不知報恩德，嗔恨大恩之父母，後成紅面羅剎女。若善他人之榮耀，若惡自己禍害源，禍害魔女刺痛心，斷除無覺之憂愁，禍根之女我不求。」並再一次指出：「親友初遇見歡顏，密切來往漫山谷，中間酒肉如還債，送他一次還一度，後成貪嗔爭吵因，惡友訟因刺痛心，捨棄樂時之食友，世間親友我不求。」

庚七、求不得苦：

在這個世界上，可以說沒有一個人不希望自己幸福快樂，可是幾乎誰也不能如願以償。有的人為了舒適安樂而建造房屋，可沒想到房屋倒塌自己喪命；有的人為了充飢果腹而享用飲食，結果卻染上疾疫危及生命；有的人為了獲取勝利而奔赴戰場，結果一命嗚呼；有的人為了謀求利潤而拼命經營，結果被仇人毀得傾家蕩產，淪為乞丐等等。

雖然人們為了今生的幸福、受用得到滿足，而盡心盡力、勤勤懇懇地勞作，但是如果沒有前世的福德因緣，甚至解決暫時的溫飽也成問題，不僅自討苦吃，而且連累他人，到頭來，所得到的只是墮入惡趣深淵無法解脫。

所以，古大德說：「勤勞如山王，不及積微福。」無有終止的輪迴瑣事究竟有什麼用呢？從無始以來直到現在，很多人將全部精力都放在這些輪迴瑣事上面，可結果呢？只是痛苦而已。以前為了今生俗世的目標，大多數人的上半生與下半生都在百般努力，如果把這份辛勤努力用在修持正法上，恐怕現在已經成就佛果了，即使沒有成佛，也絕不至於再度感受惡趣的痛苦。我們心中要這樣想：如今已經知道棄惡從善的分界，此時此刻，千萬不能再將精力放在成辦沒完沒了的輪迴瑣事上了，一定要修持真實的正法。

庚八、不欲臨苦:

我們可以肯定，希望自己受苦受難的人在這個世界上一個也沒有。但是，不願意也要感受。比如說，以往昔的業力所感成為國王的臣民、富翁的奴僕等那些人，他們完全是身不由己，不願意也必然受主人們的控制。哪怕僅僅犯了微不足道的錯誤，也會大難臨頭，措手無策，即使當下被帶到刑場，也只好硬著頭皮跟著去，根本逃脫不了。以此為例，我們就能明白所謂的不欲臨苦。如全知無垢光尊者說:「家人親友雖欲恆不離，相依相伴然卻定別離；美妙住宅雖欲恆不離，長久居住然卻定離去；幸福受用雖欲恆不離，長久享受然卻定捨棄；暇滿人身雖欲恆不離，長久留世然卻定死亡；賢善上師雖欲恆不離，聽受正法然卻定別離；善良道友雖欲恆不離，和睦相處然卻定分離。今起該披精進之鎧甲，詣至無離大樂之寶洲。於諸生深厭離道友前，無有正法乞人我勸勉。」

只有自己往昔積德的善因才能出生財產受用、幸福名譽等的果，如果有了這樣的因，那麼善果不求自得。相反，如果不具備這樣的因，那麼就算是再怎樣兢兢業業、勤勤懇懇，非但不會如願以償，反會適得其反，遭遇不幸。所以，我們應當依靠知足少欲這一取之不盡、用之不竭的財寶。如果我們沒有集中精力修行正法，入了佛門之後還是忙碌今生塵世間的瑣事，那只能是自我痛苦，受到聖者呵責。

米拉日巴尊者說：「本來佛陀世間主，為摧八風[75]說諸法，如今自詡諸智者，豈非八法反增長？如來護持諸戒律，為斷俗事而宣說，如今持戒諸尊者，豈非瑣事反增多？往昔僧人之威儀，為斷親屬佛宣說，如今僧人諸威儀，豈非過分顧情面？總之若未念死亡，修持正法徒勞矣！」

總的來說，四大部洲世界的人類都無有安樂可言，尤其是我們這些生在南贍部洲的人們，如今正處在五濁惡世[76]，沒有一絲一毫安樂的時候，唯有感受痛苦。年復一年，月復一月，日復一日，朝朝暮暮，轉瞬即逝，時世越來越污濁，劫時越來越惡劣，佛法越來越衰敗，眾生的幸福逐漸減滅低劣，想到這些，傷感之情就會油然而生。再者說，南贍部洲是業力的地方，一切賢劣、苦樂、凶吉、善惡、高低、法與非法等都是不一定的。通過審視我們日常生活中有目共睹的這些事實，自相續必然會進行取捨。

全知上師無垢光尊者說：「有時觀察自現之順緣，了知自現覺受現助伴；有時觀察有害之逆緣，即是斷除迷執大要點；有時觀察道友他上師，了知賢劣促進自實修；有時觀察四大之幻變，了知心性之中無勤作；有時觀察自境建築財，了知如幻遣除迷現執；有時觀察他人眷屬財，生起悲心斷除輪迴貪。總之於諸種種顯現法，觀察自性摧毀

[75]八風：指世間八法。

[76]五濁惡世：劫末壽等漸變鄙惡，如渣滓故名為濁世。五濁：壽濁，煩惱濁，眾生濁，劫濁，見濁。

迷實執。」我們要依照尊者所說而實地修行。

戊五、非天之苦：

本來，非天的財富受用可與天人相媲美，可是由於往昔妒賢嫉能、好爭好鬥的惡習業力所牽而感得阿修羅的身分。這些非天嫉妒心極為粗重，就是在自己的範圍內，區域與區域之間、部落與部落之間，也總是爭鬥不息，格格不入，始終在戰火紛飛中過日子。他們看見高居上方的天人財富、受用盡善盡美，一切所需都是從如意樹上生出，實在是忍無可忍，更令他們怒火中燒的是，如意樹的樹根居然是長在自己的境內……在這種無法容忍的嫉妒心驅使下，非天將士身披盔甲、手持兵刃全副武裝前去與天人決一死戰。

與此同時，諸位天人從粗惡苑㊆裡取出兵器乘著護地神象，天王帝釋騎在大象中間的頭上，三十二眷屬騎在大象的其餘三十二個頭上，由不可思議的天兵天將圍繞，發出震耳欲聾的聲音，威風凜凜，勢不可擋。雙方在浴血奮戰的過程中，天人的金剛、寶輪、短矛、鐵弩等好似雨點般降下，他們依靠自身的神變能將大山抱在懷裡順手拋出，以往昔的業力所感，這些天人身材偉岸魁梧，高度相當於筆直站立的七個人，相比之下，阿修羅就顯得又矮又小。而且，天人除了斷頭以外，其餘部

㊆粗惡苑：粗澀園。帝釋天所居善見城南有一林苑，池塘、林木以為裝飾，行至其地，即生粗暴之心。

位再怎麼受傷，只要用天界的甘露塗敷就會立即恢復，絕不會導致死亡。然而，阿修羅卻與人一樣，擊中要害部位便會喪命，所以他們經常慘遭失敗。當天人在醉天象的鼻上繫上寶劍輪，派遣出天象時，頃刻間可使數十萬的阿修羅死於非命，他們的屍體從須彌山上滾下來，落入遊戲海⑱中，整個海水被染成一片血紅。這些非天就是這樣始終以戰爭虛度光陰。

因此，我們要發自內心地觀想非天不離痛苦本性的情景。

戊六、天人之苦：

一般來說，天人在活著的時候應有盡有，快樂幸福，受用圓滿，整天就是在散亂中消磨時日，根本沒有修持正法的念頭。雖說天人的壽命長達數劫，但在他們自己的感覺中只是剎那顯現，稍縱即逝，在散亂迷茫中壽命就到了盡頭，已經接近死亡的邊緣。

從四大天王天到他化自在天，無論生在哪裡都要感受死亡的痛苦。以前每個天人身體的光芒可以照射一由旬或一聞距，而當臨近死亡時，他們身體的光芒全然消失；以前如何坐在寶座上也不會覺得不樂，此時不願意坐上寶座，而且甚感不適，心裡也是老大不高興；以前天人的花鬘經過多久也會不枯萎，此時全部已凋謝；以前天衣

⑱遊戲海：與須彌山外圍七重金山交相間隔的六重大海，充滿八功德水，為諸龍王嬉遊之處。

如何污染也不會沾上污垢，此時天衣陳舊、沾滿垢穢；以前天人身上不會流汗，此時身上出現汗水。當以上這五種死相現前時，他們自己也知道末日即將來臨，內心十分痛苦。其他天子天女也知道他們將要死亡，也無法來到他們身邊，只能在遠處散花祝願道：「但願你從此死後，轉生在人間，行持善業，再生天界。」這樣祝願之後就紛紛離開了，只留下自己孤孤單單，淒淒慘慘。而且這時天人通過天眼觀察，了知自己後世轉生何處。當看到轉生之處的痛苦時，本來死亡的痛苦還沒有消除，現在又加上墮落的痛苦，無形之中痛苦就增長了兩三倍，他們禁不住放聲哀嚎。這種悲慘的情形要延續七天，三十三天的七天可相當於人間的七百年啊！臨終的天人回想起往日的快樂幸福，而如今無有自主繼續住留，感受即將死亡的痛苦；看到後世生處的悲慘，感受墮落之苦，遭受這兩種痛苦的折磨，內心憂傷，這種痛苦已經超過了地獄的痛苦。上面的兩天界（色界、無色界）雖然沒有現行的死亡痛苦，可是一旦引業⑲窮盡以後將如夢初醒般墮入下趣，也是非常痛苦。如怙主龍樹菩薩說：「梵天離貪獲安樂，後成無間燒火薪，不斷感受痛苦也。」

我們通過上述的道理不難看出，不管是投生在六道中的任何一處，都離不開痛苦的本性，超不出痛苦的範圍，自始至終被痛苦縈繞，就像處在火坑、羅剎洲、漩

⑲引業：引發總報，能令生於某處某趣之業。

渦、刃鋒、不淨室中一樣，根本不會有絲毫安樂的機會。《念處經》中說：「地獄有情受獄火，餓鬼感受飢餓苦，旁生感受互食苦，人間感受短命苦，非天感受爭鬥苦，天境感受放逸苦。輪迴猶如針之尖，何時何地皆無樂。」彌勒菩薩說：「五趣之中無安樂，不淨室中無妙香。」鄔金蓮花生大士也說：「佛說輪迴如針尖，永遠無有安樂時，稍許安樂亦變苦。」

我們要好好思索諸如此類的教言，心裡默默地想：在這個生死流轉的輪迴當中，上至三有之頂非非想天，下到無間地獄，不管是轉生在任何地方，既沒有少許安樂也沒有絲毫實義，我們務必要徹底斷除對輪迴的貪執，就像有膽病的人見到油膩食物一樣不生嚮往希求之心。對於輪迴的種種痛苦，絕不能只是局限於表面聽聽，而必須從內心深處去體會這些痛苦，一定要達到堅信不移的程度。如果已經深信不疑，也就不需要刻意提防惡業、歡喜善法，自然而然就會斷惡行善。

舉個例子來說，在很久以前，世尊的弟弟難陀因為貪戀妻子而不願意出家。佛陀利用各種權巧方便使他入了佛門。儘管身已出家，可是他不學律儀。正當他準備溜之大吉的時候，佛陀依靠神變把他帶到雪山上，指著那裡的一隻盲眼母猿問他：「這隻盲猿與你的妻子班扎日嘎[80]比起來，誰更美些啊？」

[80]班扎日嘎：意為白蓮花。

他回答：「當然我的妻子美，這盲猿不及她百千分之一。」

世尊說：「那麼我們再去天界看看。」於是又把他帶到天堂，世尊悠然坐在一個地方，對難陀說：「你自己去看吧。」

於是難陀四處遊覽，看見所有的天子都是在各自的無量殿中被成群的天女圍繞著，享受著不可思議的安樂受用。他最後來到一座無量宮殿中，發現裡面有許多天女，卻沒有一個天子。難陀心裡納悶，不禁問道：「這是什麼原因？」

天女們回答說：「在人間，世尊的弟弟難陀守持戒律，他將來從人間轉生天界，這是為他預備的無量宮殿。」

難陀滿心歡喜，返回到世尊面前。

世尊問：「你看到天境了吧？」

他回答：「看到了。」

世尊又問：「天女與你的妻子相比誰美啊？」

他回答說：「眾天女美。相比之下，白蓮花簡直就成了盲眼母猿一樣，實在有著天壤之別。」

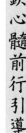

返回人間後，難陀護持清淨戒律。但世尊對眾比丘說：「難陀只是為了得到善趣果報而出家，你們是為了獲得涅槃安樂才出家的，你們走的完全是不同的路，所以不要和難陀講話，不要與他暢所欲言，不要與他坐在

同一坐墊上……」所有的比丘都依教奉行。

為此，難陀非常苦惱。他想，其他比丘捨棄了我，但阿難是我的弟弟，應該慈愛我吧。於是他到阿難跟前，沒想到阿難也是一樣，從座位上起身便走。難陀追著問：「你們為什麼這樣對待我啊？」阿難說這是世尊的教導，他才知道原來是世尊教他們不要理睬自己的，心裡十分悲傷。

這時世尊來問：「難陀，你想不想去地獄看看？」他回答：「想看。」

世尊又依靠神變把他帶到地獄境內，讓他自己去看。難陀去那裡見到了地獄的情景，在一處他看見一口空鍋，下面燃燒著熊熊的烈火，許多獄卒圍繞在旁，禁不住地問：「鍋裡為什麼沒有眾生？」

他們告訴他：「世尊的弟弟難陀為了獲得天人的安樂而守持戒律，他將來轉生天界享受安樂，當善果窮盡以後會墮落到這裡。」

他聽後非常害怕，心有餘悸地返回人間。從此以後，他深刻地意識到即便上升天堂最終也會墮入惡趣，善趣果報同樣無有實義，而真正生起了出離心。正因為他已經親眼目睹了地獄，所以清規戒律一塵不染，細微的學處也從沒有違犯過。世尊也說：「（在我的教法中，）難陀護持根門第一[81]。」

[81]護持根門第一：即持戒第一。

不用說是身臨其境親眼見到地獄的景象，哪怕僅僅看到地獄的圖畫也會令人生起恐怖、畏懼的心理，萌發出離。因此，世尊也說應當在寺廟的門上繪畫五分輪迴圖㊷。怙主龍樹菩薩說：「即便見聞地獄圖，憶念讀誦或造形，亦能生起怖畏心，何況真受異熟果？」這樣思維眾多輪迴痛苦，理當發自內心放下今生塵世的一切瑣事。如果內心死執不放今生的瑣事，那麼即使表面上裝出一副修法的模樣，也不可能真正踏上正法之路。

阿底峽尊者接近圓寂時，一位瑜伽士請問道：「尊者您圓寂之後我就去修行？」

尊者說：「修行難道就能趨入正法嗎？」

瑜伽士：「那麼我去講經說法？」

尊者依然說：「講經說法難道就能趨入正法嗎？」

他問：「那麼我應該做什麼呢？」

尊者斬釘截鐵地說：「你的一切修行應當依止仲敦巴，主要就是捨棄今世㊸。」

一位僧人轉繞「熱振㊹」寺時遇到了仲敦巴格西㊺。仲敦巴格西說：「尊者轉繞㊻固然值得歡喜，但是如果能修持一個卓有成效的法門不是更好嗎？」

㊷五分輪迴圖：寺院門上繪製的生死五道輪迴圖。
㊸捨棄今世：指不求今生的世間八法，唯求來世的解脫。
㊹熱振：寺廟名。是噶當派的第一座寺廟，為開創教派者仲敦巴所倡建，到1738年七世達賴將其贈給自己的老師甘丹池巴阿旺喬登。從此，阿旺之歷代轉世皆稱熱振活佛。
㊺仲敦巴格西：阿底峽的及門弟子，宋代西藏佛學家。
㊻轉繞：根據佛經記載：右繞佛塔、寺廟、佛像等有極大功德。

當時那位尊者想：讀誦大乘經典比轉繞的修法功德更廣大吧。於是他就到經堂的走廊去誦經。

仲敦巴格西說：「誦經固然值得歡喜，如果能修持行之有效的一個法門不是更好嗎？」

那僧人又想：修持禪定該比誦經修法功德更廣大吧。於是放下經書，在床上閉目而坐。

仲敦巴格西又說：「參禪也是值得歡喜的，如果能修持一個行之有效的法門難道不是更好嗎？」

這時那位僧人實在已想不出別的修法了，只好問格西：「尊者啊，那麼我該修什麼法呢？」仲敦巴格西回答：「捨棄今世！捨棄今世！」

即生塵世間的一切瑣事，會導致自己現世直至永遠無法從輪迴的痛苦中解脫出來，我們務必要徹底斬斷此生的牽連，學修後世菩提，而能巧妙為我們開示了脫生死、證得聖果的人唯有具足法相的上師，再沒有任何人能做到這一點。因此，對於今生的父母雙親、親屬友人、財物受用一切的一切要棄如唾液，衣食住行等隨遇而安，全心全意地修行正法。印度單巴桑吉說：「此事此物好似過往雲煙，千萬不要執著為常有！一切名譽猶如空谷回音，千萬不要逐名求利，應當修行法性！漂亮衣裳宛若絢麗彩虹，應當身著破舊衣衫而修行！自己的這個身體是膿血、黃水的臭皮囊，千萬不要執著珍愛！美味佳餚也是糞便的因，千萬不要整日都是為了充飢果腹而奔波忙碌！感覺外界會招致怨敵四起，應當安住在深山等寂靜的地方！迷亂的荊棘會刺入內心，所以應當修持平等性！一切需求都來源於自己的心，務必嚴加守護自己的這顆心！如意寶自身固有，萬萬不要一味貪著飲食財物！閒言碎語過多只能成為諍訟的根源，應當像啞巴一樣默默不語！心本身顯現種種業，千萬不要圍著飲食團團轉！加持原本是從內心生起，應當祈禱上師本尊！長期住在一個地方，甚至對佛陀也會看出過失，不要長年累月地住在一個地方！時時刻刻謙虛謹慎，萬萬不要驕傲自滿！歲月飛逝，時不待我，一定要當機立斷修行正法！今生的我們就像旅客一樣，千萬不要費盡心機苦苦營造作為暫時棲身之處的房屋！任何瑣事都沒有點滴的利益，應當腳踏實地修行正法！自己的身體總有一天要被小蟲所食而消失無影，而且這一天什麼時候來臨也無法確定，萬萬不能一直庸庸碌碌散亂在此生的景象中！親朋好友就像林中的小鳥，不要總是對他們牽腸掛肚！虔誠的信心好似良田，切切不可置之不理讓它變成煩惱的貧瘠荒地！暇滿人身恰似如意寶，千萬不能送給貪嗔的怨敵！誓言猶如瞭望樓，千萬不能被罪業的過患染污！金剛阿闍黎住世時，萬萬不要懈怠修持正法！」

所以，如果想要扎扎實實地修行正法，就必須竭盡全力認識到整個輪迴的萬事萬物沒有任何實質。而相續中能生起這種觀念的因，絕對就是觀修輪迴的過患。在自相續中沒有深深生起這樣的理念之前要努力修行。

那麼觀修輪迴過患在相續中生起的標準是怎樣的呢？

要像朗日塘巴⑧⑦尊者那樣。一次，侍者對上師說：「其他人都管上師叫黑臉朗日塘巴。」朗日塘巴尊者說：「想到三界輪迴的痛苦，怎麼會有笑容呢？」據說，有一天，一隻老鼠悄悄地來偷尊者曼荼盤上的一顆松耳石，可牠怎麼搬也搬不動，於是牠就「吱吱」地呼喚來另一隻老鼠，然後這兩隻老鼠一推一拉將「成果」搬走了，看到這副情景，尊者情不自禁地露出了笑容。除此之外，任何時候也沒有現過笑臉。

觀修輪迴的痛苦是內心趨入正法、誠信因果、捨棄今世、慈悲眾生等一切聖道功德的根本。釋迦牟尼佛次第轉了三次法輪，初轉法輪時首先對眾比丘說：「此乃痛苦，當知痛苦。」所以，相續中沒有生起這樣的定解之前，必須踏踏實實地觀修輪迴痛苦。

雖見輪迴痛苦仍貪執，雖畏惡趣險地仍作惡，
我與如我邪道眾有情，看破放下今世祈加持。

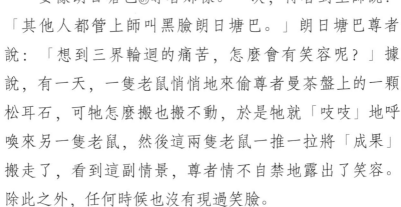

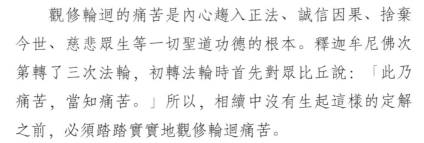

輪迴過患之引導終

---

⑧⑦朗日塘巴（1054-1123）：阿底峽尊者六大弟子之一，博朵瓦格西二大高足之一。

四、因果不虛

取捨善惡因果依教行，行為依照九乘次第上，
真知灼見於何皆不貪，無等上師足下我敬禮。

丙四（因果不虛）分三：一、所斷之不善業；二、應行之善業；三、一切為業之自性。

眾生以各自所積累的善惡之業為因，而轉生到輪迴的善趣惡趣當中。實際上，輪迴是由業力所生、由業果所成，上升善趣或下墮惡趣並沒有其餘作者，也不是由偶爾的因緣所生。為此，我們務必隨時隨地觀察善不善的因果規律，悉心畢力止惡行善。

丁一（所斷之不善業）分三：一、身惡業；二、語惡業；三、意惡業；四、十不善業之果。

戊一（身惡業）分三：一、殺生；二、不與取；三、邪淫。

己一、殺生：

所謂的殺生，就是指針對某某人或某某旁生等對方，心中懷著想殺的動機而斷絕他們的命根。（殺生也有多種類別，）諸如：將士奮戰沙場擊斃敵方，是在嗔心的推動下而殺生的；貪圖飽餐野獸肉、穿戴野獸皮而令其喪命，是由貪心的驅使而殺生的；由於不明善惡因果或者像外道一樣認為殺生是善業等，是受癡心的牽引

而殺生的。其中尤為嚴重的是，殺父親、殺母親、殺羅漢，這三類殺業被稱為無間業。這種彌天大罪是在今生與來世之間不經過中陰而徑直墮入無間地獄的因。

現在我們當中有些人認為，只要自己沒有親自動手殺生，我就不會有造殺生的罪業。但一般來說，無論層次高低、力量強弱我們每個人都無一例外，在腳下踩死細微含生的罪業根本數不清。

特別值得一提的是，當今有些上師和僧人親臨施主家的時候，那些施主便宰殺家畜、烹調血肉供養他們。這時，僧人們對殘殺眾生之舉既沒有一絲一毫的追悔之心，也無有一點一滴的惻隱之情，只是貪愛血肉的美味，開心地大吃大喝，這樣一來，施主和福田將無任何差別地獲得同等殺生罪業。那些大人物、大官員們無論到哪裡，都因迎請款待他們而殺害無數的生命。那些富翁們的牛羊無論有多少，衰老的時候幾乎個個都免不了被宰殺的命運，自然死亡的也就只有一兩個，因此殺生不計其數。到了春季，蟲蠅、螞蟻、魚兒和青蛙等被牛羊連同草料一起吞進肚裡或者前蹄後蹄踐踏而喪命，包括在馬糞牛糞中死亡的含生也是數不勝數，這些殺生的罪業也將一併落到牠們主人的身上。

特別是，與牛馬等其他牲口比起來，羊更是無盡罪業的來源。作為羊隻本身，要以小蛇、青蛙、鳥蛋等所有微小的含生為食。在春季人們進行毛紡的時候，每隻羊的背上大約有十萬生靈全部喪命；冬季產羊羔時，有一半的羊羔剛剛出生便被宰殺，所有母羊在精華沒有耗盡之前，就是被用來擠奶或哺育羊羔，一旦老朽不中用的時候就會被宰，皮肉被主人享用。而所有的公羊無論到哪裡都只有死路一條。羊身上長蝨子時，每隻羊背上大約一億含生會喪命（剪羊毛殺生）。因此，擁有一百頭以上羊隻的主人必將墮一次地獄。

再看看依靠女人所造的殺業：所有女子長大成人，在與別人訂婚以後，對方奉送聘禮、結婚迎娶等時候要宰殺無數的羊隻。從此之後，女人每次回娘家的時候，家人也一定要殺一個眾生來款待她，而且親友們在宴請她的時候，如果擺上其他的食品，這個狡詐女人好像一點也不滿意，似乎不會張開嘴動動腮來吃，假設宰殺一隻肥肥的羊，將羊的胸脯、腸子等放在她的面前，這時候再看紅面羅剎女，二郎腳一蹺，掏出小刀開始津津有味地吃了起來。第二天，背著血淋淋的全牲肉[88]，好像獵人返家一樣回去了。每次回家都是空手而來、滿載而歸，真比獵人還厲害。

那麼，兒童們又是怎樣造殺業的呢？這些小朋友在遊戲玩耍的時候，在看見或者沒看見當中所殺的生命，數也數不清，甚至在夏季手裡拿牛鞭或皮鞭等抽打大地的時候，打死的含生也是不計其數。

---

⑧全牲肉：指牛羊肉腔。

可見，我們這些人有多麼殘忍，就是這樣以殺生的事務來過日子，簡直和羅剎一樣慘無人道。

母牛，一生為人們所使用，為人類提供牛奶，如同父母親一樣養育我們，可謂恩深似海，可是我們又是怎樣對待牠們的呢？就是將牠們殺了，喝牠們的血，吃牠們的肉。想到這些，人類簡直比羅剎更狠、更惡。

造殺業的人，如果具足了罪業的四種分支，就必然會圓滿感受殺生的報應。那麼什麼是四種分支呢？我們舉個例子來說明，比如一個獵人獵殺野獸，首先他親眼見到一個獐子或鹿子等等野獸時，認準了這是某某野獸，這就是明確所殺的對象是眾生，也就是第一分支。然後對這個野獸，生起想殺的動機，這是生起欲殺之意樂，也就是第二分支。之後，獵人用火箭、槍等擊中牠的要害，這稱為加行採取行動，也就是第三分支。緊接著斷絕那個野獸的命根，使牠身心的聚合瓦解，這叫做究竟絕斷命根，也就是第四分支。

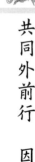

再拿宰殺被人飼養的一隻羊來說，首先主人家告訴僕人或屠夫要殺一隻羊時，明確地認知所殺的眾生是羊，已經具足了第一分支。他們心裡有了要殺某隻羊的念頭時，就說明已生起殺心的意樂，這樣就具足了第二分支。那個屠宰者拿著一根繩子前去捉住將要殺的那隻羊，隨即把牠翻倒在地，再用皮繩將牠的前蹄後蹄捆得結結實實，接著又用細繩勒住牠的嘴唇等⑱，這就是在採取殺生行動，已經具足了第三分支。這時，只見那個眾生帶著氣息分解的強烈痛苦，內外呼吸都已經中斷，瞠目直視，眼淚汪汪，屍體被拽到室內時，這就是究竟斷絕命根，已經具足了第四分支。緊接著再看，主人用鋒利的刀子剝皮時，那個牲口的肌肉還在一陣陣地顫動，這說明當時能遍的風還沒有完全消盡，所以和活著一模一樣。這時主人又立即將鮮肉放在火裡燒烤，或者放在爐灶上燉煮，然後開始大模大樣地吃起來。如果想到這些，生吞活剝有情的那些人簡直與凶殘暴虐的猛獸沒有兩樣。

當前有些人生起殺害某一眾生的想法或者口中也說諸如此類的話，雖然他們的殺生行動沒有得逞，但是已經具足了知對境眾生和生起欲殺意樂的兩種罪業分支。儘管沒有圓滿正行那樣的罪業嚴重，可是如同鏡中映現影像一樣，罪業已經染污了自相續。而且還有人認為除非是自己親手殺以外，只是唆使別人殺生的人並沒有罪業，或者認為雖然有罪業也是微不足道的。但事實上，就算是隨喜殺生的那些人也有同樣的罪業，更何況是唆使他人殺生的人呢？換句話來說，我們必須要明白，凡是參與殺生的每一個人都將得到殺生的整個罪業，而不是殺生這一罪業由許多人平均分配。

己二（不與取）分三：一、權威不與取；二、盜竊

⑧⑨用繩子將牲畜的口鼻周圍緊緊纏繞使牠閉氣。

不與取；三、欺誑不與取。

庚一、權威不與取：

像國王之類勢力強大的人，不是依靠合法稅收而是以非法暴力強取豪奪或者動用軍隊等武力明目張膽地掠奪，諸如此類的不與取叫做強權不與取或勢力不與取。

庚二、盜竊不與取：

諸如盜賊一類的人趁著主人沒有看見而在暗地鬼鬼祟祟竊取飲食財物據為己有，這叫做盜竊不與取。

庚三、欺誑不與取：

在經商貿易等過程中，為了欺騙對方而以口說謊話、短斤少兩、非法秤斗⑳等手段獲取對方的財物，這叫做欺誑不與取。

當前，我們中的有些人認為只要沒有親自去偷盜而僅僅以經商等欺騙手段謀取財物是沒有罪業的。其實通過爾虞我詐的欺誑手段經營，無論贏得多少利潤都與直接偷盜沒有差別。

尤其值得提醒的是，在當今時代，許多上師和僧人根本不把經商的事情看成是過患或罪惡，甚至將畢生精力都放在這上面，整天忙得焦頭爛額，還自以為精明能幹。孰不知再沒有任何事情比經商更能毀壞僧人相續的了。為什麼？你想想，經常為了做買賣而四處奔波，必然將求學參學、積資淨障等該做的聞思修行忘得一乾二

---

⑳非法秤斗：私下製造的秤斗。

淨，而且也沒有求學修行的機會，更有甚者，連晚上睡覺時也一直在考慮經營的賬目，如此一來勢必會斷絕信心、出離心、慈悲心等的根本，始終身不由己地處在迷迷茫茫的狀態中打轉轉。

從前，米拉日巴尊者來到一個寺院，晚上在一位僧人家中就寢。那個僧人躺下以後心裡便展開了這樣籌劃的一幕：明天殺一頭犛牛，那麼我該怎麼來銷售牲口的皮肉呢？牠的頭可以賺這麼多，大腿賺這麼多也沒問題，前腿的肩胛部分也可以賺這麼多，小腿也能賺上這麼多……他將牲口裡裡外外的所有部位都盤算好了，整個晚上都沒有睡，除了那條尾巴以外一切都預先計劃妥當。這時天也亮了，他立刻起來進行念經禮佛、供施食子等一系列的事宜。

看到米拉日巴尊者仍然沉睡不醒，於是他便走過來冷嘲熱諷地說：「你自以為是個修行者，可是法事、誦經等什麼也不能做，還在睡懶覺。」米拉日巴尊者說：「本來我平時是不睡懶覺的，但昨天夜裡我一直在考慮如何出售那頭被殺的犛牛，沒有空出時間來睡覺，因此今天早晨才沉睡過去了。」尊者的這番話已淋漓盡致地揭穿那個僧人的醜惡內心。

同樣的，現在唯一經商的那些人，白天晚上都是考慮經商賬目，經常處於迷亂、散亂之中荒廢光陰，在死亡的時候，也只有在這種迷亂的狀態中死去。

不僅如此，而且在銷售的過程中，本來自己所賣的是低劣商品，反而油腔滑調地說：「先前某某人說給怎樣怎樣的價，但是都沒有出售，我自己買進時也是花了多少多少錢……」全是一派胡言，這就是妄語。在買賣雙方進行交易時，撒謊說自己想買某某物品而在買賣雙方之間製造不和，這是離間語；口出不遜說對方的物品太次，或者依靠負債累累的原因而吵得天翻地覆等等，這是惡語；毫無意義地評論價格太高，本來不想買也與對方討價還價等等，屬於綺語；野心勃勃想把對方的財物據為己有，這是貪心；心裡懷著把他人弄得一敗塗地，這是害心；宰殺羊隻做買賣等，就是殺生。可見，在經商過程中，十不善業中除了邪見和邪淫以外全部已經直接具足。如果經營搞得不順利，會使自他雙方傾家蕩產，使大家深感痛苦，最終損人害己，甚至自身會落得個餓死的下場。如果搞得好，生意稍微有起色，那麼不論賺了多少也不知滿足，一直貪得無厭，就算是擁有的財產與多聞天子不相上下，他也仍舊興致勃勃從事罪大惡極的經商，就這樣在忙忙碌碌、散散亂亂之中，人生的旅途已經到了盡頭，等到臨終之時只能是手抓胸口，成為惡趣的基石。使惡業不斷增長並且毀壞自相續，沒有比經商更嚴重的了。生意場上的人們，平時心裡裝的就是欺騙他人的陰謀詭計，總是懷揣惡念，就像刀刃、矛尖、針尖一樣與別人針鋒相對，往往都是居心叵測，完全背離了饒益他眾的菩提心，結果只能使無邊無際的惡業一增再增。

不與取也像殺生一樣具有罪業的四種分支，我們要清楚，甚至僅僅給獵人或強盜等少許口糧，也將分毫不差地得到他們所造的殺生或不與取的所有罪業。

己三、邪淫：

邪淫是針對在家人所要禁止的戒律。往昔西藏法王松贊干布在世期間，制定十善法規中明文規定：在家人也務必要遵守人倫道德，也就是以種姓來護持，以正法嚴以律己，也就是遵循正法而守護等，禁止邪淫，一定要奉公守法，護持戒律。而作為出家人，那就必須從根本上杜絕非梵行。

邪淫的過患特別嚴重，而且對毀壞其他戒律起到推波助瀾的作用。再來說說邪淫的分類：包括男人自己出精、與他人的妻子或者別人已經付了賞錢的女人作不淨行。就算是有人身自由的女人，但是在白天、受齋戒日、生病期間、妊娠期間、憂愁所迫、月經期間、產婦未恢復以及有三寶所依的地方等進行交歡，以上這些都屬於邪淫。另外，也包括對直系親屬、未成年的少女，以及在口和肛門等非處行淫。

身為在家人，應當了解從環境、時間的角度所分的不同邪淫種類，進而一併斷除。

戊二（語惡業）分四：一、妄語；二、離間語；

三、惡語；四、綺語。

己一（妄語）分三：一、一般妄語；二、大妄語；三、上人法妄語。

庚一、一般妄語：

一般妄語，就是指懷有欺騙他人之心而說的一切自性妄語。

庚二、大妄語：

信口開河地說行善沒有功德、作惡沒有罪過、清淨剎土沒有安樂、惡趣沒有痛苦、佛陀沒有功德等等，再也不可能有比這更為嚴重的彌天大謊了，因此這些被稱為大妄語。

庚三、上人法妄語：

本來沒有得地而說得地了，沒有神通而說有神通等，凡是自己沒有功德說成有功德，這一切都屬於上人法妄語。在當今年代，騙子與聖賢比起來，是騙子更為吃得開的時候，人們的思想行為很容易改變。有些人自我標榜為上師或成就者，不擇手段地誑騙坑害他人，比如有人說：「我已經見到本尊，並且酬謝供養了本尊。」或者說：「我已經看見了魔，並且消滅了那個邪魔。」口出此言的人大多數絕對是在說上人法妄語。

因此，我們不能隨隨便便輕信自欺欺人的大騙子，一定要依止一位非常熟悉、謙虛謹慎、表裡如一的修行人作為善知識，在他面前求得今生後世解脫的正法，這一點非常非常重要。有些人雖然具有世間道的一點有漏神通，但那只是暫時的，有時候靈驗有時候不靈驗。無漏神通只有聖者才能擁有，其他人根本不具備，要得到這樣的無漏神通也有相當的難度。

己二（離間語）分二：一、公開離間語；二、暗中離間語。

庚一、公開離間語：

公開離間語，一般是指具有權威的人在兩個人同在的場合裡，當面以離間語使他們倆關係破裂而分道揚鑣。比如說：「這個人暗地裡對你如何如何惡語謾罵，而且明目張膽地對你如此如此迫害，今天你們倆好像不是那樣的嘛？」類似這樣直截了當挑撥離間的語言就叫做公開離間語。

庚二、暗中離間語：

本來兩人情投意合，另有人到其中的一個人面前說：「你對他倒是情真意切、關懷備至，可是他對你卻品頭論足、說長道短。」這種背後以離間語讓雙方各奔東西的話就叫做暗中離間語。

在所有離間語當中，要數破僧和合最為嚴重，尤其是在密乘傳法的上師與弟子之間進行挑撥而搞破他們的關係，或者在金剛道友之間製造不和，那罪業可是重上加重。

己三、惡語：

對於相貌醜陋的人公開宣揚他們的缺點。例如，對那些有生理缺陷的盲人、聾人等，當面稱呼瞎子、聾子。此外，凡是指責對方的過失或者口出不遜的語言都屬於惡語。儘管不是粗惡語，但是通過溫和的方式使對方心不愉快，這種語言也包括在粗惡語當中。特別是在上師、善知識、高僧大德們面前說亂七八糟的刺耳話罪過更大。

己四、綺語：

綺語所包括的範圍比較廣泛，比如，婆羅門的咒語等本來不是正法反而認為它是正法的，或娼婦妓女的淫穢語言、撩起自他貪心的靡靡之音、關於軍事武力搶劫盜竊之類的高談闊論，諸如此類凡是能引生貪嗔癡的無稽之談，通通屬於綺語的範疇。尤其值得提醒諸位的是，在別人誦經念咒等時，口若懸河地談論許多令他們心思散亂的無關話題，會斷絕別人行善的資糧，罪過極其嚴重。

各種各樣的綺語表面看起來好像是自然而然脫口而出的，但是如果仔細觀察就會發現，其實大多數綺語都是由貪心與嗔心引起的，在說綺語的過程中自他相續中萌生了多少貪嗔，罪業就有多大。

再者說，誦經念咒等期間，如果摻雜一些廢話，那麼不管你念誦多少咒語都不會有什麼收穫。特別是在僧眾行列中如果有一個人廢話連篇，那麼僧眾全體的善資都會斷送在這一個人的手中，而且也會損毀施主所積的資糧。

本來在印度聖地除了具足功德、遠離過患的人以外，其他人沒有資格享用信財，世尊也沒有開許。然而，現在我們有些人只是學了一兩套密宗儀軌，剛剛會念誦便肆無忌憚地享用信財。通過密宗儀軌的方式來享用信財，如果是沒有獲得灌頂、不具足誓言，對生圓次第㉑一竅不通、沒有圓滿念修的人，隨隨便便念誦密咒儀軌，那就成了苯教㉒的吟誦一樣，因此罪業相當嚴重。

事實上，黑財就像燃燒的鐵丸子，除非具足生圓次第雙運鑄鐵之牙齒的人才有能力享用，如果普普通通的平常人享用，只會自討苦吃，焚毀相續，如頌云：「黑色信財乃是生命之利刃，過分享用斬斷解脫之命根。」暫且不說具足生圓次第，有些人甚至都不能流利地讀誦，只不過是認識詞句罷了。尤其作為儀軌最重要的部分就是念咒，如果念咒期間打開綺語的伏藏門，也就是以言說各種貪嗔的無關語混日子，結果只會損人害己。因此，諸位僧人平時也要斷除綺語，默言不語而精進念誦，這一點非常重要。

㉑生圓次第：生起次第和圓滿次第之簡稱，密乘中修習本尊三身為生起次第，修習風脈等為圓滿次第。

㉒苯教：古代西藏原始宗教名。創始人興饒，年代待考。盛行時分本地、外來和竄易三派，黑苯、白苯兩支。早期但以禱神伏魔為人禳病、薦亡為業，及至吐蕃王布德共傑時，干預國政。松贊干布以後，吐蕃王室扶持佛教，佛苯之間鬥爭甚為激烈，赤熱巴巾因尊佛抑苯被苯教徒所殺，朗達瑪尊苯抑佛被佛教徒所殺，成為吐蕃王室趨於分裂滅亡的一個近因。其後苯教在見、行、修道之法諸方面，產生了眾多和佛教相似的經典，晚近漸趨衰微。

戊三（意惡業）分三：一、貪心；二、害心；三、邪見。

己一、貪心：

對於他人的財物，心裡打著「如果這財物為我所有那該多好」的如意算盤，並且三番五次地思量：我有什麼辦法才能將這份財產弄到手中據為己有呢？諸如此類凡是對別人的財物生起謀求的心態都屬於是貪心。

己二、害心：

對他人痛恨在心，滿懷憤怒之情而想：我應當如此這般損害某某人。見他人擁有榮華富貴心裡便不高興，並且暗自詛咒：如果這個人不安樂、不幸福、沒有這樣的功德該多好！當別人遭遇不幸，受到挫折時，在一旁幸災樂禍。諸如此類凡是對他人生起損惱的心理都屬於害心之列。

己三（邪見）分二：一、無有因果之見；二、常斷見。

庚一、無有因果之見：

認為行善無功、作惡無過的觀念就叫做無有因果的見解。

庚二、常斷見：

總的來說，邪見可以分為三百六十種或者六十二種等等（《如意寶藏論》中有詳述）。但如果將所有的邪見歸納起來，完全可以包括在常見和斷見當中。

所謂的常見，就是認為神我常有，大自在天、遍入天是造世主等等的看法。

斷見，也就是指認為一切諸法是自然而生，前世後世、因果不虛及了脫生死等均不存在的觀念。比如《黑自在書》中說：「猶如日出水下流，豆圓荊棘長而利，孔雀翎豔諸苦樂，誰亦未造自性生。」意思是說，持斷見的人認為太陽從東方升起不是誰牽引而上的；河水向下流淌也不是誰人引領下去的；所有的豌豆都是圓形也不是誰人摶成的；一切荊棘刺又長又尖、非常鋒利這也不是誰削造的；孔雀的羽毛五彩斑斕、絢麗多彩這也不是誰繪製的，而是因為它們自己的本性就是如此。同樣，世間中顯現的各種喜怒哀樂、善惡吉凶也都是由本性造成的，因此他們一口咬定往昔業力、前生後世等並不存在。我們如果認為他們的宗旨千真萬確並且隨之而行，或者，雖然沒有隨行，但認為佛的經教、上師的言教、智者的論典等不是真實的，滿腹懷疑或者妄加誹謗，這些都屬於邪見。

在十種不善業當中，要數殺生和邪見這兩種罪業最為嚴重，如云：「殺生之上無他罪，十不善中邪見重。」

除了地獄眾生以外，誰都貪生怕死，而且每個有情最為珍愛的莫過於自己的生命，因此殺生也是罪大惡極，殺害一個眾生需要償還五百次命債。此外，《念處經》中說：「殺害一個眾生，需要在地獄中住一個中劫。」

尤其是依靠塑佛像、印佛經、建佛塔等善舉為藉口而造殺生等惡業，罪惡更為嚴重。帕單巴尊者說：「依惡建造三寶像，將被後世風吹走。」

有些人自以為把上師、僧眾迎請到家中以宰殺眾生的葷腥血肉供養他們是在行善，實際上這種做法必將使一切施主、福田的相續都染上殺生的罪過，施主供養食物成了不清淨的供養，對於福田來說也已成了邪命養活，這種罪業遠遠超過了所行的善事。除非是有起死回生能力的聖者，一般人相續沒有不被殺生罪業染污的可能，上師們這樣做也一定會危及自己的壽命與事業。因此，除非的的確確能夠將所殺眾生的神識超度到極樂世界，否則必須竭盡全力斷除殺生這一惡業。

再來說一說邪見，對於某個人而言，即使相續中生起了一剎那的邪見，也將失毀一切戒律，而不能列入佛教徒的群體中，也不算是閒暇的人身。一旦相續已被邪見染污，從此以後，即使是奉行善法也不能踏上解脫之道，而且造罪也沒有懺悔的對境。

戊四（十不善業之果）分四：一、異熟果；二、等流果；三、增上果；四、士用果。

十不善業中的每一種不善業都有四種果報，也就是異熟果、等流果、增上果、士用果。

己一、異熟果：

無論是十不善業中的任意一種，如果是以嗔心所導致的，就會墮入地獄；如果是以貪心的驅使而造成的，就會投生為餓鬼；如果是在癡心的狀態中進行的，就會轉為旁生。萬一墮落到那些惡趣中，就必然要感受各自的痛苦。或者說，按照煩惱的程度以及動機的大小而分為上中下三品。所謂上品惡業是指貪嗔癡極其粗重，並且長期積累，以這樣的滔天罪惡就會下墮地獄；造中品惡業的人會投生餓鬼；積累下品惡業的人則轉為旁生。

己二（等流果）分二：一、同行等流果；二、感受等流果。

所謂的等流果，是指從異熟果所牽引淪落的惡趣中解脫出來以後獲得人身時所感受的報應。當然，在惡趣中也有許多等同於各自業因的各種痛苦。等流果分為同行等流果、感受等流果兩種。

庚一、同行等流果：

所謂的同行等流果就是說今世與前世所造的業相同。如果前世是以殺業為生的人現世也喜歡殺生，如果前世是以不與取為業的人現世也喜歡偷盜等。所以，有些人在孩提時代，只要見到蟲蠅等便殺害牠們，喜歡殺生的這些人就是在感受前世荼毒生靈的等流果。

從幼年時起，人們由於各自前世業力所感就表現出明顯的不同，有些人喜歡殘殺眾生，有些人喜歡偷雞摸狗，有些人對此毫無興趣而熱衷於行善修福，這都是前世作業舊習的慣性或者是等流果所致。如經云：「過去生何處，當視今此身，未來生何處，當視今此身。」不僅僅是人，動物也是如此，比如，鷂鷹或豺狼等喜愛殺生，老鼠喜歡偷盜，這些都是各自前世所造惡業的同行等流果。

庚二、感受等流果：

十不善中每一種不善業都有兩種感受等流果。

殺生的感受等流果：也就是說，前世造殺業，今生必然要感受短命、多病的報應。有些嬰兒剛一出生就死去，完全是前世造殺業的等流果，而且這些人絕大多數在多生累世中都是剛剛出生就斷氣身亡。還有些人從小到老一直遭受多種不同疾病的折磨，可以說有生之年幾乎沒有不病的時候，這些也是往世殘殺毆打生靈的業報。所以，當我們生病時，不要一直冥思苦想擺脫眼前這些疾病的醫療方法，而應當將精力放在發露懺悔往昔所造的罪業，下決心痛改前非、棄惡從善等等惡業的對治法上面。

不與取的感受等流果：前世偷盜就會感得今生受用非常貧乏，即便有一點點財產，也是被強奪或偷走等等，被迫與敵人共同享用。現在一貧如洗的那些人，與其勤勤懇懇、兢兢業業勞作，下了大如山王般的功夫，還不如積累微微火星般的福德好。事實上，如果自己沒有以往昔布施果而發財致富的福分，就算是今生費盡九牛二虎之力也不會有什麼收益效果。看看大多數明搶明奪的土匪以及暗偷暗盜的竊賊每次所獲的贓物，如果他們經常性獲得那麼多，恐怕整個大地也難以容納，可事實上，那些以光天化日強搶以及趁人不備暗偷度日的人們，最終卻往往因為山窮水盡而落得個餓死的下場。那些商人或享用信財之人等，無論謀取了何等豐厚的財利也沒有得到什麼益處，這種現象隨處可見。

如果自身具備往昔布施的果報，那麼不費吹灰之力，也會擁有一生用不完的財物。如果你實在想財富源源不斷滾滾而來，就必須勤奮努力上供下施。本來在這個業力之地的南贍部洲，前半生造業，大多數後半生就會成熟果報，倘若遇到一個殊勝的福田，那麼轉眼之間也會得到好報。

可以說，為了發財而挖空心思使用欺騙手段來經商或者一門心思幹些偷盜等勾當的人，心裡所想與身體所行往往都是相反，最終的結果只會是在數劫之中也脫離不了餓鬼處。今生今世也是同樣，到頭來或者以業力感召而變得越來越窮、越來越慘；或者擁有微乎其微的財產也沒有權力享用；或者，由自己吝嗇的原因而導致自己越是富裕就越發覺得貧困寒酸、一無所有；或者他的財產反而成了惡業之因等等。有些人雖然擁有財產但卻沒有派上用場，簡直就成了餓鬼守護寶藏一樣。因此，對於外表上看起來似乎財力十足的那些富翁，如果好好觀察，他們的財產如果沒有能用在作為今生與來世幸福之因的正法上和豐衣足食的生活問題上，那麼他們比窮人更可憐！而且他們現在就已經感受了餓鬼的等流果，這完全是不清淨布施的報應。

邪淫的感受等流果：丈夫或妻子相貌醜陋、懈怠懶惰，雙方猶如勢不兩立的仇人一樣。現在大多數夫妻之間整天無休止地吵吵鬧鬧，甚至大打出手，進而懷恨在心，他們往往都認為造成夫妻不和的原因就在於對方性格惡劣，其實這完全是由各自前世邪淫的等流果所導致的。因此，夫妻之間不要心生嗔恨，大動肝火，理當認識到這是自己往昔造惡業的果報，盡可能忍氣吞聲。正如單巴仁波切所說：「夫妻無常猶如集市客，切莫惡言爭吵當熱瓦。」

妄語的感受等流果：就是自己常常遭到誹謗或者上當受騙。如果現在自己無緣無故蒙受不白之冤、妄遭誹謗等等，要明白這是自己前世說妄語的果報。因此，我們不要對造謠生事者恨之入骨或者惡口謾罵，而要盡可能地觀想：依靠這場風波可以淨除我的累累惡業，這樣說來，他們對我的恩德實在不薄。由此而滿懷喜悅之情。

持明無畏洲說：「怨敵反對亦使修行增，無罪遭到誣陷鞭策善，此乃毀滅貪執之上師，當知無法回報彼恩德。」

離間語的感受等流果：眷屬僕人之間格格不入，或者主人遭到攻擊等等。比如說，有些上師的弟子、官員的隨從、家裡的雇傭等內部大多數人相互之間不和，而且上師、主人再怎樣費盡口舌他們也不聽從，反而進行辯駁。一般家庭的雇傭，主人指派他們做一件簡簡單單的小事，可是說了兩三次他們還是充耳不聞，直到主人惱羞成怒聲色俱厲地加以呵責時，這些人才慢慢吞吞極不情願地去做，事情完成之後也不向主人匯報事情的結果，性格一貫惡劣，這些也是主人自己前世挑撥離間的業報成熟於身。所以，應當對自己所造的惡業生起追悔之心，努力化解自他之間的怨恨。

惡語的感受等流果：經常聽到不悅耳的話語，自己所說的語言也成了爭論的話柄。總之，粗惡語在所有不善業當中罪業極為嚴重，比如世間也有這樣的諺語：「雖無箭尖利刃語，亦能刺入人心間。」口出粗語會使對方突然間生起嗔心，尤其是對嚴厲的對境⑼³，哪怕只是說一字一句的惡語，也會釀成多生累世不能從惡趣中解脫的苦果。舉個例子來說，從前，婆羅門迦毗羅對迦葉佛的諸位比丘說了「馬頭、牛頭……」許多這樣的惡語，結果轉生為頭上長有十八個頭的鯨魚，在達一劫的漫長時間裡不得解脫，當這一果報窮盡後又墮入地獄。

---

[93]嚴厲的對境：指上師三寶等。

此外，一位比丘尼稱呼其他比丘尼為「母狗」，結果五百世轉生為母狗。諸如此類的實例多之又多。

所以，我們平時說話要和和氣氣、溫文爾雅。

特別值得強調的一點是，因為我們根本不知道聖人、菩薩身居何處，理所應當對一切有情觀清淨心，宣說稱讚他人的功德。如果對一位菩薩妄加誹謗、惡語中傷，這比殺害三界所有眾生的罪過還嚴重。如（喬美仁波切的《極樂願文》）中云：「誹謗菩薩之罪業，較殺三界有情重，發露懺悔無意罪。」

綺語的感受等流果：自己的話沒有威力、沒有分量，口才拙劣，明明自己坦率直言，可別人也不信以為真，在大庭廣眾之中講起話來自己也感覺氣勢薄弱。

貪心的感受等流果：凡事不能稱心如意，經常事與願違，遭遇不幸。

害心的感受等流果：經常擔驚受怕、危機四伏。

邪見的感受等流果：往往陷入惡見之中，常常被欺誑攪得心煩意亂。

己三、增上果：

增上果是指成熟在外境上的報應。造殺業的人轉生在環境不優美，或者深谷險地等威脅生命的地方；造不與取的惡業，轉生在莊稼常遭受霜凍冰雹的襲擊、樹木不結果實、飢荒時有發生的地方；邪淫之人，所居之處就是臭氣熏天的糞坑、污穢不堪的淤泥等令人噁心的地點；口說妄語，會轉生到財富動搖不定的環境中，並且心裡經常慌慌張張，也總是遇到令人心驚肉跳的違緣；造離間語惡業者，會轉生於懸崖陡壁、深淵狹谷等難以行走的地方；口出惡語的人，轉生在亂石堆積、荊棘叢生等使人心神不寧的地方；以綺語惡業所感召，將來轉生的地方，儘管辛勤務農，到頭來卻顆粒不收，季節反覆無常而且動盪不安；以貪心感得，將來的生處莊稼荒蕪，地時惡劣的痛苦層出不窮；以害心所感，會轉生到多災多難的地方；以邪見惡業轉生於物資鮮少、無依無靠、孤苦伶仃的地方。

己四、士用果：

所謂的士用果，就是指造任何惡業都將與日俱增，世世代代輾轉延續漫漫無邊的痛苦，惡業越來越向上增長，依此終將漂泊在茫茫無際的輪迴之中。

丁二、應行之善業：

總之，我們了知十不善業的過患之後，心中立下堅定誓願認真地受持嚴禁惡行戒，就是十善業，也就是指不殺、不盜等十種。

一般來說，受持十善戒不需要在上師或親教師面前立誓，只要自己心裡默默地想：我從今以後永遠不再殺生，或者我某時某地絕不殺生，或者我不殺害某某眾生等等，這就是善業。當然如果能在上師、善知識、佛像佛經佛塔等面前進行承諾發誓，那麼它的功德就更為顯著了。然而，僅僅這樣平平淡淡地想「我不殺生」還不足夠，必須要在心裡立下這樣堅定的誓願：無論怎樣，我從此以後絕不造惡業。

如果在家人等實在不能徹頭徹尾永久性地杜絕殺業，也可以發誓在一年當中的一月份或四月份不殺生，或者在每一個月當中的十五日和三十日不殺生。此外，立誓在一年、一個月或一日等期間不殺生也會受益匪淺，並有很大的功德。

從前，嘎達亞那尊者所在的城市有一個屠夫承諾晚上戒殺（白天他依然殺生），結果當他死後墮入孤獨地獄中時，白天在熾燃的鐵屋裡受盡痛苦，而到了晚上卻身居無量宮殿中由四名天女圍繞而享受安樂。

所謂的十善業，就是指實際行動中斷除十種不善業、奉行對治惡業的善法。

三種身善業，不殺生：斷除殺生，愛護生命；不偷盜：斷不與取，慷慨布施；不邪淫：斷除邪淫，守持戒律。

四種語善業，不妄語：斷除妄語，說諦實語；不兩舌：斷離間語，化解怨恨；不惡語：斷除惡語，說悅耳語；不綺語：禁止綺語，精進念誦。

三種意善業，無貪心：斷除貪心，滿懷捨心；無害心：斷絕害心，修饒益心；無邪見：棄離邪見，依止正見。

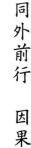

十善業的異熟果：轉生在相應的三善趣中。

同行等流果：生生世世喜歡行善，並且善舉蒸蒸日上。

感受等流果：斷除殺生，長壽少病；不偷盜感得具足受用，無有盜敵；斷除邪淫，夫妻美滿，怨敵鮮少；斷除妄語，受到眾人稱讚愛戴；斷除離間語，受到眷屬僕人的恭敬；斷除惡語，恆常聽聞悅耳語；斷除綺語，語言有威力；斷除貪心，如願以償；斷除害心，遠離損惱；斷除邪見，相續生起善妙之見。

增上果：成熟在外境上，與前面十不善業的果報恰恰相反，具足圓滿的功德。

士用果：所做的任何善業都會突飛猛進地增長，福德接連不斷湧現。

丁三、一切為業之自性：

上至有頂下到無間地獄底層的一切有情各自感受不可思議、千差萬別的痛苦和快樂，都是來源於各自往昔所積累的惡業與善業。如《百業經》云：「眾生諸苦樂，佛說由業生，諸業亦種種，造種種眾生，漂泊於輪迴，業網極廣大。」

有些人儘管現今大權在握、地位顯赫，擁有許多受用，但是當死期到來的時候這一切的一切都不能隨他而去，只有自己此生積累的善業惡業緊緊跟隨，將自己引入輪迴的善趣與惡趣之中。《教王經》云：「國王趨入死亡時，受用親友不隨身，士夫無論至何處，業如身影緊隨後。」儘管現在所造的善業惡業，不會當下立即現前果報，但任何時候都毫釐不爽，一旦因緣聚合時必將自食其果，感受報應。如《百業經》云：「眾生之諸業，百劫不毀滅，因緣聚合時，其果定成熟。」又如《功德藏》中說：「高空飛翔金翅鳥，雖暫不見身影現，然與其身無離合，因緣聚合定現前。」例如，當金翅鳥展翅翱翔在高高的虛空中時，牠的身影沒有現出，但是並非沒有身影，最後無論降落在哪裡，牠那黑乎乎的身影就會出現在那裡。同樣，所造的善業惡業的果報雖然不一定立竿見影、馬上受報，但是最後不可能不降臨到自己的頭上。

即便是斷除一切業惑障礙的佛陀和阿羅漢尚且也要感受自己的業果，那更何況我們這些薄地凡夫呢？

從前，舍衛城的帕吉波國王率領軍隊向釋迦族所居住的城市大舉進攻，殘暴殺戮了八萬釋迦族人，與此同時世尊也頭痛起來。

眾弟子請問：「這是什麼原因呢？」

世尊講述：「往昔釋迦族人當漁夫時，捕殺了大量的魚類來食用。一天，他們捕撈到兩條大魚，沒有立即殺死，把牠們繫在柱子上。那兩條大魚因為離水來到乾地而輾轉翻跳，他們不禁暗想：我們無辜遭到這些人殺害，但願將來我們也無辜殺死他們。以此業果兩條大魚轉生為帕吉波國王和瑪拉洛（害母）大臣，所殺的其他魚類轉生為他們二人的軍兵，今天他們將釋迦族的人們斬盡殺絕。我當時投生為一位漁夫的小孩，看到那兩條大魚感受無法忍受的乾燥之苦而輾轉翻跳的情形，禁不住地笑了起來，以此業力感得今天頭痛。假設我現在沒有獲得這樣圓滿功德的佛果，今天也將被帕吉波國王的軍隊殺死。」

此外，世尊腳上刺入降香木⑭刺，是以前做菩薩時殺掉短矛黑人的業報。

另外關於阿羅漢受業報的實例：世尊的聲聞弟子神通第一的目犍連也是由於業力所感被遍行外道殺害的。

目犍連和舍利子二位尊者時常前往地獄和餓鬼等惡道去饒益有情。一日，他們來到地獄界，看到外道的本師飲光（經云：晡刺拏）能圓死後轉生在這裡，正在感受各種痛苦。

飲光對他們說：「您二位尊者返回人間時，請把我的這番話轉達給我的弟子們，告訴他們說：『你們的本師飲光能圓轉生在地獄中。遍行宗派⑮沒有沙門善行，沙門善行唯有佛教內道才有，你們的宗派是顛倒的教派，因此你們應當捨棄自己的宗派，隨學釋迦佛的弟子。尤

---

⑭降香木：梵語為竭地洛迦木。分三種：紅色栴檀降香、黃色柏樹降香和灰色松樹降香。

⑮遍行宗派：印度六大外道之一，其承認眾生之苦樂，非由因緣所生，唯由自然而生。

其是你們將本師的骨灰做成靈塔之後，每當供養時，熾熱的鐵雨就會降落到他的身上，所以萬萬不要供養他的遺塔。』」

二位尊者返回人間，舍利子先去向外道轉告飲光能圓的話，但是因為沒有業緣致使外道徒沒有聽見。

後來，目犍連問舍利子：「您有沒有把飲光能圓的口信轉告給他的弟子？」舍利子答言：「我說是說了，可他們卻什麼話也沒說。」

目犍連說：「他們可能沒有聽到，還是我去說吧。」

於是他來到遍行外道徒的所在地，將飲光能圓的口信原原本本轉告給他們。外道聽後怒不可遏地說：「這個人不但對我們妄加責難，居然膽大包天地誹謗起我們的本師來了。來，給我打！」外道徒數數毆打目犍連，他的身體被摧殘得簡直像葦草一樣搖搖欲墜。這要是在以前，不用說是被這些遍行外道徒打得皮開肉綻，哪怕是三界所有眾生群起而攻之，就連他的一根汗毛尖也動搖不了。可是在當時，由於往昔的業力所壓，就連變化想也想不起來，更不必說大顯神變了，此時此刻的尊者與平平常常的凡夫人一模一樣。

事後，舍利子用法衣將目犍連的法體包好背到祇陀園而悲傷地說：「對我的好友目犍連死去的消息聽也不願意聽到，何況是親眼見到？」於是他與眾多阿羅漢一起先行趣入涅槃。緊接著目犍連也入滅了。

還有一則公案：從前，在克什米爾地方，有一位具有神通神變的比丘，名叫日瓦德，他座下的弟子為數不少。一日，正當他在林中煮染法衣袈裟時，附近的一位主人家出門尋找丟失的牛犢，看見林間炊煙繚繞，於是順此方向來到近前，果真看到一位比丘正在生火，便問：「你在做什麼？」

日瓦德答言：「我在煮染法衣。」主人打開染料的鍋蓋一看，發現裡面煮的根本不是什麼法衣，而是肉，比丘自己也驚訝地看見了鍋裡的肉。

主人推推搡搡把他帶到國王面前，呈稟道：「這位比丘偷了我的牛犢，請國王懲治。」

國王不問事情始末便將比丘打入監牢。

幾天之後，主人家的母牛自己找回了牛犢，於是主人又急急忙忙來到國王面前稟奏：「那位比丘並沒有偷牛犢，請求國王您釋放他。」

但是國王因為事務繁忙，在六個月期間沒有釋放他。後來比丘的許多獲得神變的弟子們從空中飛行而來，到國王的面前稟告：「這位比丘是一位光明磊落的正人君子，他是清白的，請國王釋放他。」

於是國王親自去釋放比丘，當看到他滿臉憔悴、吃盡苦頭的樣子，國王萬分懊悔地說：「此事延誤已久，我真是造了滔天大罪。」

比丘說：「您沒有錯，是我自作自受。」

國王問：「您以前到底造了什麼業？」

於是比丘開始講述起來：「我往昔曾經轉生為一名盜賊，因為當時偷了一頭牛犢而被主人緊追不放，到了林間我驚慌之餘就將牛犢扔在一位正在入定的獨覺面前，便溜之大吉了，卻給獨覺帶來逮捕入獄六天的厄運。就是因為這一惡業的異熟果，使我在多生累世中感受惡趣的痛苦，今生也受到這樣的苦難，不過這是最後一次的異熟果報。」

再來講講菩薩受報的實例：印度樂行國王有一位太子，有一天，母后送給他一件精美別緻五彩錦緞的無縫衣[96]。太子說：「我現在還不穿，等到繼承王位時再穿不遲。」

母后說：「你恐怕沒有得到王位的機會了。本來，國王駕崩之後理所當然要由太子來繼承王位，可是因為你的父王和龍樹阿闍黎的生命是一味一體，所以只要龍樹沒有圓寂，你的父王就不會離開人世，而龍樹菩薩已經獲得了壽命自在，沒有圓寂的時候，你的許多兄長都沒能繼承王位就已經死去了。」

太子問：「那麼，有什麼妙計嗎？」

於是，母后為他出謀劃策道：「龍樹阿闍黎是一位菩薩，如果你向他索要頭顱，他必會施捨，除此之外實

[96]無縫衣：指不見縫痕的精工妙衣。

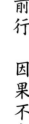

在無計可施。」

於是太子來到龍樹菩薩面前索要他的頭顱。

龍樹菩薩十分爽快地說：「你自己砍斷拿去吧。」於是太子奮力揮起寶劍，可是無論怎樣都好像在虛空中舞動一樣，根本無法砍斷菩薩的頭顱。

這時，龍樹菩薩告訴他說：「我五百世前已完全清淨了兵器砍割的異熟果報，所以用兵器無法砍斷我的頭，但是我曾經在割吉祥草時殺害小蟲的異熟果報還沒有徹底清淨，你用吉祥草可以割斷我的頭。」

太子採了一根吉祥草來割龍樹菩薩的頸部時，頭顱當下落地。伴隨著「我今往生極樂剎，將來亦入此身體[97]」的聲音，龍樹菩薩趨入寂滅。

這以上的公案告訴我們，像他們那樣的聖人，尚且也需要感受這種業力的異熟果報，更何況說我們這些從無始以來漂泊在輪迴中造了不計其數惡業的人呢？而且我們現在仍然還執迷不悟地累積罪惡，真不知道什麼時候才能從輪迴中解脫出來，即使是脫離惡趣恐怕也不容易。

所以，我們隨時隨地都要謹小慎微，即使是微乎其微的罪業也要盡心盡力予以杜絕，哪怕是微不足道的善事也要悉心畢力加以成辦。如果沒有這樣從小處著手，

[97]根據印度佛教歷史記載，龍樹菩薩圓寂以後，他的法體和頭部變成兩座山，將來龍樹菩薩重入此身體，重新弘揚中觀的般若空性。這兩座山如今在印度南方貝諦境內。

那麼以每一剎那的惡業也需要在惡趣中住留數劫。為此，就算是很微小的罪業，我們也絕不能認為就這麼一點點無關痛癢而抱著無所謂的輕視態度。寂天菩薩親口說過：「剎那造重罪，歷劫住無間，何況無始罪，積重失善趣。」《賢愚經》中也說：「莫想諸罪微，無害而輕視，火星雖微小，能焚如山草。」

同樣，微不足道的善業也能產生大為可觀的果報，所以不要認為僅僅這麼一點點有什麼用途而不屑一顧。我乳輪王往昔變成一個窮人時，有一天他手拿一把豌豆準備向一位新娘投拋，途中正巧遇見德護如來前往城中。他生起了極大的信心，於是將一把豌豆撒向佛陀，其中四粒落入佛的缽中，兩粒觸到佛的胸口。以此異熟果他轉生為南贍部洲的轉輪王；以四粒豆落入佛缽中的果報，而統治四大部洲的國政八萬年；兩粒豆接觸到佛的胸口，其中一粒的果報成為四大天王的主尊八萬年，另一粒的果報在三十三天第三十七代帝釋王朝中與帝釋天平起平坐，執掌國政。

此外經中也說觀想佛陀甚至向空中拋撒一朵花作供養的善果，獲得帝釋和轉輪王的果報也是難以到達它的邊際。如《賢愚經》云：「莫想諸善微，無益而輕視，水滴若積聚，漸次滿大器。」《功德藏》亦云：「無憂樹種如芥子，每年果實成熟時，一枝亦增一由旬，善惡果增不可喻。」本來，無憂樹的種子比芥子還小，可是樹木在成長的過程中，每一年它的樹枝都增長到一由旬左右，即便如此，這也無法形容善惡果報的增長程度。

相反，即便是違犯了細微的學處，也會導致無窮的後患。

從前，翳羅葉龍王以轉輪王的身相來到世尊面前。世尊義正詞嚴地說：「你不僅破壞了迦葉佛的教法，難道還要來毀壞我的教法嗎？你現出自己的原形來聽法。」

翳羅葉龍王說：「我面臨著眾多威脅，因此實在不敢以原身前來。」

於是世尊讓金剛手菩薩保護它。這時，一條遍布數由旬的巨蛇出現在人前，只見牠被頭上長的一棵翳羅大樹重重壓著，樹根的部位昆蟲彌漫，牠感受著巨大的痛苦。

弟子們請問世尊這其中的原因。

世尊講述說：他曾經是迦葉佛教法中的一位比丘。有一次在途中，一棵翳羅大樹刮了他的法衣，他勃然大怒，無視學處而砍了那棵樹，這就是那一罪業的惡果。

一切善業惡業之中，是黑是白，是輕是重，關鍵還是要看人的起心動念。舉個例子來說：一棵大樹，如果它的根是藥性，那麼它的樹幹和樹葉肯定是藥；如果它的根是毒，那麼樹葉和樹幹也必然是毒性，毒性十足的樹根絕不可能生長出靈丹妙藥的枝葉。同樣，如果帶著貪嗔的動機，居心不良，意樂不淨，即使表面上所作所為是善業，但實際上只會變成不善業。假設內心清清淨淨，純正無瑕，那麼縱然從外觀看起來好像是在造惡業，但事實上已經成了善舉。《功德藏》中說：「樹根為藥芽亦藥，根為毒芽何用說，唯隨善惡意差別，不隨善惡像大小。」

因此，對於沒有絲毫自私自利、內心無比清淨的菩薩來說，身語七種不善業才有直接開許的時候。就像大悲商主殺短矛黑人以及星宿婆羅門子對婆羅門女行不淨行之類的情況。

下面簡明扼要地講述這兩則公案：

從前我等大師釋迦牟尼佛轉生為大悲商主的時候，和五百位商人一起去大海（取寶），途中，一個名叫短矛黑人心狠手辣的強盜企圖殺害五百商人。大悲商主知道後心裡想：這五百名商人全部是不退轉菩薩，如果這個人殘殺了他們，後果必將身陷地獄住無量劫，實在可憐；如果我殺了這個人，就可避免他墮入地獄，就算是自己下墮地獄我也甘心情願。這樣三思之後，大悲商主以非凡的勇氣毅然決然地殺了那個強盜，（以此善念大悲商主非但沒有墮入惡趣，反而）圓滿了七萬劫的資糧。這一公案，表面上來看是造了惡業，為什麼呢？因為作為菩薩的他親手殺了一個人，但實際上完全是善業，因為大悲商主根本沒有一點自私自利的心念，而且從眼前來看保護了五百商人的生身性命，從長遠而言，把短矛黑人從地獄的痛苦中拯救出來，所以是偉大的善行。

再有，星宿婆羅門長年累月在林間持梵淨行。一次他到城中去化緣時，一位婆羅門女對他一見鍾情，生起貪愛，欲絕身亡。星宿婆羅門不由得對她生起悲憫之心，於是和她結成夫妻，以此圓滿了四萬劫的資糧。

諸如此類的殺生及破梵淨行才有開許。而對於為一己私欲，在貪嗔癡的驅使下而行，在何時何地對何人也沒有開許。

不與取也不例外，對於根本沒有私心雜念、有膽有識、大義凜然的菩薩來說，為了愛財如命的富翁，而從他們手中盜竊財物上供三寶、下施乞丐等是開許的。

妄語也是同樣，如果是為了保護瀕臨絕境的眾生性命或者保護三寶財產等說妄語是開許的，但以私欲欺騙他人是絕對不開許的。

離間語也是一樣，例如，一個行善之人和一個喜歡作惡的人相互為友，而且為非作歹的那個人勢力強大，因為擔心行善之人被他帶入罪惡的邪道，而說離間語使他們分道揚鑣是開許的。相反，使志同道合的兩人關係四分五裂，說離間語絕不開許。

惡語也是如此，對於以溫和方式實在無法調伏的人士，只有以強制性的手段才能使他們步入正法，再有上師等宣講教言揭露弟子的罪惡等，這些情況下口出粗語惡語是開許的。正如阿底峽尊者所說：「殊勝上師為揭露罪惡，殊勝竅訣為擊中要害。」而輕視侮辱對方的粗惡語是不開許的。

說綺語也是一樣，對於愛說愛講的有些人，以默然禁語的方式不能使他們趨入正法，只有通過權巧方便才能令他們進入佛門，這種情況下說綺語是開許的，而說些讓自他心思散亂的無稽之談並不開許。

由於貪、嗔、邪見三種意罪業，不可能有轉變成善妙動機的情況，只要一生起惡分別念，就必然是不善業，因此在任何時候對任何人也沒有開許。

所有善不善業的作者唯一是自己的這顆心，儘管身體的一舉一動、口中的一言一語並沒有表露出來，但是心的分別念也往往會帶來巨大的善果與嚴重的惡果。所以，我們每個人要經常觀察自己的心態，如果處在善心之中，理應生起歡喜，盡量使善業與日俱增；倘若處於惡意之下，那就必須立即懺悔，而且暗暗自我譴責：我這個人真是惡劣，雖然聽聞了那麼多正法，竟然還生起這樣的惡分別念，實在慚愧。並下決心：從今以後，我一定要努力使這樣的分別念在自相續中永不再現。

我們無論做任何一件善事，首先務必要詳詳細細觀察自己的動機，如果確實是善的動機，就去做那件善事；如果處在與別人競爭的心理或者裝模作樣、貪圖名譽等心態中，那就必須要認真加以糾正，做到以菩提心來攝持；如果不論怎樣也無法扭轉自己的動機，還是延緩做那件善事為好。

從前，有許多施主預先約定前來拜訪奔貢甲格西，當天上午，格西在三寶所依前擺設供品，裝飾得極其美觀。當時，他觀察自己的動機，結果發現竟然是為了在施主們面前顯得莊嚴的不清淨心態，於是順手向三寶所依和供品上撒了一把灰，並自言自語：「你這個比丘不要那麼虛偽。」帕單巴尊者得知此事後說：「西藏的所有供品中，要數奔貢甲的那一把灰塵最好。」

因此，我們隨時隨地要仔仔細細觀察自相續，一旦心術不正，有造罪的苗頭出現，就要馬上意識到，並且懺前戒後，絕不能讓自相續與惡業同流合污。當然，在凡夫地的階段，相續中不生起惡分別念的意樂加行也是不現實的事情。從前，奔貢甲格西來到一位施主家中，當時各位施主出門在外。格西心裡琢磨：我沒有茶葉，不如趁機偷一些茶葉，留著以後住山修行時用。當他把手伸進茶葉袋裡時，立即提起正念。於是，他大聲呼喊施主們：「我這個人正在幹偷茶的勾當，把這隻手從手腕處砍斷。」

阿底峽尊者也這樣說過：自從我本人進入別解脫門之後，可以說是一塵不染；對於菩薩學處（菩薩戒），偶爾出現過一兩次過失；而步入密宗金剛乘以後，雖然零零碎碎的過失屢有出現，但（都是當下懺悔，）從來沒有讓墮罪過夜的情況。尊者在行途中也是一樣，每當閃現惡分別念時，馬上取出一個木製的曼茶羅，立即懺前戒後。

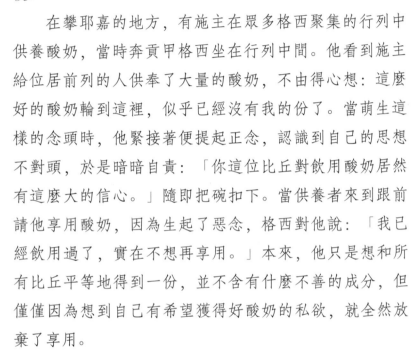

在攀耶嘉的地方，有施主在眾多格西聚集的行列中供養酸奶，當時奔貢甲格西坐在行列中間。他看到施主給位居前列的人供奉了大量的酸奶，不由得心想：這麼好的酸奶輪到這裡，似乎已經沒有我的份了。當萌生這樣的念頭時，他緊接著便提起正念，認識到自己的思想不對頭，於是暗暗自責：「你這位比丘對飲用酸奶居然有這麼大的信心。」隨即把碗扣下。當供養者來到跟前請他享用酸奶，因為生起了惡念，格西對他說：「我已經飲用過了，實在不想再享用。」本來，他只是想和所有比丘平等地得到一份，並不含有什麼不善的成分，但僅僅因為想到自己有希望獲得好酸奶的私欲，就全然放棄了享用。

我們如果隨時隨地觀察自相續而斷惡從善，調柔自心，久而久之自相續就會完全變為善業。從前，扎堪婆羅門經常觀察自心，每當生起一次不善的分別念時，他就放置一個黑色石子，每當生起一次善的分別念時就放置一個白色的石子。最初時全部是黑色石子，通過精勤進行對治，去惡從善，到中間時呈現黑白各半，最後已全部成了白色的。所以我們一切時處應當以正知正念攝持，生起善的對治，力求做到連細微的罪業也不沾染。

即便是今生今世沒有積累罪業，但從輪迴無始時以來，所積累的罪業也是無邊無際，而且也必然有不堪設想的業果要感受。作為現在唯一行善、修習空性的那些人來說，依靠採取現行對治力，可以將後世轉生惡趣的業力、隨眠習氣在今世成熟而感受痛苦。如《能斷金剛經》中說：「行持波羅蜜多之菩薩，受到損惱或受極大損惱，此乃未來所受之苦業，於此世成熟。」⑱

與之相反，今生當中無惡不作之人，也有因為前世所造的微小善業在眼前成熟而感受善果的。例如，從前尼洪國家，最初七日降下珍寶雨，接著降下衣服雨和糧食雨，最後降下土雨，所有的人被埋在土下喪命，死後墮入地獄中。

可見，行善者感受痛苦、造罪者獲得快樂也都是往昔業力成熟的果報。同樣，現在無論行善或作惡，它的果報在來世或者來世的來世等等也必然會成熟。所以，我們時時刻刻對因果的道理生起定解進而加以取捨非常重要，萬萬不可以高深見解的法語來輕視因果。如鄔金蓮師對國王赤松德贊說：「君王，我的密乘見解極其重要，行為不能偏墮於見解方面，否則善空惡空黑法漫布，將成為魔見。同樣，見解也不能偏墮於行為方面，

⑱鳩摩羅什所譯的《金剛經》中說：「須菩提，善男子，善女人，受持讀誦此經，若為人輕賤，是人先世罪業，應墮惡道，以今世人輕賤故，先世罪業則為消滅。」

否則將被實有和有相所束縛而無有解脫的機會。」又說：「是故見比虛空高，取捨因果較粉細。」也就是說，在證悟實相之見解的同時，必須要細緻入微地取捨因果。

有人問帕單巴仁波切：「如果證悟了空性而造罪，到底是有害還是無害呢？」

帕單巴仁波切回答說：「如果真正徹悟了空性，就絕不會造罪，因為證悟空性和生起悲心是同時的。」

如果你真的渴望修持正法，那就必須將取捨因果放在主導地位，見解和行為不相脫離而實地修行。

那麼，因果不虛之引導在相續中生起的界限是怎樣的呢？

應當像米拉日巴尊者那樣。

弟子們問米拉日巴尊者：「尊者您的行為已經完全超出了凡夫眾生的意境，上師仁波切您最初是金剛持還是一位佛菩薩的化身呢？」

米拉日巴尊者回答：「你們認為我是金剛持或者某位佛菩薩的化身，這說明你們對我的一片虔誠信心，但對於正法來說，恐怕再沒有比這更嚴重的邪見了。為什麼這麼說？我最初依靠咒力降冰雹，造了滔天大罪，當時想肯定只有墮地獄而別無出路了，於是集中精力、專心致志、兢兢業業地修持正法，依靠密宗甚深的方便要訣，在相續中生起了殊勝的功德。因為你們對因果生不起誠信而導致對正法不能如此精進，如果你們能發自內心對因果深深誠信，像我那樣刻苦精進，凡是有毅力的凡夫人都能做到，這樣一來，你們相續中也會生起同樣的功德，到那時，你們也可以稱為是金剛持或佛菩薩的化身了。」

米拉日巴尊者最初造罪業而認為必墮地獄的堅定信念也是由誠信因果而來的。依靠對因果的誠信才精進修持正法。當然，像米拉日巴尊者那樣苦行和精進的事蹟在印度和西藏兩地是極為罕見的。

因此，對於因果的這些要點，我們必須從心坎深處生起堅定不移的誠信，並且暗下決心：隨時隨地，包括細微的善業也要以三殊勝攝持而盡力奉行，就算是再小的惡業，遇到生命危難也不去做。

我們早晨起床時，不要像牛羊從圈裡爬起來一樣，一躍而起，應當在床上靜坐，自心悠然放鬆，向內反觀審察自相續：昨晚做了善夢還是惡夢，如果夢中作惡，也應該心生後悔而誠心懺悔；假設夢到行善，就高高興興地將善根迴向給眾生。心裡默默發心：在今天，我要為無邊無際的一切眾生獲得圓滿正等覺的果位而盡心盡力奉行善法、竭盡全力斷除罪惡。到了晚上睡覺的時刻，也不要在無所憶念中平臥沉睡下去，而應當在床上平緩安坐，如前一樣觀察思維：呀！我白天都做了什麼有意義的事，修持了什麼善法？如果成辦了善事，應當感到欣慰，心生歡喜，並且為了一切眾生獲得佛的果位而迴向。假設造了惡業，就要在心裡自我呵責：我這個人實在惡劣，今天已毀了自己。生起追悔之情，誠心誠意懺悔，並發誓：從今以後我絕不再造那樣的惡業。隨時隨地，我們都不要離開正知正念，對於內外器情的一切顯現也不要有根深蒂固的實執，應該在虛無縹緲無實如幻的遊舞中修煉自心，使自相續恆常安住在善法和正道之中，令內心調柔。

這以上歸納總結了修四種厭世心[99]的中心要義，如果能夠做到那樣，那麼做任何善事自然而然就不會離開三殊勝。如頌云：「善人如藥樹，依彼勝一切，惡者如毒樹，依彼毀一切。」這種賢善的正士以自心的堪忍力使與他結緣的人們內心轉向正法方面，令自他的廣大善業蒸蒸日上，生生世世不會墮入惡趣和邪道當中，而獲得善趣人天的殊妙身體。尤其是這樣具有法相的高僧大德無論安住在任何地方，當地人們都會奉行善法，萬事吉祥，眾天人也恆常護持。

雖知因果差別然信弱，雖聞眾多正法然未修，
我與如我惡行眾有情，自心與法相應祈加持。

因果不虛之引導終

[99]四種厭世心：人身難得、壽命無常、輪迴過患、因果不虛。

五、解脫利益

多成就者智者所攝受，依照上師言教而修行，
解脫勝道無誤示於眾，無等上師足下我敬禮。

丙五（解脫利益）分二：一、解脫之定義；二、解脫之分類。

丁一、解脫之定義：

所謂的解脫就是指脫離輪迴這個大苦海，獲得聲聞、緣覺、圓滿菩提其中任意一種果位。

丁二（解脫之分類）分二：一、能獲解脫果位之因；二、三菩提之果。

戊一、能獲解脫果位之因：

從人身難得開始，以四種厭世心的修法調順自相續，然後再從一切聖道的基石皈依開始，直到聖道正行完全圓滿之間，每一個修法都有各自的功德，前面已經講述了，後面還要講，這就是解脫之因。

戊二、三菩提之果：

無論獲得聲聞、緣覺、圓滿菩提三者中任何一種果位，都是寂靜清涼的，因為已經脫離了輪迴痛苦的狹道，我真是喜不自禁。尤其是如今我們遇到了大乘佛法，理所應當唯一希求圓滿菩提，精進奉行十善，修四無量、六度、四靜慮、四無色、二止觀[100]等一切法門，並

以加行發心、正行無緣、後行迴向三殊勝攝持而實地修行。

解脫利益之引導終

⑩二止觀：寂止和勝觀的簡稱。寂止：梵音譯作奢摩地或三摩地，一切禪定的總括或因，心不散住外境，專一安住所修靜慮之中。勝觀：梵音譯作毗婆舍那，一切禪定的總括或因，以智慧眼觀察事物本性真實差別。

六、依止上師

丙六（依止上師）分二：一、依師之必要；二、依師之次第。

丁一、依師之必要：

一切佛經、續部、論典中從來沒有提過不依止上師而成佛的歷史。我們在現實生活中也可以看出，通過自我造就以及有膽有識而生起五道、十地功德的人一個也沒有。包括自己在內的一切眾生，對於邪道倒是很有造詣，而對於解脫與遍知的聖道，卻猶如無依無靠的盲人迷失在空曠荒野中一般知之甚少。而且從來沒有不依靠商主而從如意寶洲中取寶的例子。因此說，善知識和好道友是解脫與遍知聖道的真實嚮導，我們務必要畢恭畢敬地依止。

丁二（依師之次第）分三：一、觀察上師；二、依止上師；三、修學上師之意行。

戊一、觀察上師：

凡夫人本來就很容易隨著友伴等暫時的外緣所改變，所以我們在何時何地都需要依止良師益友。打個比方來說，普通的一節樹木落到瑪拉雅山的檀香林中，經過數年之後，就會薰染上栴檀木的妙香，結果這節普通的木材也自然散發出芬芳的檀香味。同樣，如果依止一位具相的高僧大德，久而久之，也會薰染上他的功德妙香，所作所為也都變成他們那樣。如智悲光尊者在《功德藏》中說：「如瑪拉雅樹林中，漂落普通一節木，枝葉滋潤出妙香，依止上師隨行彼。」

如今正處在五濁惡世，當然，眾多續部寶典中講的所有法相樣樣俱全的上師實在是難以尋覓，但一般來說，可以依止的上師必須具備以下這些功德：一、相續清淨：從來沒有違犯過外別解脫戒、內菩薩戒與密乘三昧耶戒；二、廣聞博學：通曉經續論典；三、具大悲心：對無邊眾生就像母親對獨子般慈愛；四、通達顯密：精通外三藏、內密四續部的儀軌；五、現前斷證：依靠修持實義於自相續中現前殊勝的斷證功德；六、圓滿四攝：以布施、愛語、同行、共事四攝法攝受具善緣的弟子。如《功德藏》中說：「圓滿諸勝法相者，濁世力致故難得，三戒清淨之大地，多聞大悲潤心續，精通如海顯密儀，斷證淨慧碩果豐，四攝鮮花齊爭豔，善緣弟子如蜂聚。」

尤其是宣說密宗金剛乘甚深竅訣要點的上師，必須具備一切續部寶典中所講的下列條件：一、獲得不間斷能成熟的灌頂——成熟相續；二、沒有違犯灌頂時所受的誓言和其他戒律——淨持律儀；三、煩惱和分別念微弱——相續調柔；四、精通密宗金剛乘基、道、果的一切續部意義——精通密宗；五、面見本尊等依修之相都已盡善盡美——依修圓滿；六、現量證悟實相之義——

解脫相續；七、心相續周遍大悲心——唯求利他；八、斷除了今生世間的貪執——瑣事鮮少；九、為了來世精進憶念正法——精進修持；十、現見輪迴的痛苦，生起強烈厭離心，並且勸勉他人生起厭離——厭世勸他；十一、以各種各樣善巧方便攝受調伏弟子——攝伏弟子；十二、依照上師的言教行持，具有傳承加持——具有加持。我們應當依止這樣一位上師。如《功德藏》中說：「尤其宣講竅訣師，得灌淨戒極寂靜，通達基道果續義，念修圓滿證自解，悲心無量唯利他，精進念法瑣事少，極具厭離亦勸他，善巧傳承具加持，依如是師速成就。」

再講講與上述相反應當捨棄的上師相：本來自相續中沒有聞思修的少許功德，卻自以為我是某某上師的兒子或者貴族子弟[101]等，種姓方面已經勝過其他人，並且現在我的傳承也是如何如何，這簡直就像婆羅門世襲相傳的門第觀念一樣。或者，雖然具有少分聞思修行的功德，但並不是以希求來世的清淨心來修持，而是擔心自己在某處失去上師的地位等。所作所為只是為了今生目標的上師，就稱為如木磨[102]之上師。

還有些上師沒有能力調伏弟子的相續，自己的相續也與凡夫人沒有差別，根本不具備絲毫的特殊功德。可

[101]貴族子弟：舊時西藏貴族的幼弟和侄子總名。
[102]木磨：形象是磨子，但不能磨糧食。

是其他一些愚笨之人盲目輕信，不經觀察而將他捧到高高的位置上，這時候的他自相續被名聞利養改變得面目全非，驕傲自滿，目空一切，對正士的功德視而不見，這種上師就叫做如井蛙之上師。

據說，從前有一隻年邁的青蛙長期居住在井底。一天，大海裡的一隻青蛙來到牠的面前。

井蛙問：「你是從哪裡來的？」

海蛙回答：「我從大海來。」

井蛙問：「你的海有多大呢？」

海蛙說：「大海非常非常大。」

井蛙問：「那麼，有我這個井的四分之一大嗎？」

海蛙連連搖頭：「遠遠不止。」

井蛙又問：「那麼，有沒有它的一半大？」

海蛙還是邊搖頭邊說：「不止不止。」

井蛙繼續問：「難道有這個井這麼大嗎？」

海蛙依舊重複著前面的話：「不止不止。」

井蛙不相信地說：「不可能有那麼大吧？那麼，我們一起去看看吧。」

於是，兩隻青蛙一同前去，當見到大海時，那隻井蛙頓時昏厥，頭顱崩裂而死。

再有，上師他自己從未依止過智者上師，也沒有精進修學經續，孤陋寡聞；內心煩惱粗重，不具足正知正念，致使違犯戒律、破壞誓言；相續比凡夫人還低劣，而行為卻像大成就者一樣，言談舉止高如虛空；嗔恨和嫉妒心十分強烈，斷掉了慈悲心的吊索，這就是所謂的如瘋狂嚮導之上師。

將弟子引入邪道、不具備勝過自己的點滴功德、遠離慈悲心菩提心的上師，稱為如盲人嚮導之上師，他們不懂得打開取捨的雙眼。

如《功德藏》中說：「猶如梵志護門閥，顧慮失毀自地位，聞思非為來世果，猶如木磨之導師。雖與凡夫性不違，愚者起信置高位，獲得利養心傲慢，猶如井蛙之上師。孤陋寡聞破律誓，心劣行為高如天，折斷慈悲之吊索，若依狂師增罪惡。尤依無勝己功德，無有悲心名聲師，如依盲主大錯誤，欺詐相伴漂暗處。」鄔金蓮花生大士也說：「不察上師如飲毒，不察弟子如跳崖。」

上師是我們生生世世的皈依處，也是開示取捨道理的導師。如果沒有經過慎重觀察，不幸遇到邪知識，信士一生的善資都將葬送在他的手中，使已得的暇滿人身白白地虛度。比如，一隻毒蛇盤繞在樹下，某人誤認為是樹影而前去乘涼，結果被毒蛇害死。如《功德藏》中說：「若未詳細觀察師，毀壞信士善資糧，亦毀閒暇如毒蛇，誤認樹影將受欺。」

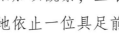

因此，我們一定要詳詳細細加以觀察，正確無誤地進行辨別之後，才能全心全意地依止一位具足前面所講

這些功德的上師，從此之後恆常對上師作真佛想。這樣一切功德無不圓滿的上師就是十方諸佛大悲與智慧的本體，他們只是為了利益所化眾生而顯現人的形象。如《功德藏》中說：「圓滿德相之上師，諸佛智慧大悲體，所化前現士夫相，悉地根本即無上。」

如此殊勝的上師，為了引導所化眾生，暫時的一舉手、一投足等行為好像與所有的普通人一模一樣。但是從了義上來講，他們的密意始終安住在佛陀的境界中，從這一角度而言又與一切世人截然不同。實際上，上師的任何所為都是順應所化眾生相續具有密意的行為，超凡脫俗，不同尋常；他既能善巧解除弟子的重重懷疑，也能忍耐弟子的一切邪行和憂心勞身，宛如獨子的慈母一般。如《功德藏》中說：「不了義隨一切眾，了義相違諸眾生，具密意故勝有情，善遣疑忍憂邪行。」

可見，具有一切德相的上師，就像大船，能救度眾生脫離輪迴大海；他如商主，能無誤指示解脫與遍知佛果的聖道；他如甘露雨，能熄滅業與煩惱熊熊的烈火；他如日月，能遣除重重的無明黑暗，現出朗朗的正法光明；他如大地，能容忍弟子憂心勞身及一切邪行，見行廣博，無所不包；他如劫波樹（如意樹），是今生與來世一切功德利樂的來源；他如妙瓶，成為不可思議諸乘宗派一切意願的寶庫；他如摩尼珠，住在隨心所欲（息、增、懷、誅）四種事業大海的源泉中；他的慈心猶如父母，對於無邊無際的一切眾生無有親疏、愛憎，一視同仁；他的悲心好似河流，對於普天之下的芸芸蒼生廣泛憐憫，尤其是對無依無怙的苦難有情更是迫切悲憫；他的喜心宛若山王，不為嫉妒之心所轉，不為實執之風所動；他的捨心恰似雨雲，自相續不被貪嗔所擾亂。如《功德藏》中說：「解脫有海如大舟，無迷勝道真商主，滅業惑火甘露雨，遣無明暗等日月，囊括諸乘如大地，利樂源如劫波樹，圓具法庫如妙瓶，上師勝過如意寶，平等愛眾即父母，悲心廣切等河流，無變喜心如山王，無亂捨心如雨雲。」從大悲心與加持方面來說，上師與諸佛相同，與上師結上善緣者即生便可成佛，結上惡緣者也有斷絕輪迴之日，如頌云：「如是上師等諸佛，害彼亦入安樂道，何人正信依止師，降下一切功德雨。」

戊二、依止上師：

觀察完上師之後，接下來就是依止上師。那麼，該以怎樣的方式依止上師呢？正如《華嚴經》中所說：「善男子，汝應對自己起病人想。」按照這其中類似的喻義說法，我們要像重疾纏身的病人依止善巧的明醫、行在恐怖路途的旅客依止勇敢的護送者、遭到怨敵強盜野獸等恐怖危害時依止解救危難的友伴、去海中寶洲取寶的商人依止商主、想到達河對岸的船客依靠舵手一樣，要擺脫生死煩惱的怖畏，必須要依止具有救護力的上師善知識。如《功德藏》中說：「如病依醫客依護，怖畏依友商依主，諸乘舟者依舵手，畏生死惑當依師。」

作為弟子所要具備的條件：一、精進大鎧：縱遇生命危險也不違背上師善知識的意願；二、智慧極堅：心情不會因為暫時出現的違緣而改變；三、承侍上師：要有赴湯蹈火承侍上師的精神，也就是不惜生身性命為上師辦事；四、依教奉行：上師所說的任何教授，言聽計從，將自己置之度外。這樣的人單單依靠對上師的虔誠敬信必將獲得解脫，如《功德藏》中說：「精進大鎧慧極堅，不惜身命作承侍，謹遵師命不護己，唯以敬信得解脫。」

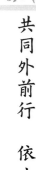

身為合格的弟子還要具備：將上師視為真佛——具大信心；了知上師善巧方便行為的密意——具大智慧；能夠受持上師所宣講的一切正法——廣聞博學；慈愛那些無依無怙、受苦受難的眾生——具有悲心；恭敬上師所傳授的律儀和三昧耶戒——敬護淨戒；身語意寂靜調柔——三門調柔；內心能容納上師及道友的一切行為——寬宏大量；將自己所擁有的一切毫不吝惜地全部供養上師——慷慨大方；內心很少出現不清淨的分別惡念——具清淨觀；如果造了惡業立即想到：我的這種惡行必定會受到正士大德的羞辱——具慚愧心。我們務必要具備這些優點來依止上師。《功德藏》中說：「具信慧聞大悲心，恭敬戒律三門調，寬宏慷慨淨相愧。」

再者，作為一名弟子，時時刻刻中，所作所為要隨順上師的心意，萬萬不要做出違背上師意願的事情，必須嚴加防犯。無論上師如何嚴厲呵責制裁，既不怒氣沖沖也不懷恨在心，猶如馴服的良馬；因為上師的指派等而來來往往也不厭其煩，猶如船筏；能夠承受上師所吩咐的一切好事壞事，猶如橋梁；能夠忍耐一切艱難困苦、嚴寒酷暑，猶如鐵匠的鐵砧；對於上師的一切言教，唯命是從，猶如奴僕；斷除我慢，常處卑位，猶如掃帚；捨棄驕慢，恭敬眾生，猶如斷角的犛牛。這些都是《華嚴經》等佛經中所講的依止上師的方法。如《功德藏》中說：「極護上師具善巧，厲斥不嗔如良駒，來去無厭如船筏，猶如橋梁承賢劣，猶如鐵砧忍寒熱，依教奉行如忠僕，斷除我慢如笤帚，捨驕慢如斷角牛，契經所說依師法。」

而且，我們要以三種承侍令上師歡喜，其中上等承侍為修行供養，也就是以堅韌不拔的精神歷經苦行孜孜不倦地實地修持上師所傳的一切正法；中等者以身語意承侍，也就是自己的身語意侍奉上師，為上師服務；下等者以財物供養，也就是慷慨供養飲食受用等等。我們要通過以上三種方式令上師歡喜。如《功德藏》中說：「若有財物供上師，身語恭敬承侍事，何時一切亦不毀，三喜之中修最勝。」

上師的行為變化莫測，沒有固定性，無論上師的舉動怎樣，我們都要認識到那是善巧方便的行為，唯一觀清淨心。

從前，大智者那若巴已經獲得了大成就，後來有一次本尊告訴他：「你生生世世的上師是聖者帝洛巴，你應當前往印度東方。」

那若巴尊者聽到此話立即起程奔赴東方。由於對帝洛巴上師到底住在何處沒有搞得水落石出，他便向當地的人們打聽，結果他們都說不認識，他又問：「那麼在此地還有沒有誰叫帝洛巴呢？」

人們回答說：「有個以行乞為生的帝洛巴，大家都叫他乞丐帝洛巴。」

那若巴尊者心想：大成就者的行為是不定的，很可能就是他。於是繼續刨根問底：「乞丐帝洛巴住在哪裡？」

人們告訴他：「就在那邊正冒煙的破圍牆內。」

他大步流星地來到那裡，帝洛巴尊者果真正坐在此處，只見他面前放著一個木盆，裡面裝滿了混在一起的死魚活魚，他從中取出一條魚放在火上燒烤完畢就吃了起來，接著彈一聲響指。那若巴上前頂禮膜拜請求攝受。

帝洛巴尊者問道：「你說什麼？我可是個乞丐呀！」

經過那若巴再三誠心誠意懇切請求，帝洛巴尊者才攝受了他。

事實上，帝洛巴尊者並不是由於飢餓難耐實在得不到食物才殺魚的，而是因為那些魚是不知取捨道理的惡業眾生，他具有超度牠們的能力，為了使之與自己結上緣才吃魚肉的，然後將牠們的神識接引到清淨剎土。

同樣，大成就者薩繞哈巴曾經顯現為弓箭手的形象、夏瓦熱則現為獵人的身分等等，在印度聖地多數成就自在者都是以下賤種姓等極其低劣的姿態出現。所以，我們對於上師的任何行為都不能視為顛倒，需要唯一觀清淨心。如《功德藏》中說：「諸行不應生邪見，聖地數多自在者，顯現劣種惡形象，惡劣之中極惡劣。」

相反，如果將那些形象看作是顛三倒四的邪行而觀為過失的話，就像所謂的「久伴於佛亦見過」一樣。意思是說，就算是佛陀，也會有人去見他的過失。

往昔，世尊的兄弟善星比丘在二十四年⑩中當佛的侍者，對於十二部瞭如指掌，完全可以倒背如流地傳講。可是他將世尊的一切行為都看成是欺誑之舉，心想：除了有沒有一尋光的差別外，我們二人完全相同。生起這種邪分別念後，他說：「二十四年為汝僕，除身具有一尋光，芝麻許德吾未見，知法我勝不為僕。」說完就揚

⑩關於這一時間，不同經中說法不一。

長而去。

當時世尊的侍者阿難請問佛陀：「善星比丘將來會轉生到何處？」

世尊告訴他說：「善星比丘現在只有七天的壽命，死後將於花園中投生為餓鬼。」

阿難來到善星比丘跟前，將世尊所說的那番話一五一十地告訴了他。

善星比丘暗想：有時候他的謊話也可能是真的，不管怎麼，這七天中我還是要謹慎行事，等七天過後我再好好羞辱他。於是他在六天當中水米未進。到了第七天的早晨，他感到口乾舌燥，於是喝了一口水，沒想到水未消化而氣絕身亡，死後在花園中投生為一個具有九種醜相的餓鬼。

當我們將殊勝上師的行為看作過失的時候，就要在心裡自我譴責：這絕對是我自己的心識、眼識不清淨所導致的，上師的行為根本不會有一絲一毫的過失或缺點。從而對上師更加生起信心和清淨心。如《功德藏》中說：「自己未調自心前，迷亂觀察無量罪，善星精通十二部，見師行為狡詐相，善加思維改自過。」

此外，假如殊勝上師表面似乎對自己特別憎恨，大發雷霆，我們也切切不可氣急敗壞，心裡應當這樣想：上師一定是看到了我的某種過失，才如此這般責罵於我，上師觀察到以嚴厲呵責方式調伏自己的時機已到，才這樣進行調化的。等待上師心平氣和時，再到上師面前作懺悔等。如《功德藏》中說：「倘若上師現忿怒，見己過失呵責調，時機成熟應懺悔，如是智者不著魔。」

平日裡，自己在上師身邊的過程中也必須恭恭敬敬如理如法：當上師從座上起身的時候，自己絕不能依然如故地坐在座位上，而要毫不遲疑地站起來；上師安坐之時，要向上師請安問候，再觀察時機供養相合上師心意的用品等。

上師行走的時候，自身隨行也是一樣，如果走在上師的前面，後背就會對著上師，所以絕不能走在上師的前面；倘若走在上師的後面，也會有踩上師腳印的可能性，因此也不能走在上師的後面；假設走在上師的右側，又會處在首席之位，為此更不該走在上師的右側。而應當在上師左側稍後的位置恭敬隨行。假如在路途中遇到一些危險地帶或者擔心有恐怖事件發生，請求上師開許後走在前面也無妨。

對於上師的坐墊和乘騎也是如此，絕不能任意踩踏上師的坐墊、乘坐上師的車輛等，也不應粗魯猛烈開關上師住舍的門或者用力敲門等等，開門關門時動作一定要輕緩。

在上師面前時，必須斷除身體上的弄姿作態、表情上的嬉皮笑臉或者愁眉苦臉等，而且口中的一些欺人之談、未經觀察的胡言亂語、戲耍玩笑等滑稽之語，以及沒有意義、沒有關聯的無稽之談也要一併禁止。應該懷著敬畏之心，杜絕滿不在乎的心態等，言談舉止必須做到溫文爾雅、寂靜調柔。

《功德藏》中說：「上師起時莫安坐，坐時問安供受用，若行莫隨前後右，踏墊坐乘等折福，切莫猛厲敲師門，捨棄弄姿笑怒容，妄亂玩笑無關語，三門寂靜而依師。」

假設有其他人心懷嗔恨、惡口謾罵上師，自己絕不能與他為友，當然如果自己有能力制止他們的邪見和誹謗等，還是盡可能地加以制止，倘若實在無能為力，也不應和他們暢所欲言。如《功德藏》中說：「詈罵嗔恨上師者，不應為友盡力止，暢所欲言增大罪，失毀一切諸誓言。」

再者，對於上師的眷屬和金剛兄弟姐妹們也要同樣恭敬，無論相處的時間有多長，都毫無厭煩之心，始終如一和睦友好，就像腰帶一樣；在日常生活當中，不管遇到任何事情，自己都要放下架子，與他人來往和諧融洽，就像食鹽一樣；即便對方對自己惡語中傷、無理取鬧或施加難以承受的壓力，也應當盡力忍耐，就像柱子一樣。所以，對於道友，要和睦相處，恭敬依止。如《功德藏》中說：「和睦相處如腰帶，融洽交往如食鹽，極具忍耐如柱子，親近師眷與道友。」

戊三、修學上師之意行：

這樣依止上師的一切方法已經明確之後，就要像天鵝與蜜蜂一樣受持上師的密意。比如，棲身於勝妙水池的天鵝不會攪混池水，而是在其中輕盈嬉戲，盡情享受；蜜蜂飛旋在花叢之中時，不會損壞花的色香，而是吸取精華後便悄悄離去。同樣，我們一定要不辭辛苦、不厭其煩、不折不扣地依教奉行來受持上師的意趣，也就是說，依靠自己信心與毅力的近取因，將殊勝上師心相續中一切聞思修行的功德如同從一個標準瓶傾入另一個標準瓶中一樣融入自己的相續。如《功德藏》中說：「如依勝池之天鵝，蜜蜂品嘗花汁味，恆時相處希奇行，無有疲厭持師意，信心近取得功德。」

當殊勝上師奉持菩薩行而積累廣大的福慧資糧時，如果自己也加入到他們的行列中，哪怕只是發心供養微薄的財物受用或身語做些力所能及的事情，甚至包括心中隨喜在內而同行，那麼依靠大德的無上發心力所得的善業資糧有多少，自己也將同樣獲得。

比如，從前，有兩個人一起前往拉薩。一個人除了少量的豆粉外沒有其他口糧，他將少量的豆粉放入另一個人許多精白糌粑中混合一起。過了幾天，有許多糌粑的人說：「你的豆粉差不多該用完了吧，我們去看看有沒有用完。」然後兩個人去看結果發現豆粉仍然沒有用完。這樣看了好幾次豆粉一直沒有用盡，最後只好與所有糌粑一起吃完。同樣的，無論別人做任何善事，自己僅僅通過少許財物或者身語勞作等結上善緣，也將獲得同等的善根。特別是對於上師、善知識暫時的指派或信使，乃至包括清掃上師的居室在內，都是積累資糧的正道，應當盡力而為。如《功德藏》中說：「決定行持善法者，勝師廣積二資時，彼中皆能結上緣，役使信使清掃等，極勞具果勝資道。」

皈依處以及積累一切資糧的無上福田沒有比上師更殊勝的。尤其是上師授予灌頂、講經說法期間，十方三世諸佛菩薩的大慈大悲和殊勝加持一同融入他的相續，從而安住於與諸佛無二無別的境界中，所以其餘時間成百上千次供養不如此時供養一口食物的福德大。

觀修一切生起次第的本尊也是同樣，如果能認識到形象雖然顯現為某某本尊，其實本體除了自己的根本上師以外別無其他，那麼上師的加持很快就能入於心中。

在相續中生起圓滿次第的智慧，也完全依賴於對上師的誠信恭敬與上師的加持力，只要自己有虔誠的信心，再加上上師的加持，自相續中一定會生起上師心相續中所證悟的智慧。所以，生圓次第等一切實修所修的本體都可包括在上師中，所有經典、續部中都說上師就是真佛。

《功德藏》中說：「何為皈處資糧田，修師瑜伽內外二，所修生圓體攝師，經續說師為真佛。」

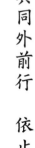

因此說，上師的密意始終安住於與諸佛無二無別之中，然而正是為了引導我們這些不清淨的所化眾生才化現為人的身相。

我們一定要在上師住世期間，全力以赴依教奉行，通過上面所講的三種承侍使自己的心與上師的智慧成為無二無別。相反，如果上師住世時沒有恭敬承侍、依教奉行等，而當上師不在世時卻口口聲聲地說繪製上師的身像、觀修上師瑜伽、修習實相之類的話，然後另闢蹊徑去苦苦尋找別的高深莫測大法，既不具備使上師心相續中的斷證功德融入自相續的誠信恭敬，也不進行祈禱等，這就是所謂的「能修所修相違」。

要想在中陰界面見上師、蒙受上師指引道路等，這也需要自己無限的誠信恭敬與上師的悲心願力聚合才會顯現這樣的境界。當然，上師並不是真正親身去到中陰界，如果自己不具備虔誠的信心，不恭敬上師，那麼無論上師再有多麼好，也不可能出現在中陰界為你指引道路。

《功德藏》中說：「多數愚者繪像修，上師在世不承侍，不知師意修實相，能所修違誠可悲，無信中陰難見師。」

我們首先用智慧來觀察上師，這也是指在還沒有結上求灌頂求傳法的緣分之前詳加觀察，如果真是具足法相的上師，我們就依止；假設不具足法相就不要去依止。一旦已經依止了上師以後，不管他的行為怎樣都必須看作是善妙的，全部視為功德，生起信心並觀清淨心。如果生起惡分別念，那麼後果不堪設想，換句話說，後患無窮。

在觀察上師時，我們還要清楚，一般來說，需要是經典續部中所說的所有功德齊全的一位上師，尤其心相續中具有菩提心是必要條件。概括而言，觀察上師歸根到底可以包含在觀察他是否具備菩提心這一條件當中。如果他的心相續中具有菩提心，那麼從今以後不可能不成辦弟子們今生和來世的一切利益，這位上師所傳的正法也是與大乘道息息相關，無論如何也會令所有的弟子踏入正道。只要是一位不具有菩提心的上師，就必然有著自私自利的牽扯，這樣一來，也就不可能很好地調伏弟子的相續，不管他所傳的法多麼深、多麼妙，講得再怎麼天花亂墜，但到頭來也只是落在了為現世利益的圈子裡。

因此說，觀察上師的一切要點可以攝於觀察具不具有菩提心這一條件中。如果他的心相續中遍滿菩提心，那麼無論他的裝束等如何，也該依止；假設他的自相續中不具備菩提心，即使表面上暫時的出離心、厭離心、專心修法以及威儀等再怎麼善妙，也不可依止。但是，對於那些自相續含而不露安住的高僧大德，我們這些凡夫人無論怎樣觀察也不能了知他們與眾不同的功德所在。而且大多數騙子對於裝模作樣的欺誘方法也很高明，冒充聖者騙人的現象也到處都有。（實在難以分清真假、辨別是非。）因此，依止自己生生世世有緣的上師非常重要。

那麼，怎樣判斷具有緣分的上師呢？如果你面見某某上師或聽到他的語言，甚至只是聽到他的尊名也會周身汗毛豎立，萬分激動，生起無比信心，心情驟然改變，這說明他是自己生生世世的上師，不需要進行觀察。

據說，從前絨頓拉嘎上師告訴米拉日巴尊者說：「你生生世世的上師是住在南方卓窩隆寺廟的聖者大譯師瑪爾巴羅扎，你應當前往南方去依止他。」米拉日巴尊者僅僅聽到瑪爾巴尊者的名字，不共信心便油然而生。他暗自下定決心：縱然遇到生命危險我也一定要去拜見上師，並且受持上師的意趣。後來當他親自去拜見上師的時候，瑪爾巴尊者以耕田農夫的形象來迎接他。師徒二人在途中相見時，儘管米拉日巴尊者並不認識上師，但是在當時，自己今世的所有敏銳分別念當下全部消失得無蹤無影，他怔怔地立在那裡。

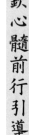

總的來說，遇到怎樣的上師，也與自己內心清淨與否以及業力有著密切關係。所以，對於為自己傳授正法竅訣的恩師，不管他行為怎樣，我們都要力求做到心心念念不離「他就是真佛」的想法。如果自己沒有宿世的緣分，就不會有遇到賢善上師的福氣；倘若自己內心不清淨，那麼即使值遇真佛也不可能將他看作是有功德者，因此值遇自己宿世受過法恩的上師這一點相當重要。

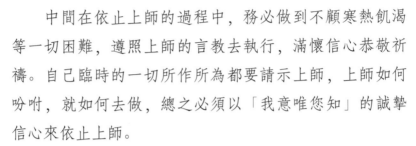

中間在依止上師的過程中，務必做到不顧寒熱飢渴等一切困難，遵照上師的言教去執行，滿懷信心恭敬祈禱。自己臨時的一切所作所為都要請示上師，上師如何吩咐，就如何去做，總之必須以「我意唯您知」的誠摯信心來依止上師。

所謂最後修學上師的意行，也就是說，對殊勝上師的一切行為經過一番認真觀察之後，自己在實際行動中也原原本本地按照那樣去修持。世間上也有「一切事情即模仿，模仿之中能生巧」這樣的俗話。作為修行人，要效仿往昔諸佛菩薩的行為，弟子依止上師也同樣是隨學上師。上師的意趣行為怎樣，弟子相續中也需要得到，就像神塔小像從印模中取出來一樣，印模中有什麼樣的圖案，全部會顯現在神塔小像上。同樣，上師心相續中有怎樣的功德，弟子也要與上師一模一樣，即便不能完全相同，也一定要具有基本相同的功德。

因此，首先應當善巧觀察上師，中間善巧依止上師，最後善巧修學上師的意行，這樣的弟子無論如何必定會趨入正道。如《功德藏》中說：「首先善巧觀察師，中間善巧依止師，最後善巧學意行，此人必將趨正道。」

所以說，尋覓到一位具有一切功德的殊勝善知識，依止期間要不顧惜生身性命，就像常啼菩薩依止法勝菩薩、大智者那若巴依止聖者帝洛巴、米拉日巴尊者依止瑪爾巴羅扎尊者那樣。

那麼，常啼菩薩是如何依止法勝菩薩的呢？

從前，常啼菩薩到處尋覓智慧波羅蜜多法門。一次來到一片曠野上，從空中傳來這樣的聲音：「善男子，前往東方，將會聽聞到智慧波羅蜜多，不要在意身體勞累、昏沉睡眠、寒冷炎熱、白晝黑夜，也不要左顧右盼，而當勇往直前，不久你就會獲得智慧波羅蜜多的經典、見到具有智慧波羅蜜多法門的說法比丘。爾時，善男子，你當在這位聖者面前聽聞智慧波羅蜜多，對他生起本師想，並且恭敬正法，隨後依止而行。即使見他享受五種欲妙，也要了知那是菩薩的善巧方便，千萬不能失去信心……」

聽到這番話，常啼菩薩舉步便前往東方。沒走多遠，他意識到：我怎麼沒有問問那聲音到底需要走多遠啊？現在，我根本不知道宣講智慧波羅蜜多法的地方，到底該往哪裡走呀！想著想著，不禁傷心地失聲痛哭起來，他一邊啼哭一邊暗下決心：在沒有聞受智慧波羅蜜多法門之前，我決不在意辛勞疲憊、飢渴交迫、昏沉睡眠、白天黑夜等，要像死去獨子的母親一樣排除一切其他雜念。哎！真不知道什麼時候才能聽聞到智慧波羅蜜多法？想到這裡，心裡異常憂傷。

這時一位如來的身相出現在他面前，首先連聲讚歎求法的功德，接著又告訴他說：「距離此地五百由旬的地方有一座名叫『香積』的城市，周圍有五百個七寶性質的林苑環繞，一切功德吉祥圓滿。位於十字中央的就是法勝菩薩的七寶宮殿，周圍達一由旬，林苑等受用齊全。法勝大菩薩及其眷屬六萬八千女眾聚集一堂，五種欲妙應有盡有，他們盡情享受嬉樂。法勝菩薩三時為身居於此的眾眷屬宣講智慧波羅蜜多，你前去他座下，就會聞受到智慧波羅蜜多。」

常啼菩薩聽到這話以後處在無所作意的境界中，當下便清晰地聽到了法勝菩薩在那裡宣講智慧波羅蜜多的法語，也現前了許多禪定法門，並且目睹了十方世界無量佛陀在宣說智慧波羅蜜多，他們說法之後又同聲讚歎法勝菩薩，隨即就從視野中消失不見了。

常啼菩薩對法勝菩薩生起了無限的歡喜心、信心和恭敬心。他想：我應該以怎樣的方式前去拜見法勝菩薩呢？我非常貧窮，可以用來供養善知識法勝菩薩的衣裳、珍寶、妙香、珍珠等資具一無所有，我應當出賣自己的身體，將由此得來的資財獻給法勝菩薩。自從無始以來在流轉生死輪迴的過程中，我曾經出賣過無數無量的身體，而且以貪欲之因，無數次身墮地獄，遭受砍割，那樣白白地虛度，既不是為了求得這樣的正法，也不是為了供養這樣的聖賢。於是他便到集市中心高聲叫賣：「誰想買人？有誰想買人嗎？」魔王波旬對常啼菩薩為正法這般苦行，心生嫉妒而從中作梗，以至於沒有任何人聽見他的叫賣聲。常啼菩薩沒有找到買自己身體的人，便到一旁悲傷哭泣，淚水奪眶而出。

此時此刻，帝釋天王想觀察常啼菩薩的意樂，於是化為婆羅門的身相，來到他的面前說：「雖然我不需要人，可是我要作一次供施，急需人肉、人油以及人的骨髓，如果你肯賣，我可以給適當的價錢。」

常啼菩薩喜出望外，毫不猶豫地用利刃刺穿右手，鮮血頓時噴出，他又割下右腿上的精肉，然後到牆角下準備砍斷骨骼取出骨髓。

正在這時，一位商主的女兒從樓上見到此情此景，吃驚非小，她來到近前不解地問：「善男子，您為何這般折磨自己呢？」

常啼菩薩向她講述了為供養法勝菩薩而賣身的經過。

她又繼續問：「那麼對他做如此承侍會得到什麼功德呢？」

常啼菩薩告訴她：「他宣講一切菩薩的善巧方便以及智慧波羅蜜多，如果依此修學，就能獲得具足圓滿功德一切遍知的佛果，還能夠將妙法如意寶分享給一切眾生。」

那位小姐聽到此話深為感動地說：「就是為了那些功德中的每一分功德，捨棄恆河沙數身體也值得。但是，請您不要令自己遭受如此的疼痛，供養法勝菩薩所需的一切資具我來給您，並且我也與您結伴前去法勝菩薩處，我也希望得到那些功德，增長善根。」

此時，帝釋天王也現出了自己的身相，對常啼菩薩說：「我是帝釋天，是為了觀察你的意樂而來，你需求什麼我可以拱手奉送。」

常啼菩薩說：「請賜給我佛陀的無上功德。」

帝釋天說：「這不是我的境界，實在無能為力。」

常啼菩薩說：「那麼，我的身體要完好無損不需要您費力，我可以依靠真實諦的加持。」

是什麼真實諦呢？他隨即說道：「但願以諸佛不退轉授記之諦實與我自己堅定不移之殊勝意樂的真實諦以及此等真實語，使我的身體恢復如初。」話音剛落，他的身體便與從前一模一樣了。這時，帝釋天也不見了。於是，常啼菩薩與商主之女一同來到她的父母家中，將事情前前後後的經過講述一番之後，取了許多供養的資具，就這樣商主的女兒及五百名侍女一起坐上馬車，連同商主、夫人及諸多隨從一起奔赴東方。

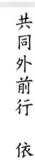

當他們一行人來到香積城時，法勝菩薩正在為成百上千的眷屬宣講正法。見此情景後，常啼菩薩獲得了比

丘入定般的安樂。眾人立即下馬車，直往法勝菩薩面前行去。

那裡有一所七寶組成的智慧波羅蜜多宮殿，由紅色栴檀嚴飾，各種珍珠瓔珞覆蓋，四方安置四盞如意寶燈，在四個白銀香爐中燃著的全是黑沉薰香[104]，中央的四寶篋內放置有用琉璃溶液撰寫在金箔上的智慧波羅蜜多，有眾多天人前來供養經函。常啼菩薩、商主之女及五百女僕作了善妙供養，之後來到法勝菩薩為眾人傳法的座前。常啼菩薩及五百隨從將所帶來的供品敬獻給法勝菩薩，商主之女及其侍女發了殊勝菩提心。因為常啼菩薩問了「前面見到的諸佛是從何而來，去於何處」，法勝菩薩宣講了《諸佛無來無去品》，隨後從法座上站起回到精舍，七年間安住於一等持的禪定中。

在此期間，常啼菩薩與五百女眾眷屬始終未曾合過眼，也沒有安坐一刻，僅僅以站立行走兩種威儀度日，一心期盼著法勝菩薩出定演說妙法。

七年即將過去之時，諸天人告訴常啼菩薩：「現在離法勝菩薩出定宣講正法還有七天。」於是他與五百女眾眷屬一起去對法勝菩薩將要傳法處一由旬以內的地方進行清掃，為了不起灰塵首先需要灑水時，魔王波旬使所有的水都不見了。常啼菩薩便刺破自己身體的脈管，用鮮血灑地壓塵，商主之女與五百眷屬也刺破各自身體

[104]黑沉薰香：沉香。梵義譯為「無重」或「去心」，分白、黑及赤色三種。

的脈管，灑血壓塵。這時帝釋天王將所有的鮮血用天境的紅栴檀加持（使那塊地就變成了紅色）。

常啼菩薩及其眷屬設置獅子座，一切陳設圓滿就緒之後，法勝菩薩入座，宣講了智慧波羅蜜多。聽到智慧波羅蜜多法語後，常啼菩薩獲得了六百萬禪定法門，親睹無數佛陀，從此以後在夢中也常常面見如來。據說現今常啼菩薩在妙音無盡如來座下……

大智者那若巴依止帝洛巴尊者期間，也經歷了千辛萬苦。承前所說，帝洛巴尊者以乞丐的形象安坐時，那若巴上前拜見後請求攝受，帝洛巴尊者最後答應了。此後上師無論走到哪裡都把他帶在身邊，可是一直沒有給他傳法。

一日，帝洛巴尊者帶著那若巴來到一座九層樓的樓頂上，說：「依照上師言教行持卻不知有沒有能從此樓頂跳下去的？」

那若巴想：這裡沒有其他人，這話肯定是對我自己說的。於是他從樓頂縱身跳下，幾乎粉身碎骨，受了無量的疼痛和痛苦。

上師來到近前問他：「痛嗎？」

他回答：「何止是痛啊，簡直就成了屍體一樣。」

經過帝洛巴尊者的加持，他的身體恢復如初。

上師又將他帶到了一處，吩咐說：「那若巴，生火。」

等到火生好之後，上師將許多長長的竹竿塗滿油放在火上烤，然後做成非常堅硬銳利無比的竹刺。「依照上師的言教奉行也需要經歷這樣的苦難」，說罷便將這些竹刺插入那若巴的手指和腳趾間，他身體的所有關節都已僵直，感受了無法忍受的痛苦。

事後上師就到別的地方去了，幾天過後才回來取出那些竹刺。那若巴的傷口流出許多鮮血和膿水。帝洛巴尊者做了加持以後帶著他走。

一天，上師說：「那若巴，現在我肚子餓了，你去討一些吃的吧。」那若巴來到許多農夫正在吃飯的地方，討回滿滿一托巴[105]熱氣騰騰的稀粥，供養上師。帝洛巴尊者面帶笑容有滋有味地吃著，顯得格外歡喜。

那若巴心想：我以前跟隨上師做過那麼多事，可從來沒有見過上師像這次這麼高興，如果現在再去討要會不會還得到少許。於是他又帶著托巴去了。結果發現那些農夫已經下地幹活去了，剩下的稀粥放在原地。他想現在我偷一點也沒事吧，於是拿起便逃。沒想到被那些農夫看到了，他們追趕上來逮住他，不由分說一頓痛打，差點兒要了他的命。那若巴疼得叫苦連天，實在爬不起來，就只好在原地躺了幾天，上師前來為他加持，之後又帶著他雲遊。

還有一次，帝洛巴尊者說：「那若巴，我現在需要

[105]托巴：人頭蓋骨所做的碗。

許多財物，你去偷吧！」他二話不說便到一位富翁家去行竊，結果被人發覺後抓住，又被打得死去活來。幾天後，上師來到他面前問：「痛嗎？」他如前回答（何止是痛簡直成了屍體一樣）。上師做了加持後，又將他帶走。這樣的大苦行飽嘗了十二次，另外還有十二次小苦行，前前後後加起來共經歷了二十四種苦行。

所有的苦行圓滿，終於有一天，帝洛巴尊者說：「那若巴，你去打水來，我在這裡生火。」那若巴提水回來時，上師生完火後，便站起，來到（他面前），左手抓住那若巴的喉竅說：「那若巴，把頭伸過來。」說罷，右手脫掉鞋子，拿起鞋便猛擊他的額頭，那若巴一下子昏了過去，完全失去知覺，等到甦醒過來的時候，他的相續中生起了上師心相續中所有的功德，師徒二人的意趣成了無二無別。

就這樣，大智者那若巴所經歷的這二十四次苦行，實際上都是上師的吩咐，結果全部成了清淨業障的方便，雖然表面上看來似乎只是無義的徒勞，感覺沒有一個是正法，而且上師也從來沒有宣說一句正法，弟子也未曾實地修行過一次諸如頂禮之類的善法，但是因為遇到了成就者的上師後，全然不顧艱難困苦，百分之百依教奉行，從而使障礙得以清淨，在相續中生起了證悟。所有的修法當中再也沒有超過遵照上師言教行持的修法了，可見依教奉行的功德利益有多麼廣大！

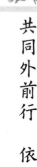

相反，對上師的教言置之不理的過失也特別嚴重。有一次，帝洛巴尊者說：「那若巴，你不要擔任布札馬希拉寺護門班智達的職務。」後來，那若巴去印度中部地區時，正巧遇到布札馬希拉寺護門班智達圓寂了，沒有其他人能夠與外道辯論。該寺住持便請求他說：「無論如何請您做北門的護門班智達。」經過再三懇求之後，他擔任了北門的護門職務。

一次，他與外道辯論，接連幾天也不能取勝，於是祈禱上師。一日他定睛一看：帝洛巴尊者出現在自己的面前。他說：「上師，您的悲心實在微弱，不早些降臨。」

上師說：「我不是說過不讓你做護門班智達嘛，現在你將我觀想在頭頂上，以契克印指著外道進行辯論。」那若巴依照上師所說而行，結果大獲全勝，一舉擊敗外道的所有唇槍舌劍。

米拉日巴尊者依止瑪爾巴羅扎尊者的情節：從前在阿里貢塘地方有一個名叫米拉希日暮途窮嘉村的富翁，他膝下有子女兩個，長子叫做米拉聞喜，也就是至尊米拉日巴。在他們兄妹童年時，父親不幸去世，家中所有的財產全部被伯父勇仲嘉村霸為己有。他們母子三人飲食財產一無所有，倍受種種艱辛。

後來，米拉日巴從勇敦措嘉和拉吉俄窮那裡學了咒術與降冰雹術，壓死了伯父的兒子、兒媳等三十五人。

因為當地的人們欺人太甚，所以他又降了三牆板高⑯的冰雹。

米拉日巴對以往所造的惡業追悔莫及，於是生起修法之心。遵從上師勇敦的言教，來到一位大圓滿上師絨敦拉嘎面前求法。

絨敦拉嘎上師說：「我這個殊勝大圓滿法門，根為生起殊勝，頂為獲得殊勝，果為證悟殊勝，白天修白天成佛，晚上修晚上成佛，具有宿緣者不需要修，僅僅聽聞就能解脫，這是極為利根者才有緣分修行的法門，現在我將這個法賜給你。」於是上師為他灌頂並傳授竅訣。

米拉日巴心裡想：我最初學咒術的時候，僅僅用了十四天就已大見成效，學降冰雹術也只用七天就成功了，看來這一法門與咒術、降冰雹術相比更為容易，「白天修白天成佛，晚上修晚上成佛，具宿緣者無需修」，我既然已經遇到此法，也算是具有宿緣的人。所以他沒有修行，整天沉湎於睡眠之中，結果正法與人的相續已背道而馳。

就這樣過了幾天。

一日，上師對他說：「聽說你是個大罪人，這話確實是真的。我對此法也有點過於誇張，看來現在我無法調伏你。在南岩卓窩隆寺有印度大成就者那若巴的親傳

⑯三牆板高：大約有三尺厚。

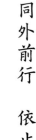

弟子——聖者大譯師瑪爾巴羅扎，他是新密宗的成就者，三地無與倫比，你與他具有前世的緣分，你前去那裡好了。」

當時，米拉日巴僅僅聽到瑪爾巴譯師的尊名，內心說不出的歡喜，全身汗毛豎立、無比安樂，熱淚盈眶，生起無比的誠信與恭敬，不禁暗想：不知何時才能遇到上師，得以見面。於是他立即起程前往南岩。

與此同時，上師佛父佛母也出現了許多殊勝夢境，知道至尊米拉日巴將要到來。於是瑪爾巴尊者便裝扮成耕地的農夫到龍達路邊迎接他。

米拉日巴尊者首先遇到上師之子達瑪多德威在放牧，然後繼續向前走，在路口遇到瑪爾巴上師在耕地。剛剛見面，就產生了不可思議、不可言表的喜悅之情，滅盡了今世所有的分別念，稍怔片刻。當時他並不認識上師，所以講述了前來拜見瑪爾巴上師的原因。

上師說：「我可以把你介紹給瑪爾巴，你來幫我耕這塊地。」說完給了他滿滿一瓶酒就走了。

米拉日巴尊者把留下的酒一飲而盡。剛好耕完土地的時候，上師叫他的兒子來喚米拉日巴一起回去拜見上師。

米拉日巴來到瑪爾巴譯師面前，頂禮後說道：「上師啊，我是來自拉多地方的一個大罪人，願將身語意三門供養上師，請求上師恩賜衣食與正法，願我即生成佛。」

上師說：「罪孽深重，怪不得我，也不是我讓你造罪的。不過，你究竟造了什麼罪？」

於是米拉日巴詳詳細細地敘述了造罪的經過。

上師說：「不管怎樣，供養身語意很好，但是衣、食和正法三者不能全部給你，要麼給你衣食，你去別處求法，或者傳授正法，你到別處尋找衣食。二者只能選擇其一。如果選擇我賜給正法，即生是否能成佛主要還是依靠你自己的精進與毅力。」

米拉日巴尊者說：「我前來依止上師的目的就是求法，衣食可以去別處尋找。」

於是他在上師那裡住了幾天後，就到南岩一帶化緣去了，結果得到了二十一藏斗青稞，他用其中的十四藏斗青稞兌換了一口四角銅鍋，剩餘的七藏斗青稞裝入口袋裡，然後帶上銅鍋等回到上師面前供養。米拉日巴將青稞堆進上師房裡並放在地上，幾乎占滿了整個房間。

上師站起來罵道：「你這個小夥子好大的力氣，你想用手力壓死我們這些人呀，趕快把青稞給我拿出去！」邊說邊用腳踢他，「必須將這些青稞弄到外面去。」最後米拉日巴尊者只供養了那口空空的銅鍋。

一次，上師說：「許多來自衛藏對我有信心的弟子，經常遭到雅卓打隆巴及浪巴地區人們的毆打，以致不能順利前來供養飲食。你到那兩處降一次冰雹，這也是修法，如果有效，我會傳你竅訣。」

於是，米拉日巴到那兩個地方降了冰雹，回來後請求上師賜予竅訣。

上師說：「你降了三粒冰雹，就想得到我辛辛苦苦從印度求來的法啊？如果真想要得法，南岩拉卡瓦地區的人們經常毆打我那些來自涅洛若的弟子們，並且對我也是非常輕蔑，你去那裡詛咒他們，如果咒術靈驗，卓見成效，那麼我就把大智者那若巴一生一世成佛的竅訣傳授給你。」

在那一處，咒力同樣達到了預期的效果，回來後他又向上師求法。

上師冷笑道：「嘿嘿！你想要我不惜身命求得的那些還帶有空行溫熱氣息的竅訣[107]，作為你造罪業的賞賜品嗎？是開玩笑還勉強可以，這實在太可笑了！如果不是我而換了另一個人的話，也可能殺了你。現在你自己去賠償雅卓地區人們的莊稼，使拉卡瓦所有人起死回生。假設能做到這一點我就傳給你竅訣，否則，不要來我這裡。」

受到上師這樣的呵責，他傷心到極點，幾乎萬念俱灰，哭了很長時間。

第二天早晨，上師來安慰他說：「昨晚我對你訓斥得太重了，你別不高興，慢慢來，不要著急，我會傳給

[107]是指經空行加持，由空行護持且未曾染污的清淨法門。

你竅訣。你是一個勤於做事的人，你幫我兒子達瑪多德建造一座房子，竣工之後，我不但傳你竅訣，還將為你準備衣食。」

米拉日巴說：「在這期間如果我沒有得到法而死去了怎麼辦呢？」

上師說：「我可以保證這期間你不會死。對法也不能太誇張，據說你是一個十分精進的人，如果能夠下苦功夫修我的竅訣，或許即生也能成佛。」

這樣諄諄教誨一番以後，讓米拉日巴在東山建一座圓形房屋，在西山建一座半圓形房屋，於北山建一座三角形房屋。

當所有的房屋僅建到一半的時候，上師又來呵責，命令他全部拆毀並將土石放回原處。

在揹運這些土石的過程中，米拉日巴後背生了一個瘡。他想：如果請上師過目只有挨罵；假設請師母看，又會說在誇功。所以沒有給他們看，只好獨自哭泣。

隨後，他招呼道友去祈求傳法，師母也請求上師賜法予他。

上師對師母說：「你去準備一些豐盛的飲食，然後帶他到我這裡來。」

米拉日巴來了以後，上師念完皈依的傳承、傳完皈依戒以後對他說：「這些都是共同之法，如果想要不共密宗竅訣也需要按照這樣去做。」隨即又簡略地講述了那若巴傳記中苦行的情況，接著問道：「你能夠這樣苦行嗎？看來很困難吧！」

聽到這些，米拉日巴生起了強烈的信心，淚流滿面，並且立下了「謹遵師命」的堅定誓言。

幾天過後，上師出去又將他帶到西南方向一處險要位置說：「你在這裡建造一幢灰白色、四方形的九層樓，加上寶頂共十層，建好後不會再讓你拆毀，並且傳給你竅訣，你一心修持時，我將為你準備修行的口糧。」

當他在打地基的時候，上師的三大意子遊戲過程中滾來了一塊大石頭，他也就順勢用來砌地基。二層樓剛剛修好，上師來看，指著那塊基石問道：「這塊石頭是從哪裡取來的？」

他講述了緣由。

上師說：「我的那幾位弟子是修生圓次第的瑜伽士，他們豈能做你的奴僕？快取出那塊石頭送回原處。」

他又從房頂開始拆掉，取出那塊石頭送回到原處。

上師又說：「你自己再搬回來放上吧。」

他又搬來如前一樣放好，繼續建造。當第七層樓建起時，他的腰部又生了一個瘡。

上師又來對他說：「你暫時把這個工程放下來，在下面修一座帶有十二根柱子的內殿。」

他又開始修建，當這一建築竣工時，脊背上又生了一個瘡。

當時，藏絨地方的梅敦村波來求勝樂金剛的灌頂，多勒地方的策敦旺額求密集金剛的灌頂。他們二人來時，因為建房這一事情馬上就要完成了，所以米拉日巴就跑去，希望能得到灌頂。他坐在灌頂行列中，結果又遭到上師的責罵和痛打，並被從灌頂行列中趕了出來。當時，米拉日巴整個背上已是傷痕累累，三個瘡口流出膿血，疼痛難忍，可是他仍然背上土器繼續修建房子。

又有一次，絨地的鄂敦秋多來求喜金剛的灌頂。當時，師母將私房財產——一顆大松耳石給了他，讓他作為灌頂供品。他又坐在灌頂行列中，結果也像上次一樣挨了一頓痛打和責罵，依舊沒有得到灌頂。他想：現在肯定不會得到法了。

於是他漂泊異鄉，到了南岩地區。一戶人家請他念誦《般若八千頌》，在那裡，他看到了常啼菩薩的傳記。以此為緣，他想：為求正法，要堅持苦行，恭敬上師，依教奉行，令師歡喜。

於是他便返回來。回到上師那裡後還是依然如故地一味挨打受罵，正當他極度傷心、感到絕望的時候，師母派他到鄂敦上師面前去求法。鄂敦上師傳給他竅訣後，他進行修持，但是因為沒有得到上師的允許，所以未能生起少許功德。

後來遵照上師的吩咐，隨鄂敦上師一起到瑪爾巴上師面前。一日，在一次薈供的行列中，上師嚴厲呵責了他和鄂敦上師及師母，又狠狠地打了他們，並將米拉日巴趕了出去。他心想：我所造惡業的罪障如此深重，不但自己受苦，還連累鄂敦上師及師母受這樣的罪，看來現在實在得不到正法反而只有造罪，還不如自殺死了好。想到這裡，他準備自盡，幸好被鄂敦上師勸住。

這時瑪爾巴上師怒氣已消，將他們師徒二人喚到面前，從此真正開始攝受了他，並傳授了許多善妙的教誨，給他取名為米拉金剛幢。勝樂金剛灌頂時，上師現量顯示了六十二本尊壇城，賜他密名為笑金剛，所有的灌頂與竅訣以滿瓶傾瀉的方式毫無保留地全盤傳授給他。米拉日巴也是歷盡千萬苦行，修持正法，終於獲得了共同和殊勝的成就。

印度藏地曾經出世的大智者、持明成就者也都是依止真正的善知識，隨即完完全全依教奉行，最後與上師意趣成為無二無別的。所以，我們對上師的一切行為舉止絕不能視為顛倒，也萬萬不可懷有狡猾心態，必須以正直的秉性老老實實地依止上師，否則僅僅說一句小小妄語的罪業也是極其嚴重的。

從前，一位大成就者的弟子攝受了眾多眷屬。一次，他正在傳法時，他的上師以乞丐的形象來到他面前。他不好意思在大庭廣眾之中頂禮自己的上師，便裝作沒看到。下午傳法結束後，他立即去拜見上師，恭敬頂禮。

上師問：「剛才為什麼不頂禮？」

他妄言回答說：「我沒有看見上師。」話剛出口，他的兩顆眼珠頓時落地。後來他請求上師寬恕，並說了實話。蒙受上師加持後，他的眼睛才得以恢復。

此外，印度大成就者黑行大師有一次和眾多眷屬一起航船渡海時，他想：我的上師雖然是真正的成就者，但從世間的眷屬受用等方面來說還是我更勝一籌。剛剛生起這個念頭，航船即刻沉入海中，在水中遇到極大的艱難時，他馬上祈禱上師，上師親自降臨解除了他的怖畏。

上師說：「因你生起了很大的傲慢心，所以得到這樣的報應。實際上，我也是沒有致力於尋求眷屬受用，否則，如果我也將精力放在這上面的話，成為與你同樣的人肯定不成問題。」

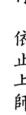

往昔出世了說不盡、數不清的佛陀，他們的大慈大悲也無法救度的我們這些眾生直到現在仍然遺留在輪迴的大苦海中。昔日湧現了不可思議的成就者高僧大德，可是我們也沒有能成為他們慈悲觀照的對境，甚至連面見他們的緣分也沒有。如今佛法已到了末期，在五濁橫流的這一時代，許多人雖然獲得了人身，但只是隨著不善業而轉，不明取捨的道理，猶如無依無靠的盲人漂泊在空曠的荒野中一樣。此時此刻，諸位上師、善知識、大德以無量悲心垂念我們，他們相應所化眾生各自不同的緣分而以不同補特伽羅的身相現於世間。本來他們安住於佛的密意中，但是行為卻隨順我等凡夫人，通過善巧方便攝受，使我們趨入殊勝正法之門，打開我們取捨的雙眼，無有錯謬、無有迷亂地指示解脫遍知的勝道。實際上，上師的功德與諸佛無有差別，而且對我們來說，上師則以勝過諸佛的恩德予以救護。

因此，我們應當隨時隨地以三種信心全力以赴謹慎依止上師。

雖遇聖士仍為劣行誘，雖獲勝道仍漂非道中，
我與如我惡性諸有情，正法調伏自續祈加持。

依止上師之引導終

共同前行圓滿矣！

不共內加行

以外皈依頂戴三寶尊，以內皈依成就三根本，
以密皈依現前三身者，無等上師足下我敬禮。

乙二（不共內加行）分五：一、諸聖道之基石——皈依；二、趣入最勝大乘——發殊勝菩提心；三、清淨違緣罪障——念修金剛薩埵；四、積累順緣資糧之供曼茶羅與頓然斷除四魔之古薩里——積累資糧；五、自相續生起證悟智慧之究竟方便——上師瑜伽。

一、皈依

丙一（諸聖道之基石——皈依）分五：一、皈依之基礎；二、皈依之分類；三、皈依之方法；四、皈依之學處；五、皈依之功德。

丁一、皈依之基礎：

總的來說，能開啟一切正法之門的就是皈依，而要開啟皈依的門必須依賴信心。因此，在皈依之初，自相續生起穩固的信心這一點非常重要。

信心可以分為清淨信、欲樂信、勝解信三種。

清淨信：當步入陳設許多佛像、經書、佛塔的佛殿或經堂裡，或者見到上師、善知識、高僧大德的尊顏，

聽到他們的豐功偉績以及感人事蹟，依靠此類因緣，能夠立即想到他們的悲心廣大等等，這種由清淨心引發而生起的信心，就叫做清淨信。

欲樂信：當聽到惡趣輪迴的痛苦之後，自然生起渴望擺脫的心態；當聽到善趣與解脫的安樂時，油然生起渴求獲得的心理；而一旦聽到善法的功德，會生起想要修行的心念；當現見罪業的過患之後，也會立即生起想要斷除的決心。這些都屬於欲樂信。

勝解信：了知三寶的不共功德與加持之後，從內心深處生起信解，知道一切時分無欺的皈依處就是三寶，想到無論是苦是樂，是病是痛，是生是死，任何事情，無欺的皈依處——三寶都會知曉，除了三寶之外，自己沒有其他可依賴的、可指望的靠山，這種堅定不移的信心，就稱為勝解信。

正如鄔金蓮師說：「具有堅信得加持，若離疑心成所願。」

信心猶如種子，它能生長一切善法功德，如果不具備信心，那就如同種子被火燒得一乾二淨一樣。如經中說：「無信心之人，不生諸善法，如種被火焚，青芽豈能生？」

此外，信心也是居於七聖財⑩⑧的首位，如云：「信心如寶輪，晝夜修善道。」

⑩⑧七聖財：信財，戒財，捨施財，聞財，慚財，愧財，智慧財。

所以說，信心是一切財寶當中首屈一指的。信心就像寶藏，是無窮無盡功德的源泉；信心就像雙足，能夠踏上解脫勝道；信心又像雙手，能將一切善法攬入自相續。如頌云：「信財寶藏雙足勝，猶如雙手攝善根。」

雖然三寶具有不可思議的悲心與加持，但要想使之融入自相續，唯一還要依賴自己的信心和恭敬心。如果自己具有上等的信心與恭敬心，那麼所得到上師三寶的悲憫與加持也是上等的；倘若具有中等的信心與恭敬心，所得到的悲憫與加持也是中等的；假如僅僅具備下等的信心與恭敬心，就只能獲得少許的加持與悲憫；如果根本沒有信心和恭敬心，那麼絕對不可能得到上師三寶的悲憫與加持。如若自己沒有信心，即使遇到真佛攝受也不會有什麼收益，就像前面提到的善星比丘和世尊的弟弟提婆達多等一樣。無論是誰，如果具有一顆真誠的信心與恭敬心，那麼現在祈禱，佛陀就會降臨安住在他的面前賜予加持，佛陀對眾生的悲心無有親疏，一視同仁。如頌云：「何人誠作意，能仁現彼前，賜灌頂加持。」

鄔金蓮師也說：「具有信心善男女，蓮生不去何處住，吾壽無有殁盡時，信士前我各現一。」

只要自己具有勝解信，任何人都會得到佛的悲憫，就像人們通常所說的「自己有勝解信，老婦依靠狗牙得成佛」。

從前有一位老婦人與兒子相依為命。兒子經常去印度經商。母親對他說：「印度金剛座是圓滿正等覺釋迦牟尼佛出世的聖地，你一定要從印度給我帶回一個作為頂禮對境的殊勝加持品。」

儘管母親三番五次地囑咐，但兒子都忘在腦後了，一直沒有帶回加持品。

一次，兒子又準備去印度時，母親鄭重其事地對他說：「如果這次你還不給我帶回來一個作為頂禮對境的加持品，我就自殺死在你的面前。」

兒子去印度經商到返回的期間又忘記了母親囑咐的那件事，快要到家門的時候才突然想起了母親的話。他心裡嘀咕：現在該怎麼辦呢？我沒有給老母親帶回任何頂禮所依的加持品，如果這樣空手而歸，老母一定會自盡身亡的。他不禁左右環顧，結果發現路邊有個狗頭，於是拔出狗牙，用綢緞裹好帶回來交給母親說：「這是佛陀的牙齒，希望你將它作為祈禱的對境。」

老母親將這顆狗牙當作真正的佛牙，生起了強烈信心，經常頂禮供養，後來狗牙降下了許多舍利。當老婦人去世的時候，彩虹光環等瑞相紛紛呈現。其實，這並非是狗牙具有加持力，而是老婦人以強烈的信心力認為它是真正的佛牙，這樣一來，佛的加持力融入狗牙當中，所以也就與佛牙沒有差別了。

此外，在工布地方有一個叫覺沃奔的愚人，一次他去拉薩朝拜覺沃佛像⑩⑨。當時覺沃佛像前，沒有香燈師等其他任何人。於是「工布奔」便來到近前，他看到那些供桌上的食品和酥油燈，心想：覺沃像是將這些糌粑團蘸上燈器裡的酥油汁以後才吃的，為了使酥油汁液不凝固才燃火的，覺沃他怎麼享用我也應該同樣食用。於是乎，他將糌粑食子蘸上酥油汁就開始吃了起來。吃完了以後，看著覺沃的尊顏說道：「神饈⑪⑩被狗叼走了您也是笑眯眯的，酥油燈被風吹動您還是笑眯眯的，您真是一位好上師。我的這雙鞋託您保管，我轉繞您一圈就回來。」說完便將鞋子脫下來放在覺沃佛像前面，他自己去轉繞了。

香燈師來了以後，看到了佛像前的鞋準備扔出去。這時，覺沃佛像開口說話了：「這是工布奔委託我保管的，不要扔掉。」

那個工布奔回來取鞋時，又說：「您真是一位好上師，明年請到我的家鄉來吧。我宰一頭老豬燉上豬肉，煮熟陳舊的青稞釀成青稞酒等著您。」

覺沃佛像說：「可以。」

這位工布奔回到家中對妻子說：「我已經邀請了覺沃仁波切來做客，不知道他什麼時候才來，所以你經常不要忘了瞧著點，看他是否來了。」

---

⑩⑨覺沃佛像：存放於拉薩大昭寺內釋迦佛十二歲的身像。
⑪⑩神饈：供佛的食品。

第二年的一天，他的妻子去河邊提水，在水中清楚地顯出「覺沃」的影像。妻子立刻跑回家告訴丈夫：「那邊水裡有一個人，是不是你請的客人呀？」他馬上跑去看，果然看到水裡現出「覺沃」仁波切。他認為「覺沃」落到水裡了，於是奮不顧身地跳進河裡去撈「覺沃」的身體，真的抓住將他拽了上來，然後帶著他往家中走。

途中到了一塊大石頭前，這時，「覺沃」說：「我不去俗人家裡。」不肯再繼續前行而融入了那塊岩石中。後來石頭上自然顯出了覺沃佛像，所以被人們稱為「覺沃石」，顯現覺沃身像的河則被叫做「覺沃河」。據說至今它們仍然與拉薩覺沃具有相同的加持力，而且絡繹不絕的信眾們也經常對它們頂禮供養。

這個「覺沃奔」完全是依靠自己具有的堅定信心，得到了佛陀的悲憫。否則，他喝了燈油、吃了神饈，又將鞋子放在覺沃佛像前面，怎麼會沒有罪過呢？但是他憑著信心力反而得到了那樣的功德。

不僅如此，而且現量證悟勝義諦實相也唯一依賴於信心。如佛在經中說：「舍利子，勝義諦唯以信心才能證悟。」依靠所生起的不共信心，上師三寶的加持融入自相續以後自然而然會生起真實的證悟，而只有見到實相真實義的時候，才能真正對上師三寶誠信不疑，生起與眾不同的不退信心。由此可見，證悟實相與勝解信二者是相輔相成的。

從前，塔波仁波切臨行時問米拉日巴尊者：「尊者，我什麼時候才可以攝受眷屬呢？」

尊者告訴他說：「一旦你與現在截然不同，相續中生起了現見心性的證悟，並且將老父我看作真佛，當萌生了這樣的堅定信心時，你便可以攝受眷屬。」

因此，上師三寶的大悲心與加持融入自相續，唯一依靠恭敬和信心。

從前，阿底峽尊者的一個弟子直呼尊者的名字：「覺沃，給我加持加持。」尊者說：「壞弟子，恭敬一點吧！」

可見，只有以堅定不移的不共信心與恭敬心才可能開啟皈依之門，所以信心對於每個人來說都是必不可少的條件。

丁二、皈依之分類：

具有如此信心的皈依根據動機的不同也分為三種：其一、如果是因為畏懼地獄、餓鬼、旁生三惡趣的痛苦，希求善趣人天安樂而皈依，稱為小士道皈依；其二、如果是因為認識到無論生在輪迴的善趣惡趣都離不開痛苦的本性，為了擺脫輪迴的一切痛苦，獲得寂靜涅槃的果位而皈依三寶，稱為中士道的皈依；其三、如果是因為現見沉溺在茫茫無邊的輪迴大苦海中的所有眾生遭受無法想像的各種深重苦難逼迫，為了將他們安置於遍知無上真實圓滿正等覺的果位而皈依，就叫做大士道的皈依。

在這三種發心當中，我們必須具有希望將無邊眾生安置於圓滿正等覺果位的大士道發心而皈依。善趣的人天安樂暫時好像是快樂的，但實際上也超不出痛苦的範疇，有朝一日善趣樂果耗盡以後又會再度墮入惡趣之中。我們絕不能追求瞬間的善趣安樂。如果只是為了獨自一人得到寂靜、安樂涅槃的聲聞緣覺果位，而不去饒益無始以來曾經當過自己父母、現今沉淪在輪迴苦海中的無邊眾生，實在不合情理。希望一切眾生能獲得佛的果位而皈依三寶是大士道無量福德的津梁，所以我們理所應當修行大士道的皈依。《寶鬘論》中說：「有情界無量，利彼亦復然。」

丁三、皈依之方法：

（皈依的方法有以下幾種：）

共同乘皈依法：也就是以誠信佛為本師、法為道、僧眾為修道助伴的方式來皈依。

不共同密乘皈依法：通過三門供養上師、依止本尊、空行為助伴的方式而皈依。

殊勝方便之金剛藏皈依法：依靠脈清淨顯現化身、風清淨顯現報身、明點清淨顯現法身的捷徑來皈依。

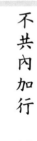

究竟無欺實相金剛乘皈依法：皈依境聖眾心相續中的本體空性、自性光明、大悲周遍三相無二無別大智

慧，我們為了使自相續生起這種智慧而反覆修持、決定，依靠這樣的方式而皈依。

所有的皈依方法已經明確之後，接下來就是明觀皈依境修持真實皈依。具體來說，將自己的住處觀想成由各種珍寶組成的清淨剎土，美妙悅意、平坦光滑猶如鏡面，無有凹凸不平的山崗、窪地。在自己正前方觀想一棵具有五枝的如意樹，枝繁葉茂、百花齊放、碩果累累，極其圓滿，蔓及各方，遍布東南西北整個虛空界，所有的枝葉全部是由各種珍寶鈴、瓔珞裝點。

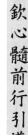

然後觀想中央的樹枝上：本體為三世諸佛的總體、無等大悲寶藏具德的根本上師，形象是鄔金大金剛持（蓮花生大士），他的身色白裡透紅，一面二臂，雙足以國王遊舞式安坐在八大獅子寶座上面的各種蓮花、日月坐墊上，右手以契克印執持純金五股金剛杵，左手平托天靈蓋，裡面有充滿無死智慧甘露的寶瓶，瓶口由如意樹嚴飾，蓮師身著錦緞大氅、法衣、咒士衣，頭戴蓮花帽，與身色潔白、手持彎刀、托巴的佛母益西措嘉空行雙運。蓮師的面部朝向自己，安坐在前方的虛空中。接下來要觀想蓮師頭頂上諸位傳承上師以重樓式安坐。本來，共同續部有無數傳承上師，但在這裡只是略觀大圓滿心滴派最根本的傳承上師，也就是：法身普賢如來、報身金剛薩埵、化身極喜金剛、阿闍黎文殊友、上師西日桑哈、智者加納思扎、大班智達無垢友、鄔金蓮花生大士、法王赤松德贊、譯師貝若扎那、空行益西措嘉、遍知龍欽繞降、持明無畏洲，他們各自的裝飾、裝束樣樣齊全，上面一位上師的坐墊沒有接觸到下面一位上師的頭部，這些傳承上師就這樣以重樓式而安坐，周圍由本尊及四續部不可思議的尊眾、空行勇士團團圍繞。

隨後再觀想前方的樹枝上，本師釋迦牟尼佛的周圍由賢劫一千零二尊佛等十方三世諸佛所圍繞，他們全部是殊勝化身梵淨行的裝束，頭有頂髻、足有輪寶等具足三十二相與八十隨好，雙足金剛跏趺坐，身色有白黃紅綠藍色，身體放射出不可思議的光芒。

之後觀想右方的樹枝上，以文殊菩薩、金剛手菩薩、觀音菩薩這三位怙主為首的八大隨行佛子由大乘聖者僧眾圍繞，他們的身色也有白、黃、紅、綠、藍，以十三種圓滿報身裝飾莊嚴，雙足以平等式站立。再觀想左方的樹枝上：舍利子、目犍連聲聞二聖由聲聞緣覺聖者僧眾圍繞，身色潔白，身著三法衣，手持錫杖與缽盂，雙足站立。

接著觀想後方樹枝上：法寶經函層層疊疊，金光閃閃的格架中央最上方陳列著六百四十萬頌大圓滿續部，所有函頭標簽⑪都對向自己，經函光芒四射，自然發出

⑪函頭標簽：藏式書函左端的書名浮簽，一般多用綢子製成。
⑫啊勒嘎勒：梵文元音字母組和輔音字母組。

「啊勒、嘎勒(112)」的自聲。這些樹枝的所有空隙中間有智慧護法神和業成護法神，其中男相護法神面部一律朝外，成辦和保護修持菩提正法、遣除違緣與障礙以及禁止外部障礙進入內部的事業；女相護法神面部向內，成辦內在成就不散失於外的事業。這些事業護法神都具有智、悲、力的無量功德，對我十分慈愛。把他們全部觀想成引導眾生的大導師。

下一步，把今生的父親觀想在自己的右側，母親觀想在左側，前面是以對自己憎恨的敵人和進行加害的魔障為首的三界六道一切眾生，就像大地上規模盛大聚會的人們一樣聚集在一起，大家面向皈依境雙手合掌、三門畢恭畢敬，身恭敬就是頂禮膜拜，語恭敬念誦皈依偈，意恭敬心裡默念：從現在起，自己無論是上升還是下墮、是苦是樂、是好是壞、是病是痛，除了上師三寶您以外我沒有其他的依靠、救護、怙主、友軍、希求處與皈依處。因此，從即日起一直到獲得菩提果之前，我全心全意、誠心誠意將自己託付於您，成辦任何事情，既不向父親詢問，也不與母親商量，又不自作主張，完全依賴於上師三寶您，一切奉獻給您，精勤修持您，除您之外我無有其他的皈依處、指望處。以這般至真至誠的猛烈之心念誦下面的皈依偈：

དཀོན་མཆོག་གསུམ་དངོས་བདེ་གཤེགས་རྩ་བ་གསུམ༔
滾 秋 色 傴 得 相 匝瓦 色

真實三寶善逝三根本

རྩ་རླུང་ཐིག་ལེའི་རང་བཞིན་བྱང་ཆུབ་སེམས༔
匝龍 特 利 讓 雲 向 切 塞

風脈明點自性菩提心

ངོ་བོ་རང་བཞིན་ཐུགས་རྗེའི་དཀྱིལ་འཁོར་ལ༔
傴哦讓 雲 特 吉 傑 闊拉

本體自性大悲壇城中

བྱང་ཆུབ་སྙིང་པོའི་བར་དུ་སྐྱབས་སུ་མཆི༔
向 切 釀 波瓦 德 加 色切

直至菩提果間永皈依

每一座期間盡心盡力念誦皈依偈，總數合計起來至少要圓滿十萬遍，在沒有達到數量之前，一定要以閉關的形式來觀修，在平日裡也應該念修皈依。

如果有人想：皈依時將自己的父母觀在左右，而將怨敵、魔障二者觀在自己前面，為什麼觀想怨敵魔障比父母還重要呢？

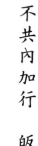

這是因為，作為已經進入大乘的修行人，我們理所應當對無邊無際的一切眾生平等地修慈悲心與菩提心，尤其是為了圓滿廣大的福德資糧、避免失毀所積累的一切善根，完全有必要將修安忍放在主導地位。正如所謂

的「若無生嗔境，於誰修安忍？」也就是說，我們只有依靠怨敵、魔障對自己進行損害，才能修成難行的忍辱。如果好好加以觀察，就不難發現，從修行方面而言，仇人與魔障比自己父母的恩德更大，為什麼這樣說呢？父母教給我們的是成辦現世利益的一切欺誑手段，使我們後世無法從惡趣的深淵中解脫。從這一點來說，父母的恩德並不很大。而怨敵魔障呢？其中的怨敵以對我們製造違緣、妨礙修行而成了我們修安忍的對境，並且使我們無有自主地斬斷或遠離長久以來無法擺脫的輪迴縛索——一切痛苦來源之財產、受用等等，所以對我們恩德極大。魔障也同樣是我們修忍辱的對境，它使我們遭受病痛及苦痛的折磨，我們依靠這種折磨可以清淨自己往昔所造的許多罪業。例如，至尊米拉日巴依靠伯父與姑母霸占他們家所有的財產受用這種外緣才遇到了正法。又如吉祥比丘尼也是因為遭受龍魔的侵害而修持觀音法，最後獲得了殊勝成就，通過諸如此類的實例可以看出，怨敵和魔障作為我們值遇正法之因，可以說是恩德深厚。如全知法王無垢光尊者說：「遭受危害令已遇正法，得解脫道害者恩德大；厭離痛苦令已遇正法，獲得永樂痛苦恩德大；非人作害令已遇正法，獲得無畏鬼魔恩德大；人等嗔恨令已遇正法，獲得利樂嗔者恩德大；猛烈惡緣令已遇正法，獲無變道惡緣恩德大；他人勸告令已遇正法，獲精華義勸者恩德大。平等報恩善根迴向彼。」因此，怨敵、魔障不僅今生今世對自己的恩德頗大，而且他們也是自己往昔生生世世的父母，這樣來觀想非常重要。

最後收座時，自己要以滿懷恭敬作為緣，觀想皈依境的所有聖尊，身體放射出無量光芒，普照自他一切眾生，自他一切眾生猶如鳥雀被石簧驚動「撲棱棱」地飛起一樣融入皈依境的諸位聖尊當中，皈依境的所有尊眾也從邊緣逐漸融入光中，之後，融入中間集三寶於一體的上師中，頭頂重樓式的一切尊眾也融入下面的上師，上師又融於光中，光也消失於法界，最後自心盡可能地安住在遠離分別散收的離戲法身本體中。起座時，將一切善根迴向無邊眾生並念誦：

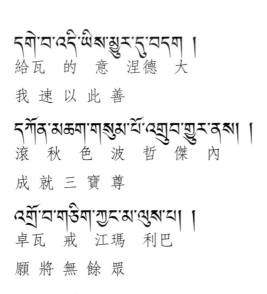

དགེ་བ་འདི་ཡིས་མྱུར་དུ་བདག །
給瓦　的　意　涅德　大

我 速 以 此 善

དཀོན་མཆོག་གསུམ་པོ་འགྲུབ་གྱུར་ནས། །
滾　秋　色　波　哲　傑　內

成 就 三 寶 尊

འགྲོ་བ་གཅིག་ཀྱང་མ་ལུས་པ། །
卓瓦　戒　江瑪　利巴

願 將 無 餘 眾

དེ་ཡི་ས་ལ་འགོད་པར་ཤོག །
得葉薩拉　故巴　秀

安 置 於 佛 地

我們隨時隨地也要不離正知正念而觀想皈依境的尊眾，在行走的時候，將皈依境觀想在自己右肩的虛空中，作為轉繞的對境；安坐的時候，把他們觀想在自己的頭頂，作為祈禱的對境；享用飲食的時候，觀想在自己的喉間，作為飲食獻新的供養處；睡覺的時候，觀想在自己的心間，作為迷亂（夢境）隱沒於光明境界的要訣。總之，一切威儀中要處在明觀皈依境尊眾的境界中，以堅定不移的信解誠心誠意依止三寶，堅持不懈地修行皈依。

丁四（皈依之學處）分三：一、三種所斷；二、三種所修；三、三種同分。

戊一、三種所斷：

一、皈依佛之後，就不能再頂禮所謂輪迴中的世間天神，也就是說，不能把那些自己還沒有擺脫輪迴痛苦的自在天、遍入天等外道天尊，以及地方神、土地神等世間大力鬼神作為後世的皈依處，而對他們頂禮供養等。二、皈依法以後，必須斷除惱害眾生之事，盡己所能防微杜漸，努力做到連夢中也不損害眾生。三、皈依僧之後，不可以與外道為友，也就是不能與不信仰佛教及導師佛陀的外道種姓共同交往。在藏地雖然沒有真正的外道，但侮辱詈罵上師、詆毀褻瀆正法，以及誹謗密宗甚深法門的人也與外道相同，絕不能和他們親密接觸，友好往來。

戊二、三種所修：

皈依佛以後，對佛寶的身像，乃至零碎片段以上也要恭敬供養，以頭頂戴，放在清淨的地方，對它生起真實佛寶想，生起信心並觀清淨心；皈依法後，對隻言片語乃至一字一句的佛經也要生起恭敬心，頂戴供養，生起真實法寶想；皈依僧以後，對僧寶所依乃至（僧衣上的）紅黃補丁以上也應生起真實僧寶想，恭恭敬敬頂戴供養，將它放在乾淨的地方，生起信心並觀清淨心。

戊三、三種同分：

對現在為自己開示取捨道理的上師、善知識，我們一定要看作真正佛寶，甚至連上師的身影也不能隨意踐踏，而要精勤承侍、供養；對於殊勝上師所賜的任何教言都應當作為真正法寶想，依教奉行，哪怕僅僅是一言一句也不能置之不理；對於上師的眷屬、弟子及與自己共同持梵淨行的道友們，要作真正僧寶想，身語意恭敬依止，一剎那也不做令他們不歡喜的事。

尤其是密宗金剛乘中皈依境的主尊就是上師，所以我們務必清楚地認識到，上師的身為僧眾，語為妙法，意為佛陀，是三寶總集的本體。之後，上師的所作所為都要看作是正確的、善妙的，誠信不疑地精進依止，時時刻刻虔誠祈禱。假若自己三門的行為令上師生起厭煩心，就完全捨棄了一切皈依境，因此應當隨時隨地以堅定不移的毅力和決心，想方設法讓上師歡喜。

總而言之，不論苦也好樂也好、吉祥也好不幸也好、疼痛也好哀傷也好，無論如何，唯有一心一意依賴上師三寶。如果幸福快樂，也知道這是三寶的悲憫所致，如佛在經中所說：此世間的安樂與善事，乃至於烈日炎炎時的習習微風吹到臉上，都是佛陀的悲憫與加持。同樣自心生起一剎那的善分別念也是佛陀不可思議的加持力帶來的，如《入行論》中說：「猶如烏雲暗夜中，剎那閃電極明亮，如是因佛威德力，世人暫萌修福意。」

因此我們要明確一點，那就是不管擁有什麼利樂之事都來源於佛陀的大悲，無論出現病痛、苦痛、魔障等任何挫折磨難，除了祈禱三寶之外，不依靠其他解除病痛魔障的措施，假如需要採取醫療術、禳解術[113]等行之有效的方法，也要明白這些都是三寶的事業，然後再接受治療等，對一切顯現都是三寶的遊舞這一點，我們要深信不疑，並且觀清淨心。當自己為了辦事等某些目的需要前往異地他鄉時，也應該先頂禮所去方向的如來或頂禮三寶後，再開始動身。

一切時處應當念修寧提派儀軌的皈依偈「真實三寶

---

[113]禳解術：禳解災難的法術。

善逝三根本，風脈明點自性菩提心，本體自性大悲壇城中，直至菩提果間永皈依」，或者共同乘的皈依偈「皈依師、皈依佛、皈依法、皈依僧」。經常發誓念修共稱的四皈依頌。在他人面前也不時讚歎皈依的功德，讓他們皈依，（並使他們明白）自他所有的眾生今生來世的依賴處就是三寶，並精勤念修皈依。

（在日常生活的行住坐臥過程中也要觀想憶念：）晚上就寢的時候，要像前面所說那樣將皈依境的尊眾觀想在自己的心間，自心專注於皈依境而入睡；即使做不到這樣，也要在心裡意念：上師三寶此時就安住在我的枕頭上正慈悲、憐憫地關照垂念於我。自己生起誠信並觀清淨心，在不離隨念三寶的狀態中入睡。在享用飲食的時候，也是同樣，將三寶觀想於自己的喉間，以飲食的美味作供養；如果實在不能這樣觀想，就誠心意念一切所飲所食的獻新⑭部分首先供養三寶。當自己準備換上一件嶄新的衣服時，在還沒有穿之前先觀想供養三寶，向空中甩動一下後，然後意念三寶賜給了自己，再穿上。同樣，遇到悅意的外境也應供養三寶，如美麗的花園、清澈的河流、美妙的宮殿、悅意的樹林、廣大的財產、富饒的受用、佩帶裝飾品的俊男美女等等。無論看見任何自己喜愛或貪執的事物，都要誠心意念供養三

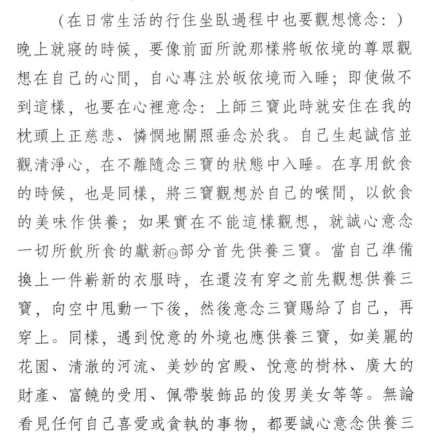

⑭獻新：在新鮮飲食等未用之前，首先取以供神的部分用指拈少許向空彈撒三次敬神。

寶。打水時也應當將獻新供養三寶之後，再將水裝入自己的水器。自己獲得現世的幸福美滿、安居樂業、名聲遠揚等等任何稱心如意的事情，都要想到這完全來自於三寶的大悲，首先供養三寶，生起恭敬心，並觀清淨心。自己頂禮供養、觀修本尊、念誦咒語等一切善根也應當供養三寶，迴向眾生。

在藏曆每月的十五、三十日的六時中一定要盡可能供養三寶，平時也不間斷供養三寶。隨時隨地都切切不要忘記：無論是苦是樂，唯一皈依三寶。如果能夠做到這樣的話，那麼在夢中心裡害怕、恐懼萬分的時候也能夠皈依，這樣一來在中陰界也能做到，在沒有達到這樣的境界之前，一定要努力念修皈依。

歸根到底一句話，一心一意依託三寶之後，縱遇命難也絕不能捨棄三寶。

從前，印度的一位居士被外道徒抓住，他們說：「如果你捨棄皈依三寶，就不殺你，如果不捨棄就殺掉你。」他回答：「我僅僅在口頭上可以捨棄皈依三寶，但內心絕不可能捨棄。」最後，這位居士被外道徒殺害了。我們務必竭盡全力使自己擁有這樣的境界。

一旦放棄了皈依三寶，那麼即使修持何等高深莫測的大法也不能列入佛教徒的行列中，如阿底峽尊者說：「內外道以皈依別。」儘管在外道中也有依靠禁忌惡業、觀修本尊、修持風脈等而獲得共同成就的，但是因為他們不知道皈依三寶，結果與解脫道也就有千里之遙，致使永遠不能從輪迴中解脫出來。

阿底峽尊者對於浩瀚如海的顯密正法無所不知、無所不見，可是他老人家考慮到對於初學者來說首先必須將重點放在皈依上，於是在所有的法會當中，唯一宣講皈依，由此而被人們稱為「皈依班智達」。

因此，作為已經邁入解脫道的佛教徒，從今往後即使遇到生命危險也絕不可捨棄皈依及皈依戒，這一點必須要付諸於實際行動中。正如經中說：「何人皈依佛，彼為真居士，何時亦不能，皈依其他尊；皈依於正法，遠離惱害心；皈依聖僧眾，不應交外道……[115]」

如今我們這些人自以為是三寶的隨行者，可是竟然對佛經、佛塔、佛像等沒有一絲一毫的恭敬心，居然把這些看成是普通的財物而進行買賣或作為抵押品……這就是所謂的享用三寶身財，罪過極其嚴重。

此外，除非是在繪畫、雕刻佛像等情況下需要測量尺度方可進行製作，在其他時間裡對佛像指手畫腳、妄加評論這裡不莊嚴那裡不美觀，過失也相當嚴重，因此我們千萬不要對這些佛像吹毛求疵。

也不允許將佛經文字的書函等直接放在地上、從經書上跨越或者翻頁時手指蘸唾液等等，所有這些不恭敬

---

[115]《大般涅槃經（卷8）》云：「歸依於佛者，真名優婆塞，終不更歸依，其餘諸天神；歸依於法者，則離於殺害；歸依聖僧者，不求於外道。」

的行為，罪過特別嚴重。世尊說：「末世五百年，我現文字相，作意彼為我，爾時當恭敬。」就是在世間中也有這樣的俗話：「佛經上面不能放佛像。」在所有佛像、經典、佛塔當中，佛經具有開示取捨道理、延續佛法慧命等作用，與真佛沒有一點一滴的差別，甚至與佛陀相比，也可以說是有過之而無不及。

更為值得一提的是，現在多數人將金剛鈴杵當作平平常常的用品而不認為是三寶的所依。但實際上，金剛杵表示佛陀的五種意智慧。金剛鈴也同樣具有本尊面相，下續部中說這一面相代表毗盧遮那佛，上續部中說它表示金剛界自在母，因此它具有身相；再者，金剛鈴上有八大佛母真實種子字的經文相；此外，它的清脆響聲代表佛陀說法的妙音，可見，金剛鈴已完全具備了身語意三所依的象徵。尤其是密宗金剛乘的全部壇城輪在它上面樣樣齊全、完整無缺，並且也是不共誓言的標誌，如果對此輕視，當然會有嚴重的罪過，因此我們必須常常恭敬供養。

丁五、皈依之功德：

皈依三寶是一切正法的基礎，任何人僅僅皈依就能播下解脫種子，遠離不善業、增上善業，它是一切戒律的根本、一切功德的源泉。皈依三寶的人，暫時也受到善法方面護法神的保護，一切所願稱心如意，經常不離三寶的光明，也能回憶宿世，今生來世安樂，究竟獲得佛果等等，功德利益不可估量。如《皈依七十頌》云：「雖眾皆可受戒律，然未皈依不可得。」在比丘戒、沙彌戒、居士戒等所有別解脫戒當中，皈依都是不可或缺的先決條件。而且，在大乘中，發殊勝菩提心與密宗金剛乘的灌頂等這一切也必須以具足真實皈依為前提，甚至僅僅受持一天的八關齋戒，首先也不可缺少皈依。因此說，皈依是一切戒律與功德的根本。

不用說了知三寶功德後生起信心而皈依，哪怕僅僅耳聞佛號或者對佛陀的身語意所依中任何一種結上少許善緣，也將在相續中播下解脫的種子，最終得到涅槃。律藏中記載：曾經一頭豬被狗追趕而轉繞了一座佛塔，由此相續中播下了解脫的種子。

此外也有「依靠一泥像，三人得成佛」的公案：從前，有一個人在路邊看到一尊小泥像，他想：這尊小泥像如果這樣放著，很快就會被雨水淋壞，不能讓它就這樣毀壞。他發現前面有一個被扔掉的鞋墊，於是將鞋墊蓋在小泥像的上面。另有一人看到這種情景，他認為這麼骯髒不堪的鞋墊蓋在小泥像上面很不好，於是將鞋墊甩掉。蓋鞋墊和扔鞋墊的二人以賢善意樂的果報，後世獲得了王位。如頌云：「善意置鞋墊，於能仁佛頂，他人復棄彼，二者得王位。」所以說，最初造小泥像、中間蓋鞋墊、最後扔鞋墊的三個人暫時得到王位等善趣的樂果，究竟播下解脫的種子，逐漸也得以成佛了。

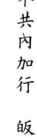

遠離不善的功德也是同樣，如果發自內心以最大的虔誠和恭敬皈依三寶，那麼以往所造的惡業也會有所減輕或消盡無餘。從此以後，自相續也會承蒙三寶大悲加持，一切所作都會成為善法，也不會再造惡業。比如，佛經中記載：未生怨國王殺害了自己的親生父親，後來誠心皈依了三寶，結果僅僅感受了七天的地獄痛苦便得以解脫⑯；提婆達多造了三種無間罪，當他活活地感受地獄烈火燒身時，才對佛語誠信不疑，並說：「我現在從心坎深處皈依佛陀。」由此他將來成就緣覺果位，號為具骨。

如今，我們這些人依靠上師善知識的大恩大德得以聽聞到殊勝正法，進而心裡生起了行善斷惡的一點點念頭，這時如果能夠盡力從內心深處皈依三寶，那麼三寶定會加持自相續，使自己的信心、清淨心、厭離心、出離心、堅信因果等等一切聖道功德逐步增長，直線上升。相反，如若將皈依祈禱上師三寶棄之一旁或者束之高閣，那麼不管你現在的厭離心、出離心等有多麼善妙，但是因為形形色色的外界善於蠱惑人心，加之自身智慧淺薄、無有主見，分別念很容易被誘惑，儘管現在奉行善法，可是輕而易舉就會走向罪惡。因此，我們務必要清楚地認識到，要想今後徹底斬斷不善業的相續也沒有比皈依更為殊勝的。

---

⑯此公案於不同的經典中有不同的說法。

再者，正如人們所說的「精進行者魔眾尤憎恨」以及「法深之時黑魔亦猖獗」。我們都很清楚，如今正值五濁惡世，修持甚深法義、行持廣大善舉，經常會面臨著現世塵間的種種誘惑、親朋好友的屢屢阻撓、病痛魔障的層層違緣，再加上自己的心裡也是疑惑重重、妄念紛紛等等，正法的障礙變化多端來摧毀善業資糧。如果下定決心精進修持皈依三寶等一系列的對治法，修行的所有障礙就會變成順緣並使善法越來越增上。

不僅如此，而且當今時代有些在家人說是為了一年當中全家平平安安、除病免災，而採取一些保護措施，於是乎將一些既沒有得過任何灌頂和傳承也未曾圓滿持誦基數密咒[117]等的上師僧人們請到家中。這些上師僧人則擺設一個猛修儀軌的壇城，本來沒有任何生圓次第境界，只是睜著一雙碗大的眼睛，對著一個食團生起忍無可忍的嗔恨心，口中喊著「召召[118]、殺殺、呀呀、打打」，一聽就給人一種面目猙獰的感覺。隨後他們唯一做的就是血肉供養。如果好好觀察諸如此類的現象，誠如米拉日巴尊者所說的：迎請智慧天尊維護世間的利益，猶如將國王從寶座上拉下來，吩咐他做掃地的事情一樣。又如畢巴桑吉尊者也親口說過：「將密宗的壇城

---

[117]基數密咒：密宗中修任何本尊、做降伏等事業，先須念滿儀軌中規定的基本的心咒數量。

[118]召召：修誅法時行者召喚的「勾召」之聲，使邪魔等召集融入食團對它們進行懲治。

設在村子的羊圈裡，怎麼能對治呢？簡直可笑！」像這樣的持誦密咒必將沾染上苯波教吟誦的過患。

降伏事業，也只是對於那些沒有私心雜念、為了成辦廣大弘法利生事業的人來說才有開許，也就是可以降伏十大應誅[119]的怨敵魔障。如果偏執自他而以自相的嗔恨心進行降伏，那麼不但不可能降伏對方反而將成為自己墮入地獄之因。根本沒有生圓次第的境界、三昧耶不清淨的人一味地進行血肉供養，非但不可能修成智慧天尊和護持正法的護法神，反而使黑法方面的所有妖魔鬼神紛紛雲集來享用那些供品及食子。雖說這些鬼神眼前似乎給他們做些利益的事，可是從長遠來看，只會給他們帶來多種不幸。所以我們務必要一心一意皈依三寶。

實際上，迎請那些相續寂靜調柔的上師、僧人，念誦十萬遍皈依偈是最保險不過的。這樣一來，自己已經入於三寶的庇護之下，今生不會出現任何不愉快之事，一切所欲如願以償，還會得到善法方面天眾的竭力保護，而且黑法方面的諸魔障也無法靠近。舉個例子來說，從前一個盜賊被主人逮住，主人一邊念皈依偈一邊用棍棒打他，比如，念一句皈依佛，打他一下，（這樣三句皈依全部念完後）就將他放了。（盜賊想：釋迦牟尼佛恩德實在很大，幸好皈依偈只有三句，如果皈依偈

[119]十大應誅：又名十逆怨賊。佛教密乘所說應殺不赦的十惡怨敵：毀滅佛教、摧殘三寶、劫奪僧財、謾罵大乘、坑害上師、挑撥金剛弟兄、障難修行、絕無慈悲、背棄誓戒和顛倒業果。

有四句的話，我可能已被打死了。）在他心中好像皈依偈的聲音與疼痛成了無二無別，腦海裡一直迴響著朗朗的皈依偈聲。他到一個橋下躺了下來。這時，橋上來了許多鬼魔，它們說「這裡有一個皈依三寶的人」而不敢過橋害他，便吵吵嚷嚷地逃走了。

所以，如果從內心誠摯皈依三寶，那麼今生可遣除一切損害，後世將獲得解脫和遍知的果位等有不可思議的功德。如《無垢經》中說：「皈依之福德，若其具色相，遍滿虛空界，彼將勝虛空。」

《般若攝頌》中也說：「皈依福德若具相，此三界亦成小器，大海乃為水寶藏，藏合⑫⓪豈能衡量耶？」

此外，又如《日藏經》中云：「有情誰人皈依佛，俱胝魔眾不能害，縱破戒律心散亂，彼亦定能趨涅槃。」

由此可見，皈依具有無量功德。所以，我們理當勤奮念修一切正法之根本——皈依。

雖已皈依然而誠信弱，雖受三學然仍捨持戒，
我與如我無心諸有情，不退堅固信心祈加持。

一切聖道之基石——皈依之引導終

---

⑫⓪藏合：稱量單位，舊時一藏升的六分之一。

二、發殊勝菩提心

以大智慧現前勝涅槃，以大悲心住於輪迴中，
以巧方便證輪涅無二，無等上師足下我敬禮。

丙二（趣入最勝大乘——發殊勝菩提心）分三：一、修四無量心；二、發殊勝菩提心；三、願行菩提心學處。

丁一（修四無量心）分四：一、修捨無量心；二、修慈無量心；三、修悲無量心；四、修喜無量心。

本來慈、悲、喜、捨四無量心中，最初應該從慈心開始宣說，但這裡從實地修持的角度而按順序修心的時候，如果首先沒有修成捨心，那麼慈心與悲心就會偏墮一方，而達不到完全清淨，所以最先要從捨心開始修。

戊一、修捨無量心：

所謂的捨心，就是指斷除對怨敵的嗔恨、對親友的貪愛，而對一切眾生無有親疏、無有愛憎的平等心。（大多數的薄地凡夫）對現世的父母親友等自方的有情極其貪著、對怨敵等他方的有情嗔恨難忍，這實際上也是未經觀察的過患所造成的。事實上，現在的這些怨敵，在往昔的生生世世當中也曾經做過自己的親友而互敬互愛、和睦相處、共同維護，所做的饒益也是無法想像的。而如今被當作親友的這些人，在以往的生生世世

中，有許多也曾經成為自己的仇人而加害過自己。

正如前面聖者嘎達亞那所說的「口食父肉打其母，懷抱殺己之怨仇，妻子啃食丈夫骨，輪迴之法誠希有」。

從前，法王赤松德贊的王女蓮明公主剛到十七歲的妙齡就突然離開了人世。當時，法王赤松德贊向阿闍黎仁波切（蓮花生大士）請問道：「我的這個王女蓮明公主也該算是一個宿業清淨的人，因為她轉生為國王我赤松德贊的女兒，並且有幸遇見了您們這些猶如真佛一樣的大智者、大譯師，可是為什麼她的壽命竟然如此短暫呢？」

蓮師向法王解釋說：「其實，您的這位王女蓮明公主並不是因為什麼宿業清淨而投生為您的王女。而是因為以前我蓮花生、君王您以及菩提薩埵曾經轉生為劣種的三個兒子，我們修建夏絨卡繡大塔，蓮明公主在那時投身為一隻毒蜂，牠叮入國王您的微血管，您無意之中用手擦拭，結果碾死了那隻毒蜂，正是由於當時的命債，牠才轉生為您的王女。」

本來，法王赤松德贊是真正的文殊菩薩，他也有這樣宿債而生的後代，那更何況說其他人呢？

現在我們這些人與父母有血緣關係，他們對我們的關懷、疼愛令人無法想像。當我們遭受痛苦或不幸的時候，他們比自己出現這類事還要悲傷，實際上這全都是往昔互相加害的宿債在作怪。如今成為自己怨敵的這些人也是同樣，他們在往昔的世世代代中沒有誰不當過自己的父母。就拿現在來說，雖然自己將對方看作勢不兩立的仇人，可是他們也不一定對自己有害；儘管自己將他們看成怨敵，但對方也有不把自己當作怨敵來看待的，就算是將自己視為仇敵，他們也沒有能力加害，這種情況也是有的。再者說，也可能依靠怨敵加害的因緣，使自己暫時今生的名譽增上，遇到正法並成辦究竟利樂的。換個角度來說，如果自己通過各種方便投其所好順其心意而說些溫存柔和的話，那麼彼此之間成為情投意合的親朋也並不是一件困難的事。相反，現在自認為是親友的這些人，也有子孫欺騙甚至殘殺父母的情況。而且勾結反方的怨敵聯合起來搶奪自家財產而發生爭鬥的現象也不在少數。如果子女與父母關係融洽的話，當子女出現痛苦、不快等事情的時候，父母比自己出現這類事還哀傷。為了親友子孫等這些人，自己積累下滔天大罪，到了後世必然被引入地獄。雖然自己心裡希望修持正法，可是卻常常受到他們的牽連拖累，或者父母捨不得子孫、子女拋不下父母，雙方一直依依不捨，以至於耽擱修法、坐失良機等等。由此看來，親人們對自己甚至比怨敵更有害。

從後世的方面來說也是一樣，現在自己認為是怨敵的這些人將來轉生為自己的親生骨肉、親友投生為深仇大恨的敵人等都是不一定的。所以，對今生今世親怨的瞬間顯現執為實有，懷著貪嗔積累惡業，使自己成為惡趣的墮石，這樣做究竟有什麼必要呢？我們一定要從自身做起，對天邊無際的一切有情想成是父母與子孫，像往昔聖者前輩的傳記中所說那樣平等看待親怨。

對以上道理加以思維、觀想。首先，使用多種多樣的方法盡力對那些自己心裡極其討厭、總是生嗔恨心的對境不嗔不怒，千方百計修煉自心，當心裡完全能夠把他們看成是無利無害的中等人的時候，接下來再觀想，這些中等人從無始以來在生生世世當中都曾經無數次做過自己的母親，與現世的親生父母一模一樣，在沒有對他們生起這樣平等的慈愛心之前，一定要反反覆覆觀修。到最後，不管是親人、敵人還是中等人，凡是對所有眾生都生起與現世父母沒有任何差別的悲憫之情，在沒有生起這種平等悲心之前，務必要反反覆覆地觀修。如果沒有達到這樣的境界，單單對任何親怨既不生悲心也不起嗔心，只是平平淡淡的一種心態，這叫做無利無害的愚捨，並不代表是捨無量心。真正的捨無量要像仙人布施一樣。比如，仙人們宴請客人或發放布施的時候，對於高貴卑賤、強大弱小、賢善惡劣、高級中等的所有人，無有差別同等施捨。同樣，我們也必須對普天之下的芸芸眾生——大悲心的對境平等相待，在沒有生起這樣的定解之前應一而再、再而三地修煉自心。

戊二、修慈無量心：

修捨無量心達到標準之後，接著再修慈無量心，也就是說，將三界的一切眾生平等作為大慈心的對境，之後要像父母養育小孩一樣來修。例如，父母親哺育幼兒的時候，全然不顧孩子的顛倒行為，也不顧自己的艱辛，只是想方設法使子女平平安安、快快樂樂、舒舒服服。同樣，自己的身語意要竭盡全力用在使一切有情今生與來世安樂、善妙的各種方便上。

每一位眾生都希望自己快樂幸福，唯一追求的就是自我幸福快樂，誰也不希望痛苦哀傷，可是他們根本不知道安樂的因是奉行善法，反而一度造十不善，因此所求與所行已經背道而馳。心裡這樣默想：這些希求安樂反而唯受痛苦的所有眾生，如果都能各隨所願各得其樂，那該有多好啊！屢次三番這樣進行觀修。

最後觀想：不單單我自己渴望安樂，一切眾生也同樣唯求安樂，這一點與自己沒有差別，一直修到真正生起了這樣的定解為止。

正如經中所說：「慈身業、慈語業、慈意業。」口中所說的話、手中所做的事都絕不能損於其他眾生，自始至終都要真誠慈愛。依照《入行論》中說：「眼見眾生時，誠慈而視之。」甚至目視其他眾生也應當和顏悅色，絕不能怒目而視。從前，一位專橫跋扈的官員一貫斜著眼睛看別人，結果後世轉生為一戶俗家灶下吃剩飯的餓鬼。經中也講述了反目視聖者而墮入地獄等的過失。

身體的一切威儀要溫文爾雅，給人一種舒心悅意之感，徹底杜絕危害他眾，全心全意利濟有情；口中所說的每一句話也不能帶有藐視、侮辱、譏諷他人的意味，一定要說實實在在、悅耳可人的話語；心裡也是同樣，如果饒益他人，絕不能希望自己得到好處。也不可以憑著虛偽的調柔威儀、溫和語言等手段使他人將自己看作菩薩，而要力求達到發自內心唯一渴望就是利益他眾的崇高境界。在心裡反覆發願：但願我在輾轉投生的生生世世中，就連其他有情的一根毛孔也不損害，一心一意利益他們。

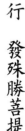

尤其是，對於依靠自己的眷屬、奴僕、旁生等要滿懷關愛之情，乃至看門狗以上都萬萬不要以毆打、役使方式過分摧殘。隨時隨地，一舉一動、一言一語、心心念念都要以仁慈為本。其實，如今投生為奴僕、看門狗而受到眾人欺凌嫌棄的這些眾生，也是由於往昔身為有權有勢之人的時候造下了欺辱、藐視他人的惡業成熟的報應，而今來償還宿債的。如果現在自己仰仗著有錢有勢而凌辱別人，那麼後世自己也同樣會變成他人的奴僕來償還宿債，所以對於那些身居自己之下的眾生更應多一分仁慈、多一分愛心。特別是對自己的父母雙親、久病的患者等，自己三門盡力做利益事有不可思議的功德利益。誠如阿底峽尊者說：「如果對遠方的客人、久病的患者、年邁的父母等慈愛行事，與實修空性大悲藏者相同。」

尤其是父母對兒女仁至義盡，恩重如山，如果在父母年事已高老朽不堪之時刺傷他們的感情，實在是大逆不道，罪過特別嚴重。我等大師釋迦牟尼佛也曾經為報母恩而前往三十三天為母說法。佛在經中說：「兒子將父母扛在左右雙肩上轉繞大地承侍，也難以報答父母之恩，若使父母趨入正法，則能回報恩德。」因此，身語意孝敬父母是每個人應盡的義務，我們一定要想方設法使他們內心轉向正法。

此外，正如鄔金蓮花生大士所說：「切莫讓老人憂傷，要恭恭敬敬加以維護。」我們言行舉止要慈愛隨順關心照顧所有比自己年長的人。

當今時代我們中的有些人口口聲聲地說：「要養家糊口沒有辦法不害眾生。」但實際上是有辦法的。

從前，新疆地區的兩個沙彌修持聖文殊法，結果面見了文殊菩薩。文殊菩薩對他們說：「你們二人與我沒有緣分，你們生生世世的具緣本尊就是觀世音菩薩，觀音菩薩化現為吐蕃國王的形象，你們去親近他吧。」於是他們二人便來到了西藏。在拉薩藥王山㉑的後面，看到許多人被殺戮或者被逮捕入獄。他們問：「這是什麼

㉑藥王山：拉薩布達拉宮西南一山名，西藏四大名山之一。

原因呢？」人們告訴他們：「這是國王下令懲治的。」二人心想：這位國王肯定不是觀世音菩薩，我們倆也很可能被懲罰，還是趕快逃走為好！國王知道他們二人要逃跑，便命人將他們喊回來，叫到面前對他們說：「你們二人無需害怕，由於藏人剛強難調，所以我才顯示幻化，我下命令砍殺的這些人全是我自己幻變的。實際上我本人對一個眾生的一個汗毛孔也從來沒有加害過。」

國王松贊干布執掌西藏雪域的國政，並且統轄了局部的四部王國，征服了邊境的所有軍隊，他成辦那樣廣大滅敵護親的事業，卻連一個眾生的一個汗毛孔也沒有加害過，那麼如今我們只是維持一個蟲穴般的小小家庭怎麼會沒有辦法不害眾生呢？加害眾生的下場就是自食惡果，導致自己今生來世感受無邊痛苦的報應。即使僅僅就今生今世而言，也不能成辦絲毫利益。因為殺人償命，欠債還錢……除了白白浪費自己的財產受用以外，根本沒有誰依靠害眾生造惡業而獲得財富的。

所以說，修慈無量心要像雌鳥養育小鳥一樣，雌鳥養育小鳥的時候，首先建造一個柔軟舒適的窩，然後用羽翼覆蓋給予牠們溫暖，在雛鳥不能飛翔之前始終如一動作輕柔悉心撫育。同樣，我們也要通過身體的行為、口中的語言以及心裡的念頭慈愛善待三界一切眾生。

戊三、修悲無量心：

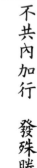

修悲無量心的時候，觀想一位被劇烈痛苦逼迫的眾

生，希望他遠離痛苦。經中說：「觀想一名被關入監獄最後接近被殺的罪犯或者屠夫面前生命垂危的旁生等遭受劇烈痛苦的一個眾生作為悲愍的對境，對它生起母親或兒子想。」具體修法：比如，觀想一名被國王下令帶到刑場的囚犯或者一隻正被屠夫捆綁的綿羊時，放下他是其餘某某眾生的念頭，想想，如果那個眾生就是我自己，該怎麼辦？專心意念那邊正在感受痛苦的眾生就是自己，現在到底該怎麼辦呢？無處可逃、無處可躲，無依無怙，無法溜走，也不會飛行，憑藉力量和武力也不能抗拒，在這一瞬間就要離開今生的一切顯現，甚至自己珍愛保護的身體也要捨棄而步入後世的大道中，這是多麼悲慘啊！……觀想那樣的痛苦落到自己身上而修心。

或者看見一隻羊被帶到屠宰場去了，觀想：如果這隻羊就是我的親生母親，那該怎麼辦？放下那是一隻羊的念頭，發自內心觀想牠就是自己的親生母親，接著再進一步觀想：如果我的老母親沒有一絲一毫的罪過卻這樣無辜被別人殺害，那麼現在我該怎麼辦呢？我的老母親該是何等的痛苦！誠心誠意地想，當迫切希望老母立即擺脫被屠夫宰殺的痛苦或者情不自禁地生起慈愛悲憫之情時，再接著這樣觀想：現在正在感受痛苦的這個眾生雖說不是我今世的父母，但是牠肯定在以往的生生世世中做過自己的父母。在當母親時也完全是像現世的母親那樣深情地養育我，牠的大恩大德與現在的父母雙親沒有差別，遭受如此劇烈痛苦逼迫的父母親，該有多麼的可憐！如果他們此時此刻瞬間就能擺脫這種痛苦那該多麼好啊！一直觀修到生起猛烈悲心忍不住淚水簌簌而下為止。如果對他們生起了悲心，再繼續觀想：感受這種痛苦也是往昔造不善業的果報，如今為非作歹的這些人後世也一定會感受這樣的痛苦，實在可憐。

如此以正在造殺業等痛苦之因的人們作為對境而修悲心，然後再觀想墮入地獄、餓鬼等趣的苦難有情，專心意念它們就是自己或自己的親生父母，發奮努力而修悲心。

最後觀想：虛空所遍及的地方遍滿眾生，眾生所遍及的地方充滿了惡業和痛苦，這些唯造惡業、唯受痛苦的眾生多麼可憐！如果所有的這些眾生都遠離六道各自的一切業惑、痛苦及習氣，獲得永久安樂圓滿正等覺的果位該有多好！反反覆覆誠心觀修。這樣修悲心時，最初以任意一個眾生作為所緣境，唯一對他觀修，然後範圍逐漸擴大而修，到了最後對一切眾生普遍觀修……如果沒有這樣一步一步去修，而是漫不經心、浮皮潦草，也就不可能如理如法修成。

尤其是平日裡看到依靠自己的牛馬羊等感受痛苦和艱辛時本該修悲心，可是我們這些人又是怎麼做的呢？當自家門前的牛等牲口遭受穿鼻、閹割、拔毛、活活放血等地獄一樣的多種痛苦時，主人從來沒有想過牠們也有痛苦的感受，如果慎重加以觀察，就會知道這是沒有修悲心的過患所致。我們好好想一想，假設換了自己，就是現在拔出一根頭髮也會「哎喲喲」直叫，覺得這種刺痛實在讓人不能忍受，而當主人用絞木⑫使勁地拔掉犛牛身體上所有的粗毛時，那頭牛已經是全身赤裸、血跡斑斑，每一個毛孔裡都在滴滴流血，疼得牠不時地發出低低的呻吟聲，可是主人對牛遭受這般難忍的苦痛想也不想，反而覺得自己手上因此而磨起的水泡令人忍受不了。

此外，人們在騎馬行路的時候，往往會因為自己臀部疼痛不能端直地坐在馬鞍上而需要側身斜坐，卻不曾想到座下的那匹馬也同樣有疲乏、有苦痛，反而在牠精疲力竭、寸步難行的時候，認為這頭牲口性情惡劣不肯繼續前行而生起嗔心，用鞭子狠狠地抽打，對牠一剎那也不生憐愛之心。

尤其是綿羊等被宰殺的過程中，首先被從羊群中抓住的時候，牠會產生想像不到的恐怖感、畏懼感，最初被抓的部位皮下淤血，然後身體被翻倒在地。這時屠夫用皮繩把牠的四條腿緊緊捆綁起來，又用細細的繩子勒緊牠的嘴巴，使牠呼吸中斷，感受氣息分解的劇烈痛苦。假設死亡的時間稍微拖延，大多數罪孽深重的屠夫

---

⑫絞木：用來拔去犛牛身上毛的木棒。

則火冒三丈，一邊氣急敗壞地說「這該死的畜生還不死」，一邊拼命地捶打牠。只要這隻羊一死，他們就立即剝掉牠的皮，取出內臟，緊接著抽取另一頭活牛的血液，這時那頭牛也已經體力不支，走起來踉踉蹌蹌。主人將死肉與活血混合起來裝入前面宰殺的那隻羊的內臟裡，然後大模大樣地吃了起來，這種人真成了惡業羅剎。

現在我們認認真真地思維這些道理，看到那些旁生痛苦而觀想感受者就是自己會怎麼樣？我們不妨試一試，自己用手捂住口鼻中斷呼吸停留片刻，看看會有怎樣的痛苦、何等的恐懼？經過這樣一番慎重觀察之後，心裡默想：連續不斷感受這般劇烈痛苦的一切眾生實在可憐，如果自己有能力將他們從所有不同的痛苦中解救出來那該有多好！對於以上的道理要反反覆覆地觀修。

尤其是，所有的上師和僧人本該身先士卒作為慈悲的表率，然而遺憾的是，如今有些上師、僧人無有絲毫慈悲心，對眾生造成的痛苦甚至比在家人還嚴重，這真是到了佛法末期，已經是將食肉羅剎作為供養處的時代了。

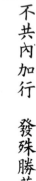

往昔我等大師釋迦牟尼佛也是將轉輪王的王位棄如唾液而毅然決然地出家（，通過修道最終證得了圓滿正等覺的果位）。當時世尊與眷屬阿羅漢眾全部是手托缽盂、持執錫杖徒步前去化緣的，非但佛的眷屬沒有乘馬

騎騾，就是世尊也從沒有乘過一匹坐騎，正是因為佛陀想到令眾生痛苦不是佛教的宗旨，否則世尊怎麼會想盡辦法而得不到一匹馬騎呢？

如今我們有些僧人去俗家做經懺等佛事的時候（可並不是這樣的），他們透過一頭犛牛的鼻孔穿入一根粗糙的尾毛繩子。僧人騎在牛背上，兩手用力拽著繩子，每拽一下，那頭犛牛因鼻子疼痛難忍而轉過頭來，僧人就用鞭子使出全身力氣連連抽打牠的屁股，這時那頭牛疼痛難忍而疾馳奔跑，僧人又拽住穿鼻的繩子，牠又因為鼻子痛得受不了而停下來時，僧人依然如故用鞭子抽打，就這樣輪番不斷。到了最後，犛牛身體疲憊不堪、內心說不出的痛苦，每一根汗毛孔裡一滴滴向外流著汗水，伸出馱罩[123]般的長長舌頭，實在是走不動了，在那裡氣喘吁吁，發出「呼呼」的聲音。這時騎在牛背上的僧人認為現在這頭老牛不肯好好地走，便生起嗔恨心，用鞭柄棍棒猛擊牠的屁股，因為嗔心大發用力過猛，結果把棍棒折成了兩段。只見那僧人將折斷的棍棒插入腰間，又俯身撿起一塊尖石從牛鞍上轉過身來繼續捶打那頭犛牛的脊背。這些都是因相續中未生起少許大悲心所導致的。

此時我們專心意念那頭犛牛就是自己，觀想自己的背上承受著難以支撐的沉重負擔，鼻子由繩子穿著，臀

[123]馱罩：用來覆蓋馱子的毛織物的毯子。

部被鞭子抽著，肋骨被腳蹬頂著，前後左右全部是疼痛的感覺，沒有片刻休息的時間，還要爬上高坡，衝下陡壁，渡過大河，越過平川，連吃一口食物的空閒都沒有，從早晨天明到傍晚日落，一直在不情願中來來去去，感受何等的艱辛勞累、疼痛飢渴，如果這些痛苦落到自己頭上，想必不管是誰都一定會生起難以堪忍的強烈悲心。

本來，所謂的上師僧人是無偏救護一切眾生的依處與怙主。（可是如今有些上師僧人）心裡認為對自己熱情款待大作供養的施主是自方的人，口中也說「我保護你們、救護你們」並且賜予灌頂加持。而將那些由惡業之因牽引轉為低劣身分、興風作浪的餓鬼、鬼魔等看作是敵方，心裡對它們生起嗔恨，口中喊著「殺殺、打打」，身體做出各種打擊的姿勢，真正認定那些加害於人的鬼神該打該殺，這說明自相續完全落入了貪嗔的控制中，也是沒有生起平等悲心所導致的。

我們如果好好加以觀察，就會發現那些作害的鬼神其實比施主還可憐，為什麼這樣說呢？因為這些加害他眾的鬼神由於惡業之因感召而轉生為低劣身體的餓鬼，有著無量無數痛苦、恐懼的感受，常常是飢渴交迫、疲憊勞累，始終處於憂慮的狀態之中，相續中充斥著嗔恨、野蠻與粗暴，大多數死後會立即墮入地獄，沒有比它們更可憐的了。而對於施主來說，雖然暫時遭受一些病痛或苦惱，但是依此只會消盡惡業而不會積累惡業。那些加害於人的鬼神懷有惡心危害其他眾生，結果必然會被這一惡業之因引入惡趣的深淵。所以，釋迦牟尼佛才以大慈大悲善巧方便宣說了利用強力與現行的方式驅逐、降伏鬼神的法門，這也是悲憫那些鬼神，就像母親打罵不聽話的小孩一樣。這種降伏的事業只對於那些有能力斷絕無惡不作眾生的罪業並且將它們的神識引到清淨剎土的人才有開許。否則，認為施主僧人眷屬等為自方的人而貪執他們、認為鬼神及作害的那些眾生為他方而嗔恨它們，這種以貪心護持自方、以嗔心打擊他方的方便法門，佛陀又怎麼可能宣說呢？

具有這樣貪心、嗔心的人，驅逐、打擊那些意生身的鬼神，非但不能使它們言聽計從，反而會使自己深受其害，不僅是懷著貪嗔之心不能降伏，甚至執著那些鬼神自相實有者也同樣制服不了它們。從前，米拉日巴尊者住在窮隆穹縣時，有一次出門去拾柴。回來時發現魔王哦那雅嘎利用神變而幻化出五個瞪著碗大眼睛的丑角坐在他的臥室裡。尊者祈禱上師、本尊不起作用，修本尊的生起次第後念誦猛咒還是不能趕走它們。尊者心想：上師瑪爾巴羅扎曾經傳授我現有[124]一切直指為自心，心性直指為空性光明，將魔障執為實有外境肯定起不到什麼作用。於是他安住在鬼神為自現的定解中徑直走入

[124]現有：指器情所攝之諸法，或輪涅所攝之法。

山洞。五個丑角非常害怕，眼睛骨碌碌地環視著，當下便消失得無影無蹤了。此外在《岩羅刹女道歌》中寫道：「本習氣魔由心生，倘若不知心本性，你雖勸逐我不去，若未證悟自心空，似我之魔不可數。若已認識自心性，一切違緣現助伴，我羅刹女亦為僕。」可見，如果不具有鬼神就是自心顯現的定解，以嗔恨心又怎麼能夠降伏得了鬼神呢？

還有一點也值得一提，當今時代有些上師僧人到施主家裡的時候，那些施主宰殺許多羊隻而供養肉食，這些上師僧人心中沒有一絲一毫的顧慮，而是喜笑顏開地大吃起來。尤其是進行消災免難、祭祀求福等時，他們說必須要用新鮮的肉，並認為剛剛宰殺、鮮血淋淋、熱氣騰騰的肉才是乾淨的，用葷腥血肉裝點美化食子和供品，氣勢洶洶、殺氣騰騰地舉行佛事，其實這些只是苯波教與外道之類旁門左道的做法，根本不是內道佛教的法規。如果按照內道佛教的宗旨，那麼皈依以後必須要斷除損害眾生的事情，無論到哪裡，哪怕是危及一個眾生的性命而殺害、享用血肉就完全違背了皈依戒。

尤其是身為大乘行人，理所應當作為天邊無際一切眾生的皈依處和救護者。假設對於本該救護的那些惡業有情沒有一絲一毫的悲憫之心，而當施主殺害救護對象的眾生後將烹調的血肉擺放在救星菩薩的面前，對方喜氣洋洋地開始大吃大喝，並不時地發出踏嗝⑫⑤聲，難道還有什麼比這更令人痛心的嗎？

密宗金剛乘諸論典中說：「血肉供養不依教，違背桑哈查門[126]意，祈境空行予寬恕。」有些人振振有詞地說，所謂的依教之血肉供養，必須遵照密宗續部論典中所說而實行。那麼，到底密宗經典中是怎麼說的呢？「五肉五甘露，飲食外薈供」，意思是說，作為密宗誓言物的人肉、馬肉、狗肉等五肉[127]，並不是為了食用而宰殺、而是作為供品擺放的無罪五肉，這才是「依教之血肉供養」。否則，被淨穢分別所束縛，認為人肉、狗肉等是骯髒的東西或者低劣之物，為了食用而剛剛殺的、香香的、肥肥的肉是乾淨的，就像「所受五種三昧耶，視淨為穢行放逸」中所說的「視淨為穢」，因此與所受的三昧耶戒相違。雖然是五種淨肉，但是除了能將飲食變成甘露的人或在寂靜處修持成就的時候以外，如果貪著肉的美味而到村落裡肆無忌憚地去吃，那麼就稱為「所受誓言行放逸」，完全違背三昧耶戒。

所謂的清淨肉類，是指以自己的業力自然而死或者因病而亡等等情況下的肉，並不是為了食用而宰殺的肉，也就是人們通常所說的眾生因為自己的業力衰老、命終或者因病而死亡的肉。否則，就像無等塔波仁波切

---

[125]踏嗝：享用美味時感覺甚為可口而發出的一種聲響。
[126]桑哈查門：《聞解脫續》中講：桑哈即八位桑哈空行母，未依教進行血肉供養者需在此等空行母前懺悔，遣除罪業。查門，是指空行母總稱。
[127]五肉：人、馬、狗、大象、孔雀肉。

所說：將剛殺的溫熱血肉擺放在壇城中，那麼一切智慧尊者都會昏厥過去。他又親口這樣形容道：「此外，如果迎請智慧尊者以後，用剛剛宰殺的血肉對他供養，就如同在母親面前殺了她的兒子一樣。」比方說，請一位母親做客，將她被殺的兒子的肉放在她面前，我們可想而知，那位母親會不會歡喜？同樣，一切佛菩薩對所有眾生就像獨生子的母親一樣滿懷慈愛地關照垂念，殺害任何一個被惡業所轉、無有思維的旁生後作血肉供養，諸佛不可能歡喜。如寂天菩薩說：「遍身著火者，與欲樂不生，若傷諸有情，云何悅諸佛？」

當自己一邊享用新殺眾生的血肉，一邊供血供肉，祈禱護法神等等的時候，那些智慧天尊，護持佛教的護法神全部是菩薩勇士，所以他們不僅不會享用這些猶如擺在屠夫面前一樣的血肉，而且也不會近前一步。相反，那些喜愛溫熱血肉、恆時精勤於損害眾生之惡業黑法方面的大力鬼神卻會聚集在那裡享受他們血肉供品。而且這些鬼神也會時時跟著那些念誦血肉儀軌的人，偶爾倒是提供些微乎其微的順緣，但是常常就是損害眾生，使他們突然生病、驟然著魔。這時候，那些人又來念血肉儀軌、作血肉供養，鬼神似乎又會給些暫時性的幫助，就這樣，做血肉供養的人和鬼神互幫互助，形影不離，鬼神如同羅刹放哨一樣整天懷著貪食、貪財、貪利的心態到處遊遊蕩蕩，而做血肉儀軌的人則因為鬼使神差而使以往具有的出離心、厭離心、清淨心、信心以及正法的光明一併遮蔽，即便佛在空中飛行也不起信心，哪怕掏出眾生的腸子也絲毫不生悲心，就像惡業的羅剎奔赴戰場一樣，面紅耳赤、怒氣沖沖、性情粗暴、勾心鬥角。依靠鬼神相助，他們認為咒力不凡、具有加持而心生傲慢，這些人死後只能是如投石般立即墮入地獄，或者以惡業轉生為凶狠鬼神的眷屬，肆意弒殺眾生，或者投生為鷂鷹、豺狼等旁生。

從前，為了法王赤松德贊龍體安康而舉行福壽法事，苯波教徒們大興血肉供養，當時鄔金第二佛蓮花生大士、大智者布瑪莫扎以及大堪布菩提薩埵等諸位大譯師看到苯波教的彩盤[128]，心裡十分不悅，他們說：「一教不應有二師，一法不應有二規，苯波教旨不合法，並非共同尋常罪，若爾我等返故里。」所有的班智達不謀而合、不約而同，國王祈請他們講法也不傳講，宴請他們也不受用。

如今我們這些人自以為是往昔諸班智達、大菩薩們的追隨者，可是如果將甚深的密宗儀軌變成苯波教的吟誦而損害眾生，顯然就成了出賣佛教靈魂、褻瀆三寶的敗類，結果只會將自他引入地獄。所以，我們應當恆時身居卑位，穿著破衣，盡心盡力饒益一切眾生，在沒有確定自相續中已經生起慈悲心之前，如果能夠集中精

[128]彩盤：苯波教禳災送祟時作為犧牲物品的彩線花盤。

力、專心致志地精進修持，那麼誦經修善、度化眾生等表面上虛張聲勢的佛事不成辦也可以。如《攝正法經》云：「欲獲得佛果，學多法不成，唯當學一法，何為學一法？此乃大悲心，何人具大悲，彼獲諸佛法，瞭如指掌矣。」

從前，三同門⑫⑨與卡隆巴格西的一位高徒前來拜見仲敦巴格西，格西問他：「博朵瓦在做什麼？」

他回答：「他在為數百僧眾講經說法。」

仲敦巴說：「稀有！稀有！那也是一正法。普穹瓦格西在做什麼？」

那人回答：「他在廣集自他資具，建造三寶所依⑬⓪。」

仲敦巴格西又如前一樣說：「稀有！稀有！那也是一正法。袞巴瓦在做什麼？」

他回答道：「他唯一靜修。」

格西又如前一樣說（稀有！稀有！那也是一正法）。並接著問：「卡隆巴在做什麼？」

那位弟子說：「他總是到一個蟻穴的旁邊蒙頭痛哭。」

聽到這話，仲敦巴格西立即脫帽，合掌當胸，邊流淚邊說：「極其稀有，他是真正在修持正法，本來關於

---

⑫⑨三同門：據《藏漢大詞典》所載，三同門是指博朵瓦、金厄瓦、普窮瓦三位格西，此處還請讀者觀察。
⑬⓪三寶所依：指佛像、佛經、佛塔。

這一點有許多功德要講。但如果現在讚說，卡隆巴格西會不高興的。」

卡隆巴格西之所以蒙頭痛哭，是因為想到了輪迴中受苦受難的一切眾生。

此外，金厄瓦格西講述諸多慈心、悲心重要性的原因時，朗日塘巴尊者恭敬頂禮並且說：「我從現在起唯一修持慈悲心。」

善知識金厄瓦邊脫帽邊連聲地說：「難能可貴、難能可貴，實在難能可貴！」

如果想要清淨自相續的罪障，也再沒有比悲心更殊勝的了。

從前，印度阿毗達磨正法三次遭到外道摧毀，當時有一位婆羅門種姓的明戒比丘尼心裡想：我生為下劣之身的女人，不能弘揚佛法，應該與男人婚配生子，弘揚聖法阿毗達磨。這樣考慮之後她與一位國王種姓的男士為婚，生了無著菩薩，又與一名婆羅門男子為婚，生了世親論師。

兩個兒子長大以後向母親詢問父親的事業。

母親告訴他們：「你們二人不是為了繼承父親的事業而生的，是為了弘揚佛法而生的，但願你們好好修學正法，將來弘揚阿毗達磨妙法。」

聽到母親的話，世親論師前去克什米爾集賢尊者面前學習阿毗達磨法門。

無著菩薩來到雞足山，他心想：如果面見彌勒菩薩就可以求竅訣。於是開始專修彌勒本尊，六年期間歷盡千辛萬苦而修行，結果連吉祥的夢兆也沒有出現。他想：看來我現在是修不成了。便心灰意冷地下了山。途中看到路邊有一個人正在用柔軟的棉布擦磨一根大鐵棒。他問：「你這樣擦有什麼用呢？」

那人告訴他說：「我沒有針，所以我要將此鐵棒磨成一根針。」

無著菩薩心想：用這樣一塊軟布來磨擦這麼大的鐵棒，不可能有磨成針的時候，萬一有可能，但到那時他還會在人間嗎？看來世間人為了毫無意義的事也這般辛辛苦苦，那麼我修行妙法，必須要有堅強不屈、鍥而不捨的毅力。想到這裡，他返回到原處又修持了三年，可是仍然沒有出現絲毫驗相。他想：現在我的確不能成就了。於是又起身下山，行途中看到路邊一座高聳入雲的大石山前面，有一個人正在用羽毛蘸水拂拭那塊岩石。他好奇地問：「你這是在幹什麼呀？」

那人回答說：「這座石山太高了，我自己的房子在這座石山的西面，陽光照不到上面，所以我準備把這座山拂拭得一乾二淨。」

無著菩薩心裡又如前一樣想想之後，再一次返回原處，又修行了三年，結果依然連祥兆的夢也沒有出現，他真的是萬念俱灰了，不禁失望地想：現在看來無論如何也無法成就了。便又下山了。途中看到路邊有一條雙腿殘廢的母狗，整個下身彌漫著許多小蟲，仍然還在對別人生嗔恨心，提起上身瘋狂亂叫，拖著下身前來咬人。

無著菩薩情不自禁地對牠生起了難以堪忍的強烈悲心，他割下自己身體的肉施給那條狗，接著想要清除牠下身的小蟲。心裡思量：如果用手去抓，可能會捏死小蟲，應當用舌頭來舔。但是，因為狗的整個身體已經腐爛，充滿膿汁，眼睜睜地看著實在是舔不下去，於是他閉上雙目伸出舌頭，結果舌頭沒有接觸到狗的身體，反而觸到地面。他睜開雙眼一看，母狗不見了，而至尊彌勒菩薩金光燦燦地出現在面前。無著菩薩說：「您的悲心實在微弱，一直也不現尊顏。」

彌勒菩薩說：「不是我不向你露面，實際上我與你從未分離過，而是因為你罪孽深重，看不見我而已，後來你經過十二年修行使罪業稍微減輕，只看到這條母狗，現在由於你生起了大悲心而使業障無餘清淨了，才真正見到了我。你如若不相信，將我扛在你自己的肩膀上，顯示給眾人看。」

於是，無著菩薩將彌勒菩薩扛在右肩上，到集市上去，他問人們：「我的肩上有什麼？」

人們都說「什麼也沒有」。只有一位罪障稍微清淨的老婦人說：「您的肩上有一具腐爛的狗屍。」

隨後怙主彌勒菩薩將無著菩薩帶到兜率天，為他宣講了慈氏五論[131]等妙法，他返回人間，開始弘揚大乘佛法。

由此可見，清淨罪業再沒有比修行悲心更殊勝的法門了，並且悲心也是相續中生起不共菩提心的無倒之因。所以，我們一定要通過多種方便途徑盡最大努力來修這一悲心。

所謂的修悲心就像斷臂母親之子被水沖走一樣，如果一位沒有手臂的母親的兒子被水沖走，那麼她必然會對兒子生起無法堪忍的強烈悲憫之情，心想：自己沒有手，不能從水中救出兒子，現在該怎麼辦呢？她唯一考慮救脫兒子的辦法，內心無法忍受痛苦，一邊失聲痛哭一邊到處奔跑。同樣，我們也要在心裡想：三界中的一切眾生被痛苦的河流沖走，沉溺在輪迴的大海之中，儘管我對他們生起了難得堪忍的悲心，可是我沒有能力將他們從痛苦中解救出來，現在該怎麼辦呢？誠心誠意祈禱上師三寶，觀修悲心。

戊四、修喜無量心：

在修喜無量時，觀想任意一位具有種姓、權勢、財富、地位等生在善趣當中幸福快樂、長壽無病、眷屬眾多、受用具足的一個眾生作為所緣境，對他既沒有競爭

[131]慈氏五論：相傳為彌勒為無著所說《現觀莊嚴論》、《經莊嚴論》、《寶性論》、《辨法法性論》和《辨中邊論》。

的心理也沒有嫉妒的情緒，反而在心裡想：但願他具有比這更高一等的人天福報，擁有吉祥富足、無損無惱、智慧廣大等等眾多圓滿的功德，如果其他眾生也能處在這樣的位置，那我該有多麼高興啊！反反覆覆觀修。首先，對自己比較容易生起喜心的任意對象作為所緣境來修喜心，比如自己的親朋好友等具有功德、幸福快樂的人；其次，當相續中對他們生起了喜心以後，接著再對所有中等人觀修；最後，針對那些損害自己的怨敵、特別嫉妒的對象來觀修。徹底根除對他人財富圓滿忍無可忍的惡心，對凡是擁有安樂的所有眾生，修喜不自禁的歡悅之心，最終於無緣中安住。

所謂的喜心就是指無有嫉妒的心態，所以我們必須以各種方便來修煉自心，想方設法努力使自相續不生起嫉妒的惡心。尤其是，佛子菩薩們發心利益一切眾生，所要做的就是究竟將這所有眾生都安置在永久安樂的圓滿正等覺果位，暫時讓他們擁有人天增上生的福報，又怎麼能對於眾生由各自業力而獲得的微乎其微的功德受用心不歡喜呢？如果自相續被嫉妒蒙蔽，從此之後對他人的功德視而不見，自身積累滔天大罪。

從前，當至尊米拉日巴福德圓滿、事業廣大的時候，法相師[132]達羅心生嫉妒，前來駁斥。至尊無論如何顯示神通神變，他不但不起信心，而且一味萌生邪見而大

[132]法相師：採用辯論的方法研究佛教法相學的人。

肆誹謗，結果後世轉生為一大惡魔。還有一位法相師匝普瓦格西下毒暗害至尊米拉日巴，諸如此類的這些現象都是因為嫉妒心而引起的。

所以，對於具有嫉妒心的補特伽羅，真佛出現也無法引導他們。因自相續為嫉妒所蒙蔽，始終看不見別人的功德，因為不見功德，也就生不起絲毫信心，因為不起信心，也就不能作為悲憫與加持的法器，就像提婆達多與善星比丘二人本來都是世尊的堂弟，可是由於嫉妒擾亂相續而對世尊一點一滴的信心也生不起來，儘管一生在本師釋迦牟尼佛身邊，可是也沒有辦法得到調伏。

不僅如此，而且總是對別人心懷惡念之輩，非但不能損害他人，自己反而會積累嚴重的罪業。從前有兩位著名的格西互相敵對。其中的一位格西聽說另一位有了女人，於是對侍者說：「煮上好茶，我聽到一個好消息。」

侍者煮好茶後端給他問：「您聽到了什麼好消息？」

他說：「我們的那個對手某某有了女人，破戒了。」

當根邦扎嘉聽到這件事，板著臉說：「真不知他們二人到底誰的罪過嚴重？」

經常懷有這樣嫉妒或競爭等心態之徒，既無益於己也無害於人，只是毫無意義地自我造孽而已。所以，我們一定要斷除這樣的惡心歹意，不論何時何地，當看到其他人種姓高貴、相貌端嚴、財產豐富、廣聞博學等等功德順緣樣樣齊全，這時要誠心誠意地修歡喜心，並且在心裡想：這個人擁有這樣的功德、財富，我真的十分高興，如果此人具有比這些更勝一籌的權勢、財富、名譽、功德等十全十美的福報，那該多好！發自內心地觀修。

所謂的修喜無量要如同駱駝找回丟失的幼崽一樣，母駱駝比其他眾生更加慈愛牠的孩子，如果牠的駱駝崽丟失了，那麼牠會非常非常憂傷，假如失而復得，牠會產生出乎意外的喜悅之情。我們要像這樣來修喜心。

四無量心是自相續生起真實菩提心正確無誤的因。無論如何，在相續中還沒有生起四無量心之前必須精進觀修。如果為了容易理解而將四無量心的意義歸納的話，可以包括在心地善良當中，所以我們隨時隨地要始終如一地修學心地善良。

從前，有一次阿底峽尊者感到手痛，於是把手放在仲敦巴的懷裡說：「請您給我加持一下這隻手，因為您有一顆善良的心。」尊者一直將心地善良放在重要的位置，平時問安也是說：「生起善心了嗎？」在一切教誨中也著重強調：「心地要善良啊！」

隨著心的善惡，一切黑業白業以及業力的強弱也會有相應的變化。如果懷有一顆善心，那麼身體所做的事和口中所說的話都會成為善法，就像前面所講的把鞋墊放在泥塔小像上的公案那樣。如果心存惡意，那麼儘管表面上似乎是善行，實際上通通成了惡業。因此我們不管在任何時間、任何地點都要學修心地善良。正如（宗喀巴大師）所說：「心善地道亦賢善，心惡地道亦惡劣，一切依賴於自心，故應精勤修善心。」

心善地道如何善呢？下面以實例來說明這一點。從前，母女二人互相攙扶趟過一條大河，結果母女倆都被大水沖走。當時母親心想：如果我的這個女兒不被水沖走，那麼我自已被水沖走就沖走吧！女兒也同樣心想：如果母親不被水沖走，我自已被水沖走就沖走吧！她們二人彼此之間生起這樣的善心，雖然她們都溺水而亡，但是死後均轉生到了梵天界。

此外，以前在夏薩夠喀地方，有六位出家人和一名信使共有七人上了同一條船。船行進到河的四分之一時，船夫對大家說：「船超重了，要麼你們當中會游泳的一個人跳下去，要麼我跳到水裡，你們中的一個人來划槳。」所有的船客全是既不會游泳也不會划槳，那位信使說：「與其所有的人死，還不如我一人死好。」隨後便縱身跳入水中，此時空中彩虹環繞、花雨紛紛，信使本來不會游泳卻順利到達河的彼岸而安然無恙。

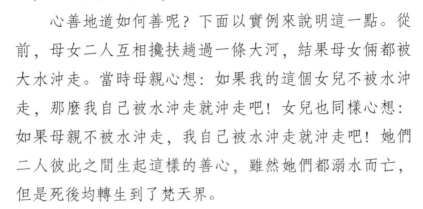

那麼心惡地道又怎麼惡呢？從前，一個乞丐躺在城門過道上胡思亂想：如果這位國王的頭顱斷掉，讓我來

做國王那該多好啊！他心裡屢屢萌生這樣的惡念。第二天早晨，正當他酣然熟睡的時候，國王乘車而來，車輪恰恰輾過這個乞丐的脖子，結果他自己的頭斷了。

本來我們求法的目的就是為了隨時隨地以正知正念護持自己的這顆心，如果對自相續不進行詳察細審，那麼很容易在無意義中生起猛烈的貪心嗔心而積累下深重的惡業。那個老乞丐生起了如此不切實際的惡念，結果立即受報應。本來，安安穩穩地坐在寶座上、舒舒服服地睡在寶榻上的國王頭顱也根本不可能隨隨便便斷掉。假如國王的頭真的斷了，那麼國王駕崩後身為國王的太子不繼承王位，猶如猛虎熊豹般的大臣們不執掌國政，難道會讓你這樣一個漂泊不定、窮困潦倒的老乞丐做國王嗎？

如果我們沒有好好觀察自相續，那麼在無意中很可能會生起那樣的惡心。如夏日瓦格西說：「當護意國政，否則三有增。」

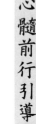

另外也有這樣的事實：從前，世尊與比丘僧眾到施主家中應供時，有國王種姓和婆羅門種姓的兩個小乞丐，當那個婆羅門種姓的小孩去乞討時，佛陀及眷屬還沒有用齋，所以他什麼也沒得到；國王種姓的小孩是在世尊及眷屬享用齋飯後去乞討的，所以獲得了許多剩餘的甘美食品。他們二人下午在途中閒談時，國王種姓的小孩滿懷信心地說：「如果我具有財產、受用的話，那

麼我在有生之年一定以衣食、受用等一切資具供養世尊和他的眷屬，並且恭敬承侍他們。」

婆羅門種姓的小孩子則惡狠狠地說：「假如我擁有權力成為一國之主，那麼我非要砍掉那個光頭沙門和他眷屬的腦袋不可。」

之後，國王種姓的小孩來到了另外一個地方，在一棵大樹的樹蔭下休息。其他樹的蔭影都已遷移了，但是國王種姓的小孩所在的樹蔭卻始終沒有移動。當地的國王去世後無有太子繼承王位，他們便發出公告需要一位具足福德威望之人做國王。人們四處尋找，有人發現一個睡覺的小孩，明明中午已過但他上面的樹蔭仍然原地未動，於是喚醒他，請他繼承了王位。後來他如願以償，履行諾言供養佛陀和他的眷屬。

那個婆羅門種姓的小孩躺在一交通要道休息，馬車疾馳而來，輾在他的脖子上，他斷頭而亡。

如果經常唯一修學心地善良，那麼不但今生的一切所願能稱心如意，受到白法方面天神的保護、蒙諸佛菩薩的加持，一切所作所為成為善法，而且臨終時也不會感受氣息分解的劇烈痛苦，後世還會獲得人天果位，究竟現前圓滿正等覺的果位。因此，我們絕不能馬馬虎虎不觀察自相續而頂禮轉繞、念經誦咒等裝模作樣地廣行善事，而要懂得經常觀察自相續、修學心地善良，這一點相當相當重要！

丁二（發殊勝菩提心）分二：一、發心之分類；二、正式發心。

戊一、發心之分類：

從心力的角度來分，有如國王之發心、如舟子之發心、如牧童之發心三種。國王們首先要摧伏一切敵方，得到自方的擁戴，先自己登上王位，再維護屬下臣民。同樣，希求自己首先獲得佛果，之後再將一切眾生安置於佛地，這種發心就稱為如國王之發心。所謂的舟子，也就是船夫，他們的願望是自己與所有的船客同時趨向江河彼岸。同樣，希求自己與一切眾生一同獲得佛果，這種發心就叫做如舟子之發心。牧童們為了使牛羊先吃草喝水，免遭豺狼等猛獸的侵害而將牠們趕在前面，自己隨後而行。同樣，希求先將三界一切眾生安置於圓滿正等覺的果位以後，自己再成佛（，這種發心稱為如牧童之發心）。其中如國王之發心也叫做廣大欲樂之發心，這種發心者的心力屬於下等；如舟子之發心也稱為殊勝智慧之發心，這種發心者的心力屬於中等，就像至尊彌勒菩薩的發心；如牧童之發心稱為無與倫比之發心，懷有這種發心的人具有非凡巨大的心力，就像至尊文殊菩薩的發心那樣。

如果依地道的界限來分，則有四種，資糧道、加行道稱為勝解行發心；一地至七地叫做清淨意樂發心；三清淨地（八地至十地）叫做異熟發心；佛地為斷障發心。

如果從發心本體的側面來分，有世俗菩提心與勝義菩提心兩種。其中世俗菩提心又分為願菩提心與行菩提心。如《入行論》云：「如人盡了知，欲行正行別，如是智者知，二心次第別。」就拿一人去拉薩來說，首先他心裡懷有「我要去拉薩」的想法。同樣，最初心裡懷著這樣的願望：我要令一切眾生獲得圓滿正等覺果位，相當於「欲行」，這就叫做願菩提心。要去拉薩的人，已經準備好了真正去拉薩途中所需要的口糧、驢馬等以後就正式啟程上路。同樣，為了使一切眾生獲得圓滿正等覺果位而在實際行動中修學布施、持戒、安忍、精進、靜慮、智慧等六度，相當於「正行」，這就叫做行菩提心。這樣的願菩提心與行菩提心屬於世俗菩提心。

在資糧道、加行道中依靠這樣的世俗菩提心經過長期修心的威力，最後在見道中現量證悟諸法實相真如、遠離一切戲論的空性智慧實義，這就是勝義菩提心。真正的勝義菩提心必須依靠修行力才能獲得，不依賴於儀軌。而初學者發世俗菩提心則需要依靠儀軌，在上師面前受（或者自己在皈依境前受菩薩戒）。為使所得到的菩提心不退失並且日益增上，隨時隨地反反覆覆這樣受菩薩戒。

戊二、正式發心：

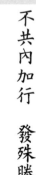

像前面修皈依時明觀皈依境那樣，在自己前方的虛空中觀想諸佛菩薩（、傳承上師以及護法神眾）作為自

己發心的見證人，接著心裡默默地思維：遍滿虛空界的一切眾生，在無始以來的生生世世當中，無一例外全部都做過自己的父母親，在當父母的時候他們均與現世的親生父母完全相同，對自己倍加疼愛、精心哺育，有好吃的先給我吃，有好衣服先給我穿，極其慈愛地撫養我成長，恩重如山。所有這些深恩父母如今正沉溺在輪迴大苦海的驚濤駭浪當中，被層層的愚癡黑暗所蒙蔽，茫然不知取捨正道邪道，遇不到開示真實正道的善知識，孤苦伶仃，沒有人救護，沒有人援助，沒有指望處也沒有皈依處，猶如無依無靠漂泊在空曠荒野中的盲人一樣，所有這些老母有情流轉在這個輪迴中，我獨自一人獲得解脫有什麼用呢？因此我為了一切眾生一定要發殊勝菩提心，隨學往昔佛子菩薩們的廣大行為，為了輪迴中的芸芸蒼生無一遺留全部獲得解脫而精進修持，並盡可能多地念誦下面的發心偈：

ཧོཿ སྣ་ཚོགས་སྣང་བ་ཆུ་ཟླའི་རྫུན་རིས་ཀྱིས༔
吙　那　湊　囊瓦切　得怎瑞　記

吙　種種顯現水月幻化紋

འཁོར་བ་ལུ་གུ་རྒྱུད་དུ་འཁྱམས་པའི་འགྲོ༔
扣　瓦樂革傑　德　恰　波　晝

相續漂泊輪迴眾有情

རང་རིག་འོད་གསལ་དབྱིངས་སུ་ངལ་གསོ་ཕྱིར༔
讓　熱　慍　薩　揚　色鄂　瘦　謝
為於自證光明界休息
ཚད་མེད་བཞི་ཡི་ངང་ནས་སེམས་བསྐྱེད་དོ༔
擦　美　月葉昂　內　塞　吉　門
以四無量境界而發心

最後對一切聖眾滿懷虔誠的恭敬之心而觀想：所有聖尊從邊緣依次化光而融入中央三寶總集的上師中，上師也化光融入自身，依靠這種外緣使自相續了然生起皈依境尊眾心相續中的勝義菩提心。再念誦發願偈：「勝寶菩提心，未生令生起，已生令不退，願其日增上。」並且以「文殊師利勇猛智，普賢慧行亦復然，我今迴向諸善根，隨彼一切常修學。三世諸佛所稱歎，如是最勝諸大願，我今迴向諸善根，為得普賢殊勝行」等來作迴向。

這樣的發菩提心已經完全概括了佛陀所宣說的八萬四千法門的精華，可以說是有則皆足、無則皆缺的教言，相當於是百病一藥的萬應丹。其他所有積累資糧、淨除業障、觀修本尊、念誦咒語等等一切修法通通是為了使自相續生起珍寶菩提心的方便方法而已，如果不依靠菩提心，而憑藉各自千差萬別的途徑都根本不能獲得圓滿正等覺果位。如果相續中生起了這顆菩提心，那麼修持任何法全部都成了獲得圓滿佛果的因，所以我們不管在何時何地必須要通過多種方便來修學，想盡一切辦法使自相續生起獨一無二的這顆菩提心。

為自己宣講菩提心竅訣的上師使自己邁入大乘聖道，因此與開示其他教言的上師相比，恩德更大更深。當年阿底峽尊者在提到其他上師的尊名時，雙手合掌在胸前，當說到金洲上師的尊名時，雙手合掌在頭頂，並且一邊流淚一邊稱呼上師的尊名。

弟子們問尊者道：「尊者您在提到您諸位上師的尊名時，有這樣的差別，到底是因為上師們相續中的功德大小有差別，還是對您的恩德深淺有差別呢？」

尊者回答：「我的所有上師全部是大成就者，所以功德無有大小，而恩德卻有著深淺的差別。我相續中的這少分菩提心就是依靠金洲上師的恩德才獲得的，因此他老人家對我的恩德極大。」

發心時，生起菩提心是很重要，即所謂「發心不為主，生心乃為主」之說。所以自相續中一定要生起慈悲心、菩提心。反之，如果沒有生起菩提心，只是口頭上念誦數十萬遍發心偈，也沒有芝麻許的實義。如果已經在佛菩薩面前立下發菩提心的誓言，而沒有實際去做，顯然已經欺騙了諸佛菩薩，沒有比這更嚴重的罪業了。因此，我們時時刻刻務必斷除欺誑眾生的行為，盡心盡力使相續生起菩提心。

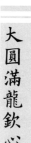

丁三（願行菩提心學處）分二：一、願菩提心學處；二、行菩提心學處。

戊一（願菩提心學處）分三：一、修自他平等菩提心；二、修自他相換菩提心；三、修自輕他重菩提心。

己一、修自他平等菩提心：

我們無始以來漂泊於此輪迴大苦海的因，就是無有我而執著我、無有自己而執著自己，始終將自己放在最主要的位置，倍加珍愛。

所以，我們需要這樣來觀察：現在我不管是在何時何地，唯一希求的就是自我安樂而不希望感受一分一毫的痛苦，甚至自己的身上扎了一個小小的刺兒或者落了一顆火星也會馬上感到疼痛難忍，口中情不自禁地發出「痛啊、痛啊」的叫聲而無法忍耐。即使背上有個蝨子叮咬也會勃然大怒生起嗔心，伸手抓搔著捉住牠，放在一個指甲上，另一個指甲緊跟著用力擠壓，甚至蝨子已經死了，還因為餘怒未消而兩個手指不停地蹭來蹭去。當前大多數人都認為殺蝨子沒有罪過，但實際上這種殺蝨子的行為完全是以嗔心引起的，因此絕對是墮入眾合地獄的正因。對於我們自己來說，一般微小的痛苦也無法忍受卻反過來損害其他眾生，給他們造成巨大的痛苦，這種行為實在令人感到慚愧。其實，三界的所有這些眾生也都同樣渴求自己獲得一切安樂而不希望遭受一絲一毫的痛苦，這一點與自己完全相同。雖然他們希求安樂、不願受苦，可是卻不知道奉行安樂之因——十善業，反而一味地將精力放在痛苦之因——十不善業上，所想與所行完全背道而馳。一向受苦受難的這一切眾生，從無始以來沒有一個未曾做過自己的父母親。我如今有幸得到具足法相的殊勝上師攝受，已經邁進了正法之門，並且懂得了利害的差別，理所應當對被愚昧無知困惑著的一切老母有情與自己無有區別地慈愛救護，忍耐他們的邪行與偏執，也就是說，應該修持親怨平等。

對於以上道理要反反覆覆地觀修。

無論是何時何地，凡希望自己擁有利樂的事，也希望其他眾生同樣擁有；為自己獲得安樂付出怎樣的精勤努力，為他眾獲得安樂也應該付出同樣的代價；自己連細微的痛苦也要努力捨棄，也應同樣盡可能地解除他眾的細微之苦；自己因為享受幸福安樂、豐厚受用等而歡欣喜悅，那麼對於他眾擁有幸福快樂受用也同樣要發自內心地歡喜。總而言之，對於三界一切眾生必須與自己毫無差別地看待，進而一心一意全力以赴地成辦眾生眼前與長遠安樂的利益。

仲巴思那堅格西問單巴桑吉尊者：「請您開示一句可概括所有法要的教言？」

尊者教誡道：「您自己希望怎樣，其他眾生也希望那樣，就這樣修推己及人吧！」

所以，我們務必要根除珍愛自己、嗔恨他眾的貪嗔惡心，平等地對待自己與他眾。

己二、修自他相換菩提心：

修自他相換菩提心的方法：親眼目睹遭受病痛、飢渴等痛苦的眾生，或者在自己面前觀想一位正在遭受痛苦逼迫的眾生，當自己向外呼氣的時候，觀想自己的安樂、善妙、身體、受用以及善根等猶如脫下衣服給他穿上一樣完全施給他，當向內吸氣的時候，再觀想他所有的一切痛苦一併吸入體內由自己來承擔，由此他已經離苦得樂。這種施受法，要從一個眾生到一切眾生之間次第來觀修。

在實際生活中，當自己遇到不如意及痛苦的時候也同樣觀想三界輪迴之中有許許多多感受這樣痛苦的眾生，所有這些眾生該是多麼的可憐，願他們的一切苦難都成熟我的身上，所有這些眾生都能離苦得樂，從內心深處反反覆覆地這樣觀修。當自己享有幸福快樂等之時，就觀想：以我的這份安樂願所有眾生都獲得安樂。這種自他相換菩提心，是所有趨入大乘道的行人必修的無倒究竟精要，哪怕相續中生起一次這樣的自他交換菩提心也能清淨多生累劫的罪障，圓滿廣大福德智慧資糧，從惡趣、邪見之處獲得解脫。下面以實例來說明：

經中記載：從前，我等大師釋迦牟尼佛轉生在拉馬車的地獄中，當時與同伴嘎瑪熱巴一同拉地獄的馬車，因為他們倆身單力薄拉不動馬車而遭到獄卒們用熾燃的兵器錘打、猛擊，極其痛苦。這時他想：我們倆拉馬車也無法拉動，與其共同感受痛苦，還不如我獨自拉車承擔痛苦，讓同伴獲得安樂。於是便告訴獄卒們：「請將同伴的繩子拴在我的脖子上，讓我單獨來拉馬車。」

獄卒憤怒地說：「眾生感受各自的業力誰有辦法改變。」說完又用鐵錘擊打他的頭。結果他以自己的善心力，頓時從地獄生到天界。這就是世尊利他的開端。

此外，世尊曾經轉生為商主匝哦之女時，也是因為相續中生起了自他相換菩提心而立即脫離惡趣的痛苦。

從前，有位匝哦施主，他所生的兒子都夭折了，一次又生了一個兒子，為了能使他生存下來而給他取名為匝哦之女⒀。一次施主去大海中取寶，結果船毀人亡。

兒子長大以後問母親：「父親是什麼種姓？」

母親心想：如果一五一十地告訴他，他一定會去大海中取寶。於是便妄言說：「你的父親是賣糧的種姓。」

所以他也去賣糧食。每天賺得四個嘎夏巴⒁孝敬母親。

賣糧食的同行們對他說：「你不是賣糧食的種姓，經營糧食是不合理的。」而禁止他賣糧食。

他返回家中又問母親：「父親到底是什麼種姓？」

⒀匝哦之女：這屬印度一種民俗，為使自己的孩子活下去便取不好的名字或取女人之名。
⒁嘎夏巴：印度貨幣的名稱。

母親告訴他說：「是賣香的種姓。」他又去賣香，每天賺得八個嘎夏巴供養母親。那些賣香的人又同樣禁止他賣香。

母親又告訴他說：「父親是賣衣服的種姓。」他又去賣衣服，每天賺得十六個嘎夏巴交給母親，賣衣服的人又禁止他賣衣服。

母親又告訴他：「你是賣珍寶的種姓。」於是他又去經銷珍寶，每天賺得三十二個嘎夏巴也供養母親。

後來，當地的其他商人告訴他：「你是赴海取寶的種姓，理應去從事自己種姓的行業。」

他回到家中對母親說：「我是商人種姓，所以一定要赴海取寶。」

母親說：「雖然你是商人種姓，但你的父親和祖輩們全部是因為去大海取寶而喪命的，如果你去也定是死路一條，千萬不要去，還是在本地經營買賣吧。」

可是他執意不聽，準備好赴海時所需的一切資具。臨行時母親實在難以割捨，不肯放他走，一邊扯著他的衣服一邊哭泣。

他怒氣沖沖地說：「在我今天要去大海取寶的這時候，你卻這樣不吉祥地哭哭啼啼。」說完用腳狠狠地踢母親的頭，然後一走了之。

在海上航行過程中船隻毀壞，他們所有的人沉入海中，大多數人都已命絕身亡。他抓住一塊扁木而漂到一個海島上，那裡有一座名叫歡喜的城市，他來到莊嚴、悅意的珍寶宮殿，裡面出現四名美麗的天女，鋪設柔軟坐墊，供上三白三甜。當他準備出發時，她們告訴他：「如果繼續前行，千萬不要向南方走，否則會有災難出現，很危險。」

但是他沒有聽，仍舊前往南方，來到比前面歡喜城更為莊嚴的具喜城，有八名美貌天女如前一樣恭敬承侍，並對他說：「不要朝南方走，否則會有災難。」

但他還是不聽，繼續向南方走，到達比具喜城更圓滿的香醉城，有十六名美女前來迎接承侍，又告訴他：「不要向南方走了，否則會大難臨頭。」

可是他仍然向南方走去。來到一座高聳入雲的白色城堡——梵師城堡，有三十二位美麗天女迎接他，鋪設柔軟坐墊，供上三白三甜，對他說：「住在這裡吧。」然而他卻仍舊想走，臨行之時天女們又告訴他：「如果您非要走，萬萬不要再向南方去，否則定會大難臨頭的。」

但他無論如何偏偏就是想往南方走，於是繼續向南方走去。到了一座高入雲霄的鐵建築門前，有一個赤目凶惡的黑人手持長長的鐵棒，他問黑人：「這屋裡有什麼？」黑人沉默不語。

他到近前去，結果看到有許多同樣的人，嚇得他毛骨悚然，口中喊著：「罪過罪過，真的出現災難了。」

他一邊想一邊身不由己走進那座建築物中，只見有一個人正在遭受著鐵輪在頭部旋轉的痛苦，白色的腦漿四處噴射。他問：「你造了什麼業？」

那人回答：「我曾經用腳踢母親的頭，現在感受這一業力的異熟果報，你為什麼不在梵師城中享受幸福快樂，反而來此自討苦吃呢？」

他想：那麼說我也同樣是由這種業力牽引而來到這裡的。緊接著從空中傳來「願束縛者得解脫，願解脫者受束縛」的聲音，頃刻之間鐵輪飛轉直下降落到他的頭上，他也如前一樣白色腦漿四處噴射，感受了難以忍受的劇烈疼痛。以此為緣，他對與自己同樣的一切有情生起了強烈的悲心。他想：在這個輪迴當中還有許許多多像我一樣用腳踢母親的頭而感受這種痛苦的眾生，願所有這些眾生的痛苦都成熟在我的身上，由我一人來代受，願其他一切有情生生世世不再感受這樣的痛苦！他剛剛萌生起這樣的念頭，鐵輪便騰空而起，他從痛苦中解脫出來而在空中七肘高處相安無事，享受快樂。

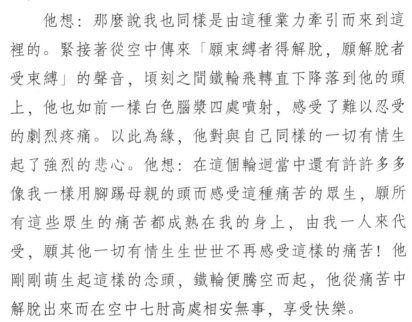

這樣的自他相換菩提心是在修行菩提的過程中必不可少的究竟正法，往昔噶當派的格西們也將這一自他相換作為修行的核心。從前，對於新舊派眾多教法以及因明經論無不精通的恰卡瓦格西，一次來到甲向瓦格西家中，看見他的枕邊有一個小經函，順手打開翻閱，當看到了其中的「虧損失敗自取受，利益勝利奉獻他」，他

覺得這實在是稀有的法，於是便問：「這是什麼法？」

甲向瓦格西告訴他：「這是朗日塘巴尊者所造的《修心八頌》（中第五頌的後半偈）。」

他又問：「那麼，誰有這一竅訣的傳承呢？」

甲向瓦格西說：「朗日塘巴尊者本人有。」

聽到此話，恰卡瓦格西迫不及待地想去求此法，於是立即起程前往拉薩。到了拉薩以後數日之中他一邊轉繞（覺沃佛像一邊打聽消息）。一天傍晚，從朗塘地方來了一位麻瘋病患者（，恰卡瓦格西向他詢問朗日塘巴尊者的消息）。

他告訴格西：「朗日塘巴尊者已經圓寂了。」

格西問：「誰是尊者的繼承人呢？」

那人說：「向雄巴格西與多德巴格西，但是他們二人關於誰做法主之事意見不一。」

實際上，那二位格西並不是為了爭取自己做法主而發生爭執造成意見不合的，而是互相推讓法主之位。向雄巴格西對多德巴格西說：「您年長，（經驗豐富、德高望重，）請您做法主，我會像恭敬朗日塘巴尊者一樣恭敬承侍您的。」

多德巴格西說：「您年輕有為、學識淵博，理應住持寺廟。」

二位格西本來是這樣互相觀清淨心的，但是恰卡瓦格西卻錯誤地聽成他們為繼承上師的法位而不和，心想他們肯定沒有此法的傳承，現在誰還會有此法的傳承呢？格西到處詢問，有人告訴他夏日瓦格西有真正的傳承。（於是他便前去拜見，）當時夏日瓦格西正為數千僧眾傳講眾多經論，恰卡瓦格西聽了幾天，但是對他所要求的法卻隻字未提。他想：不知這位格西到底有沒有此法的傳承，應當問清楚，如果有傳承我就住下，假設沒有傳承我就離開。一天，在夏日瓦格西繞塔的時候，他來到格西面前，將自己的披單鋪在地上，請求夏日瓦格西在此稍坐片刻，有一問題請教。

上師說：「尊者，您有什麼未能解決的事情，我是在一墊上圓滿一切所願的。」

恰卡瓦格西說：「我曾看見『虧損失敗自取受，利益勝利奉獻他』的法語，這一法與我的心很相應，不知此法深淺如何？」

上師說：「尊者內心與此法相應也好，不相應也好，如果不想成佛也就另當別論，只要想成佛，那麼此法必不可缺。」

他又接著問：「請問上師您有此法的傳承嗎？」

上師說：「我確有此傳承，這也是我所有修法中最主要的法門。」

他請求道：「那麼請尊者賜給我傳承。」

上師說：「如果您能長期住在這裡，我可以傳給您。」於是恰卡瓦格西在六年當中依止了夏日瓦上師，這期間上師唯一傳授《修心八頌》，他也是一心專修，最後完全斷除了珍愛自己的執著。

修持自他相換菩提心，今生中可以袪除病痛、解除憂苦，並且降伏鬼神、魔障等也再沒有比這更殊勝的竅訣了，所以我們應當隨時隨地將珍愛自己的惡心棄如劇毒，努力修持自他相換菩提心。

己三、修自輕他重菩提心：

觀想自己無論住於輪迴還是墮入地獄，病也好痛也好，遭受任何不幸都可忍受，並且但願其他眾生的痛苦成熟於我的身上，願我所有的安樂與善果他們能圓滿具足！內心深處思維並付諸於實際行動。關於這方面的實例，諸如阿底峽尊者的上師仁慈瑜伽、達瑪日傑達，我等大師釋迦佛曾轉生為蓮花國王、投生為烏龜以及轉生為寶髻國王時的感人事蹟等等。

仁慈瑜伽上師在講法時，有一個人用石頭打狗，上師喊著「痛啊痛」而栽倒在法座上。在場的其他人看到那條狗安然無事，都認為上師在故弄玄虛、裝腔作勢。仁慈瑜伽上師知道他們心中的想法，於是便將背部顯示給眾人看，人們清晰地看見上師的背上在那條狗遭受擊打的同樣部位已經高高腫起。眾人才對上師真正地代受狗遭石擊的痛苦這一點堅信不疑。

再有，上師達瑪日傑達最初是聲聞有部的一位班智達，雖然前半生從來沒有聽過大乘法，卻安住在大乘種性中，不經勤作自然而然具有大悲心。一次，他的鄰居患了一種嚴重疾病。醫生說：「治療此病需要活人的肉，如果有就能夠治癒，但不可能找到，看來沒有其他的辦法了。」

達瑪日傑達上師說：「如果能治癒他的病，我施給肉。」說完便割下自己大腿的肉交給他。病人吃了肉，果然見效。達瑪日傑達尊者由於當時還沒有證悟空性而感受了劇烈的疼痛，但因為悲心極其強烈而並沒有生起後悔之心。他問病人：「您感覺好些了嗎？」

那人說：「是的，我的病已經好了，卻給您帶來了痛苦。」

尊者說：「只要您安樂，即便是死我也心甘情願忍受。」因為疼痛難忍，晚上根本無法入睡。到了黎明時才稍稍入睡，夢中出現一位身著白衣之人對他說：「要想獲得菩提必須經歷像您這樣的苦行，善哉！善哉！」之後用唾液塗抹他的傷口，用手擦拭。他醒來以後傷口果真已經完全康復如初而沒有留下任何痕跡。夢中的人就是大悲觀音。從此以後，尊者相續中如理如實地證悟了實相密意，並且對龍樹菩薩所著的中觀理集五論[135]詞句全部能夠朗朗流暢地背誦。

世尊轉生為蓮花國王時，一次他的領土內發生了一

[135]中觀理集五論：古印度龍樹論師著的《中論》、《迴諍論》、《七十空性論》、《六十正理論》、《細研磨論》。

場嚴重的瘟疫，許多人因此而喪生。國王喚來醫生問：「如何才能有效地消除瘟疫？」

醫生回稟：「如果有如河達魚的肉便可醫治，其他的辦法因為瘟疫之毒所遮蔽而無法知曉。」

聽到此話，國王選擇了一良辰吉日，清晨沐浴、更衣、受持八關齋戒、對三寶做了廣大供養、猛烈祈禱之後便發願：願我死後立即轉生為門雪河中的如河達魚。說罷便從數百丈高的皇宮上縱身跳下，結果即刻化生為門雪河中的如河達魚。接著那條魚以人語對眾人說：「我是如河達魚，你們取我的肉吃吧！」於是眾人紛紛割取牠的肉，身體的一側被割完後，牠又翻到另一側讓人割，一側的肉割下後，又長出來，就這樣輪番交替。食用魚肉後，所有的病人全部恢復了健康。那條魚又對眾人說：「我就是你們的蓮花國王，為了讓你們擺脫疾病而捨棄自己的性命轉生為如河達魚，你們如果想報答我的恩德，就應該竭盡全力斷惡行善。」眾人也依照他的教誨去做。從此之後，他們都沒有墮入惡趣與邪道中。

此外，世尊曾經投生為一隻龐大的烏龜，有五百商主去大海取寶的途中，船隻毀壞，接近死亡。這時，烏龜以人語對他們說：「你們全部騎在我的身上，我救渡你們到彼岸！」於是牠將所有商主載到岸邊。因為疲憊至極，一到岸邊牠就睡著了。這時有八萬隻蚊子一起吸吮著牠的鮮血。烏龜醒來後，看到這種情景，心想：如果回到水中或者就地翻滾，恐怕這些蚊子就會死亡，於是牠依然如故地躺在那裡，捨棄了身體與性命。世尊成佛時，當時的八萬隻蚊子轉生為八萬天子前來聞法，最後現見真諦。

（世尊曾轉為寶髻國王的公案）：曾經在夏給達國境，金髻國王與王妃妙麗歡喜母生了一位太子，他的頭上天生具有一個珍寶頂髻，從頂髻上降下的甘露可以觸鐵成金，因此給太子取名為寶髻。太子誕生之時，空中也降下各種各樣的珍寶妙雨，他還有一頭堪為大象之最的「妙山」寶象。寶髻太子（繼承王位以後）如理如法治理國家，經常發放廣大布施，使得整個國內杜絕了貧窮與乞丐。

折克仙人有一位從蓮花中出生的標緻美女，供養給寶髻王做王妃。她生下一位太子，與寶髻國王一模一樣，取名為蓮髻。一次國王廣行供施，宴請折克仙人、難忍國王等諸多人士。

當時帝釋天為了觀察國王的意樂而搖身變成羅刹從護摩⑬⑥火中出現，來到國王面前乞討飲食。國王給了他各種美味佳餚，他都全然拒絕並微笑著說：「我需要的是剛剛宰殺的動物的溫熱血肉。」國王有點為難，心想：如果不損害眾生就無法得到那樣的血肉，可是我本人寧

⑬⑥護摩：火供，燒施。燃燒有漿樹枝等進行的火祭。

願捨棄自己的生命也絕不能損害其他眾生，假設不給他，這個羅刹也會深感失望，這該如何是好呢？轉念又一想：看來現在布施自己血肉的時刻已經到來了。於是說：「就將我自己的血肉給你吧！」

眾眷屬驚慌失措萬分焦急，百般勸阻也阻止不了。

國王用針刺破自己的細頂脈[137]供羅刹飲血，羅刹一直飲到完全滿足為止。之後，國王又割下自己的肉給他吃，他也是一直吃到顯露白骨才肯罷休。

眾眷屬十分悲痛，尤其是王妃因為悲傷過度而昏倒在地。

國王還沒有喪失意念，這時帝釋天無比歡喜地說：「我是帝釋，不希求血肉，請中止布施吧！」說完便取出天人的甘露加持國王的傷口，隨即國王也完全恢復如初了。

後來，國王將妙山寶象賜給了輔佐自己的大臣梵車。

當時瑪熱賊仙人有一位已經獲得禪定的弟子來到，國王十分恭敬地問道：「您需要什麼？」

那位弟子說：「我的上師傳授給我吠陀[138]知識，我要報答師尊的恩德，他老人家現已年邁，身邊沒有侍者服

[137]細頂脈：由鎖骨上行四指處，能現三脈即居中，能現二脈即居後，與耳垂平齊之剖刺脈道。剖此放血，能治腦蟲、肺、心熱邪、牙痛、胸血亢盛等病。

[138]吠陀：經籍，特指印度古典教文化書籍。舊譯明論，梵音譯為韋陀典或吠陀典。

侍，我想供養上師侍者，特來乞討您的王妃與王子。」

國王也應允了，於是那人便將王妃與王子帶回去供養了上師。

難忍國王酷愛那隻寶象，返回自己領土後派人送信，告訴寶髻國王：「必須將寶象給我。」

寶髻國王答覆說：「我已經將寶象給予婆羅門了。」

可是他執意不聽，並且揚言「如若不給寶象，便要動用武力」。隨後發動大批軍隊。

寶髻國王十分傷感地說：「唉，由利慾薰心所牽制，最為親密的朋友瞬間也會變為最大的仇敵。」心中思量：如果我率兵迎戰倒是很容易取勝，但這樣必定會傷害許多眾生，還是三十六計走為上策。正在這時，四位獨覺降臨在他面前說：大王前往森林的時間已到。然後依靠神變將國王帶到了林間。

當時，寶髻王手下的諸位大臣前往瑪熱賊仙人處索要蓮髻王子，仙人也予以歸還。後來王子作為首領，率領軍隊與難忍國王交戰，結果大獲全勝。

難忍國王慘敗之後逃回自己的國家。因為當時難忍國王品質惡劣、行為卑鄙而導致他的領土內發生了一場嚴重的疾疫與飢荒。難忍國王問諸位婆羅門：「如何才能有效地消除疾疫與飢荒？」

眾婆羅門回答說：「如果有寶髻國王的頂髻就會有

效，應該前去索求。」

國王說：「他可能不會給吧。」

他們說：「眾所周知『寶髻國王無所不施』，任何東西都會給的。」

於是難忍國王派遣一名婆羅門前去索求。

當時寶髻國王在林間到處觀賞悠閒漫步，不知不覺走到了瑪熱賊仙人所在地的附近。此時寶髻國王的王妃到林中尋找樹根樹葉等，遇到了一個獵人。獵人對王妃生起貪愛之心。正當處境十分危險之際，王妃祈禱：「寶髻國王救護我。」並失聲痛哭。

國王遠遠聽到她的聲音，前去看看到底發生了什麼事。

獵人看到國王從遠處而來，誤以為是仙人，因為害怕惡咒而驚慌逃走了。

國王看到曾經擁有國政、無比安樂而如今感受如此痛苦的王妃，十分悲傷，不禁慨歎道：「嗚呼，一切有為法，皆無可信矣！」

這時，難忍國王所派的婆羅門來到寶髻國王面前，講述了事情的經過後，索要頂髻。國王說：「你自己斬斷拿去吧！」婆羅門砍斷頂髻後帶回本國，結果遣除了難忍國境內所有的疾疫與飢荒。寶髻國王因為被斬斷頂髻的疼痛為緣，對那些熱地獄的有情生起了猛烈悲心以至於昏倒在地。頓時祥兆紛呈，由此感召諸多天眾及國王的許多眷屬雲集在此處。他們問：「陛下，發生了什麼事？」

國王站立起來，用手稍微擦拭一下臉上的鮮血說：「難忍國王要去了頂髻。」

眷屬問：「布施頂髻陛下心中有何希望呢？」

國王回答：「除了期望消除難忍國境內的疾疫與飢荒之外，無有絲毫自私之心，但是恆時懷有一個強烈的願望。」

眷屬問：「那是什麼呢？」

國王回答：「希望能救護一切眾生！」

眷屬問：「布施頂髻後，陛下有沒有生後悔之心呢？」

國王說：「並沒有生起追悔之心。」

眷屬說：「看到陛下疲憊的表情，實在難以令人相信。」

國王發誓道：「如果我對難忍國王的眷屬帶走我的頂髻未生起追悔之心，願我的身體恢復如初！」話音剛落，國王的身體便恢復如初。

眾眷屬祈求國王返回皇宮，國王沒有應允。

這時四位獨覺來到寶髻王前說：「您對怨敵也能饒益，為何要捨棄親友呢？如今理當回歸國土。」於是國王回到宮中，給諸眷屬帶來無比的利樂。

戊二（行菩提心學處）分六：一、布施；二、持戒；三、安忍；四、精進；五、靜慮；六、智慧。

己一（布施）分三：一、財施；二、法施；三、無畏施。

庚一、財施：

財施又包括普通布施、廣大布施、極大布施三種。

普通布施是指包括一把茶葉、一碗青稞以上的財物施捨給其他眾生。如果自己的意樂清淨，那麼所施捨的財物無有大小多少之別，如《三十五佛懺悔文》中說：「乃至施與旁生一口食物之善根……」佛陀是善巧方便與大慈大悲的主尊，我們如果依靠佛陀所說的陀羅尼⑬⑨咒與密咒的威力，僅僅做一滴水、一粒米的布施，也能利益恆河沙數的餓鬼。做素煙、葷煙⑭⓪等佛事也能對空遊餓鬼有極大的利益，依此使那些以有情生命為食的厲鬼非人暫時享用焦煙味得到滿足。並依靠（念誦儀軌等）的法施令它們相續獲得解脫等，從而不再損害有情生命，由此解除許多眾生死亡的怖畏，因此也是一種無畏施。實際上，燒焦煙已經具足了三種布施。所以，水施、焦煙施等，是簡便易行、事半功倍之法。每年進行水施十萬遍，平時也不間斷進行水施和焦煙施，這一點相當相當重要。

---

⑬⑨陀羅尼：總持，執持。以持久不忘諸法詞義的念力和神驗莫測的智力為其體性，以受持善法，遮止不法為其功用。

⑭⓪素煙、葷煙：焦煙，舊俗布施給一切「中有」鬼物的糌粑火煙。焦煙分為素煙與葷煙二種，素煙，即混有乳、酥三素的糌粑火煙；葷煙，即混有血、肉、脂三葷的糌粑火煙。

相反，如果自己擁有少許財產受用便緊緊守護死執不放，捨不得用在今生、來世有意義的事上，無論有多少，卻總是認為一無所有，口中也說些可憐兮兮的絕望之語，那麼這些人現在就已經感受了餓鬼的等流果。我們萬萬不要這樣，而應當盡己所能上供三寶福田、下施貧窮乞丐等。如米拉日巴尊者也親口說：「取出口中之食而作布施。」否則，如果始終圍繞著自私自利的心，受它控制，那麼即使一個人擁有整個南贍部洲的所有財富，他也不會滿足。根本不肯從自己擁有的錢財中拿出分文來上供下施，常常抱著「我以後從別處得到更多財富時再作供施」的念頭。

一般來說，財施等以財物作功德主要是對在家菩薩而言的，作為出家人，唯一要修學知足少欲，依於深山靜寺，歷經苦行堅韌不拔地實修聖道三學，這一點極為重要。有些出家人放棄自己本該做的（聞思修行）善事，整天周旋於經商、務農等等俗事當中，通過欺騙手段及為非作歹的方式積累財物，自以為進行上供下施等是在做功德、修善法，實際上這種做法沒有任何實義。正如單巴仁波切所說：「若不如法而行法，正法反成惡趣因。」所以，隨時隨地始終如一地做到知足少欲實在難能可貴。

廣大布施：也就是說，將自己擁有的駿馬、大象以及兒女等自己最為忠愛之人以及珍貴稀有之物施予他眾。

極大布施：是指布施自己的身體、生命及肢體等等。比如，大勇王子將自己的身體布施給母虎、龍樹阿闍黎將頭施予樂行王子、蔓德賢公主將身體施給母虎等等。當然，這些行為除了得地菩薩之外，凡夫普通人不能直接實踐。現在我們可以在心裡觀想將身體性命及一切受用無有貪執地迴向眾生，並且發願以後能夠身體力行直接布施。

庚二、法施：

所謂的法施，就是指為他眾灌頂、傳法、念傳承等等想方設法令他們相續奉行善法之舉。然而，我們沒有從根本上盡除私心雜念之前，表面上成辦利他之事，也只是影像罷了，不能利益眾生。

眾弟子曾經問阿底峽尊者：「何時方可攝受眷屬？何時方可行利他之事？何時才可超度亡靈？」

尊者回答：「證悟了空性並且具足神通之時方可攝受眷屬；自私自利之心斷盡之時方可行饒益他眾；獲得見道之後方可超度亡靈。」此外尊者也曾說過：「如今五濁之惡世，非為裝模作樣時，乃為策勵精進時；非為尋求高位時，乃為置於卑位時；非為攝受眷僕時，乃為依止靜處時；非為調化弟子時，乃為調伏自心時；非為隨持詞句時，乃為思維意義時；非為到處遊逛時，乃為安住一處時。」

另有，三同門曾經問仲敦巴格西：「在寂靜處修行與以正法饒益眾生，這二者當中哪一個更為重要？」

仲敦巴格西答道：「對於自相續沒有任何驗相及證悟的初學者來說，以正法饒益眾生也不會有什麼收益，他們的加持猶如傾倒空器一般，從中不會得到任何加持，他們的竅訣就像沒有經過按壓的酒糟釀出的薄酒一樣沒有任何純釀的滋味；就算是獲得了暖相而尚未穩固的勝解行修行人也不能行利益眾生之事，他們的加持猶如傾倒滿瓶一樣，使別人滿滿充盈，自己卻變成空空如也，他們的竅訣如同將火炬傳遞給別人一般，使他人光明通亮，自己卻成為漆黑一片；只有得地的菩薩才能真正成辦利益眾生之事，他們的加持猶如妙瓶的成就，既能成熟他眾，也不會使自己空空蕩蕩而始終滿滿當當，他們的竅訣就像酥油主燈一樣，既能點亮其他油燈，也不會使自己有所障蔽。」

現今處在五濁惡世，作為凡夫人，本該在寂靜處修持慈悲心、菩提心，不是直接饒益眾生的時候，而是遣除自相續煩惱的時候，比如說，不是斬斷名貴藥樹苗芽的時候，而是保護它的時候。因此，直接對眾生進行法布施稍有困難。自己沒有真修實證而為他人講經說法，對他人起不到什麼作用。假設依靠傳講佛法而收集供養及財利，那麼就成了印度單巴仁波切所說的將正法作為得財之商品了。所以，在自私自利的心念還沒有斷盡之前，不要急急忙忙地去利益他眾，而要在自己念經誦咒、讀誦佛經論典等時發願：但願白法方面的鬼神們聽到這些後相續得以解脫，在念誦水施、施身等儀軌的結尾時，也要念「諸惡莫作，諸善奉行，自淨其意，是諸佛教」。唯一做這種法布施就可以。一旦自己的私心雜念完全斷盡，一剎那也不要處在安閒寂樂的狀態中，這說明主要一心一意利益他眾的時刻已經到了。

庚三、無畏施：

對於無有救護者的眾生，作為他們的救護者；無有怙主的眾生，作為他們的怙主；無有親友的眾生，作為他們的親友……尤其是世尊曾經說過：一切有為的善法中，救護有情的生命，功德利益最大。因此，那些有權有勢的人應該下令禁止漁獵。其他人也要隨心隨力救護某些被帶到屠宰場即將被殺的羊隻以及瀕臨死亡的魚兒、蟲蠅等等。總之，我們要在實際行動中，千方百計不遺餘力地利益眾生。

上述布施也是密宗三昧耶戒中最主要的部分。如《受持五部律儀續》中說：「寶部三昧耶，恆行四布施。」

己二（持戒）分三：一、嚴禁惡行戒；二、攝集善法戒；三、饒益有情戒。

庚一、嚴禁惡行戒：

所謂的嚴禁惡行戒，也就是指身語意三門要如毒一樣斷除所有對他不利的十不善業。

庚二、攝集善法戒：

所謂的攝集善法戒，就是說，隨時隨地竭盡全力奉行包括微乎其微善根在內的一切善事。本來世間也有此類俗話：「順口順手也可行善事，隨行隨住也會造惡業。」

因此，我們隨時隨地如果沒有以正知正念不放逸來觀察，沒有認真努力地取捨善惡，甚至僅僅在遊戲當中也可能積累下許多嚴重的罪業。如《賢愚經》頌云：「莫想罪微小，無害而輕蔑，火星雖微小，可焚如山草。」

相反，如果我們隨時隨地提起正知正念而實地行持，那麼隨隨便便中也會積累不可思議的善業資糧，甚至當看到路旁一刻有觀音心咒的石堆時，也立即脫帽、恭敬右繞而行，並以三殊勝來攝持，這樣一來就成了圓滿無上菩提的無倒之因。如《賢愚經》頌云：「莫想善微小，無益而輕視，水滴若積聚，漸次滿大器。」曾經有一頭豬被一條狗追趕而轉繞佛塔，又有七隻昆蟲從樹葉上落到水中而隨波逐流右轉水中的佛塔七圈，也成了解脫之因。所以我們不管何時何地，一定要盡最大努力斷除包括一毫一厘在內的所有惡業，積累包括一絲一毫在內的一切善業，並將一切善根迴向眾生。這一攝集善法戒實際已涵蓋了菩薩的所有學處及律儀。

庚三、饒益有情戒：

正像前文中所闡述的那樣，當從根本上斷盡自私自利心態的時候，就要勤勤懇懇地依靠四攝直接成辦利益眾生的事業。而在初學的階段，無論行持任何斷惡從善的學處，都包括在以三殊勝攝持而迴向一切眾生當中。

己三（安忍）分三：一、忍辱他人邪行之安忍；二、忍耐求法苦行之安忍；三、不畏甚深法義之安忍。

庚一、忍辱他人邪行之安忍：

別人當面對自己拳打腳踢、強搶硬奪、惡語中傷以及暗中說些難聽刺耳的話等，我們不但不該對他們滿懷嗔怒，反而應當生起慈悲之心饒益他們。否則，如果隨著忿恨的心態所轉，就會導致所謂的「嗔恨摧毀千劫所積之資糧」的後果，《入行論》中說：「一嗔能摧毀，千劫所積聚，施供善逝等，一切諸福善。」又說：「罪業莫過嗔，難行莫勝忍，故應以眾理，努力修安忍。」

想到嗔恚的過患以後，我們隨時隨地要努力修持安忍。正如印度單巴仁波切所說：「嗔敵乃是業力迷亂現，當斷嗔恚惡心當熱瓦。」

阿底峽尊者也曾親口說過：「不嗔作害者，若嗔作害者，如何修安忍？」

所以，當有人對自己出言不遜或無辜加害等等之時，我們如果能斷除自己嗔怒、懷恨的心理，就能淨除諸多罪障，依靠安忍可以圓滿廣大的資糧。因此需要將加害者看成上師一樣，所說的「若無生嗔境，於誰修安忍」也在於此。

當今時代有人說：「某某是一位好上師或好比丘，

只是嗔恨心很大。」其實在世界上沒有一個比嗔恨更嚴重的過失了，怎麼會有嗔恨心大的同時又是一位好上師或者好比丘的人呢？如印度單巴仁波切也說：「百種貪心之業不及一剎那嗔心罪業大。」很顯然，口出此言的人並沒有懂得這一道理。

作為正法真正融入相續的修行人，身語意三門就像腳踩在棉花上或者米粥裡加入酥油一樣柔軟、調和。相反，自己成辦區區善事或護持一分淨戒就認為我已經如何如何了不起，相續中常常充滿我慢，對方言詞稍有不當便說：「他輕視、侮辱了我！」心中憤憤然、氣沖沖，這說明正法與自相續已經脫離開了，是自心絲毫也沒有得受法益的標誌。如金厄瓦格西說：「我們越聞思修行我執越重，而忍耐力比新肌⑭還弱，比心量狹小的衛藏厲鬼⑭更加暴躁易怒，這是聞思修已經顛倒的標誌。」

因此，我們隨時隨地都要謙虛謹慎、身居卑位、身著破衣、恭敬上中下所有的人，以慈悲菩提心作為基礎，以正法調伏自相續，這才是修行的無誤要點，它已遠遠勝過了無益於自心成千上萬的高高見解及甚深修行。

庚二、忍耐求法苦行之安忍：

為了成就正法必須要不顧一切艱難困苦、嚴寒酷

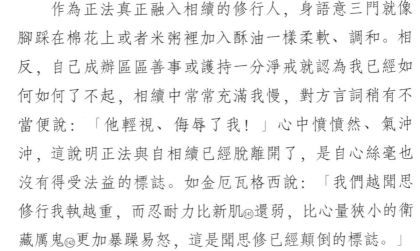

⑭新肌：傷口或瘡口癒合時所生嫩肉。
⑭衛藏厲鬼：當地一種鬼神，據說心胸狹窄嫉妒心極強，對其稍有不滿便立即製造違緣。

暑來修行。如續部中說：「越過刀山與火海，捨身赴死求正法。」又如往昔諸噶當派大德所謂的四依處：「心依於法、法依於貧、貧依於死、死依於乾涸之壑。」

可是，如今我們有些人卻認為修法不需要絲毫苦行與精進，抱著在成辦今生俗世間事情的同時擁有幸福、安樂、名譽當中修成正法的奢望，還有人覺得這種情況在別人身上也是有的，並且說：「某某人是一位賢善上師，世間法出世間法都圓融無礙。」

怎麼會有辦法使世間、出世間法兩全其美呢？自以為世間法、出世間法二者兼而有之的那些人，肯定只能是在世間法方面比較突出，而絕對不可能具備真正的出世間法。凡是想世間、出世間法一舉兩得的人，就好像認為有兩個尖端的針可以縫紉，或者水火可以放在同一器內，以及可同時乘騎向上向下行馳的兩匹馬一樣，顯而易見，這種情況是根本不可能實現的。在世界上沒有任何一位補特伽羅能勝過我等大師釋迦牟尼佛的，但佛陀也沒有想出世間法出世間法同時成就的方法，因此猶如丟唾液般捨棄了轉輪王的國政，到尼蓮禪河畔在六年裡歷經苦行精進修行，期間每一年只喝一滴水、吃一粒米。

米拉日巴尊者也是同樣，修行時口中無食，背上無衣，僅僅依靠野菜充飢果腹而修行，結果整個身體形似骷髏，身上綠毛叢生，長吸血蟲，致使別人看到時認不出他到底是人還是鬼，是這樣堅定不移、飽經滄桑、勵力精進修持正法的。這說明世間法與出世間法不可能同時成辦，不然，米拉日巴尊者怎麼會不知道想盡辦法同時成就世間法與出世間法呢？

此外，大成就者金剛鏡也是在九年當中只靠著吃拉刻樹皮而修持正法最後獲得成就的。

全知無垢光尊者也是同樣，數月當中僅僅以二十一顆水銀丸維生，下雪的時候鑽進牛毛袋子裡，這個袋子既作衣服又當坐墊，在出世間法方面歷盡苦行。諸如此類的公案相當多。

往昔所有的成就者全部是將現世的瑣事拋於腦後、歷經苦行、精進修持而獲得成就的，沒有任何一人，是在成辦現世俗事的同時、在具足幸福安樂名譽當中順便修行而得成就的。持明無畏洲也說：「修行人如若豐衣足食、住處舒適、施主賢善等樣樣具足，那樣正法還沒有成就之前魔法已經成就了。」

又如夏日瓦格西說：「如果從內心深處想修法，那麼必須自心依於貧窮，貧窮一直到死亡。假設能生起這樣的意念，那麼天、人、鬼三者必定不會使其為難。」

如米拉日巴尊者說：「我病無人問，若死無人哭，能死此山中，瑜伽心意足。門外無人跡，室內無血跡，能死此山中，瑜伽心意足。何去無人問，此去無定處，能死此山中，瑜伽心意足。腐屍為蟲食，血脈為蚊吸，能死此山中，瑜伽心意足。」

所以，我們必須放下一切現世的貪著使之隨風而去，不顧一切艱難困苦、酷暑嚴寒而修行正法。

庚三、不畏甚深法義之安忍：

當聽聞到甚深的空性實相，尤其是遠離勤作自性大圓滿實相的精要，超越善惡因果的十二金剛大笑、稀有八句⑭等法語時，切切不可生起邪見，並且要千方百計毫不顛倒地受持它們的密意。否則，如果生邪見或進行誹謗，就稱為捨法罪，這種罪業是無數劫中不能從地獄深淵中得解脫之因。如喬美仁波切說：「（縱聞善德與惡過，地獄痛苦壽量等，以為非真起邪見，）此罪勝過五無間，無解脫罪發露懺。」

曾經有兩位秉持十二頭陀行⑭的印度比丘來到阿底峽尊者面前。當尊者宣說人無我時，他們二人滿懷歡喜。當講到法無我時，二人驚恐萬分，說道：「太可怕了，請尊者切莫如此宣講。」當聽到諷誦《心經》之時，二人雙手捂著耳朵。

尊者十分傷感地說：「如果沒有以慈悲心、菩提心修煉自心，對甚深法義不起誠信，而僅僅依靠護持一分清淨戒律是不能獲得任何成就的！」

---

⑭十二金剛大笑、稀有八句：上師晉美彭措的《直斷要訣釋》中有明釋。
⑭十二頭陀行：十二杜多功德。即：持糞掃衣、但持三衣、但持毳衣、但一座食、次第乞食、不作餘食、處阿蘭若、常住樹下、常露地坐、常住塚間、長期端坐、隨處而坐。如此十二種苦行，佛家用以針對修治貪著衣食居住，抖擻煩惱之行，名頭陀行。

往昔佛陀在世時，也有許多具增上慢的比丘聽到宣講甚深空性實義時口吐鮮血而亡並墮入地獄的公案。因此我們應當對甚深正法以及宣講此法的補特伽羅從內心深處生起勝解、恭敬誠信。倘若因為自己智慧淺薄而實在生不起勝解，那麼盡力斷除妄加誹謗也格外重要。

己四（精進）分三：一、擐甲精進；二、加行精進；三、不滿精進。

庚一、擐甲精進：

當聽到往昔諸聖者前輩、諸佛菩薩的事蹟行為以及為求正法歷盡苦行的歷史傳記等如何如何時，不能認為「因為他們是佛菩薩才能做到那樣苦行，我們怎麼能夠做到呢」，進而懶散、懈怠。而應當思維：他們就是這樣修行而獲得成就的，我作為他們的追隨者，雖然不能勝過他們，但必定能獲得同等的成就。如果他們也需要經歷那樣的苦行策勵精進，那麼我們這些為深重惡業所迫、無始以來未曾修持過正法的人為何不需要苦行與精進呢？所以我們要在心裡想，如今已獲得暇滿人身、有幸遇到了具足法相的上師、聽受了甚深教言、具有如理修持正法的緣分，此時此刻怎麼能不歷盡苦難、肩負重擔，不惜拋頭顱灑熱血，誠心誠意來修持正法呢？一定要立下這樣的誓願。

庚二、加行精進：

雖然心裡有求法修法的念頭，但一直在明日復明日中耗盡人生歲月，我們必須斷除這種懷著修持正法的願望而虛度人生的現象。如哲白蓮大師說：「人生猶如屠場畜，過一瞬間死亦臨，今復明日久蹉跎，終於榻中呼號矣。」

因此，我們一定要刻不容緩地修持正法，就像懦夫懷裡鑽進蛇或者美女頭上著火一樣急不可待，徹底放下、完全捨棄今生世間的一切瑣事，毫不遲疑地致力於佛法。否則，紅塵的瑣事沒完沒了地接踵而至、此起彼伏，猶如水的波紋一般，始終空不出一個修法的時間。一旦自己下定決心放下世間瑣事，也就是瑣事完結的時候。正如全知無垢光尊者說：「世間瑣事死亦無完時，何時放下即了乃規律。」又說：「所作所為如兒戲，做無終了放則了。」所以說，當生起想修正法的心念時，要以無常來激勵自己，一剎那也不能懶懶散散、拖拖拉拉，一定要當機立斷修持正法。這以上講的就是加行精進。

庚三、不滿精進：

所謂的不滿精進，就是說，當自己在閉關修行、觀修本尊、誦經念咒、行持善法等方面稍有成就之時，千萬不能以此為滿足，而務必要發誓：活到老修到老。在沒有獲得圓滿正等覺果位之前，我們的精進必須像湍急的河流般做到持久、勇猛。正如聖者前輩所說：「修法的時候，要像飢牛食草那樣。」飢餓的犛牛吃草的時候，前一口還沒有吃完眼睛便看著下一口。同樣，我們修法的過程中，在前一個法還沒有修完之際心裡就應該計劃此法修成以後再修行某某法門。三門一剎那也不要在悠閒安逸、無有正法之中虛度時光，而力爭做到一天比一天更加精進。持明無畏洲尊者也親口說過：「越趨近死亡越精進修持善法，這是修行人未被違緣所轉的標誌。」

如今有些被人們公認的大修行者或賢善上師，當別人阿諛奉承地說：「您老人家肯定不需要頂禮膜拜、誦經念咒、積累資糧、淨除罪障等等。」這時他們自己也認為：我確實已如何如何了，什麼修行也不需要了。這些人正如成就者無等塔波仁波切所說的：「自以為不需要修行是更加需要修行的標誌。」

印度的阿底峽尊者曾經每天都精進調和土粉做泥塔小像。眾眷屬對他說：「您是一位偉大的上師，整天擺弄土粉不但別人會譏笑，而且您也很辛苦，不如讓我們來做吧！」

尊者說：「你們在說什麼，難道我所吃的食物，你們也替我吃嗎？」

在沒有獲得圓滿正等覺果位之前，我們每個人都有所要清淨的業力與習氣，所要獲得的上上功德，因此絕不能只是空閒性或偶爾性地修法，而要力求做到對正法無有滿足。

總而言之，是否能夠獲得佛果唯一依賴於這一精進，我們一定要勤奮努力實行這三種精進。一個人雖然具有上等的智慧，但如果僅有下等的精進，那麼他只能成為一個下等修行人；儘管只有下等的智慧，但如果具備上等的精進，也必定會成為一名上等修行人；如果毫無精進，那麼儘管具有其他功德也無濟於事。如全知無畏洲說：「無精進之士，具智財權力，皆不能救彼，猶如一商主，有舟無船槳。」

因此，我們不管在何時何地，一定要做到飲食適量、睡眠適度、孜孜不倦、持之以恆、不緊不鬆地精進修行，就像挽弓射箭一般。不然，只是空閒性、偶爾性地修法是不會有任何成就的。

己五（靜慮）分二：一、靜慮之必要；二、真實靜慮。

庚一、靜慮之必要：

如果首先沒有避開一切喧囂散亂的環境而依止寂靜處，那麼相續中不可能生起禪定，所以最先遠離散亂對我們每一位修行人來說都十分重要。

我們應當這樣思量：凡是聚集均是離別的本性，如父母、兄弟、夫妻、親友甚至是與生俱來的身軀骨肉也終將各自分離，既然如此，那麼我們貪執無常的親友有什麼用呢？這樣思維以後就該恆時獨自一人居住靜修。如寂光大師⑭⑤說：「獨自一人修佛果，道友二人修善緣，三四以上貪嗔因，故我獨自而安住。」

⑭⑤寂光大師：米拉日巴尊者的大弟子。

欲望是一切罪惡的根源，人們往往都是擁有財產受用也不知滿足，並且隨著財產的增多，吝嗇之心也越來越增長。如頌云：「何人具財彼吝嗇。」還有「愈有愈貪如富翁」、「無財之時離怨敵」的教誡。自己擁有多少飲食、財產、受用，也只會招來怨敵、盜賊等的損害。依靠這些財富，隨時隨地都是為積累、守護、增長而消耗人生，直到壽終正寢為止，除了受苦造罪以外再沒有什麼別的。因此聖者龍樹菩薩說：「積財守財增財皆為苦，應知財為無邊禍根源。」

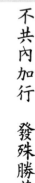

即使一個人擁有南贍部洲所有財產受用，實際上也只是滿足他一人的衣食而已，再沒有別的什麼。然而有些人無論如何富足，就連自己也是捨不得吃、捨不得穿，其實就是不顧一切罪業、苦難、惡語所得來的這些財產斷送了自己的後世，也葬送了自己的今生。為了微薄的財物不惜生命，不顧羞恥慚愧、人倫道德以及長久情意，也不考慮正法和誓言，始終就是以貪財、貪食、貪利來過日子，就像厲鬼尋覓食子一樣，從來沒有享受過一天悠閒自在、幸福安樂的日子，而就在忙忙碌碌當中，人生的旅程已經走到了盡頭。最後數數積累的財產成了自己的害命者，就是為了它而使自己死在利刃之下，結果畢生所積累的財物受用，將被怨敵等他人使用，就這樣白白地浪費掉。而自己所得到的一份，就是為此造下的重如高山的罪業，導致自己遙遙無期地漂泊在難忍的惡趣之中。所以，如果你經濟上稍微寬鬆一些，那麼趁著現今自由自在的時候，應當為來世儲存些精緻的資糧，今生今世僅僅能夠飽腹蔽體就該知足。

此外，一直追求今生利益的人們，就叫做凡愚的友伴，幫助利益他們，反而會受到對方的加害，他們就是這樣恩將仇報，無論怎樣做都沒有一個合意的時候，很難取悅。如果自己超過他，就心生嫉妒，假設他勝過自己就輕蔑藐視，不管與他們相處多久都只會增長罪業，減滅善業，因此我們一定要遠遠地避開他們。

如果依靠農工商與文化等而廣泛交際，一味以繁多的事務而散亂，這就是憒鬧。終日忙忙乎乎而收益甚微，如何精勤也沒有實義，制伏怨敵無邊無際，扶助親友也沒有盡頭，因此我們應當像丟唾液一樣拋棄無有了結之時的一切瑣事及散亂。也就是說，背井離鄉、奔赴異地、居於岩洞、與野獸為友、調順身心、捨棄衣食名譽，就在無人的空谷中度過人生。如米拉日巴尊者云：「無人山谷岩洞中，恆具出離厭世心，上師乃為三世佛，強烈信心永不離。」如果依照尊者所說的去做，那就是所謂的「於令人傷感之處可生起靜慮」。棲身於靜處，自然而然會生起出離心、厭離心、信心、清淨心、禪定及等持等一切正道的功德，所以我們要盡力而為。

寂靜林間也是往昔諸佛菩薩獲得寂滅的地方，在那裡既沒有憒鬧、散亂也沒有農務商業，遠離凡愚友伴，與飛禽走獸朝夕相處，真是安樂無比，喝的是清淨的泉水，吃的是天然的樹葉，這樣一來覺性自然澄清、等持自然增上。在那裡，既沒有怨敵也沒有親友，顯然是擺脫貪嗔之網、具足眾多功德的好地方。不必說親自前往這樣的寂靜處安住，甚至懷著去往靜處的願望僅僅朝那一方向邁出七步的功德，也勝過在恆河沙數劫中供養十方諸佛的功德。佛在《月燈經》等佛經中說：「居於深山勝靜處，一切威儀皆成善。」在那裡，即便沒有刻意精進行善，可是厭離心、出離心、慈心、悲心等一切正道的功德會油然而生，所作所為也自然而然全部成為善法。在喧鬧地方竭力制止卻難以阻擋的一切貪嗔煩惱，到了寂靜處也會自然減少，相續中很容易生起諸道功德。以上講的這些是靜慮的前行法，因此也是至關重要必不可少的。

庚二（真實靜慮）分三：一、凡夫行靜慮；二、義分別靜慮；三、緣真如靜慮。

辛一、凡夫行靜慮：

耽著明樂無念的覺受進而追求這一目標，也就是說，帶有耽著覺受禪味而觀修的時候，就叫做凡夫行靜慮。

辛二、義分別靜慮：

雖然遠離了覺受的耽著而沒有享受禪味卻耽著空執對治品觀修的時候，就稱為義分別靜慮。

辛三、緣真如靜慮：

遠離了空執對治的念頭，安住於法性無分別的等持中，就叫做緣真如靜慮。

在坐禪的一切時分，身體的要訣，就是作毗盧七法[146]；眼睛的要訣，就是依靠看式等等，這些都十分重要，也就是通常所說的「身正脈就會直，脈正風就會正，風正心就會正」。因此，不能躺著或靠著等等，身體端正，意識在無所分別、無所執著的境界中入定，這就是靜慮度的本體。

己六（智慧）分三：一、聞慧；二、思慧；三、修慧。

庚一、聞慧：

聞慧是指對於上師所傳講的一切正法的詞義，自己聽聞後原原本本地理解。

庚二、思慧：

對於上師所講的一切法義，不是僅僅限於表面聽聽、表面了知，而是在自相續中通過反覆琢磨、研究、觀察、思維而加以抉擇，不懂的地方請教他人，不以似是而非、似懂非懂為滿足，而要生起定解，必須做到將來自己身居寂靜深山獨自修行時，關於修行的要點不需要請教別人，完全有獨立自主、徹底斷除疑惑的把握。

[146]毗盧七法：佛教所傳的一套靜坐姿勢：兩足跏趺、兩手定印、脊椎正直、頸部微俯、肩臂後張、眼觀鼻尖、舌尖抵上齶。

庚三、修慧：

所謂的修慧，也就是指真正了知法義後通過實地修行而在自相續中對實相之義生起真實無倒的證悟，徹底生起定解，解脫是非之網後現見實相的本來面目。也就是說，一開始依靠聞法和思維斷除增益，隨後在進行實修時，對於五種外境的一切顯現觀為無實有的空色幻化八喻。這一切本來無有而在迷亂者面前顯現，猶如夢境；由因緣緣起聚合而驟然顯現，猶如幻術；本來無有而顯現為有，猶如光影；正在顯現之時不成實有，猶如陽焰；裡裡外外均不存在而顯現，猶如谷聲；無有能依所依，猶如尋香城；現而無自性，猶如影像；本來無有之中顯現一切，猶如幻化城。由此了達外境的顯現均是虛妄的本性，再通過觀察顯現這些的作者——有境心的自性，從而在對境顯現不滅當中止息執著對境的分別念，於證悟虛空般明空法性的境界中安住，這就是智慧度。

以上所講的六度，如果再展開解釋，那麼每一度都可以分為三種，這樣一來共有十八種。其中的財施又可以分為三種，這樣算來，共有二十種，再加上方便度、力度、願度、智度，總共為二十四種。如果再詳細一點分，那麼每一度都可以分六類，共有三十六類。

下面以布施度中的法布施為例，講者上師、所講之法以及傳講對境的弟子，這三者具足以後進行講經說法，這就是布施度；在講經說法的過程中，上師不貪圖名聞利養並且也不雜有宣揚自己功德、冷嘲熱諷他人等煩惱的垢染而傳講，這就是持戒度；一而再、再而三地重複講解一個句子的意義，不顧一切辛苦勞頓，這就是安忍度；說法之時不為懶惰、拖延所困，不違越時間而傳講，這就是精進度；心專注在所講的詞義上不外散亂，無有錯謬、不增不減而傳講，這就是靜慮度；這般進行傳講的時候，以三輪無分別⑭的智慧攝持，這就是智慧度。顯而易見，在法布施當中已經完整地具足了六度。

再以財布施中的下施乞丐飲食為例來說明，所布施的東西、作布施的人以及所布施的對境三者具足以後進行施捨，這就是布施度；不布施低劣、鄙陋等物品，而是將自己所享用的飲食施予乞丐，這是持戒度；對方三番五次地索求也不嗔不惱，這是安忍度；不顧及辛苦勞累，不耽擱及時布施，這是精進度；專心致志布施，不散他處，這是靜慮度；了知三輪⑱體空，這就是智慧度，可見財布施也同樣具足六度。持戒等其他波羅蜜多都可依此類推。

此外，如果將十度歸納概括，正如米拉日巴尊者所說：「斷除我執外，無餘布施度；斷除狡詐外，無餘持戒度；不畏深義外，無餘安忍度；不離修行外，無餘精

---

⑭三輪無分別：三輪體空。
⑱三輪：布施者、所施之物、布施對境。

進度；安住本性外，無餘靜慮度；證悟實相外，無餘智慧度；所做如法外，無餘方便度；摧伏四魔外，無其餘力度；成辦二利外，無其餘願度；知惑自過外，無其餘智度。」

庫鄂仲三子曾經問阿底峽尊者：「一切道法以何為最？」

尊者答道：「了達之最就是證悟無我的意義，敦肅之最就是自心相續調柔，功德之最就是廣大利眾之心，教言之最就是恆時內觀自心，對治之最就是了達萬法全無自性，行為之最就是不隨順於俗世，成就之最就是煩惱日趨薄弱，道貌⑭之最就是貪欲日漸減少，布施之最就是無有貪著，持戒之最就是自心寂靜，安忍之最就是身居卑位，精進之最就是拋棄瑣事，靜慮之最即自心不改，智慧之最就是不執一切。」

此外，持明無畏洲也說：「知足即是布施度，彼之本體乃捨心，無愧三寶持戒度，不失慧念勝忍辱，一切助伴需精進，執現觀聖⑮靜慮度，貪執自解智慧度。無有能思所思境，並非俗念離定解，乃為涅槃勝寂滅。此等一切不可說，願汝銘記於心中。」

如果將六度等廣大菩薩乘的一切經論正道歸納，可以完全包括在空性大悲藏之中。如薩日哈尊者的道歌中

⑭道貌：證果跡象。修學佛道成正果者的外表行跡。
⑮執現觀聖：所執顯現皆觀想成聖尊。

說：「離悲空性見，非獲殊勝道，若唯修悲心，豈脫此輪迴？何人兼具已，不住於有寂。」不住三有與涅槃就是指無住涅槃、圓滿正等覺的果位。另外龍樹菩薩說：「空性大悲藏，有者成菩提。」

仲敦巴格西曾經問阿底峽尊者：「一切諸法歸根到底是什麼？」

尊者回答：「一切法歸根到底就是空性大悲藏。比如，世界上萬應丹藥可以醫治一切疾病。就像萬應丹藥樣，如果證悟了法性空性的本義，就可以對治一切煩惱。」

仲敦巴問：「那麼，為什麼有些聲稱證悟了空性的人一切貪嗔沒有減少反而依然存在呢？」

尊者回答：「他們全部是說空話而已。如果真正證悟了空性之義，那麼身語意三門就會像腳踩棉花或者稀粥裡加入酥油一樣（柔軟、調和）。聖天阿闍黎也親口說過：僅僅思維諸法之實相是否為空性，產生合理的懷疑也可以摧毀三有。因此，如果無倒證悟空性實義，就與萬應丹藥相同，一切道法已經包括在它的範疇內。」

仲敦巴問：「證悟空性當中怎麼就能包含一切道法呢？」

尊者回答：「一切道法可以歸攝在六度之中，（怎樣歸攝的呢？）如果無誤證悟了空性實義，就不會再對裡裡外外的萬事萬物有貪愛執著，所以連續不斷具足布

施度。對無有貪執者來說，根本不會被不善污垢所染，因此連續不斷具足持戒度。這種人無有我執、我所執的嗔恚，所以連續不斷具足安忍度。這種人對所證之義滿懷無比歡喜之心，所以連續不斷具足精進度。這種人遠離實執的散亂，所以連續不斷具足靜慮度。對一切事物遠離三輪分別意念，所以連續不斷具足智慧度。」

仲敦巴問：「那麼，僅僅就證悟實義來說，單單依靠空性的見解修行就可以成佛嗎？」

尊者回答：「一切所見所聞無不是由心所生。證悟自心為覺空無二就是見；一心不亂持續安住在這樣的見解中就是修；在這種境界中積累如幻的二種資糧即為行。這些證悟境界已經達到了完全領悟、得心應手的程度，那麼在夢中就能達到這樣，夢中能達到那麼在臨終時就可以顯現，臨終時能夠現出這種境界，在中陰就可以顯現，既然在中陰能夠達到這種境界，那麼必定獲得殊勝成就。」

所以說，佛陀所宣講的八萬四千法門也全都是講相續中生起這一菩提心空性大悲藏的方法。如果離開了這一菩提心寶，那麼無論見修的法多麼高深莫測也對獲得圓滿正等覺果位起不到任何幫助。生圓次第等一切密宗的修法如果以菩提心來攝持，就會成為即生獲得圓滿正等覺之因。但如果離開了菩提心，就與外道沒有區別了。雖然外道當中也有觀修本尊、念誦咒語、觀修風脈、取捨因果等眾多修法，但就是因為他們不具備皈依與發心，所以無法從輪迴中獲得解脫。

喀喇共穹格西也親口說：「雖然受持了皈依到密宗之間的一切律儀，但如果沒有看破、放下世間法，也無有利益；雖然恆常為他人講經說法，但如果沒有息滅我慢，也無有利益；雖然精進向上，但如果將皈依法置之不理，也無有利益；雖然夜以繼日精勤修善，但如果沒有以菩提心來攝持，也無有利益。」

如果沒有打好皈依與發心的基礎，雖然表面上做廣泛的聞思修行，但終究沒有任何實義，就像嚴冬季節在冰面上建造起九層高樓並且精心裝潢繪製圖案一般。因此，我們絕不能認為皈依發心是低等的法或者初學者的法門而加以輕視，必須認識到一切聖道的加行、正行、後行都可圓滿包括在皈依發心之中。所以，不管你是好是壞、是高是低，每一位修行人著重修持皈依發心是十分關鍵的。

尤其是對於那些享用信財亡財、向上引導亡靈的上師、僧人們來說，相續中具有一顆無偽的菩提心是必不可少的。如果離開了菩提心，那麼再怎樣念誦儀軌、做淨除業障等等儀式，對死者與活人都起不到作用。儘管表面看起來似乎是在利他，但究其實質，也只不過是摻雜私欲而已，結果給自己帶來的是享用信財的無盡罪障，並且後世也不得不步入惡趣。

對於一個修行人來說也是一樣，縱然具有如鳥一般翱翔空中、如鼠一樣鑽入地下、穿行山岩暢通無阻的神通，以及在石上留下手印、足跡等各種稀奇的神變，但如果相續中沒有菩提心，那他一定是被外道徒或者被大魔頭左右了相續，再沒有別的可能性。雖然這樣的人最初可能會受到一些迷信者的追逐、崇拜、恭敬、信奉、供養等等，但最終只會損人害己。如果相續中具有一顆真正的菩提心，那麼即使沒有其他任何功德，也會使與他結緣的眾生獲得利益。

然而，我們根本不知菩薩住於何處。經論中說在屠夫、妓女等當中也有許多以善巧方便度化眾生的菩薩，所以很難了知其他補特伽羅的相續中是否具有菩提心。世尊也說：「除非我與同我者，無人能量他人心。」因此，我們應當對令自相續生起菩提心的任何本尊、上師、善友等作真佛想。

對自相續而言也是同樣，自己認為已經證悟了實相之義、獲得了神通三摩地、面見了本尊等，無論出現任何表面的道相功德，如果依此使自己的慈悲心、菩提心無有退轉並且越來越增上，就可以斷定這些道相是真正的功德；倘若依此等使慈悲心、菩提心日漸減退，那麼這些表面的道相也無疑是魔障或邪道。

特別是，如果自相續中生起了無偽實相的證悟，就一定會對上（上師三寶）具足虔誠的信心與清淨心，於下（六道眾生）具有不共的慈心與悲心等。

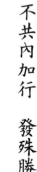

如無等塔波仁波切曾問至尊米拉日巴：「我什麼時候才能攝受眷屬？」

尊者答言：「一旦你已現見了自心本體非同現在這般，遠離一切懷疑，那時也會對老父我生起不共同的真佛之想，並且也定會對眾生生起無偽的慈悲心，那時你便可以攝受眷屬。」

因此，我們必須以慈悲、菩提心為本，以聞思修不相脫離而實修。如果首先沒有通過聞法斷除增益，就不會懂得實地修行。如頌[151]云：「無聞之修行，如斷臂攀岩。」

所謂的以聞法斷除增益，並不是指對浩瀚無垠、種類眾多的一切所知法瞭如指掌，而且在五濁惡世短暫的一生當中也不可能了知這一切所知學問。所以，我們必須做到對自己所修正法的初中後所有修法正確無誤一清二楚，並通過思維斷除所有增益。

從前，阿底峽尊者住在尼塘時，祥納穹敦巴、炯敦巴、哈倉敦巴三位格西請尊者講述正量的宗派。

尊者說：「無論是外道還是內道佛教都有許多宗派，但全部是以分別念串連起來的，不可勝數的這些分別念沒有多大必要。人生轉瞬即逝，如今是歸納精華要義的時候。」

祥納穹敦巴問：「那麼，該如何歸納精華要義呢？」

---

[151]此頌是薩迦班智達所說。

尊者教誨說：「對等同於虛空界的一切眾生修慈悲、菩提心，為了他們而勤奮努力積集二種資糧；由此所產生的一切善根迴向所有眾生，願與一切有情同獲圓滿菩提；並了知這一切的自性為空性，法相（顯現）如夢如幻。」

由此可見，我們如果不知道歸納修行的精華要義，那麼表面上了解、懂得、知曉得再多，結果也起不到什麼作用。

昔日阿底峽尊者初來西藏時，大譯師仁親桑波迎請尊者。當時尊者問譯師：「您對諸如此類的正法，了知得如何？」並逐一加以詢問。結果譯師似乎無所不知。

尊者十分喜悅地稱讚道：「極為稀有！在藏地有像您這樣的智者，我都不需要來了。」接著又問道：「那麼，在一墊上，該如何修行這一切法呢？」

譯師回答說：「應當遵照各個宗派所說來修持吧。」

尊者說：「譯師錯了，看來我還是有必要來藏地。」

譯師問：「那麼，應該怎樣進行修持呢？」

尊者指點說：「應當將一切法歸納為一個要訣來修持。」

可見，我們必須在了知上師所傳授的竅訣的基礎上總結實修的要點來修行。即使清清楚楚地認識到這一點但如果沒有實地修行也無濟於事。米拉日巴尊者也親口說過：「就像飢餓的人僅僅聽到食物還不夠，必須要食用。同樣，僅僅了知正法沒有利益，必須要進行實修。」

我們修行的目的就是要對治自相續的煩惱與我執。米拉日巴尊者也曾說：「世人常言『飲食好與否，觀其面色方知曉』，同樣，佛法懂與否，修行好與否，看他是否已經對治了我執與煩惱，便可知曉。」

博朵瓦格西曾經請問仲敦巴格西：「法與非法之界限是什麼？」

仲敦巴告訴他說：「對治煩惱則為法，不治煩惱為非法；不隨世間則為法，隨順世間為非法；符合經論則為法，不符經論為非法；結果為善是正法，結果為惡即非法。」

阿闍黎吉公這樣說過：「誠信因果不虛是下根者的正見，證悟內外諸法現空、覺空雙運是中根者的正見，證悟所見、能見、所證智慧三者無二無別即是上根者的正見。安住於一緣等持是下根者的正修，安住於四種雙運等持中是中根者的正修，無有能修、所修、感受三者並於無緣中安住，即是上根者的正修。取捨因果如護眼珠是下根者的正行（真實行為），以諸法如夢如幻的境界而行持為中根之正行，無有一切所行者[152]即是上根者的正行。我執、煩惱、分別念等日趨減少是上、中、下三

[152]指已經遠離了能行、所行的境界。

種根基者的真實暖相。」無等塔波仁波切在《聖道如意寶》中所說的與此完全相同。

因此，我們在聞法的時候，就必須了知歸納精華要義。誠如全知龍欽巴尊者所說：「所知猶如空中星，所學知識無止境，今求法身精華義，必至無變之堅地。」

在思維的時候應當斷除一切增益。就像印度單巴桑吉尊者所說：「尋求上師之教授時應如母鷂尋覓食物一般，聞法時要像野獸聞聲一般，修行時要像啞人品味一樣，思維時要像北方人剪羊毛一樣，得果時要像雲散日出一般。」

我們務必做到聞思修行不相脫離。如無等塔波仁波切說：「聞思修行互不錯亂、齊頭並進就是無誤的要訣。」

我們必須明確的是，聞思修的結果必須達到使慈悲心菩提心日益增上、我執煩惱日漸薄弱的目的。

發菩提心這一引導，是一切正法的精髓、一切聖道的精義，是有則必足、無則不可之法。所以，我們不局限在似是而非、似懂非懂的地步而誠心誠意修持這一點相當相當重要。

雖發勝心然卻未生起，雖學六度然卻具私欲，
我與如我愚癡眾有情，修成勝菩提心祈加持。

諸道之根本——發大乘殊勝菩提心之引導終

三、念修金剛薩埵

離二障垢然示淨除障，究竟勝道然現修學相，

超有寂邊然顯三有中，無等上師足下我敬禮。

丙三（清淨違緣罪障——念修金剛薩埵）分五：一、懺悔之理；二、四種對治力；三、真實念修金剛薩埵；四、念修百字明；五、懺悔之功德。

丁一、懺悔之理：

相續中生起甚深道之殊勝證相的主要障礙，就是罪障、習氣。為了使阿賴耶的明鏡中顯現證悟的影像，淨除罪障是至關重要的一環，這就好比鏡中要映現出影像，擦拭鏡面十分關鍵一樣。為此，佛陀宣說了不可勝數淨除罪障的方便法門，而在這所有法當中最為殊勝的就是念修上師金剛薩埵。

總的來說，不管是什麼罪業，只要懺悔就沒有不能清淨的。如古代諸大德也曾經這樣說過：本來罪業無功德，然懺可淨為其德。所以，無論是違犯外別解脫戒、內菩薩學處，還是失毀密宗三昧耶等等，即便是罪業再多麼嚴重，通過懺悔也能得以清淨。舉個例子來說：婆羅門央具理魔羅，也就是指鬘王，他殘暴地屠殺了九百九十九個人，但是通過懺悔而清淨罪障，並且在即生中獲得了阿羅漢果位；再有未生怨王雖然殺害了自己

的父親，但後來通過懺悔而恢復清淨，結果僅僅感受了如綢線球觸地即刻彈起般短暫的地獄之苦，便從中獲得解脫……佛陀在諸經藏中講述了許多通過懺悔而得清淨的公案。怙主龍樹菩薩說：「何人昔日頗放逸，爾後行為倍謹慎，如月離雲極絢麗，難陀指鬘能樂同⑮。」

如果具足四種對治力而誠心誠意、認認真真加以懺悔，就能清淨罪業。反之，一邊東張西望、胡言亂語、自心隨著其他分別妄念轉，一邊口中發露懺悔等等，僅僅是口頭上念誦懺悔文或者認為以後懺悔也可以、今後造罪也無害，諸如此類。如果是這樣，那麼儘管做了懺悔，但是罪業也不會完全清淨，誠如米拉日巴尊者說：「若想懺罪能淨否？憶念善法則清淨。」所以，不論是任何人進行懺悔，盡其所能具足四種對治力都相當關鍵。

丁二（四種對治力）分四：一、所依對治力；二、厭患對治力；三、返回對治力；四、現行對治力。

戊一、所依對治力：

在這裡，所依對治力就是指，將金剛薩埵作為皈依境，具足願菩提心與行菩提心。在別的場合也有其他懺罪的所依對境，比如在《三聚經》中的三十五佛或者善知識、佛像、佛經、佛塔等前進行懺悔都屬於所依對治力。此外，發願行菩提心在一切懺罪當中都是必不可少

⑮難陀指鬘能樂同：詳見譯者講述之《親友書略釋》。

的。如果沒有發菩提心，即使具足四種對治力來懺悔墮罪，也只能稍稍減輕而不能達到徹底清淨的效果。如果相續中生起了無偽菩提心，那麼往昔造了多少罪業都會自然而然清淨，如《入行論》云：「如人雖犯極重罪，然依勇士得除畏，若有速令解脫者，畏罪之人何不依。菩提心如末劫火，剎那能毀諸重罪。」

戊二、厭患對治力：

所謂的厭患對治力，就是說對於以往自己所造的一切罪業生起後悔之心。如果既沒有將罪業視為罪業也沒有以強烈的追悔心進行發露懺悔，顯然不能得以清淨。如《三聚經》中云：「發露懺悔，不覆不藏。」此外大成就者噶瑪喬美仁波切也說：「若無悔心懺不淨，往昔罪業如服毒，當以大慚畏悔懺。」

戊三、返回對治力：

返回對治力是指回想起自己往昔所造的罪業後發誓從即日起縱然遇到生命危險也決不再造這樣的罪業。如《三聚經》中說：「從今以後，必斷嚴戒。」《極樂願文》中也說：「若無戒心不淨故，發誓今後遇命難，亦不造諸不善業。」

戊四、現行對治力：

現行對治力，是指盡心盡力奉行對治往昔所造罪惡的善業。尤其是頂禮佛及佛子、隨喜他人福德、一切善根迴向菩提、發願行菩提心、護持無偽實相之本體等等，這些都屬於現行對治力。

從前，無等塔波仁波切的一個修行弟子向他請教：「我往昔以販賣佛經維生，如今想起真是追悔莫及，請問上師，我該如何進行懺悔呢？」

仁波切說：「就造那些經典吧！」

於是那個人著手造經典，結果經常心思外散。他又懷著十分沮喪的心情前去上師面前匯報說：「造經典時我心思也是經常散亂，對於懺悔罪業來說，恐怕沒有比護持本性更甚深的吧？」

上師異常歡喜地說：「實際上就是如此，縱然往昔所造的罪業積如山王，也能在現見本性的瞬間得以清淨。」

因此，淨除罪業的方法沒有比修菩提心以及恆時護持無偽的實相更為甚深的了。在這裡，也要在不離開這二者的基礎上，觀修金剛薩埵、降下甘露、淨除罪障、念誦百字明等等。

丁三、真實念修金剛薩埵：

在憶念四對治力之後，進入真正念修金剛薩埵的階段，首先自己平平常常地安住下來，在頭頂上方一箭左右的虛空中觀想一朵千瓣白蓮花，它的上面有一輪圓月。所謂的「圓」並不是指它大小的尺度，而是指明月的所有部分完整無缺，就像十五的月亮一樣毫無彎彎曲曲而是圓溜溜的意思。接下來再觀想月輪上有一個光閃閃的白色吽（ཧཱུྃ）字。雖然其他宗派有觀想從「吽」字放光、收光等步驟，但（寧提派）自宗並沒有這種觀想。然後觀想一瞬間「吽」字就變成了本體為三世諸佛的總集、無等大悲寶藏具德根本上師，形象是報身的本師金剛薩埵主尊，他的身色潔白宛如十萬個太陽照耀在雪山上一般，一面二臂，右手在胸前握持表示明空的五股金剛杵，左手依於腰際部位握著代表現空的金剛鈴，雙足金剛跏趺坐，身上以十三種報身服飾莊嚴。十三種報身服飾也就是綾羅五衣與珍寶八飾。其中的綾羅五衣：是指冕旒、肩披、飄帶、腰帶、裙子；珍寶八飾：頭飾、耳環（左右二者算為一個）、項鏈、臂釧（左右二者算為一個）、瓔珞、手鐲（左右二者算為一個）、指環（所有的指環算為一個）、足鐲（左右二者算為一個）[154]。金剛薩埵與白慢佛母無二雙運，身體現而無自性，現空猶如水月或鏡中現影像一般了了分明。觀想自己頭頂上的聖尊面向與自己面向相同，以上是所依對治力。這種明觀既不是觀想成唐卡或壁畫一樣扁平的，也不是觀成土像、金像那樣實質物體自性或無情物的形體一般。從顯現的角度而言，包括主尊的雙目黑白顏色在內都要互不混雜地觀想得清清楚楚；從空性的側面來說，沒有一絲一毫實質身軀的血肉內臟等等，就像空中顯現彩虹或無垢水晶寶瓶一樣。

這樣明觀以後，自己誠心憶念：與大恩根本上師無

[154] 報身服飾中也可將瓔珞分為長短兩種，計為兩飾，不計指環，如圖。

二無別的怙主金剛薩埵，您以大慈大悲垂念我與一切眾生，我自己從無始以來迄今為止，身語意所造的十不善業、五無間罪、四重罪、八邪罪，違犯外別解脫的律儀、內菩薩乘的學處以及持明密乘三昧耶戒，背棄世間的盟誓、說妄語、無慚無愧等等凡是能直接回憶起來的一切罪業在上師金剛薩埵面前，滿懷慚愧、畏懼、追悔之情以至於心驚肉跳、毛骨悚然，發露懺悔，此外自己想不起來的，在無始流轉輪迴的生生世世中肯定也積累了許多罪業，這一切罪業在此不覆不藏一併發露懺悔，請求寬恕，但願這所有罪障就在此時此地急快蕩然無存全部清淨，以上觀想是厭患對治力。

心裡默想：我以往因為愚昧無知而造下了那些罪業，如今依靠大恩上師的慈悲而變成了懂得利害的人，從今以後，即使遇到生命危險也決不造那樣的罪業，這是返回對治力。

ལོངས་སྐུ་རྡོ་རྗེ་སེམས་དཔའ།

報身金剛薩埵

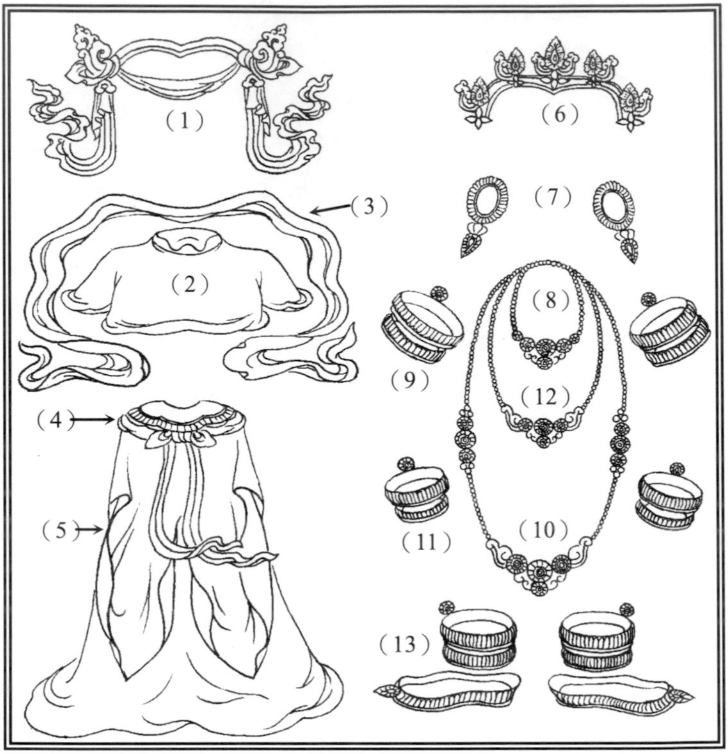

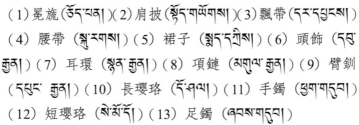

（1）冕旒（ཅོད་པན།）（2）肩披（སྟོད་གཡོགས།）（3）飄帶（དར་དཔྱངས།）（4）腰帶（སྐུ་རགས།）（5）裙子（སྨད་དཀྲིས།）（6）頭飾（དབུ་རྒྱན།）（7）耳環（སྙན་རྒྱན།）（8）項鏈（མགུལ་རྒྱན།）（9）臂釧（དཔུང་རྒྱན།）（10）長瓔珞（དོ་ཤལ།）（11）手鐲（ཕྱག་གདུབ།）（12）短瓔珞（སེ་མོ་དོ།）（13）足鐲（ཞབས་གདུབ།）

接著念誦（寧提前行儀軌）：

ཨཱཿ བདག་ཉིད་ཐ་མལ་སྤྱི་བོ་རུ༔
阿　大　涅踏瑪謝喔熱

啊　於我庸俗頭頂上

པད་དཀར་ཟླ་བའི་གདན་གྱི་དབུས༔
班　嘎　達哦　旦　戒　為

白蓮月墊之中央

ཧཱུྃ་ལས་བླ་མ་རྡོ་རྗེ་སེམས༔
吽累喇嘛多吉塞

吽成金剛薩埵師

དཀར་གསལ་ལོངས་སྤྱོད་རྫོགས་པའི་སྐུ༔
嘎　薩　龍　秀　湊　波革

皎潔受用圓滿身

རྡོ་རྗེ་དྲིལ་འཛིན་སྙེམས་མ་འཁྲིལ༔
多吉這　怎　尼　瑪　徹

雙運慢母持鈴杵

ཁྱོད་ལ་སྐྱབས་གསོལ་སྡིག་པ་སྦྱོང༔
秋　拉　加　索　的巴炯

祈淨罪障皈依您

འགྱོད་སེམས་དྲག་པོས་མཐོལ་ལོ་བཤགས༔
救　塞　扎　布　透　漏　夏

以猛悔心發露懺

ཕྱིན་ཆད་སྲོག་ལ་བབ་ཀྱང་སྡོམ༔
辛　恰　晝拉瓦　江　門

後遇命難亦戒犯

ཁྱོད་ཐུགས་ཟླ་བ་རྒྱས་པའི་སྟེང༔
秋　特　達瓦記波　蕩

於您心間明月上

ཧཱུྃ་ཡིག་མཐའ་མར་སྔགས་ཀྱིས་བསྐོར༔
吽葉　踏　瑪　鄂　記　夠

吽字周圍咒繞旋

བཟླས་པ་སྔགས་ཀྱིས་རྒྱུད་བསྐུལ་བས༔
得　巴　鄂　記　傑　革　為

誦咒打動相續故

ཡབ་ཡུམ་བདེ་བར་སྦྱོར་མཚམས་ནས༔
呀　葉　德　則　救　擦　內

父母雙運交界處

བདུད་རྩི་བྱང་ཆུབ་སེམས་ཀྱི་སྤྲིན༔
德　則相切　塞　戒珍

菩提甘露如雲湧

ག་བུར་རྡུལ་ལྟར་འཛག་པ་ཡིས༔
嘎哦　德　達　匝　巴意

降下白如冰片汁

བདག་དང་ཁམས་གསུམ་སེམས་ཅན་གྱི༔
大　蕩　卡　色　塞　堅戒

我與三界眾有情

ལས་དང་ཉོན་མོངས་སྡུག་བསྔལ་རྒྱུ༔
累　蕩　拗　夢　德　愛傑

業及煩惱痛苦因

ནད་གདོན་སྡིག་སྒྲིབ་ཉེས་ལྟུང་གྲིབ༔
那　敦　的　這　尼　洞　這

病魔罪障煞氣垢

མ་ལུས་བྱང་བར་མཛད་དུ་གསོལ༔
瑪利　相　瓦　匝　德　索

無餘清淨祈加持

丁四、念修百字明:

隨後於金剛薩埵佛父佛母無二無別的心間觀想一輪明月，大小就像壓扁的芥子，月輪的上面有一個白色吽（ཧཱུྃ）字，宛如毛髮寫成的一樣，一邊這樣觀想一邊念誦一遍百字明:

嗡班扎薩埵薩瑪雅、嘛努巴拉雅、班扎薩埵底諾巴底叉、知桌美巴哇、蘇埵卡約美巴哇、蘇波卡約美巴哇、阿努日阿埵美巴哇、薩哇斯德瑪美扎雅叉、薩哇嘎嘛色匝美則當、協央格熱吽、哈哈哈哈吙、班嘎哇納、薩哇達他嘎達、班扎嘛麥母雜、班扎巴哇、嘛哈薩瑪雅薩埵啊。

觀想百字明好似豎立的獸角一般互不抵觸，旋繞著「吽（ཧཱུྃ）」字。之後自己的口中以祈禱的方式念誦百字明，觀想從所有的咒字中猶如寒冰被火融化形成水滴一樣源源不斷地降下智悲甘露，通過身體從佛父佛母雙運的密處流出，由經自他一切眾生的頭頂流入，使體內的所有疾病變成膿血，所有魔障變成蜘蛛、青蛙、魚、蛇、蝌蚪、蝨子等小含生的形象，所有罪障變成煙汁、炭汁、灰、煙、雲、氣的形態，這一切的一切猶如飛瀉的洪水沖走塵土一般全部被甘露流毫無阻礙地沖走，從足底、肛門、所有毛孔的部位黑乎乎地排出體外。這時再觀想自己下方的大地裂開，所有男女怨家債主圍繞著死主閻羅王，它們全都是張著口、伸著手、張著爪來盛接（，上面的膿血等全部沖到它們的口手爪中）。一邊這樣觀想一邊念誦百字明。如果能一次性地明觀一切所緣境，就這樣來觀想。如果實在做不到這一點，那麼就時而專心致志觀想金剛薩埵的身體、顏面、手臂等來念誦；時而全神貫注地觀想主尊的服飾來念誦；時而觀想甘露流洗滌魔障、罪障而專心念誦；時而以悔前戒後[155]的心理來念誦。最後觀想居於地下的死主閻王等所有怨家債主全部心滿意足，至此已經化解了宿怨、償清了業債、清淨了罪障。閻羅王等也都閉上了它們的口、手、爪，裂開的大地又恢復到原狀。

接下來觀想自己的身體是內外透明光的自性，身體中央有一個中脈，它分出的四輪形如傘輻，臍部幻化輪有六十四個脈瓣，瓣端朝上；心間法輪有八個脈瓣，瓣端朝下；喉間受用輪有十六個脈瓣，瓣端朝上；頭頂大樂輪有三十二個脈瓣，瓣端朝下，這些脈瓣也都如前一樣降下甘露，從自身頭頂大樂輪開始直到四脈輪以及由它們分出的體內一切部分，包括手足的指尖在內全部像水晶瓶裡裝滿乳汁一樣盈盈充滿白色的甘露，自他一切眾生由此獲得了寶瓶、秘密、智慧、句義四種灌頂，清淨了業障、煩惱障、所知障、習氣障四障，相續中生起了喜、殊喜、極喜、俱生喜四喜智慧，現前了化身、報身、法身、自性身四身果位。

---

[155]悔前戒後：追悔往昔所造的罪業、避免以後再犯之心。

接著念誦：

མགོན་པོ་བདག་ནི་མི་ཤེས་རྨོངས་པ་ཡིས༔
滾　波　大訥莫西　夢　巴意

怙主！我以愚昧無知故

དམ་ཚིག་ལས་ནི་འགལ་ཞིང་ཉམས༔
大　策　累訥　嘎　揚　年

於三昧耶有失犯

བླ་མ་མགོན་པོས་སྐྱབས་མཛོད་ཅིག༔
喇嘛滾　布　加　湊　戒

上師怙主予救護

གཙོ་བོ་རྡོ་རྗེ་འཛིན་པ་སྟེ༔
湊喔多吉怎巴得

亦即主尊金剛持

ཐུགས་རྗེ་ཆེན་པོའི་བདག་ཉིད་ཅན༔
特　吉親　波　大　涅堅

具足大悲體性者

འགྲོ་བའི་གཙོ་ལ་བདག་སྐྱབས་མཆི༔
晝　哦　湊拉　大　加　切

眾生主尊我皈依

བདག་དང་སེམས་ཅན་ཐམས་ཅད་ཀྱི་སྐུ་གསུང་ཐུགས་རྩ་བ་དང་ཡན་ལག་གི་དམ་
大　蕩　思　堅　他　加戒革　頌　特匝瓦蕩　煙拉

各大

發露懺悔身語意所失毀的一切根本支分

ཆོག་ཉམས་པ་ཐམས་ཅད་མཐོལ་ལོ་བཤགས་སོ། སྡིག་པ་དང་སྒྲིབ་པ་ཉེས་ལྟུང་

策 年 巴 踏 加 透 漏 夏 瘦 的 巴蕩這巴

尼 洞三昧耶，祈求賜予加持一切罪障、

དྲི་མའི་ཚོགས་ཐམས་ཅད་བྱང་ཞིང་དག་པར་མཛད་དུ་གསོལ༔

這莫 湊 踏 加向揚大 巴 匝 德 索

墮罪、垢染全部清淨。

懺悔文念誦完畢，緊接著觀想上師金剛薩埵和顏悅色地說：「善男子，你的一切罪障、所失毀的戒律均已清淨。」這般予以認可之後，上師金剛薩埵化光融入自身，以此為緣，自己變成了與前面觀想一模一樣的金剛薩埵，在心間扁芥子大小的月輪上，中央是藍色的吽（ཧཱུྃ）字，吽的前面是白色的嗡（ཨོཾ）字，右邊是黃色的班扎（བཛྲ），後方是紅色的薩（ས）字，左邊是綠色的埵（ཏྭ）字，然後在念誦「嗡班扎薩埵吽」（ཨོཾ་བཛྲ་ས་ཏྭ་ཧཱུྃ）的同時，觀想五咒字放射白、黃、紅、綠、藍五色光，光的頂端有嬉女等供養天女揮手散出八吉祥徽、輪王七寶、幡傘、寶幢、華蓋、千輻金輪、右旋海螺等無量供品，供養居於十方廣大無邊、不可思議剎土中的諸佛菩薩，令他們心生歡喜，從而圓滿了資糧、清淨了罪障。再觀想所有佛菩薩的一切大悲、加持成五顏六色各種各樣的光融入自身，自己現前了殊勝與共同成就、與學道相關的四種持明⑯以及究竟果位——無學道雙運果位，這是準備自利法身的緣起。又觀想這五個咒字向下放射出無量光芒照耀三界六道一切眾生，使他們相續中所有的一切罪障、痛苦、習氣等猶如太陽出現在黑暗處一樣煙消雲散，一切外器世界變成現喜剎土，一切內情眾生變為白、黃、紅、綠、藍五色金剛薩埵的自性，之後他們全部口誦「嗡班扎薩埵吽」，傳出一片嗡嗡之聲，這是準備他利色身的緣起。如《法行習氣自解脫續》中說：「射收二利淨除分別障。」這其中講的也是上述的這種要訣。依靠這樣的觀想要訣，加上密宗金剛乘善巧方便的要點一瞬間就可以圓滿不可思議的福慧資糧，同時也能夠成辦利益天邊無際眾生的事業。如此盡力念誦金剛薩埵心咒。到最後收座時觀想為現喜剎土的一切外器世界全部收攝在內情五部金剛薩埵尊眾之中，他們也依次化光融入自身，自身也從邊緣逐漸化光融入心間的「嗡（ཨོཾ）」字中、「嗡（ཨོཾ）」融入「班扎（བཛྲ）」、「班扎（བཛྲ）」融入於「薩（ས）」、「薩（ས）」融於「埵（ཏྭ）」、「埵（ཏྭ）」融入「吽（ཧཱུྃ）」字的「雅布傑（ུ）」、「雅布傑（ུ）」融入「小阿（འ）」、「小阿（འ）」融入「哈（ཧ）」、「哈（ཧ）」融入頭部的日月明點（ཾ）中，到「那達⑰（ྂ）」之間次第融入，最

⑯四種持明：異熟、壽命自在、大手印和任運持明。
⑰那達：代表法界的一種符號，觀修生起次第時需要觀想。

後「那達」也如彩虹消於空中般消失得無影無蹤，就這樣在無緣離戲的境界中稍許放鬆而入定。當又開始生起分別念時，再度將一切器情明觀為金剛薩埵剎土，並念誦：

དགེ་བ་འདི་ཡིས་མྱུར་དུ་བདག །
給　瓦德　噫　涅德　達
我今速以此善根

རྡོ་རྗེ་སེམས་དཔའ་འགྲུབ་གྱུར་ནས། །
多吉森　華　哲　傑　內
成就金剛薩埵尊

འགྲོ་བ་གཅིག་ཀྱང་མ་ལུས་པ། །
桌　瓦　久　江瑪利　巴
令諸眾生無一餘

དེ་ཡི་ས་ལ་འགོད་པར་ཤོག །
得耶薩拉夠　巴　秀
悉皆安置於此地

以此等來作迴向、發願。在念修金剛薩埵等任何念誦期間，心思專注所緣而不散他處、不夾雜閒言碎語，這一點相當相當重要。如續部中說：「若無此等持，如海底磐石，誦數劫無果。」又說：「淨與不淨差千倍，有無等持差十萬。」念修密咒時，如果摻雜一些庸俗不堪的閒言碎語來念誦，那麼他所念的密咒就是不清淨的念誦。舉個例子來說，就算是在純金、白銀中摻雜微量的黃銅或普通銅，也只能被人們稱為非金或偽銀了，它們再也起不到純金純銀的作用。鄔金蓮花生大師也說：「雜有綺語誦一年，不如禁語誦一月。」

當今時代，有些經懺師在大眾中念經、誦咒期間，盡力做到禁語也是十分重要的一點。雜有庸俗綺語的念經、誦咒等沒有什麼實義，特別是做超度亡靈等佛事時，那些正在中陰界遭受恐懼、痛苦等逼迫的眾生為了獲利，會滿懷希望地跑到上師僧人們面前，那時如果他們既不能明觀等持，也不具足清淨的戒律與誓言，而且口中說些貪嗔的話，心裡一直胡思亂想，結果具有神通的那些中陰身知曉後，便對這些上師僧人們起邪見或生嗔心，以此為緣將墮入惡趣。這類上師僧人有還不如沒有的好。

尤其密宗金剛乘所有的儀軌就是所謂的「明觀生次詞句門」。本來，明觀生起次第的要義必須要依靠詞句來觀想，可是有些人對於本該觀想的生圓次第的意義，絲毫也不專注，只是口頭上以各種不同的語調鏗鏘有力、抑揚頓挫地吟誦「明明觀觀修修」等儀軌的詞句，到了最為關鍵的諷誦心咒的時候，心情頓然放鬆下來，甚至原來端坐的身姿也已經東倒西歪了，開始吸起百惡之源的煙草，談論「溝頭溝尾」等無關語，開啟了眾多綺語伏藏之門⑮⑧，就

⑮⑧綺語伏藏之門：指諷刺那些言說各種毫無意義的閒言碎語。

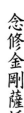

像捋黑色腸子般空空地數著念珠來混日子。到了下午時分抬頭望望天空，便開始念誦「班扎布白得貝……」，吹打法器發出巨響（而念完儀軌）。這種諷誦儀軌簡直是形象中最低等的形象，諸如此類的形象佛事，真不如以清淨心念誦一遍《三十五佛懺悔文》或《普賢行願品》好。依靠這種不清淨的念誦及形象的儀軌將亡魂引入惡趣的那些上師僧人們，對活人作佛事也同樣只能是弊大於利。這類人享用信財，確實好似食用熾燃的鐵丸一般。所以，享用信財、亡財者，無論是上師還是普通僧人都是同樣，切切不要只是將注意力放在肉塊大小、油餅薄厚、供養好壞上，而應當對於那些處於緊要關頭、倍受痛苦、無依無怙的病人或死者一視同仁，發心利益他們，以慈悲心、菩提心攝持而行事，專心致志勤奮努力念修自己所了達的生圓次第法門。不能做到這樣的人，也應該隨著詞句思考意義，或者至少也要懷著一顆慈悲的心腸憐憫這些可憐的眾生、對三寶的無欺諦實力生起信心、定解等等，總之身語意三門要集中精力。如果能夠做到儀軌念誦音正、清晰、發心清淨，那麼依靠皈依處三寶的大悲力、無欺因果的威力以及菩提心的無量功德等，必定會使病人或死者受益匪淺。而且，誠如人們所說的「於人墊上淨己障」，同時也能使自他二種資糧得以圓滿，並將凡是結緣的眾生安置在解脫道中。因此，我們必須竭盡全力這樣去做。

如今有些本來被人們一致共稱為比較賢良並且明曉

因果的上師僧人們，卻因為害怕享用信財、亡財的過患，甚至對病人、死者等倍受痛苦的眾生連加持、迴向、發願等佛事也不肯做，這真正已經斷絕了慈悲心、菩提心的根本。另有些過於注重一己私利的人，到了施主家以後，在大眾行列中，需要為施主家念誦的經不念，反而取出自己那黑乎乎的念誦集，認為自己的誦經功課不能間斷而裝模作樣地念起來，他們對自己的一點點念經、誦咒竟然如此認真謹慎，並且認為這完全可以淨除自己的罪障以及享用信財的罪過，而在為施主家念誦的大眾行列中卻東張西望、胡言亂語、心不在焉，全然不考慮那些本該救護的眾生——死者或活人的利益。這些人已經斷絕了慈悲菩提心的根本。即使他們後來盡力淨除享用信財的罪過，然而以自私自利的惡心也很難清淨享用信財的障礙。

所以說，如果我們最初就能以慈悲、菩提心為本，盡己所知、盡己所能、誠心誠意精進修行生圓次第等都不離開想利益眾生的動機，那麼無論是在自家還是到他家觀修生圓次第、念經、誦咒都沒有絲毫差別。不管怎樣，遠離私欲之心，一心一意利益他眾，這點都是完全相同的，因此我們一定要、必須要希求這種目標。

丁五、懺悔之功德：

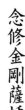

如果一心專注所緣境、不摻雜庸俗的話語一次性地念誦一百零八遍百字明，那麼往昔所造的一切罪障及所

失毀的戒律一定會得以清淨，這是上師金剛薩埵親口允諾的。《無垢懺悔續》中也說：「百字明是一切善逝的智慧精華，能夠淨除所失毀的戒律與分別念的罪障，堪稱為一切懺悔之王。倘若一次性念誦一百零八遍，便可酬補一切所失之戒，不會墮入三惡趣。任何一位瑜伽行者如果能發誓念誦，不但此人今生會被三世諸佛視為勝妙長子而加以護佑，而且命終之後也無疑會成為諸佛的長子。」此外，進入密宗金剛乘之門以後，無論失毀了根本誓言還是支分誓言，如果每天觀想金剛薩埵而念誦二十一遍百字明，就叫做加持墮罪，也就是說，墮罪所產生的異熟果不會越來越增長。如果念誦十萬遍百字明，則可徹底清淨一切墮罪。如《莊嚴藏續》中說：如果念誦十萬遍百字明，那麼一切墮罪都能從根本上得以清淨，此續中云：「妙觀白蓮月墊上，上師金剛薩埵尊，依百字明之儀軌，倘若念誦二十一，即將加持墮罪等，使其不復得增長，諸成就者所宣說，故當恆時而修持，倘若已誦十萬遍，必成清淨之本性。」

當今時代在藏族這片領域內，上師僧人包括俗家男女在內，可以說沒有誰未曾受過灌頂，所以沒有誰不是入了密宗之門的。趣入密乘之後，如果不守誓言勢必會招致墮落地獄的下場，倘若守誓言便可以獲得圓滿佛果，除了這二種可能性以外別無出路，就像把蛇放在竹筒中一樣。比如說，竹筒裡的蛇，只能是上去或下去，再沒有別的出路。《功德藏》中也說：「入密士夫之去處，惡趣佛外無三處。」分類細緻、種類眾多的密宗三昧耶戒又是極其難以守護的，所以阿底峽尊者也曾經說：「進入密乘時接連不斷地出現過失。」既然尊者尚且如此，那麼如今我們這些對治力薄弱、喪失正念、無有正知、不曉墮罪種類的人，所犯的墮罪數量毫無疑問會多如雨水，因此我們應當立下誓言：隨時隨地念修金剛薩埵對治這些墮罪，從今以後最起碼也是做到每天不間斷念誦二十一遍百字明，這一點極為重要。

如果自己已經精通了生圓次第的要訣，即使依靠正知正念明觀等方法沒有犯過失毀三昧耶的錯誤，但是，也會因為與其他失毀根本誓言的人互相交談、接觸往來，甚至共同飲用一山谷的水也會產生相對失戒、株連失戒的罪過，所以我們務必要精進懺悔、淨除罪障。續部（《無說義懺續》）中說：「酬補失罪交往失戒者，於失戒非器者宣講法，不加警惕彼等失戒者，必將染上冒瀆晦氣⑲過，一切此生違緣來世障，以悔自過之心發露懺。」

在（僧眾）集會行列中，即便只有一個破誓言的人，在場的人也都將被他的冒瀆晦氣所染污，具體點說，就算是有成百上千的具誓言者也不會得到絲毫修行的成果，就像一滴壞奶損壞滿滿一鍋鮮奶或者一隻帶瘡

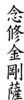

⑲冒瀆晦氣：違犯誓言招致的不祥。

的青蛙傳染同住的全部青蛙一樣。如頌云：「猶如一滴腐奶汁，可毀一切鮮奶汁，失毀誓言之一人，能毀諸具誓言者。」

不僅如此，就算是一位上師、高僧大德、成就者也避免不了被冒瀆晦氣染污上。舉個例子來說，往昔卓滾朗吉日巴尊者曾在匝熱地區期間，一次，由於鬼神製造違緣，將正午的太陽隱蔽不見，變成繁星閃爍的漆黑夜晚，可是尊者卻無阻無礙地來到了黑紅血湖畔，唱起金剛歌、跳起金剛舞，並在石頭上留下足跡，至今仍然清晰可見。雖然是這樣一位大成就者，但是後來因為一個破誓言的弟子來到他面前，結果染上了冒瀆晦氣而導致神志不清，不能言語成了啞人。此外，成就者俄堅巴也曾在道歌中說：「雪域乞人仁親花（指其本人），僅有失戒敵可害，唯有師尊能救護。」

所以說，如若失毀密宗金剛乘的三昧耶戒，罪過極其嚴重，並且守持也十分困難。不觀察自相續認為我具足誓言而心生我慢的人，終究一事無成。正如密宗諸續部中說：「三門即使一剎那離開三壇城之本性也違越密宗誓言。」

顯而易見，（密宗金剛乘的誓言）有多麼的難以守護。如果詳細分類，不下十萬種誓言，數量繁多，而且失毀誓言的罪過也相當嚴重。誠如續部中說：「金剛羅剎痛飲其心血，短壽多病失財畏怨仇，長久住於無間地獄中，極其恐怖感受難忍苦。」因此，我們必須隨時隨地兢兢業業觀修金剛薩埵，念誦百字明，懺悔對治一切能想起或想不起所失毀的戒律、墮罪。古大德也曾經說過：初需未染罪，一旦染上罪，懺悔極關要。如果加以懺悔，那麼失毀密宗誓言的罪業也可輕而易舉得以清淨。聲聞乘中說：如若違犯一次根本墮罪，就像瓷器破碎一般無法恢復。破菩薩戒則如同珍寶用品破碎一般，比如，珍寶用品碎了，可以依靠能工巧匠得以修復。同樣，依靠他緣善知識可以酬補菩薩戒；密乘戒則好似稍有凹陷的珍寶用品一樣，也就是說，自己依靠本尊、密咒、等持進行懺悔完全可以清淨無餘。如果（違犯後）毫不遲疑立即懺悔，就容易清淨，時間拖得越久，罪業會越來越增長，懺悔也有一定的難度。一旦超過了三年以上，就已經逾越了懺悔的期限，即使作懺悔也無法清淨。

此外，作為憑藉咒力與加持來救護他眾、中止冰雹、消除瘟疫、治病救人以及使幼童健康成長等等兼顧自他二利的人們也是一樣，要想具備咒力及加持，必須淨除語障。而使語障清淨的方法也無有比精華百字明更為殊勝的。所以，隨時隨地精進念誦百字明至關重要。我的至尊上師曾經以開玩笑的口吻說：「想救護他眾、享用信財亡財的人首先必須淨除語障，為此念誦一千萬遍百字明是必不可少的。」上師的弟子中有許多已經念誦了一、兩千萬遍百字明，最低也都圓滿念誦了二、三十萬遍。

上師金剛薩埵是集百部於一部的自性，稱為大密一部金剛薩埵。浩瀚無垠、不可思議的一切寂猛本尊也無不包括在金剛薩埵之中。因為本體觀為與根本上師無二無別，所以也總集了上師瑜伽，稱為珍寶總集的觀修法，是極其甚深究竟的法門，正如前所說密咒當中沒有超過咒王百字明的。因此，我們應當了知何處也再沒有比這更深的法了。

聞益竅訣然卻耽詞句，稍許實修然為散亂欺，
我與如我迷相眾有情，願得生圓精華祈加持。

淨除業障法——觀修上師金剛薩埵之引導終

四、積累資糧

雖知世俗然積二資糧，雖證勝義無修然入定，
雖已現前雙運仍精進，無等上師足下我敬禮。

丙四（積累資糧）分二：一、供曼茶羅；二、古薩里。

丁一（供曼茶羅）分六：一、供曼茶之必要；二、所修曼茶羅；三、供三十七堆曼茶羅；四、三身曼茶羅；五、供品潔淨；六、積資之理。

戊一、供曼茶之必要：

如果沒有圓滿福慧二種資糧，就無法獲得具備二種清淨的佛果。再者說，二種資糧沒有圓滿之前，自相續中不可能生起無倒空性實義，經中說：「乃至殊勝二資未圓滿，期間不能證悟勝空性。」此外還有「當知勝義俱生智，唯依積資淨障力，乃與具證師加持，依止他法誠愚癡」的教言。就算是已經現量證悟了空性，然而在沒有獲得圓滿正等覺果位之前，還必須要使修道日益增上，所以仍然需要勤勤懇懇地積累福慧二種資糧。

大瑜伽士帝洛巴尊者親口教誨說：「吾子那若巴，顯現此緣起，未證無生義，莫離積二資[160]。」

瑜伽士布瓦巴也曾在道歌中說：「雖具不求世俗佛

[160]原文說「莫離二資之車輪」，此處按意思譯。

果大把握，然應盡力精勤不斷積福資。」

無等塔波仁波切也親口說道：「雖然積資淨障也是本來清淨，但要從微薄資糧開始積累。」

所以，佛陀以大慈大悲善巧方便宣說了不可思議積累資糧的方法，其中位居於首的就是供曼茶羅。誠如密續中說：「若於諸佛刹，無餘三千界，莊嚴妙功德，供養圓佛智。」

在供曼茶羅的時候，按照自宗的傳統，包括所修曼茶羅及所供曼茶羅兩種。關於曼茶羅的質地，根據自己的經濟條件，上等者使用金銀等珍寶曼茶羅，中等者使用青銅等材料製成的曼茶羅；下等者使用石板、木板等光滑的平台作為曼茶羅，無論哪一種都可以。所擺放的供堆⑯：上等者用松石、珊瑚、青金石、珍珠等奇珍異寶；中等用藏青稞、橄欖子等藥物果實；下等者用青稞、大米、小麥、豆類等穀類；最下等者僅僅用碎石、瓦礫、細沙等為所緣境，也完全可以。不管怎樣，都要認認真真地擦拭曼茶羅的基盤。

戊二、所修曼茶羅：

首先在所修曼茶羅的基盤上放置五堆所供物，將位於中央的一堆觀想成毗盧遮那佛由如來部尊眾圍繞；前面的一堆觀想成金剛不動佛由金剛部尊眾圍繞；南方的一堆觀想成寶生佛由珍寶部尊眾圍繞；西方的一堆觀想

⑯供堆：供曼茶羅所用的物質。

成無量光佛由蓮花部尊眾圍繞；北方一堆觀想成不空成就佛由事業部尊眾圍繞。或者像明觀皈依境那樣，將中央的一堆觀想成與根本上師無二無別的蓮花生大士、大圓滿傳承諸上師以重樓式安坐；前面的一堆觀想成釋迦牟尼佛由賢劫一千零二尊佛圍繞；右側的一堆觀想成八大隨行佛子由大乘聖者僧眾圍繞；左側的一堆觀想成聲聞二聖[162]由小乘聖者僧眾圍繞；後面的一堆觀想成光芒閃爍的方格架內層層疊疊放置著法寶經函。不管是哪種觀想，都要將所修曼茶羅放在供台上。如果經濟條件允許，就陳設五供等環繞在所修曼茶羅的周圍，供養在佛像、佛典與佛塔前；如果經濟條件有限，沒有所修曼茶羅也可以，只是在心裡意念明觀福田。

三層供桌

戊三、供三十七堆曼茶羅：

在供曼茶羅的過程中，左手拿著曼茶羅，長時間用右手腕來擦拭基盤，同時內心專注所緣，不散他處而念誦七支供。（擦拭曼茶盤的原因）並不是曼茶盤上有不

[162]聲聞二聖：指舍利子與目犍連。

清淨物需要擦淨，而是要通過這種苦行磨煉的方式來淨除自相續中二障的垢染。以往噶當派的諸位大德（在供曼茶羅時），先用手腕的前面來擦拭曼茶盤，當前面起皰生瘡的時候，就用側面來擦拭，又起皰生瘡時再用背面來擦拭等等。因此，擦拭曼茶盤的時候絕不能用其他的氈毽、軟布等來擦，只能用手腕來擦，這是往昔噶當派諸位大德的傳統，我們也要遵循這樣做。

接下來開始安放供堆。下面的這一《三十七堆曼茶羅儀軌》是薩迦法王眾生怙主八思巴[163]所作，因為簡便易行，所以為新舊派普遍通用。在這裡也有首先供養三十七堆曼茶的傳統，因此就這麼進行。此外，無論是新派還是舊派，各自都有許多與眾不同的供曼茶羅儀軌。尤其是寧瑪派的每一個伏藏品當中都有一種供曼茶羅的儀軌。自宗（寧提派）也是同樣，關於廣供三身曼茶羅的儀軌，是依照全知無垢光尊者在諸《心滴》中親口說的眾多言教。所以，無論採用哪種儀軌來供養都是可以的。在供三十七堆的時候，

首先念誦：

ཨོཾ་བཛྲ་བྷཱུ་མི་ཨཱཿཧཱུྃ

嗡巴雜布米阿吽

[163]八思巴（1235—1280）：譯言聖者慧幢，藏傳佛教薩迦派第五代祖師。

གཞི་རྣམ་པར་དག་པ། དབང་ཆེན་གསེར་གྱི་ས་གཞི།
耶 南 巴 達巴 王 親 色 戒薩耶
清淨本基 大自在金地

同時左手拿著曼荼盤，右手灑牛淨物⑯及香水。

接著念誦：

ཨོཾ་བཛྲ་རེ་ཁེ་ཨཿཧཱུྃ།
嗡班扎日客啊吽

同時用右手拇指和無名指拿一束花（或一粒米）在基盤上右向旋繞，最後安放在中央。如果有現成的鐵圍山要放，也在這時候放上。以下一邊念誦儀軌一邊安放供堆：

ཕྱི་ལྕགས་རི་ཁོར་ཡུག་གིས་བསྐོར་བའི
謝 架 熱扣 耶 給 夠 哦
外鐵圍山環繞

དབུས་སུ་ཧཱུྃ་ལ་རི་ཡི་རྒྱལ་པོ་རི་རབ།
為 色吽拉熱意加波熱繞
中央須彌山王

ཤར་ལུས་འཕགས་པོ། ལྷོ་འཛམ་བུ་གླིང་།
夏 利 帕 波 霍 匝 哦 郎

⑯牛淨物：黃牛所出糞、尿、酥油、酪和乳等五物總名。

東勝身洲　南贍部洲

ནུབ་བ་ལང་སྤྱོད།　བྱང་སྒྲ་མི་སྙན།
訥　瓦浪　秀　相　扎莫年

西牛貨洲　北俱盧洲

ལུས་དང་ལུས་འཕགས།　རྔ་ཡབ་དང་རྔ་ཡབ་གཞན།
利　蕩　利　帕　鄂呀　蕩鄂　呀　煙

身洲及勝身洲　拂洲及妙拂洲

གཡོ་ལྡན་དང་ལམ་མཆོག་འགྲོ།
右　旦　蕩　拉　求　晝

行洲及勝道行洲

སྒྲ་མི་སྙན་དང་སྒྲ་མི་སྙན་གྱི་ཟླ།
扎莫年蕩扎莫年戒達

惡音洲及惡音對洲

རིན་པོ་ཆེའི་རི་བོ།　དཔག་བསམ་གྱི་ཤིང་།
仁波切熱喔　晝　薩　戒向

珍寶山　如意樹

འདོད་འཇོའི་བ།　མ་རྨོས་པའི་ལོ་ཏོག
門　久　瓦　瑪謀　波漏斗

如意牛　自然稻

འཁོར་ལོ་རིན་པོ་ཆེ།　ནོར་བུ་རིན་པོ་ཆེ།
扣漏仁波切　洛吾仁波切

金輪寶　如意寶

བཙུན་མོ་རིན་པོ་ཆེ། བློན་པོ་རིན་པོ་ཆེ།
怎母仁波切 輪波仁波切

玉女寶 大臣寶

གླང་པོ་རིན་པོ་ཆེ། རྟ་མཆོག་རིན་པོ་ཆེ།
浪波仁波切 達求仁波切

大象寶 紺馬寶

དམག་དཔོན་རིན་པོ་ཆེ། གཏེར་ཆེན་པོའི་བུམ་པ།
瑪 混 仁波切 得 親 波哦 巴

將軍寶 寶藏瓶

སྒེག་པ་མ། ཕྲེང་བ་མ། གླུ་མ། གར་མ།
給巴瑪 幢瓦瑪 樂瑪 噶瑪

嬉女 鬘女 歌女 舞女

མེ་ཏོག་མ། བདུག་སྤོས་མ། སྣང་གསལ་མ།
美門瑪 德 布 瑪 囊 薩 瑪

花女 香女 燈女

དྲི་ཆབ་མ། ཉི་མ། ཟླ་བ།
這恰瑪 涅瑪 達瓦

塗香女 日 月

རིན་པོ་ཆེའི་གདུགས།
仁波切 德

珍寶傘

ཕྱོགས་ལས་རྣམ་པར་རྒྱལ་བའི་རྒྱལ་མཚན།
秀 累 納 巴 加 為 加 燦

尊勝幢

ལྷ་དང་མིའི་དཔལ་འབྱོར་ཕུན་སུམ་ཚོགས་པ་མ་ཚང་བ་མེད་པ་འདི་ཉིད་དྲིན་ཅན་
拉蕩美　花　救　彭色措　巴瑪倉瓦美巴的涅　真堅

將此等無不圓滿之人天受用供養大恩

རྩ་བ་དང་བརྒྱུད་པར་བཅས་པའི་དཔལ་ལྡན་བླ་མ་དམ་པ་རྣམས་ལ་དབུལ་བར་བགྱིའོ།
匝瓦蕩結白吉波花　旦喇嘛達巴那拉哦玩結嘔

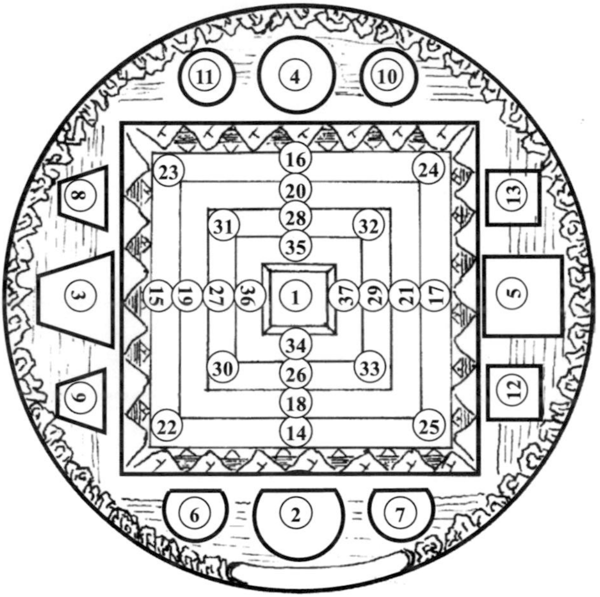

1.中央須彌山王 2.東勝身洲 3.南贍部洲 4.西牛貨洲 5.北俱盧洲 6.身洲 7.勝身洲 8.拂洲 9.妙拂洲 10.行洲 11.勝道行洲 12.惡音洲 13.惡音對洲 14.珍寶山 15.如意樹 16.如意牛 17.自然稻 18.金輪寶 19.如意寶 20.玉女寶 21.大臣寶 22.大象寶 23.紺馬寶 24.將軍寶 25.寶藏瓶 26.嬉女 27.鬘女 28.歌女 29.舞女 30.花女 31.香女 32.燈女 33.塗香女 34.日 35.月 36.珍寶傘 37.尊勝幢

三十七堆曼荼羅分布圖

具德諸根本及傳承殊勝上師……

在念誦「須彌山王……」時，在中央放上一大供堆，之後安置東勝身洲等四大洲時，將自己的這一方向或供養對境方向作為東方都可以，無論如何都要從東方開始依次右旋來放。安放代表身洲及勝身洲等附洲的供堆時，每一洲在東方、西方各有一個附洲，要按照順序來放。再放置東方代表珍寶山、南方如意樹、西方如意牛、北方自然稻的供堆，然後將代表輪王七寶及寶藏瓶的供堆依次放在四方四隅，表示嬉女等外供四天女置於四方，表示花女等內供四天女的供堆放在四隅，之後東西南北依次為表示日、月、珍寶傘、事業尊勝幢的供堆。當念誦到「將此等無不圓滿之人天之受用」的時候，在那些供堆上面無有空隙地堆積供物，如果有寶頂，最後就放在上面。在「供養大恩具德諸根本及傳承殊勝上師、佛菩薩眾」這裡，有些人說需要加上「無不圓滿、圓滿悅意」，但是我的至尊上師說：「這一句在本論當中沒有，實屬多餘。」關於曼茶羅的觀想次第，我的上師在親傳引導時就講了這麼多，再沒有別的說法，所以在此我也沒有撰寫。然而，本引導文中說：另見《集密意續釋》有詳述。所以，如果想要廣泛了解，不妨參閱此書。

戊四、三身曼茶羅：

三身曼茶羅依照自宗（寧提派）的儀軌而供養

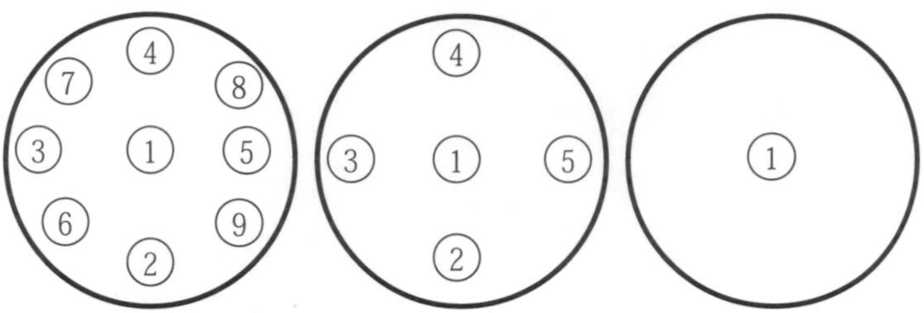

化身曼荼羅　報身曼荼羅　法身曼荼羅

時，首先是共同化身曼荼羅：前面安置供堆時所說的四大部洲、須彌山以及梵眾天算為一個世界，這樣數到一千，就稱為一千小千世界；擁有一千個四大洲世界的一小千世界算為一個，這樣的小千世界一直數到一千，就稱為二千中千世界；中千世界算為一，這樣數到一千個，就叫做三千大千世界。其中具有百億個四大部洲的世界是佛陀一個化身的所化刹土，比如釋迦牟尼佛所化刹土叫做娑婆世界。接下來我們要觀想，在不可勝數、不可思議這樣的刹土中，天境人間的輪王七寶等有主、無主應有盡有的上等物品，加上自己的身體受用、壽命福德、權利地位、三時中所積累的善根、幸福安樂的事情等等，凡是最為喜愛的一切的一切都無一遺漏地堆積起來，不帶有芝麻許的貪愛執著之心全部供養上師化身尊眾，以上就是共同化身曼荼羅。

接著再用心觀想幻化出無數個五大莊嚴刹土均由不可思議的良田、無量殿、嬉女等無量供養天女作點綴，以此供養上師報身尊眾，這就是不共報身曼荼羅。

將無生法界安立為曼茶羅的基盤形象，所顯現的四相⑯等一切分別識聚安立為供堆的形象，以此供養上師法身尊眾，這就是殊勝法身曼茶羅。

精通這些觀想要訣而懷著強烈的誠信、恭敬之心念誦下文：

ཨོཾ་ཨཱཿཧཱུྃ། སྟོང་གསུམ་འཇིག་རྟེན་བྱེ་བ་ཕྲག་བརྒྱའི་ཞིང༔
嗡啊吽　洞　色　傑　定　謝瓦差　傑揚

嗡啊吽　百數俱胝三千世界剎

རིན་ཆེན་སྣ་བདུན་ལྷ་མིའི་འབྱོར་བས་གཏམས༔
仁　親　那登　拉莫　救　為　達

充滿人天七寶等財富

བདག་ལུས་ལོངས་སྤྱོད་བཅས་པ་ཡོངས་འབུལ་གྱིས༔
大　利　龍　秀　吉　巴　永　簸　記

以及我身受用悉供養

ཆོས་ཀྱི་འཁོར་ལོས་བསྒྱུར་བའི་སྲིད་ཐོབ་ཤོག༔
秋　戒　扣　路　結　為　這　透　秀

願獲轉法輪王之國政

འོག་མིན་བདེ་ཆེན་སྟུག་པོ་བཀོད་པའི་ཞིང༔
傴　曼　得　親　德波　夠　波　揚

報身佛處大樂密嚴剎

⑯四相：修習密乘大圓滿道，證得有學乃至無學所有道相：法性現前相、覺受增長相、覺性如量相和法性滅盡相。

ངེས་པ་ལྔ་ལྡན་རིགས་ལྔའི་ཚོམ་བུ་ཅན༔
愛　巴哼旦　熱　哎　措哦堅

具五決定五部供堆者

འདོད་ཡོན་མཆོད་པའི་སྤྲིན་ཕུང་བསམ་ཡས་པ༔
鬥　運　秋　波　震　碰　薩　益巴

供養無量欲妙讚供雲

ཕུལ་བས་ལོངས་སྐུའི་ཞིང་ལ་སྤྱོད་པར་ཤོག༔
破　為　龍　給　揚　拉秀　巴　秀

願獲圓滿報身之果位

སྣང་སྲིད་རྣམ་དག་གཞོན་ནུ་བུམ་པའི་སྐུ༔
囊　這　那　大　運　訥哦波　哥

現有清淨童子瓶佛身

ཐུགས་རྗེ་མ་འགགས་ཆོས་ཉིད་རོལ་པས་བརྒྱན༔
特　即瑪　嘎　秋　聶　肉　被　堅

大悲不滅法性遊舞飾

སྐུ་དང་ཐིག་ལེའི་འཛིན་པ་རྣམ་དག་ཞིང༔
哥蕩　特　利　怎　巴那大　揚

供養持身明點清淨剎

ཕུལ་བས་ཆོས་སྐུའི་ཞིང་ལ་སྤྱོད་པར་ཤོག༔
破　為　秋　給揚　拉　秀巴　秀

願獲殊勝法身之果位

計數的時候，左手如最初供養時那樣握著曼荼盤，

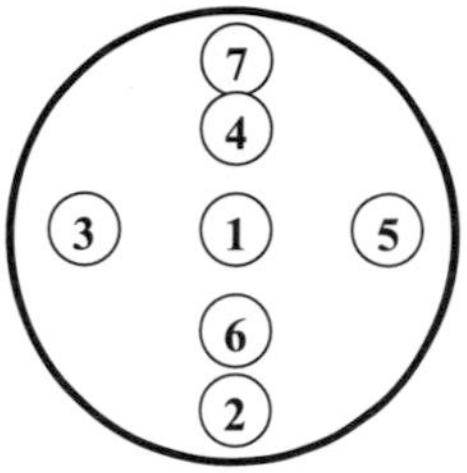

七堆曼茶羅

右手安放供堆。如此一來，勢必會導致左手極其疼痛，可是在沒有達到根本無法握住曼茶盤之前，一定要以頑強的毅力手抬起來握著曼茶盤。所謂的苦行精進求正法，並不是說單單的口中沒有吃的，而是指時時刻刻不怕一切艱難困苦，以堅韌不拔的毅力去修行。所以，僅僅依靠修曼茶羅的苦行和安忍，也能圓滿廣大的資糧，我們一定要身體力行。最後左手實在無法繼續拿著曼茶盤的時候，就將它放在前面的供台等上面。在供曼茶羅期間，要一邊供一邊積數。在用餐、喝茶等一切間歇的階段，要收好前面所供曼茶羅。當重新開始時再如前一樣首先供養三十七堆曼茶並且繼續計數。通過這種方式來供曼茶羅必須要圓滿供足十萬遍。暫時不能做到廣供三身曼茶羅的人，僅僅念誦下文:

ས་གཞི་སྤོས་ཆུས་བྱུགས་ཤིང་མེ་ཏོག་བཀྲམ། །

薩耶　布　切　謝　向　美門　扎

塗香鮮花遍大地

རི་རབ་གླིང་བཞི་ཉི་ཟླས་བརྒྱན་པ་འདི། །

熱繞　朗　月涅得　堅巴　的

須彌四洲日月飾

སངས་རྒྱས་ཞིང་དུ་དམིགས་ཏེ་ཕུལ་བ་ཡིས། །
桑　吉　揚德　莫　得破瓦意

觀想佛剎作供養

འགྲོ་ཀུན་རྣམ་དག་ཞིང་ལ་སྤྱོད་པར་ཤོག །
晝　根　那　大　揚　拉秀白　秀

願諸眾生行佛剎

ཨིདཾ་གུ་རུ་རཏྣ་མཎྜལ་པཱུ་ཛ་མེ་ཁཱ་ས་མུ་དྲ་ས་པ་ར་ཎ་ས་མ་ཡེ་ཨཱཿཧཱུྃ།
章格日局那曼扎拉勃匝梅嘎薩莫扎薩巴局那薩瑪意啊吽

只是供這七堆曼茶羅也可以。無論怎樣，供養的過程中以最初加行發心、中間正行無緣、最後結行迴向來印持也就是以三殊勝攝持十分重要，這一點與其他修法完全相同。

戊五、供品潔淨：

在供曼茶羅期間，用青稞、小麥等穀物供曼茶羅時，如果自己經濟富裕，絕不能重複使用陳舊的糧食來供養，完全要用新鮮糧食作供養。這樣供養之後將所供的糧食施給鳥類、鼠類或盲人、乞丐等，或者堆放在佛像、佛經、供塔前等都是可以的，而不應該歸為己有而自行使用。如果經濟不寬餘，就根據實際情況適當更換所供的糧食及供品。作為窮人等，一次供養的糧食反反覆覆來供也是允許的。不管怎樣，都要先將供品中的土灰、稗子、鳥糞等所有雜質清除乾淨，做到所供物清潔，並且用藏紅花等香水浸濕後再來供養。

對於一貧如洗的窮人或者真正能夠觀想「一塵中有塵數剎」而作意幻供養的那些利根者，佛經中開許可以供養土粉、瓦礫等等。而自己本來擁有萬貫家財，卻捨不得用來上供下施，反倒擺出誦咒、觀想等種種相似的理由而自以為是的那些人，其實是自己欺騙自己。而且，諸續部及竅訣中明明說「清潔美妙之供品」以及「配製清潔欲妙供」，而並沒有說「骯髒污穢之供品」，因此，我們絕不可以將自己的殘湯剩飯等骯髒不堪的物品作為供品，或者好的青稞留給自己吃，渣滓作為供物或磨成做神饈食子的糌粑等等。誠如往昔噶當派諸大德所說：切切不要自己享用新鮮的部分而將發霉的油餅、發黃的菜葉等供養三寶。將有辣味或腐敗的酥油等作為神饈或者做成酥油燈來供養，而自己食用新鮮的酥油，這些都是耗盡福德之因，所以必須堅決斷除。

此外，在做神饈、食子等時軟硬程度一定要做成與自己食用的一樣，不能考慮簡便易行而做成軟軟綿綿的食子團，阿底峽尊者曾經親口說道：「西藏人是不會富足的，因為人們做的食子團[166]軟軟塌塌。」此外尊者還這樣說過：在藏地，僅僅用水來積累福德也已足夠了！在印度由於氣候過於炎熱而沒有西藏這樣清淨的水。

只要自己能夠精進，那麼以供養清淨的水來積累資

[166]食子團：做朵馬所用揉合了的糌粑。

糧，也會得到想像不到的功德利益。

作水供時要將七個供水杯等供器認認真真擦得乾乾淨淨，排列的時候間距也要適度，不可有過寬過窄、東倒西歪等現象，並且水中不能混有穀類、灰塵、含生等雜質，水器中的水也不能滿滿當當或極度不滿，供台上不可有溢出的水流等等，一定要做到精緻美觀、令人賞心悅目。《普賢行願品》中也說：「如是最勝莊嚴具。」無論是哪一種供品，甚至擺放、羅列的形式都要做到美觀莊嚴、使人舒心悅意。這樣，依靠恭敬諸佛菩薩之因便可圓滿自己廣大的福德資糧，因此我們必須竭盡全力去做。

當然，在自己窮得叮噹響實在無能為力等情況下，以一顆清淨的心供養骯髒的殘湯剩飯、低劣物品等也未嘗不可，因為諸佛菩薩並沒有乾淨、骯髒執著的分別念，往昔也有貧女仲涅瑪供養世尊酥油燈的公案。另外曾經有一位患了麻瘋病的女子在行乞的時候得到了一碗米湯供養聲聞大迦葉尊者，當時一隻蚊子落入湯裡，麻瘋女試圖除去蚊子，結果手指斷落在米湯中。但是大迦葉尊者為了滿她的心願而喝了米湯，並作為自己全天的齋飯，這使得麻瘋女無比歡喜，以此因緣她死後轉生到三十三天。所以，供養曼茶羅時也是同樣，以清淨意樂、盡己所能做成純淨悅意的物品而供養是殊勝的要訣。

戊六、積資之理：

供曼茶羅等精勤積累資糧的方便在修道過程中是不可缺少的修法。如續部中說：「未積資糧無成就，沙子不能榨出油。」不積累資糧而希望獲得成就，如同想從河邊的沙子中榨出油來一樣，就算是費盡九牛二虎之力擠壓沙子，也不可能從中得到一點一滴油的成分。而想通過積累資糧來獲得成就則好似榨芝麻得油一樣，榨多少芝麻就會出多少油，哪怕是僅僅將一粒芝麻放在指甲上擠壓，它也會使指甲變成油漬漬的。佛在經中也說：「未曾積累資糧欲得成就，好似攪拌水想得油；積累資糧欲得成就，恰似攪拌乳想得酥油。」

因此說，獲得終極殊勝的成就是圓滿二種資糧的正果。正像前文中所說的那樣，如果沒有圓滿福慧資糧，就無法獲得具備二種清淨的佛果。怙主龍樹菩薩也親口說：「此善願諸眾，圓滿福慧資，獲得福慧生，殊勝之二身。」意思是說，通過圓滿有緣福德資糧而獲得殊勝色身，依靠圓滿無緣智慧資糧而獲得殊勝法身。

而且，暫時世間的成就也都來源於圓滿資糧。如果自己從來沒有積累過資糧，那麼無論下再大的功夫也無濟於事。比如，僅僅就眼前的受用、飲食、財物來說，有些人依靠以往積累資糧作為後盾，不費吹灰之力自然而然財源滾滾。可是有些人整個一生都是千方百計、勤勤懇懇、兢兢業業經商務農等，結果卻沒有芝麻許收益，最終竟然落得個餓死的下場，諸如此類的事情，是我們在現實生活當中有目共睹的事實。

再者，有些想通過修財神、護法神等得成就獲財富的人也是一樣，如果自己沒有往昔所積累的布施果報，那麼護法神們也愛莫能助。

從前，一位深居山裡的修行人生活拮据，一無所有，於是他便開始觀修單堅護法神，結果真的修成了，已經達到了人與人交談般的境界，可是卻沒有獲得任何悉地。單堅護法神對他說：「因為你以前布施的果報一分一毫也沒有，所以我實在無法給予你悉地。」

一天，在眾多乞丐的行列中，這位修行人得到了一碗稀粥。回來後，單堅護法神問他：「今天我給你悉地了，你知道嗎？」

那人說：「我僅僅得到了一碗稀粥，而且不只是我，所有的乞丐都得到了，不知道您所賜的悉地到底是什麼？」

單堅護法神說：「盛粥時，你的碗裡落的一大塊油脂，就是我賜的悉地啊。」

可見，如果自己實在不具備往昔所積累的布施果報，即使修財神法等也不能遣除貧窮。假設世間的財神等也能夠賜予受用的悉地，那麼諸佛菩薩的威德、神變勝過他們百千倍，並且全部是未受囑託而利益一切眾生的，必定會在這個世界上降下受用妙雨一瞬間消除一切貧窮，他們並沒有這麼做（，事實上也並不是這麼一回事）。一切受用財富等唯一要靠積累福德才能獲得，誠如古大德所說：「精勤如山王，不如積微福。」

當今時代，在一些窮鄉僻壤的地方，人們看到稍有受用地位之人，便大呼小叫地喊道「上師知！這個人多麼多麼的了不起啊」而大驚小怪。其實，如果遇到殊勝的福田，加上自己懷有一顆清淨的心，達到這種程度並不需要積累很大的福德資糧。舉個例子來說，在歷史上我乳轉輪王[167]曾經以七顆豌豆的布施果報，後來統治了三十三天以下；波斯匿王的福祿也是以往布施溫熱無鹽食團的果報。

昔日阿底峽尊者初來西藏時，當時整個藏地要比現在繁榮昌盛得多。可是尊者卻說：「西藏真正成了餓鬼世界，在西藏居然沒有一個能享受曾經對清淨福田布施一斗青稞果報的人。」

有些人之所以對於眼前微薄的財富、地位感到稀奇罕見，原因有三：其一、自己孤陋寡聞，見識短淺；其二、對於現世過於貪著；其三、並沒有一五一十地懂得前面所說無憂樹之果等要訣的因果規律或者只是懂得而沒有誠信。

因此，如果相續中真正生起了無偽的出離心，那麼即使見到現世中那些富如龍王、高如虛空、厲如霹靂、豔如彩虹的人，也一定會認識到這些沒有芝麻皮許恆常性、穩固性的實質，進而必然像膽病患者見到油膩食物

[167]我乳轉輪王：佛書所說轉輪王之一。

一樣感到噁心、厭煩。

當然，為了今生的受用圓滿精勤積累資糧對世間平凡人而言倒也勉強說得過去，但是沾不上出世間正法的邊，為什麼這樣說呢？因為，如果是一位希求獲得解脫果位的真正修行人，就必須像前面三番五次所強調的那樣，做到如丟唾液般拋棄現世的一切貪執，背井離鄉，奔赴異地，唯依靜處，罹患疾病、樂觀對待，死亡臨頭、坦然面對而精進修法。

一位弟子曾經問無等塔波仁波切：「在如今的末法時代，對於一個修持正法的行人來說，很難得到衣食資具，我們是修財神法還是修學攝生術⑯⑧，或者乾脆走向必然的死亡？到底怎樣做才好呢？」

仁波切告訴他說：「即使修財神法，但如果沒有往昔的布施果報，也很難以達到目的，而且內心想如理如法修行的人為了今生利益去修財神法也是矛盾的；攝生術也是同樣，在繁榮興旺的古代，土石水木等營養充足的當時倒是容易修成，而在營養已經殆盡的現代，修攝生術也不可能獲利；走向必然的死亡也不合情理，像如今這樣的暇滿人身將來難以復得，可是如果內心深處真正生起一種『死與不死都無所謂，我決定修行』的觀念，那麼永遠也不會缺衣少食，從來沒有出現過修法者被餓死的先例。世尊也

⑯⑧攝生術：避谷術，金丹術。宗教徒憑藉花草藥石以求延年益體之術。
⑯⑨藏升：西藏容量單位名，約可盛青稞市制一斤又二、三兩。

曾說：『縱然發生一藏升⑯麵粉兌換一藏升珍珠的飢荒，佛陀的追隨者也不會缺衣乏食。』」

諸位佛子菩薩們積資淨障也都是為了饒益遍滿虛空界的一切眾生。不用說成辦自己現世的利益，即便是為了自利希求獲得圓滿正等覺的果位，也根本不屬於大乘道。所以，無論是積累資糧還是淨除罪障都必須為一切眾生的利益著想，絕不能摻雜自私自利之心，這一點至關重要。倘若如此修行，那麼自己的利益以及今生的幸福安樂等不求也會自然獲得，如同點火的時候炊煙自然產生、播種青稞禾秸自然長出一樣。為此，我們務必拋棄如毒般追求現世自利的這種心。

丁二（古薩里）分三：一、古薩里之義；二、施身修法；三、斷法之含義。

戊一、古薩里之義：

頓然斷除四魔——積累古薩里資糧：這裡所說的積累古薩里資糧捨施身體的略修法，本來《心性休息》中是與上師瑜伽結合在一起講的，所以作為上師瑜伽的支分也並不矛盾。但在這裡按照我上師的言教傳統，加在曼茶羅的後面講。

所謂的古薩里⑰是乞丐的意思，比如居於深山捨棄今生的瑜伽行者等，得不到用來積累資糧的其他受用而依

⑰古薩里：喬美仁波切著《山法集》中云：「所謂古薩里，除三想（吃飯、解大小便、睡覺）外無其他世間俗事，唯一心修禪定者。」

靠觀想供施自己身體的一種修法。實際上，辛辛苦苦、勤勤懇懇所積累珍惜的一切其他物質，也無非是為了養活自己的這個身體，為此每個眾生必然珍愛自己的身體勝過其他一切受用。所以，為了斷除對身體的愛執而進行供施身體，與供施其他物質相比較，顯然功德更大、利益更巨。如頌云：「供施馬象成百倍，供施妻兒成千倍，供施身體十萬倍。」瑪吉拉准[171]也說：「無貪施身體，未知為二資，珍愛蘊身體，佛母前懺悔。」

戊二、施身修法：

如果自己具有嫻熟的觀想能力，那麼首先就可以觀想神識騰空而起，一剎那變成忿怒佛母。倘若不具備這種能力，就在自己心間將心識的本體觀想為瑪吉黑怒母，她作起舞的站式，右手揮動彎刀於空中，左手持充滿血的托巴於胸前，右耳旁有一個黑色豬面發出叫聲，總之她具足所有忿怒裝束。當口誦「啪的（ཕཊ）」時觀想神識經過中脈道從梵淨穴完全出來後，自己的身體當下變成一具屍體而猛然栽倒在地。這具屍體並不是現在身體的這副模樣，而是極為龐大、又肥又壯、滑膩潤澤的形象，大小等同於三千大千世界，觀成這樣一個屍首。接著將自己觀想為瑪吉黑怒母，右手用彎刀向自己那具屍體的白毫間一指，結果它的天靈蓋即刻斷掉。那個托

---

[171]瑪吉拉准（1031－1129）：雪域著名瑜伽母，依般若經典開悟後依止帕單巴桑吉為上師，創立了斷法派。

巴也不像現在這樣，它的大小也等同於三千大千世界。再觀想忿怒母左手拿起那個托巴放在大如須彌山的三個人頭支起的灶上，額頭朝向自己；右手又用彎刀挑起屍體放在托巴裡。之後在托巴上方的虛空中觀想一個甘露自性的白色「亢（ཧཾ）」字，托巴下方觀想一個烈火自性的紅色「短啊（Λ）」，在念誦「嗡啊吽（ཨོཾ་ཨཱཿཧཱུྃ༔）」的同時，觀想從「短啊」中燃起熊熊烈火溫暖了托巴內的屍體，使它溶解成甘露自性而沸沸騰騰，盈盈充滿整個托巴，使得一切骯髒污穢的不淨物變成水泡、浮膜的形態而向外溢出。氣體接觸「亢」字，結果「亢」字也變熱，源源不斷降下的紅、白甘露混為一體，最後「亢」字完全化為光，與托巴內的甘露融為一體。一邊這樣觀想一邊念誦下文：

ཕཊ༔ ལུས་གཅེས་འཛིན་བོར་བས་ལྷ་བདུད་བཅོམ༔
啪的 離 吉 怎 窩 韋 拉 德 炯
啪的 捨棄愛身執著毀天魔

སེམས་ཚངས་པའི་སྒོ་ནས་དབྱིངས་ལ་ཐོན༔
思 倉 波 夠內 揚 拉吞
心識由梵穴出入法界

འཆི་བདག་གི་བདུད་བཅོམ་ཁྲོས་མར་གྱུར༔
徹 達 格 德 炯 杵 瑪 傑
成忿怒母摧毀死主魔

གཡས་ཉོན་མོངས་བདུད་བཅོམ་གྲི་གུག་གིས༔
意 拗 蒙 德 炯 哲 哥 給

右持彎刀摧毀煩惱魔

གཟུགས་ཕུང་པོའི་བདུད་བཅོམ་ཐོད་པ་བྲེག༔
則 碰 布 德 炯 托 巴追

斬斷托巴摧毀色蘊魔

གཡོན་ལས་བྱེད་ཚུལ་གྱིས་བྷནྡྷ་ཐོགས༔
雲 雷 些策吉班達 透

左手以事業印持托巴

སྐུ་གསུམ་གྱི་མི་མགོའི་སྒྱེད་པུར་བཞག༔
格 色戒莫 故 吉 波 壓

置於三身人頭之灶上

ནང་སྟོང་གསུམ་གང་བའི་བམ་རོ་དེ༔
囊 冬 色 剛衛 瓦肉得

彼中屍身充滿三千大界

ཨ་ཐུང་དང་ཧཾ་ཡིག་གིས་བདུད་རྩིར་བཞུ༔
阿通 當杭耶 給 德 則 耶

短啊亢字所融成甘露

འབྲུ་གསུམ་གྱི་ནུས་པས་སྦྱངས་སྤེལ་བསྒྱུར༔
哲 色 戒 內 貝央 貝 傑

以嗡啊吽咒力淨增轉

自己念誦「嗡啊吽」時，觀想以嗡字淨除色香味等一切過患，以啊字增多，以吽字轉變成一切所求的事物。也就是成為散布一切所願之雲的無漏智慧甘露的遊舞與自性。接著在自己前面的虛空中，觀想有一個柔軟舒適的寶座，上面安坐著大恩根本上師，上師的上方是根本傳承上師，中間是本尊聖眾。再觀想在托巴口對面的虛空中，有吉祥怙主七十五尊等智慧護法神和業力所成的護法神以及地方神、土地神等，在他們下方的大地上，八萬種魔眾、十五種小兒惡鬼⑰²等魔眾為主客的三界六道一切眾生，就像日光匯集塵埃一樣。接著觀想上方所有的根本傳承上師佛菩薩，均用具有金剛管的舌頭吸引甘露的精華來享用，以此使自己圓滿了資糧，淨除了罪障，所失毀的誓言也得以清淨，獲得了共同殊勝成就。隨後再觀想中間的四續部六續部本尊等所有尊眾，以各自特有標幟，也就是具有空心的金剛、法輪、珍寶、蓮花、金剛十字架[173]等舌頭吸引甘露之精華來享用，以此使自己圓滿了資糧，淨除了罪障，所失毀的誓言也得以清淨，獲得了共同殊勝成就。又觀想空行勇士護法吉祥怙主七十五尊等，以具有日光空管的舌頭吸入甘露精華而享用，以此使自己圓滿了資糧，清淨了業障，遣除了一切修持菩提勝法的違緣障礙，增上了一切順緣所

[172]十五種小兒惡鬼：1. 柔軟鬼牛身；2. 獸王鬼獸身；3. 作瘦鬼童身；4. 作忘鬼狐身；5. 持拳鬼烏鴉身；6. 鬼女人身；7. 軋米尕鬼馬身；8. 貪欲鬼金剛身；9. 腹行魅女犬身；10. 臭魅豬身、11. 作愁鬼貓身；12. 禽魔禽身；13. 頂臂鬼雞身；14. 八面鬼梟身；15. 吊眼鬼蝙蝠身。

[173]十字架：十字形，如交叉金剛杵等。

欲的善妙資糧，這就是上供素齋。

如果自己具有嫻熟的觀想能力，就將自己觀想成瑪吉黑怒母，從心間化出白、藍、黃、紅、綠五色事業空行母成百上千、不可勝數，好似日光照射下的微塵彌漫一般，她們將智慧顱器中裝滿的無漏精華甘露施給三界六道的每一個眾生，使他們心滿意足。如果自己不具備這樣純熟的觀想能力，就將自己觀成忿怒母，左手將托巴中熬好的甘露灑給三界六道一切眾生，普降甘露雨，使所有眾生痛快暢飲之後心滿意足，這就是下施素齋。

接下來觀想從沸騰的甘露蒸氣中，散發出沐足水、鮮花、薰香、酥油燈、香水、神饈、樂器、八吉祥徽[174]、輪王七寶、幡傘、寶幢、華蓋、千輻金輪、右旋海螺等等不可思議的供雲，將這一切的一切均敬獻上供對境，以此圓滿自他一切眾生的資糧、清淨業障，這是上供花齋。

再觀想從中如雨般降下六道所有眾生各自所需求的一切資具，使他們全部歡欣喜悅、稱心如意。尤其是自己從無始輪迴以來到現在，（必定欠下了許許多多的債，）比如殺生短命的債、奪財貧窮的債、毆打多病的債、上者救護的債、下者恭敬的債、中者友愛的債、高官住房的債、卑微田地的債、親友近鄰的債、子孫牲畜

[174]八吉祥徽：吉祥結、妙蓮、寶傘、右旋海螺、金輪、勝利幢、寶瓶、金魚。

的債、享用飲食的債、穿著衣服的債、債債相聯的債、擠取乳汁的債、役使馱運的債、開墾荒地的債、消費使用的債等等宿債，此時此刻，觀想一切男女冤家債主手拿容器前來討壽討命、討骨討肉等等，猶如債主索債般蜂擁而集，他們各自所求的各不相同，不管他們求什麼，都滿足他們的願望，求食施食，求衣施衣，求財施財，求樂園施樂園，求乘騎施乘騎，求住房施住房，求親友施親友，如雨般降下取之不盡、用之不竭的寶藏，從而了結了宿緣、償清了宿債、化解了宿怨、清淨了罪障，那些冤家債主也全部心滿意足，皆大歡喜。剩餘來，對於那些語言無力、勢力薄弱以及跛、盲、聾、啞等為苦所迫的所有六道可憐眾生，給他們各自所求的事物，無依無怙者面前作為他們的依怙、無有友軍者面前作為他們的友軍、無有親朋者面前作為他們的親朋、無近鄰者面前作為他們的近鄰，賜予病者康復的靈丹妙藥，賜予亡者起死回生的甘露，賜予跛者神足，賜予盲人智慧眼，賜予聾人無漏耳，賜予啞人智慧舌等，他們受用後心滿意足，遠離了六道各自的一切業感、痛苦、習氣。最後所有男眾均獲得聖者觀世音的果位，所有女眾均獲得聖者度母的果位，從而徹底根除了三界輪迴，這是下施花齋。

直到觀想得一清二楚為止，期間一直盡力念誦：

ཨོཾ་ཨཱཿཧཱུྃ༔
嗡啊吽

再接著念下文:

ཕཊ༔ ཡར་མཆོད་ཡུལ་མགྲོན་གྱི་ཐུགས་དམ་བསྐང་༔
啪的 牙 求 耶 諄 戒 特 大 剛
啪的 上供滿足對境貴客意

ཚོགས་རྫོགས་ནས་མཆོག་ཐུན་དངོས་གྲུབ་ཐོབ༔
湊 奏 內 秋 吞 慍 哲 透
圓滿資糧獲勝共悉地

མར་འཁོར་བའི་མགྲོན་མཉེས་ལན་ཆགས་བྱང་༔
瑪 扣 衛 諄 妮 藍 恰香
下施令眾歡喜清宿債

ཁྱད་པར་དུ་གནོད་བྱེད་བགེགས་རིགས་ཚིམ༔
恰 巴 德耨 謝 給 熱 側
尤令作害魔種悉飽足

ནད་གདོན་དང་བར་ཆད་དབྱིངས་སུ་ཞི༔
那 敦 當 瓦恰 揚 色耶
息滅病魔障礙消法界

རྐྱེན་ངན་དང་བདག་འཛིན་རྡུལ་དུ་བརླག༔
晉 安 當 達 怎 德的 拉
摧毀一切惡緣及我執

མཐར་མཆོད་བྱ་དང་མཆོད་ཡུལ་མ་ལུས་ཀུན༔
塔　秋　夏當　秋　耶瑪利　根
一切能供所供及供境

གཤིས་རྫོགས་པ་ཆེན་པོར་མ་བཅོས་ཨཱ༔
悉　奏　巴　欽波　瑪救　阿
本性無改大圓滿中啊

念誦完畢，在不緣能供、所供及供境的無緣境界中入定。

所有斷法論典中本來宣說了素、葷、花、黑四齋，但這裡只是列舉了素齋及花齋而沒有提及葷齋與黑齋。

當今時代有些自詡為斷法者的人認為，所謂的斷法，就是通過殘殺、砍剁、毆打、驅逐等手段，徹底消滅那些凶神惡煞的一種粗暴事業，所以他們始終都是怒氣沖沖、煞氣騰騰，擺出一副氣勢洶洶、洋洋自得的姿態，他們覺得必須要像閻羅獄卒一樣威風凜凜，盛氣凌人。他們在對病人等實施斷法的過程中，也是以怒不可遏的暴力行為，瞪著碗大的雙眼、怒目而視、咬牙切齒，同時握緊雙拳、連捶帶打，甚至將病人身上穿的衣服也撕得破破爛爛。他們自以為這樣便可以降伏鬼神，孰不知這種做法實在是大錯特錯。

瑪吉拉准空行母也說：「對於從無始時以來以惡業為因、被惡緣之風所吹、接連不斷處在迷亂顯現之中不斷感受痛苦、死後也將立即墮入惡趣深淵的那些凶猛殘暴的鬼神，我是以大悲的鐵鉤勾召它們，以自己的溫熱血肉布施它們，以慈悲菩提心轉變它們的心，並將他們攝受為自己的眷屬。可是未來（末法時期）那些『偉大的斷法者』卻認為斷法就是殘殺、驅逐、毆打我以大悲鐵鉤勾召的凶神惡煞，這完全是邪斷法，也是魔教興盛的標誌。」她還預言將來會出現九種黑斷法等邪斷法，因為這些都是認為離開慈悲菩提心而只是通過殘暴行為降伏鬼神的邪法。這種做法雖然可以降伏一兩個勢單力薄的鬼魔，但如果遇到一些凶猛殘暴的鬼神，反而會賠上自己的性命，這一點依靠我們日常生活中親眼目睹的許多實例也足可以證明。

特別是對修行正法的人來說，很難以了知他們所得到的降魔加持等能力是真正的道相功德還是魔障，因為大多數鬼使神差的人表面上也具有神通、威力等等，但從長遠來看，他們的言行舉止肯定與正法越來越相違，到了最後甚至連芝麻許的善心也蕩然無存，結果自己得到的就是背著重如須彌山的信財異熟債。而且得到的蠅頭小利對今生也起不到什麼作用，到頭來連維生的衣食也無處尋得，或者即使得到也捨不得吃捨不得穿以至於凍死餓死，正如前面所說，這些人死後也一定會轉生在孤獨地獄等惡趣當中。

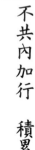

戊三、斷法之含義：

斷法所要降伏的妖魔鬼怪，其實並不在外界而在內心。外境錯覺顯現為鬼神的形象也都是由沒有根除我執、我所執的傲慢產生的。瑪吉空行母說：「有礙[175]無礙魔[176]，喜樂[177]傲慢魔[178]，其根為慢魔。」所謂的魔就是我執傲慢魔。空行母還這樣說過：「眾魔為意識，凶魔乃我執，野魔即分別，斷彼稱斷者。」

米拉日巴尊者也曾經對岩羅刹女說道：「比你更厲之魔是我執，比你更多之魔是意識，比你更縱之魔是分別。」

關於斷法的分類，瑪吉空行母說道：「漫遊險山外斷法，棄身施食內斷法，唯一根除義斷法，具此三斷乃瑜伽。」所以，一切斷法行者徹底根除了所有無明迷現的根本——我執，就稱為「唯一根除義斷法」。在沒有斷除我執之前，外境迷現的魔殺也殺不了，打也打不倒，壓也壓不住，趕也趕不走，就像火沒有熄滅之前煙無法滅盡。同樣的，在沒有根除內心的傲慢魔之前，由它的功用所產生的外境迷現的鬼神不可能消失，誠如岩羅刹女對米拉日巴尊者所說：「未了魔乃心之根，似我之魔不可數，你雖勸逐我不去。」

至尊米拉日巴也說：「執魔為魔遭損害，知魔為心

---

[175]有礙魔：外境的地神、鬼神、地水火風、疾病災難等。
[176]無礙魔：貪嗔癡等八萬四千煩惱。
[177]喜樂魔：自以為修法、境界等如何如何高而沾沾自喜之心。
[178]傲慢魔：即我執煩惱，本無五蘊而執著為有之我和我所者。

獲解脫，證魔為空即斷法。此魔羅刹男女相，未證之時乃為魔，製造障礙作損害，若證悟魔即本尊，一切悉地從汝生。」

所謂的斷法是指徹底根除內心執魔的分別念，而不是指殘殺、毆打、驅逐、鎮壓、消滅外魔，因此我們一定要弄明白的一點是，所斷的魔不在外界而在內心。

一般來說，大多數其他教派將一切事業的利齒、粗暴的威力，矛頭箭鋒指向外面，對外境的怨敵魔障展示降伏的事業，可是我們的這個教派並非如此，誠如米拉日巴尊者所說：我們這個教派的宗旨就是徹底根除我執、拋棄世間八法、令四魔無地自容。

一切修行就是向內反觀自心，將所有的能力、威力、精力全部用在根除我執上。所以說，喊一百遍「救我護我」不如誦一次「吃我攜我」的好，向一百位本尊祈求救護，不如將身體施捨給一百個鬼神為食的好。如（瑪吉拉准空行母）說：「病人交付於鬼魔，送者託付與怨敵，口誦百遍救護我，不如一遍食攜我，此乃佛母我法軌。」

如果斷除了內在執魔的根本，那麼一切現相都會顯得清淨，也就出現了所謂的「魔類成為護法神，護法換面成化身」。

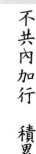

如今有些不懂此理而自詡為斷法者的人認為外境中存在實有的鬼神，並且恆時處於不離執魔的境界中，結

果一切顯現真的成了妖魔鬼怪，自己整天心神不定、忐忑不安，也常常對別人說「山上有魔，山下有魔」、「這是鬼，那是魔」、「那是妖精，我看見了並且捉住它，最後將它殺了」、「你身上潛伏著一個魔，被我趕走了，而且它還回頭看了你一眼呢」等等，這些絕對是妄言騙人、胡說八道、信口雌黃。當這個時候，鬼神餓鬼們得知這種情形之後便纏著他們，他們走到哪裡，鬼神便跟到哪裡，如影隨形般不離左右。並且進入那些心胸狹窄、容易控制的女人等相續中，口口聲聲地說「我是神」、「我是鬼」、「我是死人」、「我是你的老父親」、「我是你的老母親」，更有甚者還說「我是本尊」、「我是護法神」、「我是單堅」等等，並且妄言授記、胡說神通。鬼神欺上師，上師騙施主，就像世間的俗話所說：「父被子欺，子被敵騙。」五濁惡世的象徵真的已經現前了，國土也是被魔王統治著，正如鄔金蓮花生大師曾經授記說：「濁世男心入男魔，女人心中入女魔，孩童心入獨角鬼，僧人心中入冤魔，每藏人心入一魔。」又說：「將獨角鬼視為天尊的時候，也就真正到了藏人受苦的時代。」這種預言的時間看來現在已經來臨了。

所以，我們絕不能將表面似乎顯現的外在迷現的鬼神魔障形象看成是真真實實存在，而要將這一切觀為如夢如幻的遊舞來修煉自心。暫時現似能害所害的鬼神、病人也都是由往昔惡業錯覺的因所導致的，從而結成了能害與所害的關係。因此，對他們千萬不能有親疏、愛憎之心，而要平等觀修慈悲菩提心，徹底根除貪愛自己的我執，將生身性命毫不吝惜地施給鬼神作為食物，息滅它們相續中的嗔恨、粗暴，誠心誠意地講些能使他們相續趨向正法的法要並發願，最終將執著自他能害所害、聖現魔現、自他的患得患失、貪愛憎恨、賢劣苦樂等一切分別念斬草除根。如頌云：「無聖無魔見之要，無散無執修之要，無取無捨行之要，無希無憂果之要。」一旦大徹大悟一切能害所害均是法性等性，就斷絕了內心傲慢魔的根本，也就現前了究竟義斷法。

雖具無我見然我執重，雖斷二執然仍起希憂，
我與如我我見眾有情，願證無我實相祈加持。

積累資糧——供曼茶羅與古薩里之引導終

五、上師瑜伽[179]

首先依止勝師如教行，中間百般苦行而實修，
最後密意無二得師傳，無等上師足下我敬禮。

丙五（自相續生起證悟智慧之究竟方便——上師瑜伽）分三：一、上師瑜伽之重要性；二、上師瑜伽實修法；三、傳承上師簡歷。

丁一、上師瑜伽之重要性：

總的來說，要想修行一門正法，首先必須尋找一位具足一切法相的真正上師善知識，然後依教奉行、對上師生起真佛之想、誠心誠意地祈禱上師，這一點十分重要。經中也說：「勝義諦是依靠信心而證悟的。」此外，阿底峽尊者也曾經親口說道：「諸位法友，在沒有獲得菩提之前需要依止上師，因此要依止殊勝善知識；在沒有證悟實相之前需要聞法，因此要諦聽上師的教授；一切安樂均是上師的加持，因此要報答上師的恩德。」喀喇共穹格西說：「必須認識到上師是世間出世間一切成就的作者。即使精通三藏，但如果不恭敬上師，對上師沒有誠信及感恩戴德之心也不會有所收益。」

---

[179]上師瑜伽：瑜伽就是相應的意思，所謂的上師瑜伽，就是與上師相應的修法。

尤其是，密宗金剛乘的一切道法中，唯獨上師占有舉足輕重的位置，因而所有續部中都講述了上師瑜伽的修法，並且指出這一修法比觀修一切生圓次第更為殊勝。如續部中云：「何人俱胝劫，修十萬本尊，不如一刹那，憶念上師勝。」此寧提金剛藏乘自性大圓滿的觀點，既不是像下乘那樣憑藉伺察、推理等方式來抉擇甚深意義，又不是像下續部那樣依靠共同悉地而獲得究竟殊勝悉地，也不是像其他上續部通過第三灌頂的喻智慧來直指義智慧，而是認為唯一依止一位傳承如純金絲線沒有沾染破誓言的鏽一樣具有殊勝證悟的上師，將這位上師看成真佛，以堅定不移的虔誠信心與恭敬心猛烈祈禱，使自己的凡夫心與上師的智慧成為無二無別，也就是說依靠上師的加持力使自相續中生起證悟，就像前所引用的：「當知勝義俱生智，唯依積資淨障力，具證上師之加持，依止他法誠愚癡。」薩哈尊者也說：「師言入於何人心，猶如現見手中寶。」

此外，全知法王無垢光尊者也在《虛幻休息》中說：「依靠觀修生圓次第等各道本體不能解脫，因為它們還需要依靠行為及助緣等。唯以此上師瑜伽自道本體才能使自相續中生起實相的證悟，而得解脫，所以說一切聖道中上師瑜伽最為甚深。」

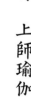

《誓言莊嚴續》中云：「十萬劫中勤觀修，具相隨好之本尊，不如刹那念師勝，念咒修法千萬遍，不如

祈師一遍勝。」《阿底莊嚴續》中也說：「觀具恩上師，於頭頂心間，或於手掌中，千佛之成就，彼人亦可得。」

至尊果倉巴⑱⓪也親口說過：「若修上師瑜伽法，盡除過患德圓滿。」又說：「雖多修持生次第，然修上師為無上，雖多修持圓次第，然誠依師為無上。」

另外，哲貢炯巴仁波切⑱①也曾說：「上師四身雪山上，敬信之日若未升，不降加持之水流，故當勤修敬信心。」

至尊讓熱日巴說：「若不祈禱上師尊，求無分別之智慧，如朝北洞中待日，彼無境心融合時。」

因此，無偽實相的證悟，唯有依靠以恭敬誠信之心來修上師瑜伽，才可以在自相續中生起，除此之外依靠其他任何方法都無法證悟。那若巴尊者儘管是精通三乘的班智達，能折服一切外道，但在布扎瑪希拉寺擔任守護北門的班智達時，智慧空行母告訴他：「你只是精通詞句而並沒有通達意義，所以仍然需要依止上師。」於是尊者便遵照空行母的授記，歷盡千辛萬苦而依止帝洛巴尊者。到了一定的時候，上師對他說：「這般宣講開示還不了達。」說罷便用鞋底猛擊他的額頭，結果那若

---

[180] 果倉巴（1189－1258）：他一生聞思，在喜瑪拉雅山和匝日神山苦行，弘揚竹巴噶舉派佛法，攝收了眾多弟子，著作有四大函。

[181] 哲貢炯巴仁波切（1143－1217）：是哲貢噶舉派的創始者，建造了帕智寺，被譽為第二龍猛菩薩，在73歲時攝受了18萬僧眾，在各地弘揚噶舉派的佛法。

巴尊者的相續中頓時生起了實相的證悟，達到了與上師的密意平等一味的境界。

據說阿闍黎聖者龍樹丟了一把鼻涕，他的弟子龍菩提全部拾起來吃了，依此而獲得了殊勝成就。

此外，持明無畏洲也曾經親口講述道：「我也是因為拜讀了第二大佛⑱的論著後，相續中認為他老人家就是真佛的想法油然而生，一心一意地虔誠祈禱，承蒙尊者的智慧身攝受，從而自相續中生起了自然本智，從此以後我才開始引導數以百計的求法者。其中具精進者獲得了出世間禪定，有智慧者不入分別伺察的歧途，他們都真正地意識到勝義諦的證悟完全依靠對上師萬分的恭敬和堅定的誠信這條途徑。」

大譯師貝若扎那⑱流放在甲摩擦瓦絨地區期間，有一位年近八旬老邁龍鍾的老人名叫邦甘麥彭滾波，上師將禪帶繫在他的身上，禪杖靠在他的腰間，對他傳講了上師瑜伽修法，結果他的相續中生起了直斷本來清淨的真正密意，最後身體散為塵埃而成佛……所以說，所有九乘次第的法門當中，再找不到比這一上師瑜伽更為殊勝的深道了，雖然把它命名為加行，實際上一切正行道的究竟要訣就是它。如果我們能夠隨時隨地始終如一地將上師瑜伽作為修行的核心，即使沒有任何其他修行也可

---

⑱第二大佛：這裡指全知無垢光尊者。
⑱貝若扎那：藏地最初出家七人之一及三大譯師之一。

以。所以，誠心誠意、盡心盡力修上師瑜伽，非常非常關鍵。

丁二（上師瑜伽實修法）分三：一、明觀福田；二、七支供；三、專心祈禱。

戊一、明觀福田：

觀修剎土實際上是廣大心力的境界，觀想圓滿具足一切莊嚴法相、光明遍照諸方的蓮花光宮殿，在它的中央將自己本體觀為益西措嘉空行母，這樣觀想有三個原因：也就是堪為灌頂法器、生起空樂智慧、令上師歡喜攝受的殊勝緣起；形象觀想成至尊金剛瑜伽母，身色鮮紅，一面二臂三目，以急切專注的眼神盯著上師心間。所謂「急切的表情」指的是就像一見到上師無比歡喜、十分匆忙的神態。右手在空中搖動能喚醒無明愚癡睡眠的顱鼓，左手在腰際部位執著根除三毒的彎刀，周身赤裸佩帶骨飾、花鬘懸垂，觀想這樣一個顯而無自性宛如空中出現彩虹一樣的形象。接著再觀想頭頂一箭左右的上方虛空中有一個由奇珍異寶組成的十萬瓣的蓮花墊，它上面是日輪，日輪的上面是月輪，月輪的上面本體是三世諸佛的總集、無等大悲寶藏具德根本上師，形象為鄔金大金剛持（蓮花生大師），身色白裡透紅、光滑潤澤，一面二臂，雙足以國王遊舞式而坐，身著大氅、法衣、咒士衣，頭戴蓮花帽。蓮花生大師的這頂冠冕有三種不同類型，鄔金第二佛既不是由父因所生也不是由母

པདྨ་སཾ་བྷ་ཝ།
蓮花生大士

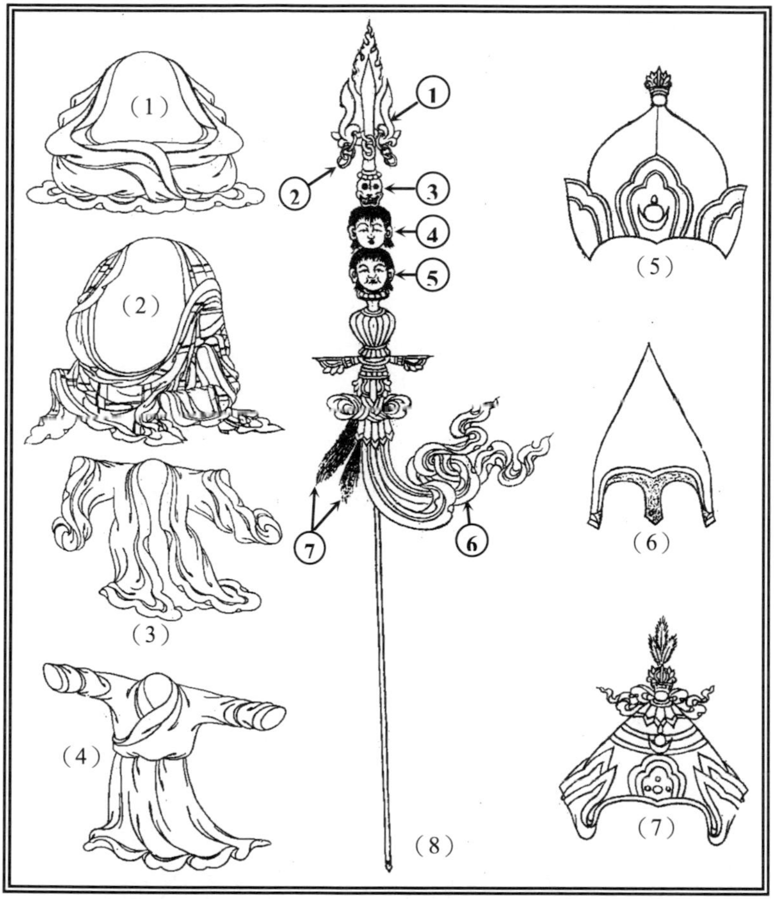

（1）大氅（ཟ་བེར།）（2）法衣（ཆོས་གོས།）（3）咒士衣（ཐོད་ཁ།）
（4）內衣（འདུངས་མ།）（5）蓮花苞帽（པདྨ་ཁ་འབུས།）（6）鹿耳帽
（ཤྭ་བའི་མཉེན་ཞྭ།）（7）見解脫帽（པདྨ་མཐོང་གྲོལ།）
（8）天杖（ཁ་ཊྭཱཾ་ག།）：①頂端三尖（ ཡར་རྩེ་གསུམ།），
②九鐵環（ ལྕགས་ལུང་དགུ།），　③④⑤ 乾濕舊三頭骨
（ཐོད་པ་སྐམ་རློན་རྙིང་གསུམ།），　⑥五種彩綢（ དར་ཚོན་སྣ་ལྔ།）
⑦死人與活人的頭髮（ ཤི་སྐྲ་དང་གསོན་སྐྲ།）。

緣所成而是在西南具乳海中的蓮花花蕊間，於頓生覺性中誕生並證悟現有本基圓成的，當時諸位空行母賜予作為他部主標幟的冠冕，叫做「蓮花苞帽」；蓮師在八大尸林中行持禁行，行為遠離善惡之邊的時候，諸位空行母賜給作為他功德標幟的冠冕，名為「鹿耳帽⒅」；蓮師在薩霍國⒅被國王哲拉活活燃燒的時候，他的金剛身不受火大災害的侵襲，全身赤裸顯得涼涼爽爽一樣如如安坐在蓮花中央。當時國王驚奇不已，生起信心，於是下令：「打開新錦緞寶庫的門，取出我所有的衣冠！」這位薩霍國王將一切妙衣、服飾，連同國政、眷屬一併供養給蓮師，當時國王所敬獻的那頂冠冕就稱為「蓮花見解脫帽」。這裡指的就是這頂蓮花見解脫帽，或者叫做具瓣五部帽。這頂冠冕內外雙層表示生圓次第雙運；頂端三尖表示三身；五種顏色表示以五身來利益眾生；日月表示智慧與方便；藍邊裝飾表示三昧耶無邊無際；金剛寶頂表示三摩地如如不動；鷹鷲的頂翎裝飾表示見解證悟到極點、修行已達究竟。蓮師右手在胸前以契克印持著純金的金剛杵；左手平托著裝滿無死智慧甘露的長壽寶瓶，瓶口用如意樹嚴飾；蓮師的左腋下明妃空行佛母以隱蔽式持著卡張嘎⒅，卡張嘎的頂端三尖表示本體、

---

(184)鹿耳帽：根據根登群佩所著《遊國記》藏文拉薩81頁解：夏瓦即鹿子，寧即耳，夏瓦寧帽指形狀似鹿耳的冠冕，故稱為鹿耳帽。
(185)薩霍國：藏史記載，是古印度東部一小國地名，在今孟加拉地區。
(186)卡張嘎：指天杖。

自性、大悲三者；乾濕舊三種頭骨表示法、報、化三身；九個鐵環表示九乘次第；五種彩綢表示五智；裝飾著死人與活人頭髮表示在八大尸林中以禁行來攝受所有鬼女、空行母。接下來明觀蓮師的周圍五光網眼的範圍當中彩虹旋繞，中央有印度八大持明、藏地君臣二十五尊等浩瀚如海的三根本、護法神，他們都是超凡入聖的形象。

總的來說，修上師瑜伽有三種不同的觀修方法，在皈依的時候將皈依境中的上師觀想成重樓式，也就是蓮師頭頂上明觀一切大圓滿傳承上師以重樓式而坐；念修金剛薩埵的時候觀想為總集珍寶式，也就是一切根本傳承上師集於上師金剛薩埵一身中；修上師瑜伽的時候觀想成壘環式，也就是大圓滿諸位傳承上師以及一切浩瀚如海的三根本護法神圍繞在鄔金蓮師周圍猶如眾人集會般安坐。

這樣觀想完畢之後念誦下文：

རང་སྣང་ལྷུན་གྲུབ་དག་པ་རབ་འབྱམས་ཞིང༔
讓　囊　恨　哲　大巴　繞　加　揚
自現自成清淨無邊刹

བཀོད་པ་རབ་རྫོགས་ཟངས་མདོག་དཔལ་རིའི་དབུས༔
夠　巴繞　奏　藏　鬥　花　熱威
莊嚴銅色吉祥山中央

རང་ཉིད་རྗེ་བཙུན་རྡོ་རྗེ་རྣལ་འབྱོར་མ༔
讓　涅傑　珍多吉那　久　瑪

自身觀為金剛瑜伽母

ཞལ་གཅིག་ཕྱག་གཉིས་དམར་གསལ་གྲི་ཐོད་འཛིན༔
呀　戒　夏　逆　瑪　薩　這托　怎

一面二臂紅亮持刀蓋 (托巴)

ཞབས་གཉིས་དོར་སྟབས་སྤྱན་གསུམ་ནམ་མཁར་གཟིགས༔
呀　逆　門　達　現　色　那　卡　則

雙足舞式三目視虛空

སྤྱི་བོར་པདྨ་འབུམ་བརྡལ་ཉི་ཟླའི་སྟེང༔
謝窩班瑪　簸　大　涅　得蕩

頭頂十萬瓣蓮日月上

སྐྱབས་གནས་ཀུན་འདུས་རྩ་བའི་བླ་མ་དང༔
加　內　根　地　匝哦喇嘛蕩

總集皈處根本上師尊

དབྱེར་མེད་མཚོ་སྐྱེས་རྡོ་རྗེ་སྤྲུལ་པའི་སྐུ༔
瑞　美　措　吉多吉哲　波哥

無別海生金剛幻化身

དཀར་དམར་མདངས་ལྡན་གཞོན་ནུའི་ཤ་ཚུགས་ཅན༔
嘎　瑪　蕩　旦　雲　逆夏　側　堅

白裡透紅亮澤童子相

ཐོད་ཁ་ཆོས་གོས་ཟ་བེར་འདུངས་མ་གསོལ༔
拋卡秋　故　匝為　洞　瑪　索

身著大氅內法咒士衣

ཞལ་གཅིག་ཕྱག་གཉིས་རྒྱལ་པོ་རོལ་པའི་སྟབས༔
壓 戒 夏 逆 加 波 弱 波 達

一面二臂國王遊舞式

ཕྱག་གཡས་རྡོ་རྗེ་གཡོན་པས་ཐོད་བུམ་བསྣམས༔
夏 意 多吉 雲 貝 托 哦 那

右手金剛左持托巴瓶

དབུ་ལ་འདབ་ལྡན་པདྨའི་མཉེན་ཞུ་གསོལ༔
哦 拉 達 旦 班 米年 葉索

頭戴具瓣蓮花鹿耳帽

མཆན་ཁུང་གཡོན་ན་བདེ་སྟོང་ཡུམ་མཆོག་མ༔
千 空 雲 那得 洞 葉 秋 瑪

左腋之下殊勝空樂母

སྦས་པའི་ཚུལ་གྱིས་ཁ་ཊཾ་རྩེ་གསུམ་བསྣམས༔
為 波 策 記卡張賊 色 那

以隱式持三尖卡張嘎

འཇའ་ཟེར་ཐིག་ལེའི་འོད་ཕུང་ཀློང་ན་བཞུགས༔
加 賽 特 利 慪 彭龍 那 耶

住於彩虹明點光蘊中

ཕྱི་འཁོར་འོད་ལྔ་དྲྭ་བས་མཛེས་པའི་ཀློང༔
謝 扣 慪 昂扎為 賊 波 龍

外旋絢爛五光莊嚴界

སྤྲུལ་པའི་རྗེ་འབངས་ཉི་ཤུ་རྩ་ལྔ་དང་༔
哲　波　吉邦　涅謝匝昂蕩

化現君臣二十五尊者

རྒྱ་བོད་པཎ་གྲུབ་རིག་འཛིན་ཡི་དམ་ལྷ༔
加窩班　智　熱　怎　耶達拉

印藏成就持明諸聖眾

མཁའ་འགྲོ་ཆོས་སྐྱོང་དམ་ཅན་སྤྲིན་ལྟར་གཏིབས༔
卡　卓秋　炯　達　堅　真　達　的

一切空行護法如雲聚

གསལ་སྟོང་མཉམ་གནས་ཆེན་པོའི་ངང་དུ་གསལ༔
薩　洞　年　內　親　波　昂　德　薩

住於明空大平等性中

聯想句義而明觀，並以猛烈誠信恭敬之心而念誦：

ཧཱུྃ༔　ཨོ་རྒྱན་ཡུལ་གྱི་ནུབ་བྱང་མཚམས༔
吽！鷗堅　耶　戒訥　向　參

吽！鄔金剎土西北隅

པདྨ་གེ་སར་སྡོང་པོ་ལ༔
班瑪給薩　東波拉

蓮莖花蕊之座上

ཡ་མཚན་མཆོག་གི་དངོས་གྲུབ་བརྙེས༔
雅參　秋　革　嘔　哲　尼

稀有殊勝成就者

པདྨ་འབྱུང་གནས་ཞེས་སུ་གྲགས༔
班瑪炯　內　意　色　扎

世稱名號蓮花生

འཁོར་དུ་མཁའ་འགྲོ་མང་པོས་བསྐོར༔
扣　德　卡　畫　忙　布　夠

空行眷屬眾圍繞

ཁྱེད་ཀྱི་རྗེས་སུ་བདག་བསྒྲུབ་ཀྱིས༔
切　戒吉色　達　折　吉

我隨汝尊而修持

བྱིན་གྱིས་རློབ་ཕྱིར་གཤེགས་སུ་གསོལ༔
新　吉　漏　些　謝　色　索

為賜加持祈降臨

གུ་རུ་པདྨ་སིདྡྷི་ཧཱུྃ༔
格日班瑪思德吽

格日巴瑪思德吽

念誦完了緊接著觀想銅色吉祥山蓮花光宮殿一切所依及能依尊眾真實降臨，就像水注入水中一樣融入自身——所觀想的誓言尊者中，成為一體。

戊二（七支供）分七：一、頂禮支；二、供養支；三、懺悔支；四、隨喜支；五、請轉法輪支；六、祈請不入涅槃支；七、迴向支。

金剛乘道的方便可謂多之又多，加上無需歷經艱難困苦，完全是利根者的行境，所以具有廣大心力者通過積累資糧、不斷修學，在一刹那中也可以圓滿顯宗在一大劫中所積累的資糧，依此即生當中便能獲得解脫。無上密宗的福田中堪為之最的也必定是指獨一無二的金剛阿闍黎，所以七支供也附在上師瑜伽後面來講。積累資糧的無量法門全部可以包括在七支供之中。

己一、頂禮支：

觀想自身化現為成百上千無數無量刹土的微塵數，天邊無際的一切眾生也與自己一同頂禮，念誦下文：

ཧྲཱིཿ　བདག་ལུས་ཞིང་གི་རྡུལ་སྙེད་དུཿ
舍　大　利　揚各德　逆德
舍　我身化為盡刹塵
རྣམ་པར་སྤྲུལ་བས་ཕྱག་འཚལ་ལོཿ
那　巴　這　為　夏　擦　漏
無邊無數而頂禮

一般來說，修行引導沒有完成五十萬遍的人，頂禮與皈依偈等合在一起來修也可以，儘管也有這樣的修行傳統，但是這裡作為真實頂禮的引導，與上師瑜伽合在一起來修是最為適宜的。

頂禮的時候，身頂禮就是指身體作禮拜；語頂禮是指口中念誦頂禮句或祈禱文；意頂禮是指滿懷誠摯恭敬的心意念：上師您無所不知，我全心全意依賴您。並觀想我與一切眾生一同頂禮等身語意三門集中精力這一點至關重要。如果不這樣，而是一邊頂禮一邊東張西望，胡言亂語，心不在焉，當右方有人來來往往、說話交談時，眼睛與心思便轉向右方，結果雙手也就合十到左臉頰上面了；當左方出現類似的情況，眼睛心思又轉到左方，這樣一來雙手又合十到右面頰上了。所以，我們必須清楚地認識到，如果思想渙散、隨境所轉，只是身體在那裡東倒西歪地進行頂禮，除了自己的身體白白受累以外沒有任何實義。

不僅如此，而且頂禮的時候雙手必須宛如含苞待放的蓮花一般空心合攏，絕不可以掌心毫無空隙地併攏或者僅僅以指尖接觸等等。如《大解脫經》云：「如蓮花待放，合掌於頂上，無量身雲聚，敬禮十方佛。」如《功德藏》中說：「並非隨意身頂禮，心間合十恭敬相，合掌當如蓮花苞，或如嘎烏盒之形。」接著依次下來，合掌在頭頂清淨身障，合掌在喉間清淨語障，合掌在心間清淨意障，然後五體投地。所謂的五體是指前額、兩手掌與雙膝。五體著地而禮拜有清淨五毒煩惱的

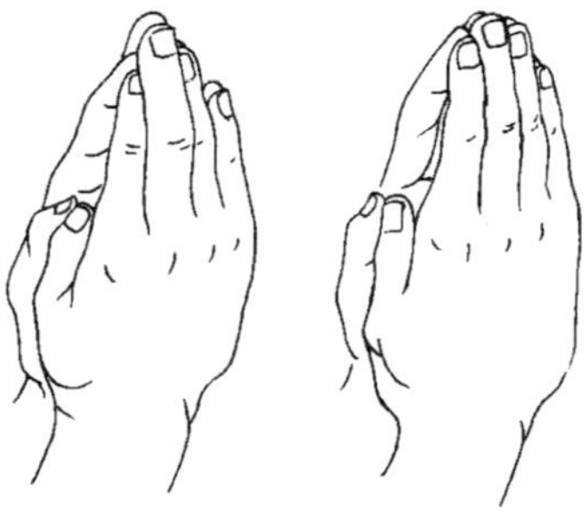

障礙、獲得身、語、意、功德、事業五種加持等必要，因此我們要這樣來做。站起身時腰應挺直，身體站立雙手合掌，再按照前面那樣重新匍匐頂禮。如果雙手沒有按照要求認真合掌而只是甩動一下，膝蓋及額頭不接觸地面僅僅彎一下身，站起來時腰也不端端正正挺直，這樣彎彎曲曲來作禮等舉動都是大不恭敬的表現，所以絕對不允許。佛經中說：以彎曲頂禮的異熟果，將來轉生為駝背者，也就是背上長大瘤的侏儒佝僂之人。我們是希望獲得功德而頂禮的，如果轉成這樣奇形怪狀的醜陋身體，頂禮也就大可不必了。所以，頂禮的數目不在於多，最重要的是每做一次禮拜都要盡力做到正規、如法、準確。如果考慮頂禮輕鬆省力而在陡峭的山坡或者某種依靠物的上面等頂禮，沒有少許實義。

當今時代有些人前去拜見上師等時，首先做一稍微如理的頂禮後，再屈身問訊兩次，據說這是對重要人物的恭敬禮節，沒有智慧的大多數人居然也跟著去學，這簡直是荒唐至極的行為。作為求法者，甚至對頂禮的方式不懂，也必須要通過在上師面前聽聞而了知，懂得之後要做到隨時隨地念念不忘而實際應用。即使是這般簡便易行、淺顯易懂的法，但如果不實際去修持，那麼求得佛法也沒有任何實義和結果。

所以，身為求法學法者，包括做一次頂禮在內的一切行為都要遠遠超過那些不懂正法的人。以前米拉日巴尊者來到鄂巴上師面前求法，當時鄂巴上師正在為眾多僧人傳講《二觀察續》。米拉日巴尊者從遠處參拜。鄂巴上師也滿面笑容脫帽還禮，並且說：傳法間歇的緣起也很不錯，看樣子，那邊的人作禮的風格是南岩瑪爾巴羅扎尊者傳承的頂禮方式，去問一下他是誰？本來，依止上師後求法要像氆氌染色一樣與以前截然不同，殊勝上師的行為如何，作為弟子也要原原本本地隨著學。例如，將氆氌放在染料當中，雖然所染成的色彩可能有好壞的差別，但是氆氌又怎麼可能與先前沒有放入染料中時相比沒有改變呢？當今時代有些人，法倒是求了不下百次，可是自相續與從前比較起來沒有一絲一毫的好轉，所作所為和世間俗人無有一點一滴的差距，這種人就叫做佛教油子，或者失毀誓言之因，正如所謂的佛法可以調伏惡人，卻無法調伏佛教油子，酥油可以軟化堅硬的皮革，卻不能軟化裝酥油的皮殼。這類人雖然已經聽過善法的利益、罪業的過患、佛陀的功德等等，但始終認為這只不過是那樣說說罷了，在他的相續中根本生不起少許的定解和信心。即使圓滿正等覺親自降臨對他也起不到作用，鄔金蓮師也曾說：「切莫攝受佛教油子之眷屬，切莫親近失毀誓言之道友。」

因此，就算了知一句正法的意義也必須要知道融入自相續而實地修行。我們依止上師的目的就是觀察上師身語意的行為進而效仿隨學，正如世間的俗語也說：

「一切事情即模仿，模仿之中能生巧。」自相續取受上師所擁有的內外密功德，需要像泥塔小像從印模中取出來一樣。

本來所謂的頂禮也只是一種恭敬尊重的形式，所以頂禮的方法也有多種多樣，而且各個地區的頂禮方式也無定法，然而在這裡，對於上師依照佛經中的頂禮方式而講的言教，自己本來一清二楚，可是卻以輕輕鬆鬆投機取巧或者擺出傲慢自居的架勢而不認真頂禮，就證明是不恭敬頂禮對境的輕蔑態度。因此我們必須了知好似付稅一樣的相似頂禮只能給自己帶來過患而無有任何必要。相反，按照要求如理如法地進行頂禮有無量的功德。從前，一位比丘頂禮有佛陀頭髮、指甲的佛塔，阿難尊者請問釋尊他頂禮的功德，世尊答言：「他這樣頂禮一次，將獲得自己身下所壓面積直至金剛大地以上所有微塵數量的轉輪王位，然而這還不能達到其頂禮功德的邊際。」此外，經中說：佛陀的無見頂相⑱是從恭敬頂禮應敬之上師士夫中得來的。也就是說，頂禮是形成究竟圓滿正等覺無見頂相的因。

己二、供養支：

如前面供曼茶羅的時候所說將自己實際擁有的財富以正規、如法、清淨的方式，心裡無有吝嗇的束縛、不

⑱無見頂相：頂成肉髻相，烏瑟膩相。如來布施精舍等殊勝淨室，故感得頂上有肉隆起如髻之相。三十二大丈夫相之一。

帶有矯揉造作、故意賣弄的心態而擺放整齊，把它作為所緣對境。接下來觀想鮮花、薰香、酥油燈、香水、神饈等，以及無量殿、地方豪宅、經堂、輪王七寶、八吉祥徽、十六金剛天女等輕歌曼舞，彈奏特有的樂器，將天上地上琳琅滿目的一切人天供品，以追隨普賢菩薩的幻變供養方式來作供養，也就是說，憑藉普賢菩薩的等持力，自己心間放射出等同於百千俱胝無量佛剎塵、五顏六色的光芒，每一光端又化現出一尊與前面相同的普賢菩薩，他們每一位心間也都放射出與前面一樣的光芒，並且光端又幻現出無數不可思議的普賢菩薩，他們每一尊也都以不可思議無量無數的供品供養十方佛及佛子，這就是所謂的「普賢雲供」。這樣盡己所能意幻供養的同時念誦下文：

དངོས་བཤམས་ཡིད་སྤྲུལ་ཏིང་འཛིན་གྱིས༔
慪 夏 葉 哲 當 怎 記
陳設供品意幻定

སྣང་སྲིད་མཆོད་པའི་ཕྱག་རྒྱར་འབུལ༔
囊 這 秋 波 夏 加 簸
供印奉獻現有物

只要自己具備供養的能力，那麼諸佛菩薩肯定具有享用的能力，因此凡是世間界中有主、無主應有盡有的人天受用，我們都觀想拿來作供養。自己有多大的觀想能力，就幻化多少來供養，從圓滿資糧的角度來說，這種意幻供養與真實財物供養沒有絲毫差別，所以不必認為自己沒有供養的資具，其實，隨時隨地，自己別人所擁有的一切資具或者說凡是當親眼看見萬事萬物，心裡首先觀想：供養三寶、供養根本傳承上師。甚至見到路邊涓涓流淌的清清小溪，或者遍滿鮮花的一方平原等任何賞心悅意的事物，都要意念供養三寶，這樣觀想在不知不覺當中順便就可以圓滿資糧，所以我們一定要這麼去做。

己三、懺悔支：

痛心疾首地發露懺悔從無始以來流轉輪迴迄今為止自己能回憶、不能回憶所造的墮罪，也就是身語意三門所造的十不善、五無間、近五無間罪⑱⑧、四重罪⑱⑨、八邪罪⑲⓪以及掠奪三寶財物等一切罪業，痛下決心從今以後永不再犯……就像前面念修金剛薩埵之引導中所講的那樣，以明觀四種對治力而懺悔，接著觀想一切罪障在自己的舌頭上匯集成黑團，通過福田（皈依境）尊眾的身語意放射光芒照耀，由此就像洗滌污垢一樣淨除了罪

⑱⑧近五無間罪：與五無間罪相似的五種重罪：污比丘尼、殺見道菩薩、殺有學僧伽、奪僧伽資具和拆毀靈塔。

⑱⑨四重罪：1. 居智者之首位；2. 享用密咒師的財產；3. 居比丘頂禮之前；4. 享用修行人的食物。

⑲⓪八邪罪：1. 謗白法；2. 讚黑法；3. 障礙行善者積資；4. 擾亂信士之心；5. 已入密乘者背棄上師；6. 已入密乘者遠離本尊；7. 已入密乘者脫離道友；8. 已入密乘者捨棄壇城。

障。之後念誦:

སྒོ་གསུམ་མི་དགེའི་ལས་རྣམས་ཀུན༔
夠　色　莫　給　累　那　根
一切三門不善業
འོད་གསལ་ཆོས་སྐུའི་ངང་དུ་བཤགས༔
慪　薩　秋　給　昂　德　夏
光明法身中懺悔

己四、隨喜支:

對於諸佛為了利益群生而轉大法輪、一切菩薩的廣大行為、所有眾生隨福德隨解脫分的善法，以及自己過去所積累的、如今正在做的、將來必定行持的一切善根，都誠心誠意、滿懷欣悅而隨喜，並念誦:

བདེན་པ་གཉིས་ཀྱིས་བསྡུས་པ་ཡི༔
燈　巴　逆　記　地　巴葉
隨喜二諦所攝集
དགེ་ཚོགས་ཀུན་ལ་རྗེས་ཡི་རངས༔
給　湊　根　拉記葉　讓
一切善業之資糧

具體來說，九乘次第的一切法無不包括在世俗、勝義二諦當中，所以我們要隨喜的就是二諦所包含的自他一切眾生有漏與無漏的所有善法。

如此隨喜，功德無量：

從前，勝光王迎請世尊及其眷屬，供齋四個月，並供養一切受用。當時，一位以行乞為生的貧女心裡想：這位勝光王也是由往昔所積累的福德力才成為這樣擁有榮華富貴的君王，又遇到釋迦佛這樣殊勝的福田，如今仍然積累這般廣大的福德資糧，實在是太稀有了。她完完全全是發自內心隨喜，因此獲得了無量福德。

世尊對這一點清清楚楚，在傍晚迴向功德時問國王：「你所積累的這份福德善根是迴向給你自己，還是迴向給比你獲得福德更大的人呢？」

國王說：「誰的善根大就迴向給誰吧。」

於是世尊先念那位貧女的名字做了迴向。連續三天一直都是這樣作迴向的。

為此，勝光王十分不悅，便與諸位大臣商議對策。國王問：「如何才能使世尊不這樣作迴向呢？」

大臣們獻計獻策：「明天世尊和他的眷屬前來應供的時候，當許多飲食溢到器具外面以後，如果那些乞女來要拾取，我們就連趕帶打，這樣定會有效。」

這般商定下來，到了第二天那位隨喜供養者的貧女又來拾取溢出來的食品時，受到阻攔並遭到毆打，不由得生起嗔心，結果摧毀了善根。當天佛陀便念國王的名字做了迴向。

所以說，善不善的差別絲毫也不在言行舉止上，而唯一憑著自己的這顆心來定，正如前面三令五申所強調的那樣，當見到他人行持善法時，如果以清淨的心態來看待別人的一切善舉進而誠心誠意欣然隨喜，並將它的善根迴向圓滿菩提，那麼你所積累的資糧絕對遠遠超過以競爭心對待他人行善或者以傲慢心想「我定要做如此善事」等等裝模作樣地行持為希求現世名譽、世間八法毒氣所充斥的廣大善法，關於這一點佛在《教王經》中做了詳細說明。恰美仁波切也說：「聽到他人行善時，若捨不善嫉妒心，並以歡喜心隨喜，佛說獲得同等福。」《匯集經》中也說：「三千須彌可稱量，隨喜善根不可量。」因此說，這種隨喜是事半功倍的法，所以我們應當隨時隨地付諸實踐。

己五、請轉法輪支：

當佛菩薩、上師、善知識等一切肩負廣大利他重任的正士因為眾生的逆行倒施及憂心勞身而生起厭煩，不講經說法而安住寂樂境界的時候，觀想在他們面前我幻化出百千俱胝無數身體，供養法輪、珍寶等，祈請他們廣轉法輪，並念誦：

ཐེག་གསུམ་ཆོས་འཁོར་བསྐོར་བར་བསྐུལ༔
特　色　秋　扣　故　瓦哥

祈請常轉三乘法

總的來說，一切佛法可以包括在聲聞、緣覺、菩薩三乘當中。或者將它分為：集聚招引外三乘，即聲聞、緣覺、菩薩三乘；苦行明覺內三乘，即事續、行續、瑜伽續；隨轉方便密三乘，即瑪哈、阿努、阿底，共為九乘。為了調伏所化眾生，祈請他們廣轉相應的法輪。

己六、祈請不入涅槃支：

在這個世界或者其他所有剎土中，任何上師、佛菩薩已完成了利眾事業準備趨入涅槃的時候，觀想在他們面前，就像往昔珍達優婆塞祈請世尊住世那樣，自身幻化出成千上萬的身體同時祈請諸位聖者直至輪迴沒有空無之前一直長久住世、饒益眾生，並念誦：

ཇི་སྲིད་འཁོར་བ་མ་སྟོངས་བར༔
戒這　扣　瓦瑪　洞　瓦
乃至輪迴未空前

མྱ་ངན་མི་འདའ་བཞུགས་གསོལ་འདེབས༔
釀安莫　大　耶　索　得
祈請住世不涅槃

己七、迴向支：

以現在的善法為主自他三世所積累的一切善根完全像文殊童子迴向一樣以無緣智慧印持而迴向給一切眾生，並念誦：

དུས་གསུམ་བསགས་པའི་དགེ་རྩ་ཀུན༔
地 色 薩 波 給匝根
三世所積諸善根
བྱང་ཆུབ་ཆེན་པོའི་རྒྱུ་རུ་བསྔོ༔
向 切 親波 傑熱慍
迴向廣大菩提因

無論在何時何地，不管做任何大小善事，結尾時千萬不能忘記作迴向。如果沒有這樣迴向，那麼所成辦的任何善事，它的果報成熟一次便會耗盡。如果迴向於獲得究竟菩提之因，即使感受了百次善果，但是它的善根在沒有獲得圓滿正等覺果位之前就不會窮盡，反而日日增上。如《慧海請問經》中云：「水滴落入大海中，海未乾涸其不盡，迴向菩提善亦然，未獲菩提其不盡。」

同樣，自己希求獲得聲聞、緣覺、圓滿菩提等究竟果位也好，希望得到善趣人天的身體或者長命百歲、相貌端嚴等暫時的果報也好，不論為了什麼目的，所成辦的善根最後都要為此而作迴向。如哲貢覺巴仁波切說：「二資如意寶，若無發願拭，不生需求果，故當勤迴向。」

因此自己所行的善法能否成為圓滿菩提之因都取決於迴向之力。無論積累多麼廣大的有為善法，但如果沒有以迴向來駕馭（印持）就不能趨入解脫道。誠如卡隆巴格西所說：「一切有為善法乃無記，迴向眾生方得廣大利。」

而且，為自己的父母親友等作法事以及為利益亡者等而作佛事，如果不作迴向，他們就不會獲益。如果迴向給他們，就會獲得所嚮往的收益。從前，廣嚴城的人們準備在第二天迎請世尊，供養午齋。前來迎請的人們離開之後，有五百餓鬼來到世尊面前請求道：「明日廣嚴城的人們供養世尊及眷屬午齋的善根迴向給我們吧。」

世尊明知故問：「你們到底是誰呀？廣嚴城人們的善根為什麼要迴向給你們呢？」

那些餓鬼回答：「我們是廣嚴城這些居民的父親母親，以吝嗇之業而轉生為餓鬼。」

世尊說：「那麼明日迴向時你們也來，我們再可以作迴向！」

餓鬼們說：「我們投生為這般低劣的身體，感到十分慚愧，實在不敢前來。」

世尊呵責道：「你們造惡業的時候本該羞愧，可是那時候你們卻不知羞恥，而現在已經投生成低劣的身體，慚愧又有什麼用呢，如果不來就沒辦法迴向給你們。」

餓鬼們連忙說：「那麼我們一定來。」說完便離開了。

第二天迴向時，那五百餓鬼前來請求將善根迴向給它們。廣嚴城的人們驚慌逃竄。

世尊說：「諸位不必驚慌，這些眾生是你們自己的父母所轉生的餓鬼，它們是這樣說的，是否能將善根迴向給它們？」

人們回答說：「既然如此，無論如何也要迴向給它們。」

世尊便迴向道：「此施諸善根，願彼利餓鬼，離餓鬼劣身，獲得善趣樂。」結果那些餓鬼死後都轉生到三十三天。

此外，至尊米拉日巴也曾經說：「山間靜修大行者，及作供養之施主，彼二具有成佛緣，緣起精華即迴向。」

這樣作迴向要成為圓滿正等覺的因還必須以三輪無緣智慧攝持，否則，如果被三輪實執的垢污所染，就叫做具毒迴向。如《匯集經》中云：「猶如食用雜毒豐美食，佛說緣於白法亦復然。」

所謂的「三輪」，是指所迴向的善根、為其迴向的補特伽羅、所迴向的對境三者。當然，三輪以證悟無實智慧攝持的真實無毒迴向在此凡夫薄地時根本無法做到，所以我們應當觀想往昔的諸佛菩薩如何迴向，我們也如此迴向，這種迴向可以代替三輪體空的迴向。《三十五佛懺悔文》中也說：「過去諸佛如何迴向，未來諸佛如何迴向，現在諸佛如何迴向，我亦如是普作迴向。」如《普賢行願品》云：「文殊師利勇猛智，普賢慧行亦復然，我今迴向諸善根，隨彼一切常修學。」可見，善法成為圓滿菩提之因的無誤要訣，唯有依賴於以迴向印持的這一結行，所以我們應該時時刻刻精進作迴向。

戊三、專心祈禱：

專心祈禱並修持因——四金剛的本體：吉祥怙主殊勝上師是一切壇城主尊黑日嘎的本體，圓滿具足灌頂。僅僅是耳聞目睹、憶念接觸上師就足可以播下解脫的種子，上師是諸佛事業的唯一作者，以第四寶現身於世。從我們自身的角度而言，上師開示一生一世能成熟解脫的深道，完全通過大悲加持、強力方便將自己安置在金剛持地，所以對自己的恩德勝過佛陀。如果從功德的側面來衡量，那真可謂密意廣大如虛空，智慧無量如大海，悲心猛烈如湍流，自性堅固如山王，視眾平等如父母，每份功德不可測。單單依靠祈禱上師也可以在無勤當中獲得夢寐以求的一切悉地。心裡意念：我依止上師如意寶您，希求您的果位，唯一修持您。滿懷感恩戴德之心，禁不住淚流滿面。一開始修持悉地時念誦下文：

རྗེ་བཙུན་གུ་རུ་རིན་པོ་ཆེ༔
記尊革熱仁波切

至尊蓮花生大士

ཁྱེད་ནི་སངས་རྒྱས་ཐམས་ཅད་ཀྱི༔
切　訥桑　吉　踏　加　戒

您乃一切諸佛陀

ཐུགས་རྗེའི་བྱིན་རླབས་འདུས་པའི་དཔལ༔
特　記　辛　辣　得　波　花

大悲加持總集尊

སེམས་ཅན་ཡོངས་ཀྱི་མགོན་གཅིག་པུ༔
思　堅　擁　戒　滾　戒　簸

有情唯一之怙主

ལུས་དང་ལོངས་སྤྱོད་བློ་སྙིང་བྲང༔
利　蕩　龍　秀　漏　釀　張

自身受用識心胸

ལྟོས་པ་མེད་པར་ཁྱེད་ལ་འབུལ༔
門　巴美巴　切　拉　簸

毫無遲疑供養您

འདི་ནས་བྱང་ཆུབ་མ་ཐོབ་བར༔
的　內向　切瑪透　瓦

自此未獲菩提間

སྐྱིད་སྡུག་ལེགས་ཉེས་མཐོ་དམན་ཀུན༔
戒　德　累　逆　透　漫　根

善惡苦樂貴賤等

རྗེ་བཙུན་ཆེན་པོ་པད་འབྱུང་མཁྱེན༔
記尊　親波　班　炯　親

至尊蓮師悉皆知

要通過虔誠祈禱來打動他的心，唯一就是精勤念誦蓮師心咒：

ཨོཾ་ཨཱཿཧཱུྃ༔　བཛྲ་གུ་རུ་པདྨ་སིདྡྷི་ཧཱུྃ༔
嗡啊吽　班則格熱班瑪斯德吽

每當念一百遍時，中間又像前面一樣念誦「至尊蓮花生大士……」。當蓮師心咒念誦到一半⑲¹的時候，再祈求悉地之際，每念一百遍蓮師心咒中間念誦下文：

བདག་ལ་རེ་ས་གཞན་ན་མེད༔
大　拉瑞薩煙　那美

我無其餘指望處

ད་ལྟ་དུས་ངན་སྙིགས་མའི་འགྲོ༔
達得　地　安　涅　莫　晝

如今惡世濁時眾

མི་བཟོད་སྡུག་བསྔལ་འདམ་དུ་བྱིངས༔
莫　奏　德　愛　大　德　香

沉溺難忍苦沼中

---

⑲¹如念一千萬遍蓮師心咒，誦到五百萬遍時。

འདི་ལས་སྐྱོབས་ཤིག་མ་ཧཱ་གུ་རུ༔
的　累　救　謝瑪哈革熱

願救此苦大師尊

དབང་བཞི་སྐུར་ཅིག་བྱིན་རླབས་ཅན༔
旺　月　革　戒　辛　辣　堅

賜四灌頂加持尊

རྟོགས་པ་སྤྲོར་ཅིག་ཐུགས་རྗེ་ཅན༔
鬥　巴布　戒　特　記堅

賜予證悟大悲尊

སྒྲིབ་གཉིས་སྦྱོངས་ཤིག་ནུས་མཐུ་ཅན༔
這　逆　擁　謝　逆　特　堅

淨除二障具力尊

在祈求悉地的時候要觀想得受四灌頂，也就是觀想上師的白毫間猶如水晶一般晶瑩剔透的「嗡（ཨོཾ）」字放射光芒從自己的頭頂進入，依此淨除殺生、不與取、邪淫三身業以及能形成身體之脈的障礙，獲得上師身金剛的加持，從而使相續中擁有得到化身果位的緣分；接下來觀想上師喉間宛如紅蓮花一般絢爛璀璨的「啊（ཨཱཿ）」字放光從自己的喉間進入，依此淨除妄語、離間語、惡語、綺語四語業以及可滋長語言之風的障礙，獲得語金剛的加持，使相續中擁有得到受用圓滿報身果位的緣分；又觀想上師心間如天空般顏色湛藍的「吽（ཧཱུྃ）」字放光從自己的心間進入，依此淨除了貪心、害心、邪見三意業及能增上意識之明點的障礙，從而獲得了上師意金剛的加持，使相續中擁有得到法身果位的緣分；再觀想從上師心間的「吽」字中如流星般出現第二個「吽」字與自心融為一體，從而淨除三門所依阿賴耶的業與所知障，獲得了上師智慧金剛的加持，使相續中擁有得到究竟之果——本性身果位的緣分。一邊念誦一邊觀想，最後自己的凡夫心與上師的智慧成為無二無別而入定。收座的時候念誦下文：

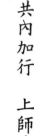

ནམ་ཞིག་ཚེ་ཡི་དུས་བྱས་ཚེ༔
那　葉才耶地　謝才
一旦命終壽盡時

རང་སྣང་རྔ་ཡབ་དཔལ་རིའི་ཞིང༔
讓　囊鄂　呀　花　瑞　揚
自現妙拂吉祥剎（銅色吉祥山）

ཟུང་འཇུག་སྤྲུལ་པའི་ཞིང་ཁམས་སུ༔
宗　戒　這　波　揚　卡　色
雙運化身剎土中

གཞི་ལུས་རྡོ་རྗེ་རྣལ་འབྱོར་མ༔
月　利多吉那　救　瑪
身成金剛瑜伽母

གསལ་འཚེར་འོད་ཀྱི་གོང་བུ་རུ༔

薩　才　慪戒貢哦熱

晶瑩剔透光團中

གྱུར་ནས་རྗེ་བཙུན་པད་འབྱུང་དང༔

傑　內記　尊　巴　炯　蕩

明觀至尊蓮花生

དབྱེར་མེད་ཆེན་པོར་སངས་རྒྱས་ཏེ༔

瑞　美　親波　桑　吉得

無二無別正等覺

བདེ་དང་སྟོང་པའི་ཆོ་འཕྲུལ་གྱི༔

得　蕩　洞　波秋徹　戒

空樂雙運之神變

ཡེ་ཤེས་ཆེན་པོའི་རོལ་པ་ལས༔

益西　親波　肉　巴累

廣大智慧遊舞中

ཁམས་གསུམ་སེམས་ཅན་མ་ལུས་པ༔

卡　色　思　堅瑪　利巴

三界有情無一餘

འདྲེན་པའི་དེད་དཔོན་དམ་པ་རུ༔

真　波　得　混　大　巴熱

最勝引導勝商主

རྗེ་བཙུན་པདྨས་དབུགས་དབྱུང་གསོལ༔

記尊　班美　哦　擁　索

衷心摯誠而祈禱

གསོལ་བ་སྙིང་གི་དཀྱིལ་ནས་འདེབས༔

索　瓦釀　各　戒　內　得

至尊蓮師賜安慰

ཁ་ཙམ་ཚིག་ཙམ་མ་ཡིན་ནོ༔

卡匝策匝瑪因諾

並非口頭之言詞

བྱིན་རླབས་ཐུགས་ཀྱི་ཀློང་ནས་སྩོལ༔

辛　辣　特　戒隆　內　奏

祈賜智慧之加持

བསམ་དོན་འགྲུབ་པར་མཛད་དུ་གསོལ༔

薩　敦　哲　巴　匝　德　索

一切心願自然成

與之同時，滿懷深深的恭敬、虔誠的信心而觀想：蓮花生大師和顏悅色、慈眉善目、飽含悲憫的眼光注視……心間發射出熱乎乎、金燦燦的紅光接觸到自己所觀想的金剛瑜伽母心間，她立刻變成了豌豆大小的光團，最後就像火星消失一樣，伴隨著「踏哥」聲向上飛竄融入蓮花生大士的心間，在這種境界中入定。出定的時候將一切顯現觀成上師的遊舞，並念誦下文作迴向：

དགེ་བ་འདི་ཡིས་མྱུར་དུ་བདག །
給　瓦的噫　涅　德　達

我今速以此善根

དཔལ་མགོན་བླ་མ་འགྲུབ་གྱུར་ནས། །
花　滾　喇嘛哲　傑　內

成就怙主上師尊

འགྲོ་བ་གཅིག་ཀྱང་མ་ལུས་པ། །
晝　瓦　戒　江瑪　利巴

令諸眾生無一餘

དེ་ཡི་ས་ལ་འགོད་པར་ཤོག །
得葉薩拉故巴　秀

悉皆安置於此地

或者念誦銅色吉祥山發願文。

這樣的上師瑜伽（應用到日常生活的行住坐臥當中），行走的時候將上師觀想在右肩上方的虛空中，作為右繞的對境；安坐的時候將上師觀想在頭頂的虛空中，作為祈禱的對境；享用飲食的時候將上師觀想在喉間，作為飲食獻新的供養處；躺下的時候將上師觀想在心間，作為所知入瓶的攝要。總而言之，隨時隨地將自己的住處觀想成真正的銅色吉祥山，擁有這樣的正念；將一切顯現觀想成上師的身體、恭敬誠信；當罹患疾病、出現魔障等不幸的事情時，也要想到這是上師以大悲恩賜我盡除惡業的方便，滿心歡喜，而不要生起斷除之心；當獲得幸福安樂、豐衣足食、善法增上等順緣的時候，要認識到這些都是上師的大悲所致，萬萬不可心生我慢欣喜若狂；如果修禪時出現疲厭、沉掉等現象，要觀想自己的心與上師的智慧成為無二無別，護持實相見解的自相，聚精會神地祈禱上師並念誦蓮師心咒：

ཨོཾ་ཨཱཿཧཱུྃ་བཛྲ་གུ་རུ་པདྨ་སིདྡྷི་ཧཱུྃ༔

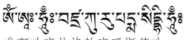

嗡啊吽班扎格熱班瑪斯德吽

如果真正能夠這樣去修行，那麼萬事萬物都會顯現為上師與本尊，所作所行都將成為善法。如米拉日巴尊者親口說過：「我行顯現轉道用，六聚自解之走式；若坐無偽本來住，精華實義之坐式；若食享用空性食，斷除二取之食式；若飲痛飲念知泉，堅持不懈之飲式。」

不僅如此，踏上密宗金剛乘道以後，破誓言進行酬補清淨、有資格修持生圓次第大圓滿等一切道、不出現障礙、不步入歧途以及功德資糧與日俱增等這一切，歸根到底都要依賴能成熟的灌頂。如頌云：「密宗未依灌頂無成就，猶如舟子手中無船槳。」又說：「未受灌頂無成就，沙子無法榨出油。」

（灌頂也有三種：）首先具有法相的金剛阿闍黎讓我們進入壇城以後賜予灌頂，這叫做基灌頂；依靠上師瑜伽，不觀待他緣而自己得受四灌頂，這叫做道灌頂；究竟果位（即十地末際）時獲得大光明或者深明無二灌頂，現前圓滿正等覺，這叫做果灌頂。

上師瑜伽也具有清淨、圓滿、成熟三種不可思議的甚深要訣。在實修正行時，一般來說所有的前行法都不能棄之一旁，尤其是觀修生圓次第等時依靠上師瑜伽法而得受道灌頂，是每一座開始必不可少的殊勝要訣。如果是一個信心十足、誓言清淨的修行人，那麼僅僅依靠圓滿修行這以上的正道，也可以不觀待正行法門而往生到妙拂吉祥山。在那一清淨剎土當中通過四種持明之道將會比日月運行還迅速地獲得普賢王如來果位。

丁三（傳承上師簡歷）分三：一、如來密意傳；二、持明表示傳；三、補特伽羅耳傳。

內三續之傳承：（傳講大圓滿前行時）為了使聽法者心生歡喜等，一般而言，上師都有詳略適當講述以內三續瑜伽為主佛法起源歷史的傳統。在這裡也簡明扼要地進行陳述：被一致共稱的前譯（寧瑪派）內續生起次第瑪哈約嘎、圓滿次第阿努約嘎、大圓滿阿底約嘎的法脈流傳可以分為三種，也就是如來密意傳、持明表示傳、補特伽羅耳傳。

戊一、如來密意傳：

初佛本師普賢如來無量大悲神變之中顯現諸佛的剎土、講法聖境以及四身本師。本師在和自己無別的五身[192]

任運持明、浩瀚如海不可思議的佛眾眷屬前，雖然沒有通過詞句、表示的方式宣說諸法，但是在無勤任運大悲自證智慧自相光明性中卻以無言的方式而宣講，使諸位眷屬現前了無倒實相密意，斷證功德與本師成為無二無別。對於不具有這般徹悟真如緣分的眷屬，佛陀則以其他階梯道乘的方式加以宣講的情形：總的來說，在不可思議的世界中隨機度化、示現無數化身而饒益眾生。分別而言，以六能仁化身的形象來調伏六道所化有情。尤其是在這個南贍部洲，釋迦牟尼佛在人間天境中依次轉了三次法輪，而宣說了因乘的經、律、論以及密乘外續的事、行、瑜伽部，如頌云：「調伏貪惑對治法，佛說律藏二萬一，調伏嗔心對治法，佛說經藏二萬一，調伏癡心對治法，佛說論藏二萬一，同調三毒對治法，佛說密藏二萬一。」

戊二、持明表示傳：

（持明表示傳是如何產生的呢？）釋迦牟尼佛臨近涅槃時曾經預言無上密法日後將出現。佛（在《勝樂後續》中）明確地說：「我趣涅槃後，二十八年時，三十三天處，教主勝心天，降臨於人間，贍洲東方隅，人中具緣種，名為國王匝，出現祥預兆，扎謝堅山⑬上，金剛手現前，傳授五聖賢⑭，羅刹境主（蓮花生大士）

⑫五身：舊派密乘經典所說二十五果法之一類：法身、報身、化身、不變金剛身和現證菩提身。

等。」這樣做了授記以後，佛陀便示現涅槃。後來與佛授記相吻合，出現了無上密法生起次第、圓滿次第以及大圓滿法。其中瑪哈約嘎的所有續部，是在本師釋迦牟尼佛涅槃後二十八年時出現的，當時國王匝夢見七種夢兆⑮，在自己的皇宮上得到了許多用琉璃溶液撰寫在金紙上的密續經函以及一尊一肘高的金剛手佛像。國王匝通過祈禱而通達了其中的《面見金剛薩埵品》，隨後依靠這一品與金剛手佛像而修行六個月，最後現見了金剛薩埵並得到加持，從而對所有經函的意義通達無礙，從此以後逐步弘揚開來。

阿努約嘎興世的歷程：那時，聖種五賢在瑪拉雅山頂，觀想十方諸佛而悲切地祈禱「嗚呼哀哉極悲切，導師日光若隱沒，世間黑暗孰能除……」，念誦了二十三句悲哀詞⑯，結果所有善逝勸請密主金剛手道：「密主金剛汝諦聽，昔日誓甲豈捨棄？不知世間痛苦歟？汝以悲心降人間，當除世間之憂苦。」密主應允答道：「無始亦無終，吾未捨誓言，今依佛勸請，吾亦顯神變。」說罷便降臨在瑪拉雅山頂聖種五賢的面前，為他們宣講《集密意續》等等；在西方鄔金剎土達那夠卡洲為金剛

⑬扎謝堅山：即瑪拉雅山。瑪拉雅，梵義譯為香山，藥都善見城西一山名，盛產岩精、寒水石等藥物。

⑭聖種五賢：妙稱天、安止龍王、流星面藥叉、慧方便羅剎和離遮族人無垢稱等五。

⑮七種夢兆：一、夢到身語意所依入於自身；二、降下珍寶經函；三、與眾研討佛法；四、受到眾人讚歎；五、廣造佛塔；六、降下珍寶；七、得成佛授記。

⑯二十三句悲哀詞：此二十三哀詞在《集密意續》中有詳述。

手的化身極喜金剛宣講了《吉祥密續》、《竅訣續》、《普巴續》、《佛母續》等。他們也一脈相承，一直傳給鄔金蓮花生大士，之後逐漸興盛起來。

特別要講述的是竅訣阿底約嘎興世的歷程：首先講一講在天界弘揚的情況，三十三天的天人護賢意化出的五百天子當中，長子普喜藏的智慧、技藝在所有兄弟中獨占鰲頭，他常常喜歡獨自一人在禪房中靜修、念誦金剛密咒。在天界中被譽為勝心天子。天子在水牛年出現四種夢兆：一、夢到一切如來光芒四射、普照十方，光芒之中六能仁旋繞眾生，最後融入他的頂髻中；二、夢到自己一口吞併梵天、遍入天、大自在天；三、夢到空中日月出現在自己的手掌中，隨即光輝遍布整個宇宙；四、夢到從空中的寶雲中降下甘露妙雨，一時間便呈現出草籽發芽、森林茂密、寶苗成長、鮮花綻放、果實累累的繁榮景象。

清晨，天子將夢境原原本本地向天王陳述。

帝釋天王讚歎道：「唉嗎吙！無勤佛法精華出現時，三世佛陀化身菩提心，十地自在世間殊勝燈，天境莊嚴之您誠稀有。」

天子的第一個夢境預示著受持諸佛的密意、成為法太子；第二個夢境預示著懾服一切魔眾、徹底根除三毒；第三個夢境預示著遣除所化眾生內心的愚暗、燃亮正法之燈；第四個夢境預示著將以自然大圓滿的甘露水遣除煩惱的酷熱，並且弘揚無勤任運自成大圓滿之果乘。

再有，三世諸佛集聚之後勸請金剛薩埵說：「具有珍寶神變者，當啟所化所欲門，無勤令其具珍寶。」通過諸佛勸請後，吉祥金剛薩埵心間出現如意寶自燃輪，交付給金剛手尊者，並且囑咐說：「於諸眷屬當宣說，無二智慧之密意，無為無勤本來佛，共稱大中觀之道。」

金剛手尊者應允說法而言：「金剛薩埵大虛空，本非詞句之行境，我今宣講極困難，然以詞句詮釋言，為令未證者證悟，如應救度瑜伽者。」親口答應之後金剛手尊者前往東方金剛光明剎土金剛密如來等金剛部尊眾前、南方珍寶光明剎土珍寶光明如來等珍寶部尊眾前、西方蓮花光世界蓮花光如來等蓮花部不可思議尊眾前、北方清淨成就剎土成就光明如來等事業部無量尊眾前以及中方離邊剎土毗盧遮那佛等真如部之眾多佛前，聽受了稀有佛法精華無勤自然密意、超越因果的法門——阿底約嘎的意義，斷除了增益，吸取了諸佛密意的營養之後，知曉三十三天具九股金剛杵之中柱的尊勝宮中央宮殿裡居住著（堪為密法法器）具緣之士勝心天子，於是前往尊勝宮。

當時，勝心天子在中柱頂的九股金剛杵上設置璀璨珍寶組成的寶座，請金剛手尊者入座，撐起各種珍寶組成的傘蓋，供養眾多天物供品。金剛手尊者以詮表的方式授予勝心天子王權金剛瓶圓滿灌頂並傳授了十部竅訣幻化續，又在時際剎那中圓滿宣講了七個灌頂、五種竅訣、單扎續等諸多竅訣，隨後賜予灌頂令他成為法王繼承人，並且說：「此乃稀有精華法，傳遍三十三天已，願您復化喜金剛，此法廣弘贍洲中。」

阿底約嘎在人間起源的歷史：在印度西方鄔金空行母地區的達那故克洲革扎湖畔金剛洲洞的領域內，有一座百花爭豔、賞心悅目、環境幽雅的園林，國王鄂巴繞匝與皇后光明具光母生下一女，取名為花明。花明公主具足妙相，天生心地善良，有著強烈殊勝的菩提心，樸實無華、謹慎穩重，捨棄爾虞我詐、放逸無度的俗世生活而出家為尼，比丘尼戒守護得纖塵不染，與附同的五百比丘尼眷屬一起居住。水牛年藏曆四月初八的黎明時分，公主進入夢鄉：夢到諸佛放射光芒形成日月，太陽從自己的頭頂向下融入，月亮從足掌心向上融入。

當清晨醒來的時候，公主的相續中生起了證悟，她來到革扎湖畔進行沐浴。正在這時，金剛手尊者幻化成一隻天鵝王使勝心天子融於「吽」字中，接著幻現為四隻天鵝，從天而降前來沐浴，之後三隻天鵝又飛到空中，而密主所化現的那隻天鵝用喙觸碰花明公主胸間三次而射出一個光輝燦爛的「吽」字融入公主的心間後便飛走了。公主對此甚感稀奇，於是便向父王和眷屬們講述了事情的經過。父王也驚奇不已，並且歡喜地說道：「難道要誕生一位佛的化身嗎？」於是對公主百般關懷，命屬下盡力承侍，為她舉行廣大佛事。

公主沒有出現任何懷胎的跡象而度過了九個月。一天，她的心間出現一個光彩奪目的九股金剛杵，化現成一位具足相好的小童子，只見他右手執著金剛杵，左手持著珍寶手杖，朗朗背誦起《金剛薩埵大虛空續》等經續。眾人喜出望外。國王請來婆羅門相師為他看相。

那位相師極其驚詫地說：「這是一位聖者的化身，一位殊勝大乘教主誕生於世了。」

正因為眾人喜悅到極點以及他的手中持有金剛，所以為他取名為極喜金剛⑲⑦，又由於眾人皆大歡喜，因而又叫做喜金剛，由於眾人笑逐顏開，因此也稱笑金剛。

在他登基之時密主金剛手尊者親自降臨，在時際剎那中完整傳授給他王權圓滿寶瓶灌頂等所有灌頂、九界二萬卷等所有續部竅訣，並賜予極喜金剛成為教主的灌頂，灌頂之後密主金剛手囑咐諸位護法神竭誠協助、盡力護持佛法。極喜金剛依靠無勤大圓滿而在剎那間成佛。

當時，印度聖地又誕生了一位文殊菩薩的化身——名為成藏或勝樂藏的婆羅門子。他的父親是樂護婆羅門，母親叫革哈那，成藏後來捨俗出家而成為五百班智

⑲⑦極喜金剛：藏音嘎繞多吉；喜金剛為吉巴多吉；笑金剛為呀巴多吉。

達的主尊，被人們共稱為文殊友[198]阿闍黎。一次聖者文殊菩薩為他授記說：「從此處向西方，在鄔金境內革扎湖畔黑慶達金洲大尸陀林中央的金剛洲洞境內住有一位金剛薩埵的化身、諸佛無勤之教法的教主，他已經獲得諸佛的灌頂，名叫化身極喜金剛，你應當前去求得稀有佛教的精華、無勤成佛的正法阿底約嘎，並作為他的教法結集者。」於是文殊友對其餘諸位班智達說：「西方鄔金地方有超越因果之法，所以我們必須前去折服。」

眾班智達商定之後，特哦日匝哈德等七位班智達歷經千難萬險來到鄔金境內，他們用盡周身解術與化身極喜金剛對因果及內外密法展開了研討及辯論，始終無法取勝。

最後文殊友問諸位道友：「向化身極喜金剛求超越因果之法好嗎？」

特哦日匝哈德說：「雖然有求法之心，可是我們已經侮辱了他，實在不敢求法。」有些人說：「我們也會生起定解，應當求法。」大家商量後決定誠心誠意進行懺悔。有些人頂禮或轉繞化身極喜金剛；有些人痛哭流涕，淚流滿面；文殊友躬身頂禮而泣不成聲，心裡暗想：我已經侮辱了這位化身，信口開河說了許多辯論之詞，所以必須用斬斷自己的舌頭來作懺悔。想到這裡便尋找刀刃。化身極喜金剛知道他心中所想，於是說：罪

[198]文殊友：藏音即蔣花西寧。

業不會因為你斬斷舌頭而得清淨，撰著一部超越因果的殊勝論典吧，這樣一來可以淨除罪業。

當時沒有緣分的人們返回去了。而文殊友只是依靠上師稍作表示，便恍然大悟，從而通達一切萬法。為了使他圓滿佛法，極喜金剛傳授給他王權寶瓶灌頂，並將九界二萬卷等所有續部、竅訣完全交付於他，也為他取名文殊友。之後化身極喜金剛寫下所有言教的意義並恩賜教言道：「心之自性本來佛，心無生滅如虛空，若證諸法等性義，不尋彼性住為修。」文殊友通達了所證悟的意義以後用偈頌來表達證悟的境界：「吾乃蔣花西寧也，已獲大威德悉地，證悟輪涅大平等，顯現一切妙智慧。」並撰著了《菩提心.金溶石》作為懺悔，同時也作為化身極喜金剛教法的結集者，將大圓滿阿底約嘎傳給西日桑哈。

西日桑哈誕生於中國漢地秀夏洲，父親名叫具善，母親名為光明母。他長大以後在阿闍黎哈德白拉前學習聲明、因明、曆算等（大小）五明並且通達無礙。二十五歲時幸遇阿闍黎文殊友圓滿求得甚深大圓滿阿底約嘎聖法的所有續部傳承及竅訣，現前了離戲殊勝的證悟。並將大圓滿法傳與鄔金第二佛、智者嘉納思扎、大班智達布瑪莫扎、大譯師貝若扎那。

這以上講的是持明表示傳。

ཆོས་སྐུ་ཀུན་ཏུ་བཟང་པོ།
1、法身普賢如來

ལོངས་སྐུ་རྡོ་རྗེ་སེམས་དཔའ།
2、報身金剛薩埵

སྤྲུལ་སྐུ་དགའ་རབ་རྡོ་རྗེ།
3、化身極喜金剛

འཇམ་དཔལ་བཤེས་གཉེན།
4、文殊友

ཤྲཱི་སིང་ཧ།
5、西日桑哈

ཛྙཱ་ན་སཱུ་ཏྲ།
6、嘉納思扎

བི་མ་མི་ཏྲ།
7、布瑪莫扎

པདྨ་སཾ་བྷ་ཝ།
8、蓮花生大士

ཁྲི་སྲོང་ལྡེའུ་བཙན།
9、赤松德贊

བཻ་རོ་ཙ་ན།
10、貝若扎那

ཡེ་ཤེས་མཚོ་རྒྱལ།
11、益西措嘉

ཀློང་ཆེན་རབ་འབྱམས།
12、無垢光尊者

རིག་འཛིན་འཇིགས་མེད་གླིང་པ།
13、持明無畏洲

འཇིགས་མེད་རྒྱལ་བའི་མྱུ་གུ།
14、無畏如來芽

དཔལ་སྤྲུལ་རིན་པོ་ཆེ།
15、華智仁波切

འཇམ་དབྱངས་མཁྱེན་བརྩེ་དབང་པོ།
16、蔣揚欽哲汪波

མི་ཕམ་རིན་པོ་ཆེ།
17、麥彭仁波切

ཆོས་རྗེ་འཇིགས་མེད་ཕུན་ཚོགས།
18、法王晉美彭措

戊三、補特伽羅耳傳：

那麼，在此之後藏地雪域這片領土上到底是如何將精華正法弘揚開來的呢？

往昔佛陀在世的時候，藏地這塊土地上並沒有人類眾生。後來聖者觀音菩薩化現的雄猴與度母所化現的羅刹女二者繁衍人類眾生。當時既沒有正法、法規，也沒有長官、頭領，就像茶磚一樣處於無頭無尾的狀態中。當時，印度百軍王生下一位太子，他的所有手指、腳趾猶如天鵝蹼一般連在一起，雙目好似鳥的眼睛一樣由眼瞼遮蔽著。看到生下這樣一個兒子，他的父王說：「這是非人之子，還是驅逐出境為好。」

王子稍稍長大便被擯除國境，由業力所牽而徒步流浪到藏地，遇到一些牧童。他們問：「你是從哪裡來呀？到底是誰呀？」

他便用手指指向天空。那些牧童認為他是天人，於是大家肩背土石、壘成高座，請他作為首領，人們共稱他為肩座王⑲⑨，他就是除蓋障菩薩的化身。

經過歷代王朝，到了聖者普賢菩薩的化身拉托托日年贊期間，永布拉崗⑳⓪皇宮頂層樓上出現了身所依——十一面觀音像；語所依——《寶篋經》、《百拜懺悔經》經藏；意所依——一肘高的水晶佛塔，這就是正法

⑲⑨肩座王（涅赤贊布）：是西藏第一國王，也是吐蕃天座七王之首。

⑳⓪永布拉崗：在山南地區乃東縣境內，是西藏最早的一座王宮遺址，公元前一百多年，涅赤贊布所居地方。

的開端。

在此之後的第五個朝代，聖者觀世音菩薩的化身國王松贊干布出世，建造了鎮肢寺、鎮節寺及拉薩大昭寺。迎娶至尊度母化身的漢族（文成）公主[201]以及顰眉度母化身的尼泊爾（赤尊）公主[202]，同時迎請兩尊覺沃佛像入藏。在此期間，圖彌桑布扎創立文字而結束了西藏無有文字的歷史。他從印度班智達天明獅子前學習了聲明，並從《三寶雲》等經藏開始翻譯。國王松贊干布從自己的白毫間幻化出一位化身比丘名為阿嘎瑪德，調伏了印度聖地的外道國王，並從印度與銅洲交界處的一株蛇心栴檀中取出了五尊栴檀觀音[203]，同時塑造了拉薩的十一面觀音像。國王松贊干布時期才真實地樹立起佛教的法幢。

又過了五個朝代，聖者文殊菩薩的化身國王赤松德贊誕生，當他13歲時父王就不幸去世，在17歲之前他一直與鄂達日樂貢和拉桑樂華等諸位大臣共議國事，出兵征服了許多邊陲地區作為附屬國。後來，國王翻閱祖先的完整史料，從中得知拉托托日年贊時期是正法的開端，國王松贊干布時期樹立起法幢，他發現歷代國王全部是依靠佛法治理國家，於是便下決心：我一定要將正

[201]文成公主：唐太宗室女。公元641年，松贊干布派遣大臣祿東贊迎請至吐蕃。
[202]赤尊公主：尼泊爾國光胄王之女。公元623年與吐蕃王松贊干布聯姻。
[203]五尊栴檀觀音：現今兩尊在拉薩，兩尊在尼泊爾，一尊在印度。

法發揚光大。接著與班瑪貢贊為首的主要法臣商議，其餘大臣也出謀劃策，最後一致同意建造寺廟。在尋找淨地[204]上師的時候，國王前去請問他的國師也就是住在桑耶青普的妙定[205]尊者。國師依靠寂止光明智[206]而了知印度東方薩霍地區住有法王故瑪得謝的太子大堪布靜命[207]，便告訴了國王。於是國王迎請大堪布靜命作為淨地上師。

在修建過程中需要砍除阿雅巴羅洲的一堆荊棘叢，住在該處的惡龍得知後喊來所有鬼神作為援助，招集二十一優婆塞等鬼神的軍隊，到了晚上，就把人們白天所修砌的建築摧毀無餘，並將所有的土石都歸回到原地。

國王請問堪布：「發生這樣的事，是因為我業障深重還是堪布您沒有加持，要麼是說修建寺廟的事不能如願以償？」

堪布回答說：「我雖然菩提心已經純熟，但是依靠這種寂靜方法實在不能調伏它們，這些鬼神必須要用降伏法才可調伏。如今在印度金剛座有一位化生的鄔金蓮花生大士，他精通五明、諳熟勝義的功用，已經獲得了共同、殊勝成就，可以摧毀一切魔眾，隨心所欲吩咐天

[204]淨地：修建廟宇等建築物之前舉行的一種密宗淨地儀式。
[205]妙定：釀當珍桑波。
[206]寂止光明智：通過寂止而得之一種神通，有的史料中說他得肉眼通而得知。
[207]大堪布靜命：即大堪布菩提薩埵。那爛陀寺依止智藏論師出家，受具足戒。為中觀自續派論師及東方三中觀論師之一，設計修建桑耶寺，度初試七人出家，並開始建立僧伽制度。

龍八部，所有鬼神聞風喪膽，他足可制服一切惡魔，如果請他來，所有鬼神就不會再來為非作歹，也會讓大王心願得以徹底實現。」

國王說：「那會不會請不來這位大師呢？」

堪布靜命胸有成竹地對國王說：「因為有以前的發願，所以一定能請來。從前，在尼泊爾境內有個養雞人叫薩來，他的女兒勝樂母分別和養馬、養豬、養雞、養狗的四個人生下了四個兒子[208]，這四個人在建造夏絨卡繡佛塔[209]的時候曾經發願：將來在藏地弘揚佛法……」

聽到堪布講述完這其中發願的詳細經過以後，國王又派遣瓦徹月、降魔金剛、欽釋迦光、普吉祥獅子各帶一藏升金粉、一斛金飾前往印度。他們拜見阿闍黎（蓮師）後獻上供品請求道：「務必請大師前往藏地加持寺廟地基。」蓮師應允後便起程前往。途中依次降伏了十二地母、十二護母、二十一優婆塞等藏地的所有鬼神。來到紅岩，舉行寺廟淨地儀式，就這樣建造起四周由四大洲、八小洲、羅刹洲、日月、鐵圍山所圍繞的三層桑耶自成寺。該寺峻工之後，堪布靜命、阿闍黎蓮師、大智者布瑪莫扎三位大師為該寺開光，拋散三次鮮花，當時，他們大顯神變，奇妙的瑞相紛紛呈現。

此後，靜命堪布傳講戒律，弘揚顯宗教法；阿闍黎

---

[208]四個兒子：蓮師、瓦徹月、國王赤松德贊、靜命。
[209]夏絨卡繡佛塔：今在尼泊爾首都加德滿都城中心。

蓮師與布瑪莫扎弘揚密法。當時鄔金第二佛與大智者布瑪莫扎二位尊者為意子君臣友三人㉑⓪、妙定禪師等堪為法器的具緣者明顯地宣講了區分、決定、自解的法門。也就是轉了大圓滿阿底約嘎等內三續法輪。自此以後的傳承被共稱為補特伽羅耳傳。

不僅如此，鄔金第二佛還為君臣具緣者傳授了相應各自根基的不可思議法門，並撰寫在金紙上隱藏成伏藏，發願以此饒益未來的隨學者，並交付於護法神來保護。後來，授記時間已經到來之際，獲得昔日願力的大成就者之化身一個個驟然降臨於世，開啟了甚深伏藏之門，攝受了眾多具緣補特伽羅而饒益眾生，所有的傳承共稱為六種傳承㉑①或九種傳承㉑②等。

如是化身伏藏大師層出不窮，其中持明無畏洲是聖者心性休息㉑③親自化現為善知識形象，他從鄔金第二佛、大智者布瑪莫扎、全知無垢光尊者等處圓滿地受持了如來密意傳、持明表示傳、補特伽羅耳傳，而完美無缺地為具有緣分的諸補特伽羅廣轉法輪，並安住在圓滿正等覺的境界中。如頌云：「身雖現為人天相，殊勝密意為真佛。」因此我的至尊上師也曾經親口說過：「眾生怙

㉑⓪君臣友三人：君指國王赤松德贊、臣指大譯師貝若扎那、友指空行益西措嘉。

㉑①六種傳承：如來密意傳、持明表示傳、補特伽羅耳傳、黃紙詞句傳、空行囑咐傳、發願灌頂傳。

㉑②九種傳承：如來密意傳、持明表示傳、補特伽羅耳傳、空行囑咐傳、發願灌頂傳、教授授記傳、修持加持傳、耳聞實修傳、行持事業傳。

㉑③心性休息：觀世音菩薩的別名。

主金剛持我的至尊上師的確是圓滿正等覺大金剛持，為饒益眾生化現為補特伽羅的形象而降臨世間，這並非是我以虔誠的信心與恭敬心作讚歎的。如果你們能夠修持、祈禱，那麼在我的上師與你們之間除了我以外再沒有其他傳承隔斷。我也是從最初幸遇金剛持上師之後，一直依教奉行以三歡喜依止上師，從來沒有做過任何不稱上師心意的事，甚至讓上師斜視一眼的事也沒有做過，可以說，傳承的金線沒有被破誓言的鏽所污染，因此傳承的加持與眾不同。」

以上簡明扼要地敘述了傳承上師的歷史，如《日月吻合續》云：「若未宣說歷史義，於此大密了義教，將有不誠信之過。」追溯傳承的起源及講述歷史有著使後學者生起誠信的必要，所以此處宣說上師瑜伽的同時也講述了傳承上師的歷史。

這樣的上師瑜伽念修的數量絕對要圓滿一千萬遍，因此應當盡力念誦，務必達到要求。倘若不這樣，而認為這些僅僅是前行法門並不那麼重要，或者聲稱要修高深莫測的正行法而沒有空閒時間來修前行，表面觀修生圓次第等等，這些人正如世間俗語所說：「牛頭未熟嘗其舌，床尚未暖伸其足。」捨棄前行法的修行無有芝麻許實義，即便偶爾生起了少分暖相，也不會穩固，就像沒有打地基的建築一樣。有些人雖然在修前行時裝模作樣、敷衍了事，但在修正行時認為「那些是前行法，現在不需要修了」而放棄，這種做法也與之相同。捨棄作為聖道基礎的前行法，就好似沒有牆壁而求壁畫一樣必將斷絕正法的根本。因此，每一位修行人不管在何時何地都要精進修持，力爭對這些前行法生起無偽的定解。尤其著重精進地修行這一加持的入門——上師瑜伽，是殊勝的要訣。

雖視大恩上師為真佛，卻因性情剛強違師教。
雖知三界眾生為父母，卻因蠻橫粗暴出惡語，
我與如我惡業眾有情，此生及諸生生世世中，
願以寂靜調柔之言行，依止上師道友祈加持。

強力生起證悟之智慧、加持之門——上師瑜伽引導終

不共加行圓滿矣！！！

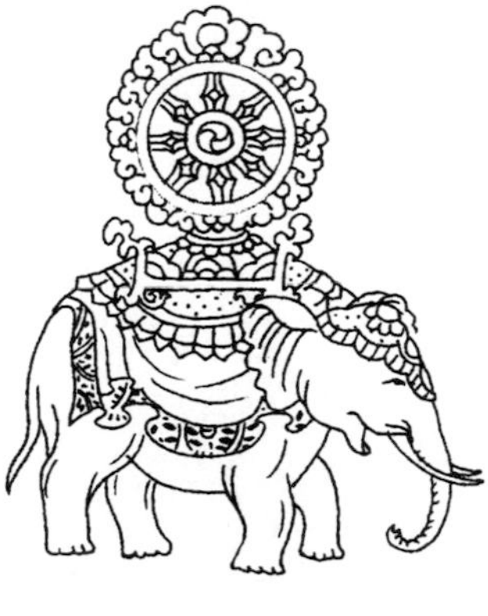

不共內加行

上師瑜伽

往生法

尤為悲憫愚昧之眾生，尤為攝受罪孽深重者，
尤以善巧法調難化眾，無等上師足下我敬禮。

乙三（修持正行支分捷徑往生法）分三：一、往生分類；二、往生修法；三、往生儀軌。

丙一（往生分類）分五：一、利根者見解印持法身之往生；二、中根者生圓雙運報身之往生；三、下根者無量大悲化身之往生；四、平凡者具三想之往生；五、以大悲鐵鉤超度亡靈之往生。

丁一、利根者見解印持法身之往生：

在這一世當中，自相續生起了無偽實相的無誤見解並且不斷修行、串習的人，在臨終的時刻，通過本來清淨的密道，依靠法界覺性的要訣而往生於法身界中。

丁二、中根者生圓雙運報身之往生：

對於生圓次第無二瑜伽極為嫻熟並且對於如幻的聖尊身相有純熟妙力的人，臨終的時刻在中陰的迷亂景象出現的同時，往生於雙運智慧身中。

丁三、下根者無量大悲化身之往生：

獲得密宗能成熟之灌頂、沒有染上破誓言的過患、對生圓次第具有勝解並擁有中陰竅訣的人，通過阻塞不淨的胎門、依靠大悲心的牽引和轉為化身道用而往生清

淨剎土，正如頌云：「封閉胎門當憶有寂界，需要精進淨觀之一刻。」

丁四、平凡者具三想之往生：

一般的普通人依靠將中脈作為道路想、心識明點作為旅客想、極樂清淨剎土作為去處想而往生。

丁五、以大悲鐵鉤超度亡靈之往生：

具有殊勝證悟、心境調柔、了知中陰身心相續的瑜伽士可以超度其他臨終者或中陰身往生。本來超度亡靈者必須是獲得見道的菩薩，如米拉日巴尊者說：「尚未親睹見道諦，切莫超度諸亡靈。」超度亡靈最佳時刻就是在臨終者外氣已經中斷、內氣還沒斷盡的時候。如果遇到這樣有著確定性的時候，那麼請稍微熟練往生竅訣的人來作往生儀式也絕對會受益匪淺，而且也能夠避免投生到惡趣等處，這就像剛剛出發上路的旅客很容易被友伴所轉變一樣。相反，如果身心已經脫離以後要超度亡靈往生還是有一定的困難。超度這樣的中陰身者必須是對中陰界瞭如指掌、自心已經獲得自在的人。當然，如果是這樣的一位瑜伽士，那麼已經離開血肉之軀的中陰身依靠他作超度的外緣也容易轉變，對處在中陰界的亡靈作往生法儀式，足能將他的神識送到清淨剎土中。否則，認為人死了以後再將他的神識勾回到他原來的身體上作超度，實際上沒有任何實義。

如今大多數徒有虛名的上師或活佛等超度亡靈，如果他們完全是在慈悲菩提心的驅使下而根本不牽扯自私自利的心，那麼單單依靠菩提心這一動機也能大大地利益亡靈，同時也不會成為自己修行的道障。反之，一門心思謀求自己的利養、僅僅依靠口頭會念誦來超度亡靈，又任意接受死者的往生馬㉑等等，這實在是極其下劣的行為。如頌云：「己未趨至解脫之乾地，然卻致力引導他人者，此二之理少許不相合，猶如溺水之人救溺者。」

從前，大證悟者丹增秋佩大師在轉繞匝日神山期間，他的境界中出現了昔日他所超度並收取了往生馬的一個人，看到那人從血海中露出頭來並且喊著大師丹增秋佩的名字說：「我該怎麼辦呢？」大師驚恐萬分地說道：「我將轉繞神山的功德迴向與你。」於是那人便不見了。

不僅如此，而且即便是具有殊勝證悟的高僧大德，如果接受亡財供養以後沒有念經迴向等，也會成為地道的障礙。從前，竹慶仁波切傑美泰秋丹增圓寂時，弟眾迎請哲美揚炯滾波尊者念誦遺體火葬儀軌。結果尊者一整天始終念誦沐浴儀軌進行勾召，反覆超度，完全像對一個普通人作超度一樣。諸位僧人問這樣做的原因，尊者解釋說：「他（傑美泰）生前接受了超度亡者的黑馬供

㉑往生馬：藏族民俗，一般指為亡人作超度時，亡人家屬將自家最好的馬配上死者的最好衣服供養給作超度的上師，表示已將亡靈完全交付於這位上師請上師作超度。這種馬稱為往生馬，至今仍有此風俗。

品，可是當時卻沒有對死者誦經念儀軌作迴向，被他超度的這個亡者是一個罪業深重的人，因此對他的地道成就稍有障礙，但現在通過我們倆並肩攜力已經卓有成效。」據說這位亡者名叫各洛丹增。

那些身居上師大活佛之位的人也是一樣，如果在接受亡財的時候既不發心也不作迴向、發願、念儀軌等，而認為「我是如何如何了不起的上師、大活佛」，實在沒有什麼好處。即使是被無誤認定為高僧前輩轉世的那些活佛們，最初也需要從藏文的元音字母開始學習，換句話來說，包括文字讀誦以上他們都和普通人沒有差別需要學習。可以肯定地說，將前世所精通的文字讀誦忘得乾乾淨淨卻沒有遺忘生圓瑜伽的人絕不會有。因此我認為（那些小活佛）不要在剛剛能騎馬就開始享用信財亡財而要稍稍將精力放在修學發心、閉關修持上面，難道不是嗎？

在這裡所講的這個往生法，是平凡人具三想的往生法或者叫做心識上師[215]之往生，這也與《無垢懺悔續》所說的「依靠臨終光環聲往生」的意義相吻合。這種往生法對於具有殊勝證悟的補特伽羅來說是不需要的。如《無垢懺悔續》中說：「死亡乃分別，可引空行剎。」又如說：「所謂之死亡，瑜伽小成佛。」今生今世已經證得堅地、獲得生死自在的諸位補特伽羅雖然表面上現

[215]心識上師：觀想自己的心識與上師的智慧成為無二無別。

似死亡，但實際上只是像從現在的一個地方去往另一個地方一樣；修習生圓次第的諸位行者，正像前面所說依靠生死、中有的三種實修法而於三身中得往生，正如所說的「往生法引導修法差者」。

因此，修道尚未獲得穩固或者罪孽深重之人等需要具三想往生法的這一要訣。如果擁有這樣的竅訣，那麼無論他罪業何等深重也必定不會墮入惡趣，就算是造了無間罪業徑趨直下的人們如果遇到這一教言，則一定不需要墮惡趣。續中說：「日日殺梵志，及造五無間，以此道解脫，不為罪業染。」又說：「九竅[216]之上方，意念可往生，不為罪業染，生於清淨剎。」其他續中也說：「頭頂日月坐墊上，具相上師尊足前，若知趨入中脈道，造五無間亦解脫。」

所以說，這一深道往生法的教言是不修便可成佛之法，也是以強制性的方法使罪孽深重者得以解脫的密道。金剛持佛說：「日日殺梵志，及造五無間，若遇此教言，無疑定解脫。」

鄔金蓮花生大士也說：「修持成佛法皆具，不修成佛法我有。」

大智者那若巴說：「九門乃為輪迴窗，一門即是大手印，關閉九門啟一門，無疑趨入解脫道。」

---

[216]九竅：人體感受五種外境的感覺活動所有九處門戶或穴竅：眼二、耳二、鼻二、口和大小便口各一，共為九竅。

南岩瑪爾巴羅扎尊者也曾經說：「我今修持往生法，反反覆覆修煉已，平凡而死亦無懼，具有前修之把握。」

至尊笑金剛說：「此等往生融合[217]之竅訣，乃為摧毀中有之嚮導，具足此道之人可有否？命風進入中脈人安樂，彼將趨入法界唉瑪吙！」

丙二（往生修法）分二：一、修煉；二、運用。

丁一、修煉：

如今自己求得往生引導以後，反反覆覆加以修煉，在沒有出現驗相之前一直精勤努力。現在自身的風脈明點全然無有衰退，正處在旺盛時期，依靠往生法直接往生稍有困難。真正到了臨死之時或極為腐朽年邁之際就比較容易往生。打個比方來說，果實等在夏季正值茂盛繁榮之時難以採摘，等到了秋季瓜熟蒂落的時候，衣邊稍微接觸便會墜落。

丁二、運用：

自己出現死相，知道無論如何也無法避免死亡並出現了隱沒次第[218]等的時候，就該修往生法了，而除此之外的時間裡一律不可以依靠這種方法來往生。如續中說：「時機成熟當往生，非時往生殺本尊。」本來隱沒次第多種多樣，然而從淺顯易懂的角度來講，包括五根、四

[217]融合：將自心融合於阿彌陀智慧之教言。
[218]隱沒次第：人死亡時出現種種滅盡次第之死相。

大、明增得這三種隱沒次第。

其中五根隱沒次第：如若自己枕邊有僧人在念經，只是聽到一片嗡嗡的聲音，而聽不清字字句句，這時表明耳識已經滅盡。或者雖然沒有那樣，但別人的交談等對他來說也好像是從遠處傳來的聲音一樣，僅僅能聽到聲音卻聽不清楚說的什麼。同樣，眼睛看色法也只是模模糊糊而看不清究竟為何物，說明此時眼識已經滅盡。以此類推鼻嗅香氣、舌品味道、身體所觸等都沒有感覺的時候也就是最後的隱沒次第，這時候，上師需要為他直指心性的本來面目，也是作超度的最佳時刻。

四大隱沒次第：在此之後，肉界融入地大之時，身體出現如墮入坑中或被山所壓一樣的沉重感，比如，有些臨終的人口中喊著「向上拽我」或者「將我的枕頭墊高」等等；隨後血界融入水大之中時，流出口水或鼻涕等；接著暖界融入火大的時候，口鼻全然乾燥，體溫從邊緣向內收，這時有些人從頭頂突突地冒出蒸氣；氣界融入風大之中時，上行風、下泄風、平住風、遍行風全部收在持命風當中，以至於吸氣困難，氣息從肺部經過黑白咽喉而劇烈地向外呼出。體內的所有血液收集在命脈中，心間依次流出三滴血，於是長長地呼出三口氣，外氣驟然中斷。

明增得隱沒次第：在當時，從頂部來自於父親的白明點快速下降，外相就好似月光普照朗朗晴空一般出現白光；內相出現明的覺受，並且滅盡了三十三種嗔心分別念，這就是所謂的明相。從臍部來自於母親的紅明點快速上升，外相如同日光普照朗朗晴空一般出現紅光；內相產生了大樂覺受，滅盡了四十種貪心分別念，這是所謂的增相。接著白紅二種明點在心間相遇，神識進入到它們的中間，外相猶如黑暗遍布清淨虛空一般出現黑光；內相生起無分別的覺受，然後漆黑一片，突然間昏迷過去，這是所謂的得相。後來稍微甦醒過來，出現了猶如遠離（雲、霧、塵）三垢的清淨虛空般的基位光明，如果在這時能夠認識自性本面而入定，就稱為利根法身往生，不經過中陰而成佛。隨後依次出現法性中陰與轉世中陰，這些是正行的支分，所以在此不廣講。

對於缺乏修道經驗的人來說，運用往生法的最佳時刻就是在隱沒次第開始出現的時候。此刻，自己務必完完全全斷除對今生的一切貪執，而要專心意念：我即將死去，現在依靠上師所傳的竅訣將如同勇士射出的箭一樣飛往清淨刹土，我該多麼的高興。充滿自信，滿懷勇氣。如果自己明觀往生法的所緣境有困難，也可以請有能力的道友助念，不管怎樣此時此刻都必須依靠以往所修煉的深道往生教授強制性地往生。

無論是在修煉的時候還是運用的時候，往生的修法都是相同的。觀修往生的真正教授的順序是這樣的：在一個舒適的坐墊上金剛跏趺坐，身體端直，首先從念誦

《遠喚上師》[219]頌開始，完整無缺地明觀上師瑜伽修法中包括結座以上的所有次第。接下來進入正行觀想：將自己的身體一剎那間觀成金剛瑜伽母，身紅色，一面二臂，雙足起舞式，三目直視虛空。修往生法時瑜伽母的表情是寂靜的神情中略帶怒容，右手在空中搖晃能喚醒無明愚癡睡眠的顱骨手鼓，左手在腰際的部位握著根除三毒的彎刀，赤裸裸的身體佩帶骨飾、花束，現而無自性，好似撐起的紅緞帳幕一樣，這是外在身體的觀想法。

又觀想位於身體中央的垂直中脈就像空空的室內插入柱子一樣，不向左右任何一方傾斜，挺直地立在身體中央，所以稱為中脈。為了表示法身無變而將它的顏色觀成靛樹皮一樣湛藍；為了表示習氣障薄弱而將它觀成蓮花瓣一樣的薄；為了表示遣除無明黑暗而將它觀成像芝麻油燈一樣明亮；為了表示不入劣道與邪道而將它觀成芭蕉樹幹般的挺直。總之所觀想的中脈具足以上四種特徵。為了表示善趣與解脫道而觀想它的上端在頭頂梵淨穴處開啟，就像打開的天窗一樣；為了表示關閉輪迴與惡趣之門，觀想它的下端在臍下四指正對的部位絲毫不漏、完全封閉，這是內在脈的觀想法。

再觀想：中脈的裡面，正對心間的位置上有一個好似竹節隔斷般的脈節，在它的上面有一個淡綠色的風團

---

[219]《遠喚上師》：祈禱、讚歎、呼喚上師求加持的偈頌。

明點時刻不停地波動起伏，它的上面有代表自己心識本體、具有涅槃點「ཿ」和小阿「འ」的紅色舍（ཧྲཱིཿ）字，猶如風捲旗幡般陣陣抖動，它是覺性自心的所依根本。接著觀想：在自己頭頂一肘左右上方的虛空中有一個由八大孔雀嚴飾的寶座，上面有各種蓮花、日月的三層坐墊，墊上端坐著本體為三世諸佛總體之自性無等大悲寶藏具德根本上師，形象為世尊怙主無量光佛，身紅色，宛如十萬個太陽照耀鮮豔的紅寶石山一般，一面二臂，雙手以等印托著裝滿無死智慧甘露的缽盂，具足殊勝化身梵淨行的裝束：身著三法衣，以頭上頂髻、雙足輪寶等三十二妙相八十隨好為莊嚴，放射出無量光芒，右邊是諸佛大悲自相的聖者觀音菩薩，身色潔白，一面四臂，第一雙手合掌在胸前，右下手持著水晶念珠，左下手執著白蓮花柄端，花瓣在耳邊綻放。無量光佛的左邊是諸佛力量的主尊密主金剛手，他的身色湛藍，雙手以交叉姿勢執持鈴杵。他們二位尊者都是以報身十三種服飾莊嚴著。無量光佛雙足金剛跏趺坐表示不住有寂之邊，二位菩薩雙足站式表示利眾不厭其煩。深道往生法的諸位傳承上師宛如清淨虛空密集雲朵般安住在三位主尊的周圍，他們都是和顏悅色、慈眉善目地注視自他一切眾生，並且以滿懷喜悅之情予以垂念，救度自他一切有情擺脫輪迴惡趣之苦，就像大商主一樣將所有眾生接引到清淨剎土。

丙三、往生儀軌:

一邊這樣觀想一邊念誦下面的儀軌:

ཨེ་མ་ཧོ༔
唉瑪吙

རང་སྣང་ལྷུན་གྲུབ་དག་པ་རབ་འབྱམས་ཞིང༔
讓 囊 恨 哲 大巴 繞 加 揚

自現任運清淨無邊剎

བཀོད་པ་རབ་རྫོགས་བདེ་བ་ཅན་གྱི་ཞིང༔
夠 巴 繞 奏 得瓦堅 戒揚

圓滿莊嚴西方極樂土

རང་ཉིད་གཞི་ལུས་རྡོ་རྗེ་རྣལ་འབྱོར་མ༔
恙 涅 月 利多吉那 久 瑪

自身觀為金剛瑜伽母

ཞལ་གཅིག་ཕྱག་གཉིས་དམར་གསལ་གྲི་ཐོད་འཛིན༔
呀 戒 夏 逆 瑪 薩 這 托 怎

一面二臂紅亮持刀蓋 (托巴)

ཞབས་གཉིས་དོར་སྟབས་སྤྱན་གསུམ་ནམ་མཁར་གཟིགས༔
呀 逆 鬥 達 現 色 那 卡 則

雙足舞式三目視虛空

དེ་ཡི་ཁོང་དབུས་རྩ་དབུ་མ༔
得葉空 為 匝哦瑪

體內中央之中脈

སྦོམ་ཕྲ་མདའ་སྨྱུག་ཙམ་པ་ལ༔
哦　詑大　涅　匝巴拉

粗細猶如竹箭許

སྟོང་སངས་འོད་ཀྱི་སྦུ་གུ་ཅན༔
洞　桑　慪戒哦革堅

具有空淨光之管

ཡར་སྣེ་ཚངས་བུག་གནས་སུ་ཧར༔
呀　內　倉　哦　內　色　哈

上端開於梵淨穴

མར་སྣེ་ལྟེ་འོག་ཟུག་པ་ཡི༔
瑪　內得慪蘇　巴葉

下端關閉於臍下

སྙིང་གར་ཚིགས་ཀྱིས་བཅད་པའི་སྟེང་༔
釀　嘎　策　記　加　波　蕩

心間阻斷之節上

རླུང་གི་ཐིག་ལེ་ལྗང་སྐྱའི་དབུས༔
龍　革特淚　江　傑　為

淡綠風團明點中

རིག་པ་ཧྲཱིཿཡིག་དམར་པོར་གསལ༔
熱　巴舍　葉　瑪　波　薩

明觀自心紅舍字

སྤྱི་བོར་ཁྲུ་གང་ཙམ་གྱི་སྟེང་༔
謝哦徹　剛匝戒蕩

頭頂一肘之上方

སངས་རྒྱས་སྣང་བ་མཐའ་ཡས་ནི༔
桑　吉　囊　瓦踏　意　訥

明觀佛陀無量光

མཚན་དཔེ་རྫོགས་པའི་ཕུང་པོར་གསལ༔
參　慧　奏　波　彭　波　薩

具足相好圓滿身

然後以堅定不移的信心，汗毛豎立、淚水橫流，盡量多地念誦阿彌陀佛名號：

བཅོམ་ལྡན་འདས་དེ་བཞིན་གཤེགས་པ་དགྲ་བཅོམ་པ་ཡང་དག་
救　單　地　得雲　向　巴　扎　救　巴揚　大

པར་རྫོགས་པའི་སངས་རྒྱས་མགོན་པོ་འོད་དཔག་ཏུ་མེད་པ་ལ་ཕྱག་
巴　奏　波　桑　吉　滾　波慪花　德　美巴拉夏

འཚལ་ལོ་མཆོད་དོ་སྐྱབས་སུ་མཆིའོ།
擦　漏　秋　鬥加　色　切慪

頂禮供養皈依世尊善逝出有壞圓滿正等覺怙主
無量光佛

最後念誦：

ཨེ་མ་ཧོ༔
唉瑪吙

གནས་རང་སྣང་དོན་གྱི་འོག་མིན་ན༔
內　讓　囊　敦戒　慪　門那

境為自現了義密嚴剎

ཡིད་དད་བརྒྱའི་འཇའ་གུར་འཁྲིགས་པའི་ཀློང་༔
葉　達　傑　加　革　徹　波龍

百倍信心彩虹縈繞中

སྐྱབས་ཀུན་འདུས་རྩ་བའི་བླ་མ་ནི༔
加　根　地　匝為喇嘛訥

皈處總集根本之上師

སྐུ་ཐ་མལ་མ་ཡིན་དྭངས་མའི་ལུས༔
革踏瑪瑪因　蕩　莫　利

身非庸俗而為清澈身

དཔལ་སངས་རྒྱས་སྣང་མཐའི་ངོ་བོར་བཞུགས༔
花　桑　吉　囊　特　慪哦　月

吉祥無量光佛本體住

ཡིད་མོས་གུས་གདུང་བས་གསོལ་བ་འདེབས༔
葉　木　給　洞　為　索　瓦　得

當以強烈敬信而祈禱

ལམ་འཕོ་བ་འབྱུང་བར་བྱིན་གྱིས་རློབས༔
拉　破瓦　炯　瓦　辛　記 . 漏

現前往生聖道祈加持

གནས་འོག་མིན་བསྒྲོད་པར་བྱིན་གྱིས་རློབས༔
內　慪　慢　晝　巴　辛　記　漏

趨入密嚴剎土祈加持

དབྱིངས་ཆོས་སྐུའི་རྒྱལ་ས་ཟིན་པར་ཤོག༔
揚 秋 給 加 薩怎 巴 秀

願獲法身法界之佛地

這樣將以上全文完整地念誦三遍之後，再從「當以強烈敬信祈禱」到結尾念誦三遍，然後將末尾「願獲法身法界之佛地」這一句念誦三遍，在這些時候一定要滿懷對上師怙主無量光佛的誠摯敬信，一心專注在覺性自心所依的「舍」字上，然後舌頭抵住上齶念誦五遍「舍」，同時觀想覺性自心所依的紅色「舍」字，隨著淡綠風團明點而起伏波動並且越來越高，最後從頭頂梵淨穴出來，與此同時念一聲「賀嘎」，觀想這一「舍」字如同勇士射箭般融入無量光佛心間。

又如前一樣明觀心間「舍（ཧྲཱིཿ）」字，專注所緣並誦七遍或二十一遍「賀嘎」，雖然其他宗派有念「賀」時觀想上升、念「嘎」時下降的傳統，但自宗並沒有觀想下降的傳統。念完「嘎」以後，再如前一樣念誦「頂禮供養……」祈禱文並盡力念修「舍」字法，接著再念「頂禮供養皈依世尊善逝出有壞圓滿正等覺怙主無量光佛」七遍或三遍，最後念誦由竹慶派所傳下、伏藏大師日月佛所造的《入草往生法》這一簡略祈禱文：

སངས་རྒྱས་འོད་དཔག་མེད་ལ་ཕྱག་འཚལ་ལོ། །
桑 吉 慪 花 美拉 夏 擦 漏

頂禮佛陀無量光

ཨོ་རྒྱན་པདྨ་འབྱུང་གནས་ལ་གསོལ་བ་འདེབས། །
慪堅班瑪 炯 內 拉 索 瓦 得

祈禱鄔金蓮花生

དྲིན་ཆེན་རྩ་བའི་བླ་མས་ཐུགས་རྗེས་ཟུངས། །
珍 親匝哦喇 咪 特 記 宗

大恩根本師悲攝

རྩ་བ་བརྒྱུད་པའི་བླ་མས་ལམ་སྣ་དྲོངས། །
匝瓦傑 波 喇咪 拉那 中

根本傳承師引道

ཟབ་ལམ་འཕོ་བ་འབྱོང་བར་བྱིན་གྱིས་རློབས། །
匝 拉 破 瓦 炯 瓦辛 記 漏

加持修成往生法

མྱུར་ལམ་འཕོ་བས་མཁའ་སྤྱོད་བགྲོད་པར་བྱིན་གྱིས་རློབས།།
涅 拉 破為 卡 秀 晝 巴 辛 記 漏

依此捷徑趨空剎

བདག་སོགས་འདི་ནས་ཚེ་འཕོས་གྱུར་མ་ཐག །
大 瘦 的 內才 破 傑 瑪踏

吾等從此命終時

བདེ་བ་ཅན་དུ་སྐྱེ་བར་བྱིན་གྱིས་རློབས། །
得 瓦堅德吉瓦辛 記 漏

加持速生極樂剎

這一祈禱文的末尾一句「加持速生極樂剎」念誦三遍。再如前一樣盡力念修「舍」字法(220)。隨後也像前面那樣念誦「頂禮供養皈依……」，接下來念誦由白玉派傳下的《天法往生法》儀軌(221)的祈禱文：

ཨེ་མ་ཧོ།
唉瑪吙

ཤིན་ཏུ་ངོ་མཚར་འོད་དཔག་མེད་མགོན་དང་། །
辛德 慍擦　慍　花　美　滾　蕩

極其稀有怙主無量光

ཐུགས་རྗེ་ཆེན་པོ་ཕྱག་རྡོར་མཐུ་ཆེན་ཐོབ། །
特　吉親波夏　門　特　親　透

大悲觀音大力金剛手

བདག་སོགས་རྩེ་གཅིག་ཡིད་ཀྱིས་གསོལ་བ་འདེབས། །
大　瘦　漬　戒　葉　記　索　瓦　得

我等專心致志而祈禱

ཟབ་ལམ་འཕོ་བ་འགྲོང་བར་བྱིན་གྱིས་རློབས། །
則　拉　破瓦　炯　瓦　辛　記　漏

修成往生深道祈加持

---

(220)舍字法：從舍五次一直念到賀嘎。
(221)此儀軌為化身不變金剛著

བདག་སོགས་ནམ་ཞིག་འཆི་བའི་དུས་བྱུང་ཚེ། །
大　瘦　那　葉　切為　地　雄才
我等一旦出現死亡時
རྣམ་ཤེས་བདེ་ཆེན་འཕོ་བར་བྱིན་གྱིས་རློབས། །
那　西　得親　破　瓦辛　記　漏
加持神識往生極樂刹

末尾一句頌詞（「加持神識往生極樂刹」）同樣重複三遍，接著再像前面一樣念修「舍」字法。

後面這兩個祈禱文不是龍欽寧提派的儀軌，因此並非持明無畏洲所傳下來的，但是竹慶仁波切與貢欽仁波切等傳下來，一脈相續，一直傳到多哲仁波切。我的至尊上師也曾按照他們的講法傳授過。本來多哲仁波切也有塔波仁波切所傳下來的噶舉派往生法引導的傳承，並編寫了念誦往生法的祈禱文，然而我的上師並沒有傳授。不管怎樣，所有不同傳承風範的觀想次第其實都沒有什麼差別，這一引導教授必將一脈相承。我的至尊上師在多哲仁波切前聽授過多次，因此從至尊上師處獲得過往生引導傳承的人也就算是得受過噶舉派往生法傳承了，我想這些人念誦噶舉派所傳下的祈禱文也完全可以。這兩個簡略祈禱文可能是多哲仁波切編寫的，反正與別的祈禱文稍有不同。這裡是遵照我的至尊上師的傳統而撰寫的。我的至尊上師依照白玉派《天法往生法》

的傳承為他眾作超度的時候，上面祈禱文中的「我等一旦出現死亡時」替換成「此等一旦現前死亡時」，可是當今有些人沒有懂得這一點而念成「此現一旦」或「從此一旦」等，我認為這些都不太妥當。這樣反反覆覆地修煉，臨近最後收座時，為了印持於五身法界而念誦五次「啪的（ཕཊ）」，並於離戲實相的境界中入定。之後觀想頭頂上的諸位傳承上師融入三位主尊中，二位菩薩也融入無量光佛當中，無量光佛化為光融入於自身。由此自己一剎那間變成世尊怙主無量壽佛，身紅色，一面二臂，雙足以金剛跏趺安坐，雙手以等印托著充滿無死智慧甘露的長壽寶瓶、瓶口以如意樹嚴飾，周身由報身十三種服飾裝點。一邊這樣觀想一邊念誦一百遍長壽咒：

ཨོཾ་ཨ་མཱ་ར་ཎི་ཛཱི་ཝན་ཏི་ཡེ་སྭཱ་ཧཱ།
嗡啊瑪訥則彎德意梭哈

或者其他長壽咒。依靠念長壽咒可以使壽命不受損害，並且憑藉緣起諦實力也可以消除壽障。而在超度亡靈或者臨終者，或者自己死亡的時候千萬不能念修長壽法。關於這般修煉已經達到純熟的徵相，誠如論典中說：「頭上出黃水，插入草等相。」在沒有出現這樣的驗相之前務必要再再修煉。結尾迴向善根當念誦《極樂願文》等迴向偈。

這一深道往生法的教授不需要像其他生圓次第那樣經過長期修煉，僅僅在七天當中修持熟練以後一定會出現驗相，所以稱為「不修便可成佛之法」，因此諸位理當將這樣的無上捷徑法作為主要修法。

自尚未度超度諸亡靈，自不實修巧言如撐傘，
我與如我狡詐種姓者，願能精進修行祈加持。

不修便可成佛法——往生之引導終

結文

總而言之，通過思維暇滿難得而使閒暇之身變得有意義，通過思維壽命無常之理來鞭策自己精進，通過了知一切輪迴痛苦的本性而生起出離心及悲心，通過明確因果的差別而如理取捨善惡，通過憶念解脫利益而使自己對佛果生起滿懷嚮往，通過依止真正的善知識來修學意行，這以上是共同外前行的六個引導；依靠皈依三寶奠定解脫道的基礎，依靠發殊勝菩提心樹起佛子如海行為的框架，依靠念修金剛薩埵通過四力來懺悔一切過患之根本的墮罪，供三身曼茶羅可積累一切功德之根本的福慧資糧，一切加持的源泉——祈禱上師可使自相續中生起殊勝智慧，這些是不共內前行五種引導。如若修道尚未趨於究竟（未證悟以前）死亡便臨頭，則依靠不修便可成佛之往生法而往生淨土。總共有十二個引導。

再進一步地說，依靠觀修四種厭世心而生起無偽的出離心，依靠觀修解脫的功德來開啟諸道之門，依止一切功德的源泉——善知識而準備聖道的緣起，以皈依作為基礎，由經發殊勝菩提心修學六波羅蜜多的途徑可以將我們引入遍知圓滿正等覺的真實正道之中。其他宗派共稱的三現分㉒、三士道、大手印的顯宗引導等一切聖道

㉒三現分：修行薩迦派道果預備位。顯乘的共通三現分道：不淨現分、瑜伽景象分和清淨現分。

的要訣都完全可包括在此引導中。依靠念修金剛薩埵和供曼茶羅的無上方便淨除罪障、積累資糧，還有甚深加持之密道上師瑜伽以及不修便可成佛的往生法教授，這些引導都是本派的無上特法。仍然要步入寧提金剛藏聖道不共正行之門的人，先修持（大圓滿）不共前行的三身引導，心識與覺性的引導等以後獲得直指實相覺性妙用的灌頂，方可實修正行之義。

如此上述的一切內容不是著重詞藻華麗、文法精湛，而是完全遵照至尊上師的親口教授記錄的，並盡量避免摻雜自己的言詞，完全本著通俗易懂、利益內心的原則而撰寫。尤其是許多有針對性、直言不諱揭露過失的上師教言，凡是我能記住的都在相應的場合裡以旁述的方式羅列出來，對於這些言教，我們絕不能作為看他人過失的窗口，而要作為向內反觀、觀察自己過失的明鏡，並詳察細審自己到底是否有這些過失，如果有，就一定要正確認清、徹底斷除過患，使自心自然趨入真實正道、自己來改變自相續。阿底峽尊者親口說過：「殊勝上師為揭露罪惡，殊勝竅訣為擊中要害，殊勝助伴為正知正念，殊勝勸勉為怨魔病苦，殊勝方便為無有改造。」

竅訣擊中罪過要害、正法融入於自心、恆常提起正知正念而將一切錯亂歸於自身、包括生起一個惡分別在內的念頭也絕不能放任自流，而要以正法來調伏自相續，這是殊勝的要訣。如果能夠這樣去做，那麼自己對自己實在有很大的恩德，以正法利益自心依止上師也可獲得實義。如阿底峽尊者說：「殊勝饒益乃令入正法，殊勝受益是心入正法。」

總之，如今我們已經獲得了暇滿人身、有幸遇到了具相上師、得受了甚深竅訣、具有實修九乘次第法門、成就佛果的機會，未來生生世世的永久大業，成功在此時，不成功也在此時，內心向善在此時，內心向惡也在此時，機不可失（失不再來），如今就是計劃永善永惡的界限，相當於一百生世中的一次食物，因此我們要夜以繼日精勤修法，恆時以死亡激勵自己，斷除追求現世利益之心，不惜生命精進修持，努力斷惡行善。依止具足一切法相的上師後依教奉行，全心全意皈依三寶，要認識到，自己擁有快樂是三寶的大悲所致、遭受痛苦是往昔所造惡業所感，在修持心地善良、菩提心的基礎上精勤積資淨障。最終以恭敬誠信、誓言清淨使自心與傳承上師的智慧成為無二無別。即生獲得堅地並肩負起救度一切老母有情擺脫輪迴囹圄的重擔。

這以上歸納總結了所有教言的要點。

如是三傳竅訣甘露河，傳承上師口津精華液，
九乘次第修行精義要，無有錯謬悉皆攝於此。

盡棄戲論言詞之糟粕，調合極深實修要訣味，
烹調親證口訣之精華，此善說如豐美之食物。

三毒劣性粗獷荒野上，除過竅訣金剛犁開墾，
善巧灌溉真實妙法水，此善說如靈巧之農夫。

出離心之肥沃良田中，巧妙播下菩提心種子，
以積淨法生長功德果，此善說如豐年之莊稼。

揭穿自罪且將其根除，以善巧語百般宣功德，
恆時精勤唯行饒益事，此善說如慈愛之乳母。

非僅詞佳意義亦深奧，無等上師口氣尚未消，
此善說如心中如意寶，諸獲得者定入真實道。

專行利他修持聖教典，並非依於聲律詩韻詞，
而以俗語方言示正道，此乃一切菩薩之特點。

論典詞句雖繁極廣泛，卻難趨入愚者心室中，
深義見修雖用高調語，行濁慧淺之人難修持。

是故此論易懂攝要義，如淺慧者心室具金寶，
劣慧者意暗處有明燈，妙義自現無嗔阿闍黎。

耽執推敲詞藻之智者，諸論未知教授之大師，
飲此殊勝竅訣營養後，實修要訣精力定充沛。

觀空如暗投石大修者，裝模作樣修善之行人，
自不量力冒充成就者，若見此道則如釘刺心。

吾雖多聞繁冗詞藻論，善巧繪畫詩韻彩虹圖，
然非大恩上師之言教，故此未雜自造之詞類。

無等上師真佛出於世，雪域世間增上善妙矣，
圓寂之時逝去尚未久，健在金剛道友可作證。

是故結集真實聖教言，於此精進之因依師恩，
我以敬信善意造此論，道友天眾理應作隨喜。

未來出世有緣諸善士，若見此文理當心生起，
親遇師佛恭敬誠信心，自覺所言要訣無錯謬。

如是從中所得諸善根，迴向曾為慈母眾有情，
皆為殊勝上師攝受後，依教奉行究竟證聖果。

願見無等上師圓滿佛，其言甘露所育之諸眾，
一同現前無上正等覺，踏上引導眾生事業程。

願凡享用善說甘露汁，教言歡歌吸引善緣士，
大恩上師所有諸法子，彼等悉皆長久而住世。

願我自此生生世世中，成為師尊隨學之奴僕，
一切謹遵師言依教行，令其歡喜恆時得攝受。

願我度盡輪迴眾生前，捨棄自身受用一切善，
甘為一切可憐老母僕，彼等受持圓滿佛妙法。

願我暫時心中亦升起，傳承上師加持璀璨日，
依止寂靜之處度此生，究竟獲得無等上師果。

此龍欽寧提共不共內外前行引導文是依照我的無等殊勝上師之口傳而撰寫的，至尊上師的親傳弟子精進持戒的卓瑪澤讓將自己所記得的內容整理成筆記交與我，並誠摯地勸請說：「以此為基礎，無論如何請您撰著一部完全遵照至尊上師教言的引導文。」尤其是繼承至尊殊勝上師密法傳承的法王子大活佛普賢勝乘金剛（根藏持秋多吉）親自為我提供紙張等並再三勸請，後來繼承眾生怙主尊師竅訣傳承的意長子圓滿教法的主尊活佛利他無量（洋彭塔意）仁波切也說：「如果上師的口傳教言寫成文字，則有憶念上師，並起恭敬誠信的必要，因此無論如何請您一定著寫。」如此賜予安慰，此外乃至

獲得菩提果之間必定猶如燈光與燈芯般和睦相處，或如雙目般慈愛的諸多金剛道友也給予了「善哉」的安慰及智慧的鼓勵，使我深受鼓舞。雖然百位成就之頂飾持明者無等菩提金剛曾親賜我鄔金無畏法自在（晉美秋吉旺波）的美名冠冕，但事實上自己只是一個五毒烈火熾燃、叫做啊哦舍波、行為下劣的人。此文撰寫於鄔金薩旦秋朗（禪定法洲）寂靜處，由完美無瑕的飾品莊嚴、雄偉壯觀的大威德宮殿中。此靜處環境幽雅、景色怡人，各種各樣的樹、藤、條、段，頂端吸取和暖的陽光，根部吸收涼爽的甘露，枝繁葉茂、百花盛開、碩果累累，好似懸垂的瓔珞一般，從中間縫隙中可見碧藍的晴天宛如倩女一般展露笑顏，從而猶如為甘露滋潤一般令人舒心悅意。

願所得一切善根，成為無邊眾生依此勝道於本來怙主基界中得解脫之因。

譯於色達喇榮五明佛學院

二〇〇〇年元月二十七日終

重校於二〇〇七年四月十八日

時輪塔

書名：大圓滿龍欽心髓前行引導文
系列：心一堂彭措佛緣叢書・索達吉堪布仁波切譯著文集
原著：華智（巴珠）仁波切
漢譯：索達吉堪布仁波切
責任編輯：陳劍聰

出版：心一堂有限公司
地址/門市：香港九龍尖沙咀東麼地道六十三號好時中心LG六十一室
電話號碼：+852-6715-0840　+852-3466-1112
網址：publish.sunyata.cc
電郵：sunyatabook@gmail.com
心一堂 彭措佛緣叢書論壇：　http://bbs.sunyata.cc
心一堂 彭措佛緣閣：　http://buddhism.sunyata.cc
網上書店：　http://book.sunyata.cc

香港及海外發行：香港聯合書刊物流有限公司
地址：香港新界大埔汀麗路三十六號中華商務印刷大廈三樓
電話號碼：+852-2150-2100
傳真號碼：+852-2407-3062
電郵：info@suplogistics.com.hk

台灣發行：秀威資訊科技股份有限公司
地址：台灣台北市內湖區瑞光路七十六巷六十五號一樓
電話號碼：+886-2-2796-3638
傳真號碼：+886-2-2796-1377
網絡書店：www.govbooks.com.tw　www.bodbooks.com.tw
經銷：易可數位行銷股份有限公司
地址：台灣新北市新店區寶橋路二三五巷六弄三號五樓
電話號碼：+886-2-8911-0825
傳真號碼：+886-2-8911-0801
網址：http://ecorebooks.pixnet.net/blog

中國大陸發行・零售：心一堂・彭措佛緣閣
深圳地址：中國深圳羅湖立新路六號東門博雅負一層零零八號
電話號碼：+86-755-8222-4934
北京流通處：中國北京東城區雍和宮大街四十號
心一店淘寶網：http://sunyatacc.taobao.com/

版次：二零一四年六月初版，平裝

定價：港幣　一百八十元正
　　　新台幣　六百八十元正

國際書號 ISBN 978-988-8266-82-1